CSSCI来源集刊

现代中国文化与文学

29

MODERN CHINESE
CULTURE AND LITERATURE

李怡 毛迅 主编

四川大学文学与新闻学院 主办
西南交通大学人文学院 协办

巴蜀书社

图书在版编目(CIP)数据

现代中国文化与文学.29/李怡,毛迅主编.—成都:巴蜀书社,2019.8

ISBN 978-7-5531-1191-9

Ⅰ.①现… Ⅱ.①李…②毛… Ⅲ.①中华文化-文化研究-现代-丛刊②中国文学-现代文学-文学研究-丛刊 Ⅳ.①G122-55 ②I206.6-55

中国版本图书馆 CIP 数据核字(2019)第 160337 号

现代中国文化与文学(29)

李怡　毛迅　主编

责任编辑	李　蓓
出　　版	巴蜀书社 成都市槐树街 2 号　邮编 610031 总编室电话:(028)86259397
网　　址	www.bsbook.com
发　　行	巴蜀书社 发行科电话:(028)86259422　86259423
经　　销	新华书店
印　　刷	成都蜀通印务有限责任公司(028)64715762
照　　排	成都完美科技有限责任公司
版　　次	2019 年 8 月第 1 版
印　　次	2019 年 8 月第 1 次印刷
成品尺寸	185mm×260mm
印　　张	22.75
字　　数	530 千
书　　号	ISBN 978-7-5531-1191-9
定　　价	58.00 元

编 委 会 名 单

——目 录——

新视界

穆旦研究专题

文学档案

民国文学研究

共和国文学研究

港澳台文学研究

学人 · 著述

—— Contents ——

New Vision

Monographic Study of Mu Dan

Literary Files

Literary Study of the Republic of China

Literary Study of the People's Republic of China

Literary Studies of HongKong, Maco and Taiwan Regions

Scholars · Works

Afterword

左翼电影批评的焦虑
——从20世纪30年代的“软”、“硬”之争谈起①

范　雪

20世纪30年代中国电影的“左翼”和非“左翼”之分，并非电影史研究的后见之明，这样的区分在当时就已显现。比如，在《中国电影发展史》中被定位为“反动分子”② 的“软性电影”论者黄嘉谟，就撰写了大型文章指责“左”倾影评教坏导演和制片者，将中国电影推上一条不归之路，而自己正是要让中国电影悬崖勒马③。在这样的表述中，我们除了能看到“左”和不“左”被理解为影坛上的一组主要对立；更能体会到，在当时的人看来“左”和不“左”的关键在于它们代表着两种截然不同的电影方案和实践。左翼正式进入电影界的标志性事件，是1932年隶属于中共中央宣传部的“中央文化工作委员会”（简称“文委”）同意郑伯奇、夏衍、阿英三人去明星电影公司当编剧。在这之后，影坛的确发生了明显转变，电影批评则被认为是推动转变的重要力量。20世纪20年代就已是重要影人的郑正秋，在一篇名为《如何走上前进之路》的文章中说：“靠着前进批评家的努力，便造成了新的环境的需要，它这种力量，好比是新思潮里伸出一只时代的大手掌，把向后转的中国电影抓回头，再推向前去，这是值得纪念的一个转变时期。”④ 郑正秋的话看似自然，但其实内含着几个不那么自然的问题：“批评”并非电影的核心要素，它为什么有能量影响电影界？这些批评在什么意义上可被称为

① 本文系2019年东南大学高校基本科研业务经费基础扶持项目“1940-50年代的文艺与建国美感的生长”（2242019S20025）支持的研究成果。

② 程季华主编：《中国电影发展史》（第2版），中国电影出版社1981年版。

③ 嘉谟：《现代观众的感觉》，《现代电影》第3期，1933年5月；《电影之色素与毒素》，《现代电影》第5期，1933年10月；《硬性电影和软性电影》，《现代电影》第6期，1933年12月。

④ 郑正秋：《如何走上前进之路》，《明星月报》1卷1期，1933年5月。

“新思潮里伸出一只时代的大手掌”？

从过去的研究来看，我们能够确认左翼电影批评在当时很有权威，真实影响了制片人、导演、演员和观众；张英进在描述30年代左翼电影的发生时，甚至称之为“批评的介入”（critical intervention）①。本文重新讨论20世纪30年代的左翼影评，想谈的不是一个电影史研究内部的话题，而是通过考察20世纪30年代影坛的“软”、“硬”之争，讨论来自文学的一套知识话语如何对新生的电影发生作用。文章认为“软”、“硬”之争的实质是争夺评说中国电影的话语权，而论战双方共享的一个特征是，他们都有成熟的文学的身份，并用文学理论的话语来规划电影。事实上，这也是文学与电影的关系的一个重要特征，它的背后是电影作为新兴艺术对文学和它裹挟的理论话语的信仰。但是，电影终究跟文学不是一回事，它作为一个行业有其要面对的运作体系，因此来自文学的批评在指教电影界时，造成了一些难以解决的问题。同时，在推动影坛转变几年后，左翼影评陷入“公式化”的泥沼，理论批评的强大的话语系统似乎不仅改变了电影面貌，也把那些手持理论利器的年轻批评家反噬其中。因此，讨论这段历史的另一重意义，可能是帮助我们观察20世纪30年代左翼思想激荡澎湃之时，理论知识的一套话语如何在不同行业、不同代际的人那里造成波动，以及这些波动带来的迷惑。

一、“软”、“硬”之争

“软”、“硬”之争是中国电影史上一次重要的论争，时间大致是20世纪30年代前期到中期。参加到这场论争中的主要人物——“软论”者黄嘉谟、刘呐鸥、穆时英，“硬论”者夏衍、唐纳、王尘无——都是当时电影界活跃的影评人，他们写了大量的具体影评，也发表了非常重要的、长篇幅的电影理论文章。在这场论争中，双方围绕着电影的本质和任务、艺术的内容与形式、影评的标准和影评人的任务、中国电影的发展道路等问题，做了丰富的探讨，而左翼影评人更是在这场争斗中，一步步地提出并确立了自己的电影构想和方案。他们在1934年6月到1936年间陆陆续续发表了一系列的电影理论文章，全面、系统地表达了新的电影理念和艺术准则，甚至是谈论电影的话语方式。

这场论争开始于1933年5月黄嘉谟在《现代电影》杂志第3期上发表的《现代观众的感觉》。文章指责现在国产电影“全是灾难病死虐待等等社会黑暗面的压迫，或是失业贫乏等难题——全世界汹汹地都解决不了的今世纪的难题，却硬要叫这辈神经衰弱的

---

① 陈山：《权威影评的形成：20世纪30年代电影批评意识与流派》，《当代电影》2018年第2期；Zhang Yingjin：*Chinese national cinema*，New York；London：Routledge，2004，p. 63.

观众去解决，要他们陪着剧中人共同受尽压迫与困难，这种影片未免太残暴了”①。随后，他又发表了《电影之色素与毒素》（第5期）、《硬性电影和软性电影》（第6期）两篇文章。前一篇文章隐晦地指责了电影界的“左”倾者，为电影注入“痨病患者的左肺陈血”②，导致中国电影走上歧途；第二篇文章则彻底向电影界提倡“左”倾“意识论”者发出了战斗檄文。黄嘉谟在文章中首先指出，电影“是给眼睛吃的冰淇淋，是给心灵坐的沙发椅。电影是软片制成的”；而中国的电影在经过了“‘左’倾‘意识论’”的浆浸后，“变成硬片”，许多“无常识的制片家”甘愿拍摄一些“耸听而又夸大”的革命口号题材的电影，变换了电影的原有质素，而这对于国产片来说不啻为“自掘坟墓”③。

在这里，黄嘉谟不只是批评带有“左”的色彩的电影，而且把导致这一倾向的所有的“左”的评论、“左”的剧本和“左”的意识均视为“硬”元素，都是要“予以痛击”的④。在写这两篇文章期间，刘呐鸥和黄嘉谟还将矛头指向受到左翼电影人大加赞赏和极力推崇的《春蚕》，称该片在“纷纷大谈‘意识’的年头”，也加入了宣传“主义”的行列，是“空虚而贫血”的“硬性电影”，是彻底的失败之作⑤。

面对黄嘉谟和刘呐鸥的责难，作为左翼影评人主要阵地的《晨报·每日电影》并没有在第一时间做出反应。直到1934年的6月，《每日电影》才开始向“软性”电影发起反攻。6月10日、12日，唐纳分别发表对好莱坞影片《太夫人》⑥和《民族精神》⑦的评论，反对黄嘉谟的观点，竖起“软性论”的靶子予以批驳，打响“反击的第一枪”⑧。6月13日，夏衍化名罗浮发表《软性的硬论》，在理论上对黄嘉谟发表于半年前的文章发起回击。随后，《每日电影》又相继发表了唐纳的《清算软性电影论》，罗浮《“告诉你吧”——所谓软性电影的正体》、《玻璃屋中投石者》、《白障了的“生意眼”》，王尘无《清算刘呐鸥的理论》等文章，以及十余篇以“每日座谈”形式出现的对“软性论”的抨击。

1934年底，夏衍、郑伯奇、阿英、王尘无、唐纳等人离开《每日电影》，反“软”的电影批评阵地转移到以《民报·影谭》为主，包括《大晚报·星期电影》、《中华日报·电影艺术》的其他副刊上。随着夏衍、唐纳、王尘无等人离去，1935年2月，穆时英在

---

① 嘉谟：《现代观众的感觉》，《现代电影》第3期，1933年5月。
② 嘉谟：《电影之色素与毒素》，《现代电影》第5期，1933年10月。
③ 嘉谟：《硬性电影和软性电影》，《现代电影》第6期，1933年12月。
④ 见《现代电影》第3期“编者室”栏目，1933年5月。
⑤ 刘呐鸥：《评“春蚕”》、嘉谟：《“春蚕”的检讨》，《矛盾》第2卷第3期，1933年11月。
⑥《太夫人》即美国电影《Lady for a Day》，导演：Frank Capra，1933年。
⑦《民族精神》即美国电影《Massacre》，导演：Alan Crosland，1934年。
⑧ 陈润琼编：《马季良（唐纳）文集》，上海华东师范大学出版社1993年版，第2页。

姚苏凤的介绍下，做了《晨报·晨曦》的主编。进入《晨报》后，穆时英的注意力很快就放到了刚从风口浪尖上平静下来的《每日电影》。2 月 27 日，穆时英的长文《电影批评底基础问题》在《每日电影》上连载。在这篇文章的开头，穆时英表明了自己的站位："一·二八事变后，影评人和影评运动以斗争的姿态涌现在我们眼前，先是意识检讨者凌鹤先生，次之是视觉冰淇淋论者刘呐鸥和黄嘉谟先生，最后便是艺术至上主义者江兼霞先生。谁是谁非我不敢断论，然而冰淇淋论者和艺术至上主义者有时还能领我到电影场里去享受一些艺术的快感，凌鹤先生却使我对于一切影片都感到头痛。"① 也正是因为穆时英的这番表态，使得其迅速被王尘无和鲁思定位为与刘呐鸥、黄嘉谟一丘之貉的"软性电影"论者。

二、争夺话语权

强调"软"、"硬"电影论之争，不意味着由这两者所代表的电影理论是当时仅有的关于中国电影的想法。官方的理论是这一时期另一类非常重要的声音。南京国民政府早在 1928 年就颁布了《检查电影片规则》，并随后成立了专门的电影检查机构；1932 年 5 月集结各界名流成立中国教育电影协会，提倡和推行教育影片。1933 年 3 月，时任国民党中央组织部部长的陈立夫亲自过问电影事业，撰写并出版了《中国电影事业》一书。在这本书里，陈立夫指责好莱坞的电影"极容易使一班人竞慕他们的骄奢淫逸，把生活趋于荒靡颓唐，不克振拔"，因此中国的电影必须"感动人们的心灵，激发其道德和智慧，引起行为上的改善，智识上的增加。这就是说，电影不仅是娱乐的东西，而必须是在娱乐之中，包含着多量的教育上文化上的意义"②。

虽然有说法称黄嘉谟、刘呐鸥是国民党的御用文人，但把他们的电影理论和陈立夫的观点做一番对比就会发现，"冰淇淋"、"沙发椅"的理论本身就是对国民政府"民族主义"电影主张的反动，甚至其对好莱坞电影的称颂和对电影娱乐消遣用途的宣扬，与陈立夫的主张完全背道而驰。与之形成对照的是，在若干关键命题的论述上，尽管左翼电影理论与陈立夫的主张不完全一致，却有相似之处。比如在讨论电影的内容与形式时，夏衍、王尘无等虽一再强调内容与形式的对立统一不可分裂，但内容决定论的底色却相当明晰；陈立夫也表示"但求得形式的完整，不顾到内容的充实，不算是杰作；内容是充实的，在形式方面稍微守旧一些，或比不上外片的精美，是无关大体的"③。而就电影

① 穆时英：《电影批评底基础问题》，《晨报·每日电影》，1935 年 2 月 27 日到 3 月 3 日。

② 陈立夫：《中国电影事业》，上海晨报社出版，1933 年 3 月。

③ 同上。

教育、宣传、承担起民族危亡之责任的功用来说，夏衍等人与陈立夫的要求并无绝大差异。只有夏衍对电影兴起的无产阶级同位语式的定义，才是左翼与陈立夫的根本分歧。

那么，如果说“软”性电影论者并不在关键立场上与左翼对立，那么为什么是他们最终与左翼影评人发生了大争论？此外，如果我们将“软”、“硬”之争的关键解释为艺术上的分歧，就无法解释如下的事实：在当时的电影言论界中，并非只有黄、刘等“软论”者对左翼影评提出过异议，比如“中间分子”陆小洛等人也都撰文批评过左翼风格浓重的影评①，但这些文章并没有引发左翼影评人大规模的反击。

我们可能需要结合30年代影坛的某些特征来理解这一状况。20世纪30年代初，武侠神怪片的“沉渣泛起”是一个引人注目的现象。这一片种在20世纪20年代中国影坛曾盛极一时，后在电检会严厉打压和众多批评家的声讨之下，于20世纪20年代末逐渐失了势头。但很多电影公司特别是生存困难的小制片公司出于现实处境的需要，依然不愿放弃这类影片的市场，以至于30年代初，武侠神怪片再次有规模地现身，俨然是一种不可忽视的风尚和趣味，典型代表就是《火烧红莲寺》。有意思的是，持“软论”的电影人和左翼电影人，都对这类神怪片深恶痛疾。前者指责《火烧红莲寺》一类的武侠片带有陈腐的说教意味，应当予以驳斥②；后者称这类电影“今日‘七剑十八侠’，明日‘火烧什么什么寺’，后天又是‘大破什么什么城’”，“这样的电影无疑地是对中国民族之解放毫无关系”，“结果是把人们引向自杀之路的”③。

在对当红的武侠神怪类影片的鄙夷中，“软”、“硬”双方都渴求一种新的电影，要求影坛向着一个对的方向发展。而“究竟什么是对”的问题，引发了不同立场的争斗。这个争斗最激烈的所在就是电影批评，它关系着电影界的话语权。

事实上，在黄嘉谟的文章之前，质疑左翼影评的声音就已经有了。这些文章大多是商讨这类影评的评论方法和策略，而黄嘉谟的责难却是对其影评人身份合法性的质疑。他指责这些影评人抱着政治的目的把观念强加给电影导演，并利用电影批评搅浑影坛，导致无论是电影的拍摄还是评价体系都被控制，而这对于发展中的中国电影来说是致命的打击④。由此，他提出与左翼相对的“软”的概念，正是为了在各个层面上与之抗衡，争夺电影界的话语权。夏衍等人不可能放任这种夺权。1932年5月，从“文委”经讨论同意夏衍、阿英、郑伯奇三人受邀进入明星公司当“编剧顾问”的一刻起，左翼组织就

① Riku：《从意识的批判到技术的检讨》，《现代电影》创刊号1933年3月1日。

② 嘉谟：《软性电影与说教电影》，《晨报·每日电影》1934年6月28日，7月2、3、4日。

③ 田汉：《南国·苏俄电影专号卷头语》，见《田汉文集》（第14卷），中国戏剧出版社1985年版，第369页。

④ 嘉谟：《软性电影与说教电影》，《晨报·每日电影》1934年6月28日，7月2、3、4日。

已开始在电影领域推行自己的文艺乃至社会和政治理念；随后成立的“影评人小组”也隶属“中国左翼戏剧家联盟”，在“文委”的领导下工作。因此，有理由相信，在黄嘉谟的文章发表半年之后，左翼影评人两个月内在《每日电影》上连续刊出八篇正面攻击“软论”的文章（其中几篇还是高密度的数日连载），是有组织地在《每日电影》上发起反击，是明确地展开对电影界话语权的争夺。

值得注意的是，尽管“软”、“硬”双方争得不可开交，他们中的领袖人物的身份却有一个很大的共同性——文学家。而文学家对影坛发声，在电影界指点江山、制定方案，正是20世纪20-30年代中国电影的一个重要特征。

三、文学对电影的压倒性优势

1936年的中秋夜，已经拍出了《都会的早晨》、《渔光曲》和《新女性》等转变之作的青年导演蔡楚生，写下了《会客室中》一文。在这篇非常奇特的文章中，蔡楚生记录或是虚构了一场影评人L和“我”T之间的对话，呈现出影评要求和导演创作之间的矛盾、冲撞①。在这场披露创作之艰和自我辩陈的谈话中，蔡楚生于不经意间流露出影评人和导演的某种对立关系，而且这种对立不对等。如果说蔡楚生在文中将影评人L称为“对手”，显露了其内心深处对影评人的定位，而这种定位尚不带有等级的意味的话；那么他在文章即将结束时所说的“对于过去的，我需要批评家和朋友理解我的苦衷，以后呢，并希望不要以为我的‘好辩’——或者是‘诡辩’而放弃对我的指示——因为直到现在我还是在摸索……”② 就不那么简单了。在这段话之前，蔡楚生一方面向L表示对影评人严格要求的感谢，另一方面，他用更大的篇幅陈述自己面对批评的矛盾心情。在这数千字中，影评人L始终是听众的角色，导演T处于自我陈述和宣泄的演讲状态，当他从这种演讲的位置回过神来——回到谈话的对立状态时，很快改变了之前激烈的情绪和坚持，以“诡辩”来总结自己的心路历程。这不仅仅是谦虚的表现。在面对批评家时，蔡楚生小心翼翼，他害怕得不到理解，异常紧张。

影评人何以对导演有如此的威力？这首先是20世纪20年代中国电影起步阶段时确立起的一种结构。1921年，顾肯夫在中国第一本电影杂志《影戏杂志》的发刊词上对电

① 尽管在《会客室中》，蔡楚生用“L”和“T”来命名谈话的双方，但文章中频繁提到了对T的新片、也是蔡楚生的新片《迷途的羔羊》的评论，因此，《会客室中》应当是以蔡的经历为原型的写作。

② 蔡楚生：《会客室中》，广播电影电视部电影局党史资料征集工作领导小组、中国电影艺术研究中心编《中国左翼电影运动》，中国电影出版社1993年版，第140页。

影作了一个清晰明了的定义："影戏的原质是技术、文学、科学的三样。"① 这里所说的技术主要是指默片演员的表情，也就是演技；科学是指电影作为科学的产品，在拍摄、制作等方面都依赖先进的机器；文学原质的意思是，影戏能够逼真地表现生活状态，"影戏是居于文学上最高的位置的，最有文学的价值的"②。同时，电影的编剧要完全借助文学，"影戏的编制法，都是含着小说的意味的；他的脚本，一大半是出于著名文学家的手笔；一节一节的说明，都用极简单，极经济的文学来表明；这都是文学上不可多得的价值"③。尽管顾肯夫对文学所下的定义和判断很难说是完整和正确的，然而，就他对影戏文学原质的分析来看，文学之于电影的意义至关重要，二者具有某种同质性；影戏作为居文学最高位的艺术，是一种与文学形式不同的文学。顾肯夫对电影三原质的分析，是当时电影界的普遍认识。

电影萌芽期的这种自我定位，与文学悠久辉煌的历史，以及"五四"时期社会上普遍确立的对文学的信仰和热情有关，它们是电影审视自身时的必要参照。文学和电影的关系，在谈及电影业的文学家那里，更显出了等级高下之分。1927 年第 12 期的《银星》发表了一篇郁达夫谈论电影的文章。他在此文章中说："在最近一两年里，一般中国的智识阶级，对于中国影片所抱的悲观绝望，实在也是出乎我们的意想之外。他们攻击中国影片保持不变的一句话就是'肉麻'，这肉麻的来源，就是在于趣味的低劣。"无论如何定义，这里的"智识阶级"都不会包括那些投身在大众享乐事业中的电影从业人员。郁达夫在这篇文章里并没有就此现状对电影人发起呼吁，他选择了另一个方法来拯救这个"廉价、经济、单纯"并且趣味低级的事业——"多读文艺作品，创作新影片，使贵族的文艺作为平民的，高深的化为浅近的，呆板的化为灵活的，无味的化为有趣的"④。郁达夫的话具有足够的代表性，相对于"文艺"而言，电影无论在历史、方法、能力还是意义上，都低之一头，它是一个应当被领导和指点的新人，只有在文学的引领下，才有可能寻到自己的正轨。

对文学的信赖和对电影作为产业的有意回避，使得电影对艺术性的追求成为这一时期被确定的奋斗目标。但是，以文字、纸张和印刷为方式的文学作品，在其传播的过程中实现着空间和时间上的延续，使纯艺术有可能转化为成功和名誉。而正是在这一点上，20 世纪 20 年代的中国电影在以文学作为自我参照时，遭遇了困境：电影的历史太过短

---

① 顾肯夫：《发刊词》，原载于《影戏杂志》1921 年第 1 卷第 1 期，此处转引自中国电影资料馆编《中国无声电影》，中国电影出版社 1993 年版，第 215 页。

② 同上。

③ 同上，第 216 页。

④ 郁达夫：《电影与文艺》，《银星》1927 年第 12 期。

暂，以致没有任何艺术上的资本；作为一项民族产业，国产电影面对好莱坞的巨大压力时，生存堪忧，无法不把经济利益作为重要考量。此外，与文学相比，在生产和消费的环节上，电影有更多、更复杂的参数；在传播方式上，它也因无法像文学作品那样广为流传而备受质疑①。因此，尽管这一时期许多电影人表现出了向文学虚心学习、不断靠近的态度，以及为着电影的艺术特性不断努力的信心，内在分裂的张力却无法避免。同时，与呼吁艺术性的文章同时并存，要求在商业层面上改造电影的呼声也不在少数。《影片公司与交易所》、《我之电影商学观》、《关税自主与中国影片》、《为影难》等文章中，不少是上海各大制片公司老板的陈情。这两类文章几乎是平行发展，很难在理论和表述上形成统一；而在实践层面上，艺术性的电影更加难以落实，电影界虽然为自己确立了一个出路，但却只能牵牵绊绊地去接受这个借来的准则。

同时，由对文艺的信仰拓展开来的另一些关键词，比如“知识”和“评论”，也以继承的方式自然而然地进入电影的话语系统。1926年电影杂志《银星》的创刊号上，编者在卷头语中写道：“本来电影在历史上没多大年龄，在吾国尤其是幼稚，知道电影是一种艺术的人们，当然在智识阶级里还找得出几个，智识阶级以外的，就连电影为何物也都不知道了，然而要人们普遍知道电影是一种艺术，而消灭电影是一种工具的不良现象，自非借文字之力不可，那么《银星》又不能不出版了。”② 与以文学艺术性来要求电影同时发生的，是对规约和指导电影的评论文字的重视。尽管这一时期的影评在数量和影响力上都无法与左翼影评人到来之后相比，但对文字规约力的信任和以评论为治理的期待已经发生。

20世纪30年代，作为商品的电影继续承受着来自评论界的压力。“软”派、“硬”派和陈立夫代表的政府派，都没有专门地去关心“生意”；只是在众多的广告海报中，那些招徕生意的手段才纷纷上场，而它们往往被评论斥为“玉腿酥胸”③。但也正是在“生意”上，电影评论在1930年的影坛有着非同一般的能量。只要考察一下20世纪30年代雨后春笋般的电影杂志和报纸的电影副刊，就不难估量其在市民中的吸引力。影评人一方面斥责电影的“生意眼”立场，另一方面，主要由影评人掌控的关于电影的舆论对“观众”存在真实的影响。

---

① 胡仲特在《影戏与艺术》中写道：“影戏是不是一种艺术，在今日还是争论未决的问题，与影戏类似的小说与戏剧谁都知道是艺术的了，为什么我们还不能确定影艺是一种艺术呢，这是因为小说与戏剧有永久的效能而影戏往往没有的原故。”见中国电影资料馆编：《中国无声电影》，中国电影出版社1996年版。

② 《银星》创刊号卷头话，《银星》1926年创刊号。

③ 茅盾：《玉腿酥胸以外》，《茅盾文集》（第9卷），人民文学出版社1961年版，第101页。

四、“观众”难题

“观众”这个词在中国电影史上，特别是在对30年代电影史的叙述中，从来都不是一个其义自明的概念。与文学上的对读者的定义相似，文艺作品受众的定位和范围，不仅敏感，而且有很强的功能意义。

在20世纪20年代，电影“观众”问题大多关系着盈利，由于话语层面上“为艺术”与“实业”、“交易”等概念的互不相容，所以在要求作品艺术性的文章中，很少论及“观众”之于电影的意义。甚至，面向“观众”的杂志发刊词，也在高调的艺术宣言中有意无意地回避了这个问题。在1928年“革命文学”甚嚣尘上，以及随后“左翼作家联盟”成立之后，电影的“观众”问题受到了左翼文学领域关于“大众化”言论的覆盖性影响。

20世纪30年代初，“左联”所做的关于“文艺大众化”的诸种决议，尽管坚决，但定义却颇为含混。在清晰地说明“大众”的构成的几个人那里，这个概念的外延也并不一致，比如：冯雪峰称“大众”是“被压迫的工农兵的革命的无产阶级”，并特别要排除掉“堕落腐化的游散市民”①；瞿秋白将其定位为“无产阶级和劳动民众、手工工人、城市贫民和农民群众”②；冯乃超认为当前的“大众”应当包括“有意识的工人以至小市民”③ ……提出“大众”定义的问题，不是要求一个清晰的答案。单就这个概念而言，每个时期都有复杂性。然而，可以确定的是，在这一时期，“小市民”很难归属于“大众”，至多也只是“大众”的边缘群体，而“小市民文艺”则与“文艺大众化”的要求完全对立——它是“反动的大众文艺”④。

在这种关于“观众”的话语系统中，导演的处境颇为艰难。一方面，在他们的努力下，1930年中国电影的镜头大量转向劳苦大众，荧幕上壮大的工人、农民、流浪的儿童已经是巨大的转变了；另一方面，尽管导演们付出辛劳，重新认识上海，使电影的主题靠近批评家的要求，但影评人仍不满意。于是，我们看到，导演孙瑜一面怀着紧张、害

---

① 画室：《我希望于大众文艺的》，《大众文艺》1930年5月第2卷第4期。画室即冯雪峰。

② 史铁儿：《普洛大众文艺的现实问题》，《文学》半月刊1卷1期。

③ 乃超：《大众化问题》，原载《大众文艺》2卷3期。

④ 瞿秋白在《普洛大众文艺的现实问题》中称，《火烧红莲寺》一类的大戏、影戏、西洋镜、说书，其意识形态是“小菜场上的道德”，“普洛革命文学运动的主要工作因此应当是创造普洛的大众文艺——应当向那些反动的大众文艺宣战”。参见文振庭编：《文艺大众化问题讨论资料》，上海文艺出版社1987年版，第36页。

怕的情绪①，一面为其新作《火山情血》中农民宋柯在历经苦难和孤独后，终于手刃仇敌、报了一家之仇而激情澎湃时，得到的评论却是“很容易看出他意识上的进步，和他尚未清算净尽的残滓”，而这“未清算净尽的残滓”就是“主人公不仅没有群众，而且逃避群众，作出一个‘超人’式的面孔”②。

由此，对于电影和电影人来说一个棘手的问题是，面向“大众”的电影，它的“观众”究竟是哪些群体？依据标准的“大众”的定义，核心群体必然是无产阶级，在它身后还可以加上劳动民众、手工工人、城市贫民或农民群众，然而无论怎样列举，“小市民”的位置始终是游离的。他们是被封建意识迷惑的阶层，需要被教育、被引导，他们的动摇决定了在“大众化”运动中，小市民不可能是主体阶层，也不可能是文艺为之服务的群体。这就导致了一个令人难以接受的推论，即电影并不是为着“大众”的艺术，它的作用只能局限于它的“观众”——小市民。事实上，以无产阶级、劳动民众为主的“大众”，不只是在由词语概念引申出的推论中，难以成为电影的“观众”；在现实层面上，电影作为商品的性质，作为都市生活时髦消遣的方式，都将贫苦“大众”拒之门外。

五、左翼影评人的焦虑

在电影史的叙述中，影评人像是30年代电影界中最逍遥自在的一群人。他们从别的领域向自身颇为匮乏的电影界传递着各种理论资源，他们掌握着评价影片和导演的权力。不只是在后来的电影史和回忆录中，20世纪30年代的进步影评和影评人被确立为指导电影界转变的最重要的力量；就是在当时，影评人特别是左翼影评人的威力，也被清楚地记录了③。但事实上，影评人特别是左翼影评人，并不是话语权的把玩者，他们同样接受着“话语”的束缚和规约。在这一点上，我们有必要首先考察一下影评人的构成。

据《有关中国左翼电影运动的组织史资料》④ 和鲁思的《影评忆旧》，20世纪30年

① 孙瑜在《导演〈火山情血〉记》中说：“现在，《火山情血》已经摄竣，就要公映了。我和我的演员们都很害怕。我们感觉得《火山情血》是在极不利的时间贡献给观众的。我们真不知道怎样才可以不负那许多同情观众们的厚望。我们可以告诉大家的，就是：我们永远抱着求进的心，已经在可能范围里尽了我们的微力了。”原载《时报·电影时报》，此处转引自广播电影电视部电影局党史资料征集工作领导小组、中国电影艺术研究中心编：《三十年代中国电影评论文选》，中国电影出版社1993年版，第131页。

② 席耐芳、黄子布：《火山情血》，原载《晨报·每日电影》1932年9月16日，此处转引自《三十年代中国电影评论文选》，第134页。席耐芳即郑伯奇，黄子布即夏衍。

③ 参见Riku：《从意识的批判到技术的检讨》，《现代电影》创刊号，1933年3月1日。

④ 卢粹持整理：《有关中国左翼电影运动的组织史资料》，广播电影电视部电影局党史资料征集工作领导小组、中国电影艺术研究中心编《中国左翼电影运动》，中国电影出版社1993年版。

代在剧联“影评人小组”的领导下的、参与到电影批评工作中的左翼影评人主要有以下这11人：

人物	出生年份	开始从事影评的时间	影评人之前的身份
夏衍	1900	1933	留学日本
郑伯奇	1895	1933	留学日本，创造社成员
阿英	1900	1933	太阳社成员
王尘无	1911	1932.5	上海持志大学学生
唐纳	1914	1933	上海圣约翰大学学生
鲁思	1912	20世纪30年代初	复旦大学政治法律系学生
舒湮	1914	1932.1	东吴大学法律系学生
张常人	1911	20世纪30年代初	上海求学、光华书局
陈鲤庭	1910	1934	大夏大学高等师范系

上述11人中的大多数都参与了电影理论的建设，发表了包括《论中国电影文化运动》、《中国电影之路》、《中国电影的本质问题》等重要文章。在“软”、“硬”之争中，夏衍、王尘无、唐纳、鲁思，包括舒湮，都称得上是论战主力。

这些影评人统称为左翼影评人，但他们之间却存在着显著的区别。其中最明显的，是出生的年代。夏衍、郑伯奇、阿英三人比其他的影评人，在年纪上要大出10岁左右。10岁的差距在今天也许算不得两代人，但是在社会和思潮更迭密度很大的20世纪上半期，晚生10年意味着有着完全不同经历和可能性的两代人。要厘清他们之间的代际差异，以及由此带来的问题，是一个巨大的工作。在这里，需要将问题集中在两代人对影评人来说意味着什么？

尽管都是被“文委”领导，但与夏衍、郑伯奇、阿英三人相比，1930年前后进入大学的这些青年人在进入影坛之前，几乎没有文学资历。文学资历有别，意味着两代人是在不同的历史时刻进入文学，他们接触到的也是不同的关于文学的言说。夏衍、郑伯奇和阿英三人在新文化运动开始时，就以发表、人际网络、加入社团等方式参与了新文化运动，到20世纪30年代成为“左联”的重要人物并进入电影界时，他们不仅清楚“五四”到30年代文学和思潮的变化，在人事和言论上也比年轻人看得更深，表现得更从容。这使他们关于电影的发言有丰富和复杂的能力。在关于夏衍影评的研究中，我们就能看到这种丰富，尽管它内含左翼立场与张力，却不那么的“硬”①。而新一代的影评

① 陈奇佳、章凡：《左翼精神的张力：夏衍早期电影实践再研究——兼及20世纪30年代的“软硬之争”问题》，《戏剧》（中央戏剧学院学报）2015年第6期。

人，他们开始接触文艺时，文艺正处于程凯和姜涛所提出的，20世纪20年代到30年代文学知识分子转向了对以唯物论辩证法为代表的社会科学的追求①。知识风尚转变的效果，明显地体现在了这一代影评人身上：他们向电影界传递的来自文学的指导，根本不是前文所提郁达夫说的多读文艺作品，用好的文学提升自己，而是一堆又一堆的理论。也正是这些刚刚走出校园的二十几岁的青年，成为左翼电影批评的主力。他们作为左翼"影评人小组"② 这个松散组织的干将，作为知识的"基层"，紧紧追随着理论的风尚。这一风尚既是在组织中不断学习和强化的，更是这一时期知识上的潮流。

这使得不少左翼电影批评呈现出理论杂乱堆陈的问题。这首先表现为数量庞大的引述。马克思、列宁、弗里契、普列汉诺夫、瞿秋白、周扬的言论在同一文章中被征用，作为证明观点的金玉良言，他们之间复杂的批判辩驳关系则被抹杀。因此在普里汉诺夫受到批评之后③，他仍与列宁一起，为电影的唯物辩证法做着注脚。与忽视理论辨析同时出现的，是文学论争中专有名词的大汇集——"唯物辩证法创作方法"、"写实主义"、"内容与形式"、"大众化"、"革命浪漫主义"、"公式主义"等。这些名词给中国电影提出了许多重要命题。理想的情况下，它们应该在电影从业人员充分的讨论中被辨析。但是，电影批评对这些命题的呈现，过于单一了，各个命题之间的历史关系被省略。它们往往在反对"为艺术"、"为娱乐"和"生意眼"等敌人时，被联合地引述，铸成铁板一块。

这也导致左翼影评常常出现过分深奥和难以阅读的面目。穆时英就反感地说，王尘无、唐纳、鲁思等人的批评文章根本就是在哲学术语里打转，复制着"电联"领导的观点，其自身完全空洞无物④。夏衍也不止一次地在文章中指出并批评了这种模式化的影评："我们的影评人缺乏的是：真挚的学习，善意的忍耐，而多余的却是：不必要的玄学和可耻的'指导者的架子'"，"在评价主题、性格和人类的相互关系的时候，出发点不该从烦琐哲学而该从对于现实观察所得的一切事实的根据"⑤。即使是曾经狂热的术语使

① 程凯：《1920年代末文学知识分子的思想困境与唯物史观文学论的兴起》，《文史哲》2007年第3期。姜涛：《革命动员中的文学和青年：从1920年代〈中国青年〉的文学批判谈起》，《中国现代文学研究丛刊》2009年第4期。

② 关于"影评人小组"的具体信息可参见彭丽君：《重评1930年代中国左翼电影运动》，乐桓宇译，张春田校，《杭州师范大学学报》（社会科学版）2015年第6期。

③ 瞿秋白于1932年发表《文艺理论家的普列哈诺夫》，其中有详细的对普列汉诺夫的辩证法的批评，见《瞿秋白文集》（第二卷），人民文学出版社1953年版。

④ 穆时英：《电影艺术防御战——斥掮着"社会主义的现实主义"的招牌者》，《晨报·每日电影》1935年8月11日—9月10日。

⑤ 韦彧：《影评人·剧作者与观众》，广播电影电视部电影局党史资料征集工作领导小组、中国电影艺术研究中心编《三十年代中国电影评论文选》，中国电影出版社1993年版，第705页。

用者的典型——王尘无，也在1936年的回顾中说："中国电影批评，最为人所诟病的，是'公式化'。同时，这种'凝固'的'定型'的批评，实在不能接触到多样的作品的深处。"① 对庞大理论体系的追随以及影评中的玄论，也对它们的操作者产生了反噬：年轻的影评人对理论的实感产生了幻灭式的焦虑。这一点在王尘无的例子中，有比较清楚的体现。

王尘无是20世纪30年代左翼影评人中很重要的一位。他的影评活动始于1932年，在1932年到1937年间，他发表了《电影讲话》、《中国电影之路》、《清算刘呐鸥的理论》等重要的理论文章，以及数量庞大的具体的影评。这些批评文章在当时的电影言论界是非常有威信的。于伶曾回忆说："在许多影评人中以尘无同志在广大观众和读者中间的声誉与威信为最高。每当影片上映时，有些青年观众会说：等一等读了尘无的影评文章，看他说好说坏，再决定去看哪一张影片好。"② 1932年至1935年间极为繁荣的左翼影评，到了1936年有了衰落的趋势。这种衰落，一方面表现为指责电影批评"公式化"、"机械化"的声音越来越多，另一方面则是曾经积极参与到电影言论界中的影评人出现了缩水的迹象。王尘无也意识到了这一点，"到现在为止，我们只看到批评家的'洗手'，而看不到批评家的出现。因此，批评的阵容，感到非常萧条。旧的方式，旧的风格，实在容易使读者厌倦"③。

厌倦的不只是读者，作者也厌倦了。对于电影界来说，影评人的重要性之一，是他们乃知识的传递者。王尘无正是这样的角色的积极扮演者。在20世纪30年代的电影界，这种传递更多地表现于，在讨论电影的理论文章中，依据自我的学习和理解将理论知识概述或转译为适合电影的表达。王尘无也正是这样介绍着普列汉诺夫、列宁、卢纳卡尔斯基、瞿秋白、周扬的理论，但这些理论之间的关系和辨析并不多，它们往往作为一个整体被传译到中国的电影界。

王尘无在多篇文章中提到了他的理论生活。在《夜记之什（三）》中，他写道："我也曾经关心着一切新的艺术理论的发展，想从学习到引用，但是依靠着先进的理论家的努力，使新的艺术理论的阶段发展得非常快，自己虽然竭尽了追随的足力，还时时有赶

① 孟公威：《再论影评》，广播电影电视部电影局党史资料征集工作领导小组、中国电影艺术研究中心编《三十年代中国电影评论文选》，中国电影出版社1993年版，第719页。

② 于伶：《回忆"剧联"话影评》，《电影故事》1980年第3期。

③ 孟公威：《再论影评》，广播电影电视部电影局党史资料征集工作领导小组、中国电影艺术研究中心编《三十年代中国电影评论文选》，中国电影出版社1993年版，第719页。

不上的危险。”① 作为理论的追随者，王尘无的努力显而易见，但也流露出力不从心。他在另一段话中说，我“努力追求着正确的艺术理论的发展，但总是望尘莫及。‘仰之弥高，钻之弥坚，瞻之在前，忽焉在后’。自然‘既竭我力’，也有‘卓然似有所见’的时候，但提起笔来，他又云影似的飞远了”②。在这里，他提到了理论学习和理论实践之间的断层——尽力追随着前人/他人的认识和实践的成果，却无法使自己更有力地面对自己所要处理的问题。在写作当中，如何把各种资源加以甄选，来提供论述可能的广度和深度，对他来说，是一个希望达到，却很有难度的事情。王尘无意识到了这样的断裂，他有些哀伤地说：“是的，我是没有一小时的时候，忘了自己的学习。但是终于有一个时候，我因为全力地在探讨而搁起笔来。”③ 对于这种哀伤，一个可能的解释是，作为理论的追随者，思想上的模仿和传译使理论本身丧失了它的现实维度。理论对象改变了，而理论本身却一成不变地流传开来，将被复制、使用在其他的、无限多的领域上。

从中国电影诞生之时到20世纪90年代，关于电影的评论、批评和讨论一直有严肃的传统，这些言论对电影制作本身发挥着很大的影响。在有些时刻，比如左翼文化蓬勃的20世纪30-40年代、十七年期间和“文化大革命”期间，电影批评对影片制作的指导性影响就更加明显。尽管正如本论文所讨论的，这些批评有时候忽略了电影的商业特性，它所携裹的庞大的理论话语和各类指导，也使包括他们自己在内的电影从业人员感到了焦虑；但这些批评和批评行为本身，预设了电影对于人、生活、社会和其他更多话题的重要性，赋予了它工具之外坚固的、有实感的意义。

然而，这种状况在近几年的电影市场上，似乎已荡然无存。IP大兴、资本横冲直撞、粉丝文化大行其道、烂片井喷却能在票房和流量上赚得盆满钵满的现象，让关于电影的一切严肃言说，失语失效④。这并不难理解。整个电影工业中的全部元素看起来在2000年后获得了越来越自由的位置，他们仅受到一些政策法规的约束，而再不必管电影批评提了什么看法；但事实上，电影行业在新的话语权——资本的指挥下，把各方各面都玩成了唯一的钱的游戏，从抠图表演到幽灵票房、从神秘投资到阴阳合同。在资本的

① 孟公威：《再论影评》，广播电影电视部电影局党史资料征集工作领导小组、中国电影艺术研究中心编《三十年代中国电影评论文选》，中国电影出版社1993年版，第719页。

② 同上。

③ 尘无：《夜记之什（一）》，《新华画报》1936年第1期。

④ 戴锦华近年来在很多场合描述过当下中国电影资本独大的状况，参见戴锦华：“2015年中国电影市场依旧令人绝望”，http：//www. sohu. com/a/42840281_117406，2018年12月8日访问；“一切坚固的东西都已烟消云散”，https：//culture. ifeng. com/a/20150310/43311204_1. shtml，2018年12月8日访问。

逻辑里，人不过是生产者和消费者的角色，那些关心人性、生活或社会的言论，即使需要，也只可能是快餐式的需要。在这个时刻回溯20世纪30年代的左翼电影批评与影坛，一方面有恍如隔世之感，另一方面也不免给当代的我们以一种庄重、严肃和建设意义的向往。

（作者单位：东南大学人文学院中文系）

胡适《缀白裘·序》与现代戏曲观①

黄金龙

近代《缀白裘》的校点整理是在1931年，得于胡适先生的支持和指导，汪协如女士以四教堂本为底本完成了该工作。胡适在1937年5月15日为之作序，该书于1940年12月由中华书局以铅字排印出版，学界命其为汪校本。以《缀白裘》为名编选流行的戏曲集，自明代后期已有之，苏州玩花主人曾有编选。入清以来，其风尤甚。康熙雍正年间，先后有积金山人、玩花楼主人、洞庭箫士等皆编选过不同内容的《缀白裘》。乾隆二十八年（1763），苏州宝仁堂书坊主人钱德苍袭用“缀白裘”之旧名，加入流行新编剧目，于次年即刊行了《时兴雅调缀白裘新记初编》，此后按每年一编或二编的刊行速度，至乾隆三十九年（1774），出齐十二编，合刊发行，是为宝仁堂刊本。与前人不同的是，宝仁堂刊本不仅收录有明清之际的昆腔戏、元人杂剧和明清传奇的散出，亦将花部诸腔收于其中。此外，宝仁堂刊本所选戏曲之曲文和宾白皆以其时戏班的演出本为依据，因此充分反映了清乾隆时期戏曲舞台演出的真实状况。自此，宝仁堂刊本《缀白裘》风行一时，亦引起当时众多书坊的竞相翻刻，但版本良莠不齐，至四教堂翻刻本出，始得改善。四教堂本在宝仁堂本的基础之上，做了次序上的调整、剧本上的删补，并简明目次，于乾隆四十二年（1777）《重订缀白裘全编》（十二集）刊出。四教堂本对戏曲选本的声腔性做了淡化，而增强了戏曲的文学读本的功能性，以方便读者阅读。因此，自乾隆到清末民初，《缀白裘》版本虽翻刻不断，但多据四教堂本出，汪校本亦遵此本。1955年，中华书局以上海亚东图书馆旧纸型重印汪校本《缀白裘》，但删去了胡适先生的《缀白裘·序》。此后六十余年，汪校本《缀白裘》仅于1957年重印一次以后，并未再版。作

---

① 本文系国家社会科学基金重大项目“《南戏文献全编》整理与研究”（13&14ZD114）的阶段性成果。

为一部在中国戏曲史上有重大影响的戏曲选本，中华书局于2005年据1955年汪校本《缀白裘》重印，编为六册十二集。值得注意的是，此次重印恢复了胡适先生的《缀白裘·序》，此序长期被学界所忽视，却蕴含着丰富的学术价值，亦可与胡适在1923年3月4日发表于《努力周报》增刊《读书杂志》第7期的《一个最低限度的国学书目》①相互参照，从这篇序中能窥见胡适的戏曲文学思想与主张，以及近代戏曲思想的发展轨迹。

一、胡适论《缀白裘》之性质

胡适先生在《缀白裘·序》中首先论及了《缀白裘》的性质，其性质是从元杂剧与明传奇的对比中产生的。胡适认为，元杂剧之于明清传奇的结构优点正在于其四折的结构。至于元杂剧的这种体制因何形成，应是与元杂剧的演出实践有着密切的联系。元杂剧是在勾栏瓦肆中扮演的，扮演的时间很有限，观众的时间亦有限。《金瓶梅》中曾写道：有一年正月十六日，西门庆请客看戏，从中午开始，演出《王月英月夜留鞋记》，“四折下来，天色已晚”。按照这样的记载，可知四折杂剧演出所需要的时间大约为三四个小时左右。这个时间，对于杂剧演员和观众来说都是比较合适的。因此，四折的体制特点便能充分适应当时的演出需要。

事实上，元杂剧原先是不分折的。元杂剧的演出形式实际上是一种“连场戏”，通过剧中人物的上场、下场来演出一个完整的故事。根据徐扶明的《元代杂剧艺术》的考察，元代杂剧的“折”应包含三层意思。一是相当于“场”，二是相当于“幕”，三是相当于“遍”。我们现在所说的“折”指的是第二层意思，即“折”为“幕”之说。胡适所赞赏的元杂剧的这种体制特点是从文学技巧上的经济角度出发的。从元杂剧的创作内容来看，元杂剧比较广泛地反映了当时的社会生活。有元时期，整个社会的民族矛盾十分尖锐，封建统治阶级和人民大众之间的矛盾也异常突出。权贵势要横行，官吏贪赃枉法，地主富商巧取豪夺，知识分子地位卑微，备受压抑，因此在元杂剧中，时常涌现出一股愤懑之情，常有一种对封建统治阶级的憎恶。元杂剧表现的是一种文人与平民阶层的斗争方式，是战斗的武器。然而元杂剧取材于社会生活，但又不同于生活，如此复杂的社会生活要在舞台上有限的时间和空间之内进行充分的展示，必然要求元杂剧在艺术上更概括、更突出地反映社会矛盾的激烈。倘若按照事件的发展，元杂剧的四折可视为

① 书目内列部分戏曲书目如《元曲选一百种》、《六十种曲》、《笠庵十二种曲》、《缀白裘》，按此排列顺序亦可见胡适之文学演进观。

事件发展的“起承转合”，“起”即揭示事件矛盾的起因，“承”是矛盾的进一步激化，“转”是矛盾发展到顶峰时形势的急转直之下，“合”是矛盾的解决与大结局。所以说胡适称之为文学技巧的经济性，是因为元杂剧在复杂的社会矛盾表现方面，用四折这样经济节约的体制形式，在有限的时间、空间之内，充分表达了广泛而深刻的思想内容和戏剧冲突。当然，胡适也指出，元人做杂剧也并非斤斤苛责于四折的固定格式。事实上，在纷繁复杂的社会生活中，有些剧目要想在四折之中得以充分展示也是极其困难的。因此，元杂剧也有王实甫《西厢记》五本二十折五楔子、《西游记》六本二十四出之类的特殊形式。胡适指出的是，元人杂剧的形式和特点的本质还是四折所带来的结构上的经济与节约，尽管元杂剧有剧本突破了四折一楔子的体制，但在结构上仍遵循着经济节约的原则。因此，元杂剧的每一折都可视为一个浓缩了充分矛盾冲突的小故事，而一个个小故事构成了元杂剧整个完整的、跌宕起伏的故事。其次，胡适指出元杂剧的这种体制特点也与元杂剧“一人主唱”角色演唱体制相关，元杂剧只有一个主要角色演唱，其余角色只白不唱，因此为了照顾主要角色的身体状况，每本戏也不能设置太长的篇幅。这一问题，前贤之说备矣，在此不再过多展开。

胡适认为《缀白裘》何以能流行百十年之久，正在于其是一部“最有势力的摘选本”。胡适此说，亦是从元杂剧和明清传奇的体制特点的对比中得出的。其认为，传奇出自南戏，私以为南戏是出自一种有唱而无做的鼓词。鼓词的特点是篇幅很长，正如诸宫调一样，后来受到北方杂剧的影响，在唱词中加入了扮演，就成为南戏。南戏是不受一人主唱的限制的，可以二人分唱或对唱，也可以多人合唱。这种形式事实上在元杂剧后期的一些剧目的演唱上已有所突破，但是南戏的形式似乎更加自由，灵活。胡适所指出的并非是南戏或传奇对于杂剧“一人主唱”体制的破坏，而是南戏对于元杂剧四折体制的破坏，这才是其所指出的南戏、明朝传奇的弊病之所在。如南戏最早的《琵琶记》，就达到了四十二出。而到了明传奇，这种动辄四五十出的传奇文本比比皆是。《牡丹亭》五十五出，《长生殿》五十出，《桃花扇》四十出。胡适建议读者将元曲的《赵氏孤儿》与明清时期的传奇《八义记》做对比，后者在出数上就达到了四十一出，这在元杂剧时期不可想象，在明清传奇之中实不算出数最多的。因此，胡适批评明清传奇在文学的技巧上是“最不讲究剪裁的经济的”，南戏与传奇太冗长拖沓，在演出之时许多幕情节是完全可以删去不演的。胡适用《琵琶记》第一卷做例：“第一副末开场，第二《高堂称庆》，第三《牛氏规奴》，第四《逼试》，第五《嘱别》，第六《丞相教女》，第七《才俊等程》，第八《文场选士》——这八出若在元朝杂剧作家的手里，完全可以删去，至多在一段说白里几句话就可以说完了。一部《琵琶记》，四十二出之中最精彩的部分不过是《吃糠》、《祝发》、《描容》……四五幕而已。"① 胡适此语正揭示了《缀白裘》受欢迎的原因以及"折子戏"产生的缘起。"以诗文为南曲"乃徐文长批评邵粲《香囊记》之语。胡适认为此评语可适用于一切明清传奇。事实上，八股文作为明清时期应试的主要文体，对明清时期的戏曲与小说等文学创作的渗透和影响皆有定论，以至于在明传奇中出现了一部以"四书"之《孟子》"齐人有一妻一妾"为故事框架的传奇《东郭记》(孙仁孺作)。胡适并未对八股文文体的积极意义做出肯定，而是指出其对传奇创作的弊病所在：

> 明、清两代的传奇都是八股文人用八股文体所做的。每一部的副末开场，用一支曲子总括全部故事，那是"破题"。第二出以下，把戏中人物一个一个都引出来，那是"承题"。下面剧情开始，那是"起讲"。从此下去，一男一女一忠一佞，面面都顾到，红的进，绿的出，那是八股正文，最后的大团圆，那是"大结"②。

胡适进一步指出，明传奇之所以拖沓冗长，不能搬演于舞台的原因，正在于这些八股文人完全不懂戏剧技艺和戏曲舞台需要。即使是明末的阮大铖和明初的李渔，胡适也认为他们只是稍稍懂得舞台艺术。在其看来，明清传奇作家中即使上等的文人也只不过懂得些音乐歌唱，其余的只适合做八股文，在明清传奇盛行于世的浸润下，用八股文的老套方法做些不适合扮演的传奇戏文。

明传奇为人所诟病的原因正在于其为"文人案头剧"，很难全部搬上舞台，主要原因就在于其文本内容繁多，演员不能胜任，普通观众也没有充足的时间和耐心听完整出大戏。因此，明传奇成为文人之间的"清赏"与"雅玩"，成为了一种高雅的文人艺术。正因为普通观众对于演出时间的要求和对剧情的要求，在明晚期，一些传奇的摘选本逐渐流行起来。这些传奇选本少则一两出，多也不过四五出，如《来凤馆精选古今传奇》，又名《醉怡情》（辑于清顺治四年，1647 年），早于《缀白裘》。而至清乾隆年间，随着戏曲舞台艺术的成熟，这种"折子戏"的形式大为流行。胡适认为《缀白裘》十二集四十八卷可谓是传奇摘选本的最大结集了。

可以看出，胡适对于《缀白裘》性质的论述，是从元杂剧和明清传奇的体制区别出发，而承袭了戏曲舞台经验与文本并重的基本路线。在其看来，《缀白裘》摘选本的最大贡献就在于其替读者和演员删削了明清传奇中那些不适合舞台演出的内容，将戏曲中

---

① 胡适：《缀白裘·序》，钱德苍编选，汪协如点校《缀白裘》，中华书局 2005 年版，第 2 页。
② 同上，第 3 页。

最精彩的部分摘选出来，形成一部类似于杂剧的四折杂剧。而且，《缀白裘》也并不像《六十种曲》那样的总集一样厚重，但是他所收的曲本又是极其广泛的，不仅对明崇祯年以前的杂剧和传奇进行了筛选，而且对从明崇祯到清乾隆年间的舞台戏曲演出也多有收录，这是其意义所在。当然，胡适也并不回避《缀白裘》在内容选择上的主观倾向问题，但无论是从戏曲音乐出发还是从文藻出发，《缀白裘》都可以被视为一个历史选择和舞台选择的结果，因此能代表一个时代的特征。

二、胡适所论《缀白裘》之特别长处与其“平民文学观”

胡适在《缀白裘·序》中，用大量篇幅论述《缀白裘》的性质，同时也对《缀白裘》的几个特别长处进行了论述，其中第一个就是对于《缀白裘》中宾白改削的发现。《缀白裘》所收戏曲，都是当时戏台上的通行本子，也即经过排演和删削的本子。胡适进一步注意到这样一个问题：“《缀白裘》是苏州人编纂的，苏州是昆曲的中心，所以这里面的戏文是当时苏州戏班里通行的修改本，其中‘科范’和‘道白’有很大胆的修改，大部分的说白都改成苏州话，科范也更加详细了。”① 胡适用《六十种曲》和《缀白裘》本所收《义侠记》诸出中武大郎和西门庆的说白做了对比，推定了这一变化的正确性。更进一步，胡适发现，改用苏白的基本上都是“丑”和“付”，都是舞台上滑稽或可笑的人，用苏白让人觉得某些奸诈的人物形象更加可恶，如《一捧雪》中的汤北溪，而《义侠记》中的武大郎则让人觉得可笑又可怜。胡适将戏曲说白在《缀白裘》中这一变化的积极意义视为“吴语的风趣”。

胡适的这些寥寥数语其实揭示了戏曲宾白发展史上一个颇有意味的形式即“曲退白进”现象。

孔尚任在《桃花扇》之《凡例》中描述了清代剧坛这一现象的盛行：

> 一，各本填词，每一长折，例用十曲；短折例用八曲，优人删繁就简，只歌五六曲，往往去留弗当，辜作者之苦心。今于长折，只填八曲，短折或六或四，不令再删改故……
>
> 一，旧本说白，止作三分；优人登场，自增七分，俗态恶谑，往往点金成铁，为文笔之累。今说白详备，不容再添一字……
>
> 一，设“科”之嬉笑怒骂，如白描人物，须眉毕现。引人入胜者，全借乎此、

① 胡适：《缀白裘·序》，钱德苍编选，汪协如点校《缀白裘》，中华书局2005年版，第6页。

今俱细为界出，其面目精神，跳跃纸上，勃勃欲生；况加以优孟摹拟乎①？

孔尚任所谓“俗态恶谑，点铁成金”的说法实际上对宾白来说有点言过其实，其“俗态恶谑”也不过是反映了宾白在戏曲表演中的主要功能。明传奇剧本之“繁”自不用多说，其往往被人诟病为“文人案头剧”，难以搬上舞台演出。随着戏曲表演意识的深入，舞台艺人在文人创作的“墨本”的基础之上形成的“台本”，是遵循舞台表演实践基础之上的产物。在长期的戏剧表演中，观众对于戏曲的内容已经有了很深的了解，因此，将一些戏曲中主要的出目摘出来，形成短小精悍的折子戏演出，自然需要所谓戏曲的“看点”，宾白插科打诨、调笑戏谑的特点显然有利于调动观众的情绪，也加深了对于戏曲人物心理的挖掘和人物性格的刻画。

我们试着比较《浣纱记》第七出《通嚭》从明代版本到清代舞台演出版本之宾白的变化：

末扮文种，丑扮伯嚭

丑（大笑科）远劳厚意，请起！

末　不敢。礼物通在帐外，人夫颇多，每样先进上一件，倘蒙叱留，方敢尽进这样。黄金五千两，锦缎共五千匹，白璧共十双。

丑　怎么要许多？小厮，杀起羊来，烫起酒来，留文老爹坐坐去。（明崇祯怡云阁刻本）

丑　文大人，方才那小校只管说越国使臣要见，竟不说文大夫，下官有罪了！

末　先献礼单呈祥。礼物都在帐外，黄金五千两，这是呈样。

丑　许多礼物，只收两锭吧！

末　一定要全收。

丑　既如此，全收。吩咐摆酒宰鸡。

末　彩缎五千端，（这个）也要呈样的。

丑　好花样！五千端，只收这两端罢！

末　一定要全收！

丑　为此，一发收了。吩咐宰羊。

末　白璧二十双。

---

①（清）孔尚任：《云亭山人评点〈桃花扇·凡例〉》，北京大学出版社2012年版，第11页。

丑　白璧乃无价之宝。一发收了。宰牛。（《缀白裘》本）

从这两个版本我们可以看出，从明代到清代，首先戏曲宾白的容量增加了很多，而且改动较大。《缀白裘》本的丑角相较明代本的刻画，增加了三次“欲迎还拒”的语言描写，更表现出伯嚭丰富的心理变化和见财忘义的性格特点。

“净”与“丑”的这一插科打诨的功能的增强体现了戏曲角色行当的规范和分化。唐代参军戏中，主要有参军和苍鹘两个角色。到宋院本，参军改为副净，苍鹘改为副末，插科打诨，作滑稽表演。在南戏中，副净和副末进一步演化为净、末，但仍只是单纯的插科打诨，并未形成规范的角色行当。

从元杂剧表演的行为模式来看，“净”角主要承担着插科打诨、逗人发笑的作用。随着戏曲表演的深入，元杂剧的角色体制已经不能适应日益丰富的戏曲表演内容，尤其是明中叶以来，随着社会环境的影响，社会矛盾突出，忠奸矛盾在传奇剧目中开始大量出现，最为明显的影响就是除了正面角色要发挥表演效果以外，反面角色在戏曲表演中的地位也在日益增强，尤其是对人物心理的深入刻画刺激着反面角色行当的突出和进一步分化。在明传奇中，从“净”内部又分化出一个插科打诨的新的角色类型——“丑”。这个角色最早出现在《元曲选》中，而脉望馆本元杂剧仍由“净”承担插科打诨的职能，到《元曲选》中这一职能大部分已经转移到“丑”角身上。如《浣纱记》中的吴王由净扮演，伯嚭由丑扮演；《鸣凤记》中的严嵩由净扮演，赵文华由丑扮。由此看出，戏曲“曲退白进”的现象固然有冲淡曲词的弊病，但另一方面也是戏曲向表演性深入的重要反映，为戏曲确立行当表演规范提供了基础，曲词与宾白之间的相互调适成为之后的戏曲创作的一个重要问题。可见，胡适对于“曲退白进”这一现象的认识是比较早的，而且充分认识到了宾白在戏曲舞台表演上的积极意义。

再者，胡适也充分注意到了从宝仁堂本《缀白裘》到四教堂本《缀白裘》，相较前期《缀白裘》本的特色在于编选戏曲的范围大大地增加了，不仅收录了当时大部分昆腔“雅”曲，而且收录了当时不少的“俗”曲，即“梆子腔”之类。胡适认为，三四百年来，士大夫雅爱昆腔，对各地的俗曲的重视程度是极其不够的，所以保存下来的俗曲的资料很少，这确实是文学史上的一大憾事。正因如此，《缀白裘》的贡献得以突显。它使我们可以考见乾隆以前民间俗戏的大概状况，为中国近世戏曲史提供重要的史料。

胡适的这一戏曲思想显然与其“平民文学观”的文学思想有着某种联系。关于中国文学的发展脉络，胡适在其口述自传中有详细的阐述：

在研究中国文学史方面我也曾提过许多新的观念。特别是我把汉代以后，一直到现在的中国文学的发展，分成并行不悖的两条线的这一观点。在那上一级的一条线里的作家，则主要是御用文人、散文家；太学里的祭酒、教授，和翰林学士、编修等人。他们的作品则是一些仿古的文学，那半僵半死的古文文学。但是在同一时期——那从头到尾的整个两千多年之中——还有另一条线，另一基层和它平行发展的，那个一直不断向前发展的活的民间诗歌、故事、历史叙事诗、一般故事诗、巷尾街头那些职业讲古说书人所讲的评话等等不一而足。这一堆数不尽的无名艺人、作家、主妇、乡土歌唱家；那无数的男女，在千百年无穷无尽的岁月里，却发展出一种以催眠曲、民谣、民歌、民间故事、讽喻诗、讽喻故事、情诗、情歌、英雄文学、儿女文学等等方式出现的活文学。这许多早期的民间文学，再加上后来的短篇小说、历史评话，和更晚出现的长篇章回小说等等。这一个由民间兴起的生动的活文学，和一个僵化了的死文学，双线平行发展，这一在文学史上有其革命性的理论是我首先倡导的；也是我个人对研究中国文学史的新贡献①。

胡适的观点反映了中国文学发展的基本态势，这一态势在中国沦为半殖民地半封建社会时期被突显出来。我国长期处于封建社会，社会普遍存在的矛盾是封建统治阶级和人民大众之间的矛盾，这就使得我国的文学形态呈现一种双层发展的态势。一方面是由贵族阶级掌握的贵族文学阶层，掌握着雅文学的资源；一方面是平民文人阶层，掌握着俗文学的资源，这条文学线随着宋代俗讲、说话等市民文学的兴起和发展而受到重视。

胡适认为“双线文学”观念是其首先倡导的。从文学内部的运动规律上讲，胡适所认为的中国文学的两条线发展反映了中国文学内部普遍的“雅俗互动”基本态势。其实在中国的社会阶层中，有一个阶层的地位是不可忽视的，这就是士大夫阶层。这样，中国古代的文学结构实际上由三层文化阶层构成：由贵族文人阶层所引导的贵族文学；由平民文人阶层所引导的平民文学；徘徊在贵族文人阶层和平民文人阶层之间的士大夫阶层。之所以称之为徘徊，是由士大夫阶层的特殊身份所决定的。一方面他们要从贵族文学汲取雅文学的资源，以获取自我的身份认同，另一方面他们又不能摆脱平民文人阶层所蕴含的丰富的俗文学与民间文化资源。我们从明传奇的历史发展来看，明传奇从南戏发展演化而来，首先就是在戏曲格律和文辞上进行规范，以获得贵族阶级的认可。明传奇的文本是极其庞大且规范的，但是明传奇的弊病也正在于此。明传奇发展到乾隆、嘉庆年间，它在舞台搬演上存在着明显的问题。这就是胡适所说的明传奇是极为冗长和拖沓的。因此，在乾隆年间，雅部才受到花部的强烈冲击。

---

① 胡适：《胡适口述自传》，《胡适文集》（第一卷），北京大学出版社1998年版，第240页。

事实上，士大夫阶层对于这一问题是有清醒的认识的，胡适正是这一阶层的一个代表。在胡适看来，平民文学走向社会，成为社会的主流文学，既要保持平民文学的生机和活力，又必须要加强文人的参与。这一问题从南戏向昆曲转化的过程中也可以看到。南戏最初是村坊小曲。徐渭在《南词叙录》中云："'永嘉杂剧'兴，则又村坊小曲而为之，本无宫调，亦罕节奏，徒取其畸农、市女顺口而歌而已。谚所谓'随心令'者，即其技欤?"① 由此可见，南曲戏文与民间文学有着不可分割的联系，因此徐渭说在南曲戏文兴起之初"士大夫罕有留意者"。一个不可否认的事实是，在中国戏曲发展的历史上很长一段时间之内，戏曲艺伶的地位是极其低下的，他们常常受到社会的歧视，常常为了生计问题迎合观众的需求，因此在文学创作上没有自主性和独立的艺术追求。相反，文人具有较高的文学素养，在提升传奇艺术品位、指导优伶戏曲演唱与演出、推广戏曲演出方面有着很大的优势。但胡适清醒地认识到，要想让平民阶层走向更深入的领域，必须重视士大夫阶层，抑或精英阶层在雅文学的道路上已经走得足够深远而坚定，以至于成为一种"死文学"，现在我们必须重视平民阶层的"活文学"，加强文人雅士与平民文学之间的联系，创造出更多雅俗共赏的文学作品，这是文学发展所必须遵循的基本规律。在封建社会，封建统治者为维护其文化与政治统治，必然会抑制平民文学的发展，因此，即使有小范围的文人阶层倡导平民文学的发展，也起不到多大的作用，而在胡适所处的时代，社会阶层发生了极其重大的变化，因此，胡适对"平民文学观"的倡导便能引起社会足够的重视：

> 我们特别指出白话文学是中国文学史上的"自然趋势"，是不够打倒死文学的权威的，必须还有一种自觉的，有意的主张，方才能够做到文学革命的效果。欧洲近代国语文学的起来，都有这种自觉的主张，所以收效最快。中国有了一千多年的白话文化，只因为无人敢公然主张用白话文学来替代古文学，所以白话文学始终只是民间的"俗文学"，不登大雅之堂，不能曲死文学而代之。我们再三指出这个文学史的自然趋势，是要利用这个自然趋势所产生的活文学来正式替代古文学的正统地位。简单说来，这是用谁都不能否定的历史事实来做文学革命的武器②。

所以说，胡适对《缀白裘》的这一长处的发现，意在借戏曲来表达自己的文学革命

① （明）徐渭：《南词叙录》，中国戏曲研究院编《中国古典戏曲论著集成》（第三集），中国戏剧出版社 1959 年版，第 334 页。

② 胡适：《中国新文学运动小史》，《胡适文集》（第一卷），北京大学出版社 1998 年版，第 126 页。

的主张。将白话文学视为中国文学史上的“自然趋势”，不仅是中国文学发展的自然规律，也是社会转型时期精英文人阶层必须极力倡导的。平民文学适应了时代发展的需要，能够以潜移默化的方式来对中国社会的各个方面产生影响，促进社会的变革。

三、结语

从上文对《缀白裘·序》的考论看来，胡适在此序中充分渗透了自我的文学革命的主张。胡适为何对元杂剧的体制结构大为赞赏，对明传奇的拖沓、冗长表现出遗憾，首先是基于对戏曲舞台表演经验的重视，其次是对元杂剧在四折之内所表现的激烈冲突的重视和肯定。更进一步讲，这是胡适注重文学发展规律的表现：

> 在文学方面，也有同样的需要。庙堂的文学固可以研究，但草野的文学也应该研究。在历史的眼光里，今日民间小儿女的歌谣，和《诗三百篇》有同等的地位；民间流传的小说，和高文典册有同等的位置，吴敬梓、曹雪和关汉卿、马东篱和杜甫、韩愈有同等的位置。故在文学方面，也应该把三百篇还给西周东周的无名诗人，把《古乐府》还给汉魏六朝的无名诗人，把唐诗还给唐，把词还给五代两宋，把小曲杂剧还给元朝，把明清的小说还给明清。每一个时代，还他那个时代特长的文学，然后评判他们的文学的价值①。

因此，胡适所作此序，是社会大变革时期的一种文学变革层面的表现，可以说其不仅是对戏曲发展历史和发展规律的总结，亦是对文学改良的殷切期盼，表现了社会转型时期精英文人阶层的自我觉醒和积极行动。胡适此序，揭示了近代戏曲研究和发展的主流方向，确立了传统戏曲在中国古代文学中的历史地位。近代戏曲史研究以元杂剧为戏曲文体研究范本，与明清传奇形成鲜明对比，是“一代有一代文学”思想的体现。然而表面上看，近代戏曲重视戏曲的民俗生态和舞台经验，但戏曲之体制的变迁、“曲退白进”现象的出现，从词乐关系上讲，更有其深层的运动规律。元杂剧、南戏和明清传奇均是中国音乐文学发展的高峰。中国文学是一部词乐互动史，词与乐的互相调适才是杂剧、南戏、明清传奇之间发展的真正逻辑。在胡适看来，此问题的探讨显然并不是研究的重要方向，而是近代以来胡适等知识分子急于对新文学规范建立诉求的体现。胡适注

---

① 胡适：《〈国学季刊〉发刊宣言》，《疑古与开新——胡适文选》，上海远东出版社 1995 年版，第 72 页。

意到了文学背后的演进逻辑，但忽略了戏曲发展的词乐因应背景，因此遮蔽了南戏和明清传奇的价值以及戏曲发展之间的历史复杂性，使得对戏曲史的研究长期以来停留在文学层面，而忽视了戏曲作为综合艺术的总体考察。

（作者单位：苏州大学文学院）

在“新变”与“旧序”之间[①]

——论白话新诗中的“欧化”和“传统”句法

谢君兰

作为一种建立在语言系统上的独特文学体裁，诗歌一方面以遣词造句的不断求新求变为活力源泉，另一方面也脱离不了该语言体系基本语法规则的约束，如同舞蹈时带着不自知的“镣铐”。其中语法分为两个部分：词法和句法。前者以语素为单位，研究词的内部构造；后者则以词为基本单位，研究句子内部的结构②，即句子的各个组成部分和排列顺序。句法在单一的语言环境中体现出稳定性，但当两种语言系统有所交融和碰撞，特别是出现在需要闪出陌生化火花的诗语中时，句中词汇与短语的“在序”与“失序”，也就是句法“新变”与“旧序”的相互渗透，就显得复杂又微妙。这一现象尤其体现在中国的白话新诗中，值得以文本细读的方式加以深入探析。

民初时期，随着“白话”取代文言成为文学表述的语言媒介，新诗也逐渐置换了语言基底。需要注意的是，此时的白话已呈现出与“传统白话”不一样的质地，它在数十年间受到大量译介作品的影响，吸收了部分西方语言体系的质素，成为既不同于文言文，也与民间口语拉开距离的新语言模式。这种“新式白话”也对新诗句法的调适产生了重要影响。在这之前，包括古典诗词和时调小曲在内的中国传统诗歌，都很难在句法的变异上跨出新步调，究其原因，还是在于古典诗词背后的文言体系以及时调歌谣所化用的民间口语都是传统汉语的组成部分，虽然它们已经在各自所能承载的范围内做出适应诗歌新需求的局部调整，但它们本就是传统诗歌“从内生发”的土壤，也就暂时无法单独

① 本文受教育部人文社会科学研究青年基金项目“近代学校音乐教育与中国新诗的发生研究”(19YJC751050)资助。

② 参见朱德熙：《语法讲义》，商务印书馆1982年版，第25页。

提供产生新句法的营养与动力①。

白话新诗则不同，它以“新式白话”为基础，并还在持续接纳翻译者不断从译介诗歌中透析出来的欧式句法元素。同时，“白话”仍然是汉语，还是要遵守基本的汉语语法规则，所以又有旧的句法参与进新诗创作——但我们不能说欧化句法就绝对有利于新诗的生长，而传统句法是绝大的不利因素。所有诗歌秩序的再造，最后还是要适应当时的社会历史现实需求，还是要落实到透彻地展现符合时代特征的诗境诗情这一宗旨之上。实际上，句法的欧式“新变”有利有弊，传统“旧序”也同样如此，都需要结合具体诗作进行清理与辨析。在这条艰难摸索的道路上，“五四”时期的诗人们在两者之间经历了激烈探讨与长久磨合，虽然不一定真正达到一种“完美之统一”② 的理想状态，却最终创造出中国白话新诗所特有的句法样态——这种样态，对近体诗来讲，最明显的是齐整的五七言形式转换为自由长短句的释放；对时调歌谣来说，则是脱离了音乐模式后，对散漫句式的收束与规范。

一、欧化句法的借鉴与引入

清末民初时期对西方语法特征的借鉴，主要通过文学译介活动来展开。当时的许多知识分子，因为有留洋背景，受过西方语言文字的系统训练，所以他们既是创作者，也是翻译者，这两种身份交互影响，使得他们的文学作品烙下了诸多译介，即“欧化”的痕迹。这里所谓的“欧化”，主要是指印欧语言体系，特别是英语对汉语产生的影响，包括英语具备的较为丰富的构词方式③，以及英语句子惯常采用的极具层次的“形合法”（Hypotaxis）④，也即诗人们欣赏并再三强调的西洋文句的“层叠性”。相对更多依靠语义搭配来反映词语关系的汉语来说，英语先天就具备组织有序、结构严密、逻辑分明的特征，这显然也更契合“文学革命”背负的政治教化功能与其表达启蒙思想以改造国民精神的最终诉求。作为“文学革命”的组成部分，白话新诗肯定也不可避免受到相应影响，而且作为最讲求形式的文章体裁，其在句法结构上受到西语语法规范的影响也是最

① 参见谢君兰：《晚清“诗”与“歌”中的句法与意象——以传统诗歌的句法原理为分析基础》，《文学评论》2015 年第 3 期。

② 于赓虞：《诗之艺术》，《华严》1 卷 2 期，1929 年 2 月 20 日。

③ 其中名词有性、数、格，动词有人称、数、态，形容词和副词有比较级等曲折变化。

④ 即“通过空间搭架的方式，以主谓结构为主干，以谓语动词为中心，通过大量反映形式关系的介词、关联词……形式主语等，把句中的各个组成部分、各个句子要素层层搭架，呈现出由中心向外扩展的空间图示”。参见闫文培：《全球化语境下的中西文化及语言对比》，科学出版社 2007 年版，第 248 页。

为直观的——不过，并不是所有欧化因素都给新诗带来了自然流畅、逻辑严明的语感形式。在更细密地传递复杂思想与明确意义的前提下，在倾向于强化推论性句法①的同时，新诗也从要求语言陌生化的“诗性”角度，吸收了一些欧化元素中有助于表达美学意象的独立性句法②——具体来看，推论性句法的吸收，主要体现在主谓形态的相对完善、主谓宾修饰语的大量使用、连结词与时态性词语的添加；独立性句法则侧重表现于跨行，词序错置中的表语前置与状语易位等语法形式的运用。

首先，就主谓形态的完善来说，这是英语严谨句法与完整结构的主要表现之一。其中主语往往成为句子的主题得到强调与凸显。这一特点也同样反映到了英语诗歌中。《关不住了》的原诗，即美国女诗人 Sara Teasdale 的《Over the Roofs》的第一段就很能反映这一点：

I said,“I have shut my heart,
As one shuts an open door,
That love may starve therein
And trouble me on more.”

这首诗具备明确的主语“I”与谓语“said”，后跟复合句作宾语充当说明对象，而复合句中又涵盖数个完整的句子。这影响到了胡适的翻译，其译作首句就是“我说，‘我把心收起，/像人家把门关了”，成为典型的白话式完整句。这一译诗被他当作新诗“成立的新纪元”，同体现主体情感的涌动以成功塑造“抒情自我”的形象密不可分，而这一切的前提是主体在语言表达上的在场与凸显。这也体现出英诗句法与古典诗常省略成分、多无主句的意合形态之间的差异③。当然，并不是说所有的新诗句子都沿用了这种结构，但其无疑从整体句型上为白话新诗提供了一种可资借鉴的形态。主谓句型占优势，也是自胡适《尝试集》开始，就持续贯穿在新诗发展历程中的一个明显特征。

《尝试集》几经删改，分为三编的编排形式却始终不变，是胡适为反映自己诗歌转化历程的有意安排。其中第一编离旧体诗最近，但也在《赠朱经农》等诗中不自觉地反

① 所谓“推论性句法”，主要指诗句尽量使用常规语序以表明逻辑与意义，体现为“以文为诗”的倾向。

② 所谓“独立性句法”，主要指在诗句中避免使用常规语序，大致有“歧义”、“错置”、“不连续”三种类型。具体参见高友工、梅祖麟著，李世耀译：《唐诗的句法、用字与意象》，《唐诗的魅力：诗语的结构主义批评》，上海古籍出版社 1989 年版，第 45 页。

③ 曾有人试着将《Over the Roofs》翻译为古典诗，第一节被译作“既将心闭幽，情似门内囚，日久成饿殍，无计使余愁”。在英译汉的句法调整上，译者首先选择省略的即是主语。

映出诗人对主谓形态的零星运用。从第二编开始，诗人的主谓意识增强，相似的句子也明显增多。《老鸦》《新婚杂诗》等诗中都出现了接连使用主谓形态的诗句，比如“我整日里飞去飞回，整日里又寒又饥。——/我不能带着鞘儿，翁翁央央的替人家飞”① 等。特别是译诗《老洛伯“Auld Robin Gray”》，其中第六、八、九节都是以“我”作为每句诗开头的，体现出更为明显自觉的主语运用。如第九节：

我如今坐也坐不下，哪有心肠纺纱
我又不敢想着他：
想着他须是一桩罪过。
我只得努力做一个好家婆，
我家老洛伯他并不曾待差了我②。

原诗为：

I gang like a ghaist, and I carena to spin;
I daurna think on Jamie, for that wad be a sin;
But I'll do my best a gude wife aye to be,
For auld Robin Gray he is kind unto me. ③

胡适在序言中介绍道：“全篇作村妇口气，语语率真，此当日之白话诗也。”可见选择此诗进行翻译，也是看中了它自然流利的表述方式。对英语诗来讲，这种近于口语的诗句，是不会避讳接连使用主谓完整的简单句子的。胡适为还原这种语感，也选择了简洁浅俗的白话文进行译介，并最大限度地保留了原诗的句子成分。于是出现了连续使用“我”作为开头的诗句。也许是此句法使得主体情绪得到了延展与抒发，他很快就移用到了自己的其他创作中。比如第三编中的《四烈士冢上的没字碑歌》：“他们不能咬文嚼字，他们不肯痛哭流涕，他们更不屑长吁短叹！”④《病中得冬秀书》：“我不认得他，他

---

① 胡适：《老鸦》，《尝试集（附去国集）》第四版，亚东图书馆 1922 年版，第 28 页。

② 胡适：《老洛伯“Auld Robin Gray”》，《尝试集（附去国集）》第四版，亚东图书馆 1922 年版，第 37—38 页。

③ 同上，第 43 页。

④ 胡适：《四烈士冢上的没字碑歌》，《尝试集（附去国集）》第四版，亚东图书馆 1922 年版，第 108 页。

不认得我，我总常念他，这是为什么?”①

这种人称代词做主语的主谓句型随后出现在几乎每个诗人的作品中。比如康白情的《一封还没写完的信》，模拟病重妻子的口吻来做戏剧性的叙事，为了符合妇人对丈夫的思念之情以及絮叨急迫的说话方式，从第二节开始，四十多句诗几乎全是以人称代词作为主语。择取其中一段为例：“她说：/你底婆老了。/她又常常生病。/她成日家念着她底孙儿；/她成日家把脸洗着她底泪儿。/她好容易盼到你可以回来，如今你却不回来了！/她说，她会看不到你了！”② 每一句的主谓宾成分都齐全，且一行一个独立句，一意惯之，一气呵成，将殷切期盼自己回家的妻子内心焦灼苦痛的情绪表现得淋漓尽致——就连以晦涩艰深闻名的“诗怪”李金发，也有“我仅能在画图上认识，/时给我泥污之气。/我迷离于你之章句，朋辈之笑声”③（《诗人魏尔仑（P. verlaine）》）这样结构清晰、易于理解的诗句。可见其已经融入草创期诗人们的惯用表达形式当中。

其次，新诗不仅表现出主谓等句子躯干性成分的相对完善，连定状语等修饰性语言成分也有了进一步强化，特别是长定语的使用以及“的”字的添加，是一种相对明显的欧化因素。一方面，其大大拓展了新诗容纳信息的空间，并提高了展示细节的能力；另一方面，修饰语无节制性的滥用，也造成了诗句冗长烦琐的弊病。这是新诗修饰语整体呈现出来的语法状态，但同时，我们不仅要在功能轴上看到其作为“类”的利弊因素；也要在时间轴上看到它所经过的拓展与更新过程。

在《尝试集》的第一编中，胡适大体沿用了创作旧诗的语言模式，在修饰语上也同样如此，多在名词主语前面放置单音节形容词，比如“小星躲尽大星少，果然今夜清光多”④（《中秋》）。当其开始挣脱了齐言形式，进行长短句自由诗的创作时，胡适仍一时无法摆脱此下意识的语法惯性，比如《鸽子》“忽地里，翻身映日，白羽衬青天，十分鲜丽”⑤ 就只用了“白”和“青”来修饰“羽”与“天”，而将“十分鲜丽”的整体性判断放在了句后做补充性说明。当他开始尝试着沿用欧化形式，将修饰语放置到中心语之前时，他习惯性地回到了传统诗词最擅长使用的叠音词范畴，比如“站在人家屋角上哑哑的啼”，“翁翁央央的替人家飞”⑥（《老鸦》），“他眼泪汪汪的望着我”⑦（《“应该”》）等等。在译诗中，因为翻译《老洛伯》要刻意讲求率真的口语形式，所以胡适依然没有

① 胡适：《病中得冬秀书》，《尝试集（附去国集）》第四版，亚东图书馆 1922 年版，第 11 页。

② 康白情：《一封还没写完的信》，《草儿》，亚东图书馆 1922 年版，第 271 页。

③ 李金发：《诗人魏尔仑（P. verlaine）》，《微雨》，北新书局 1925 年版，第 22 页。

④ 胡适：《中秋》，《尝试集（附去国集）》第四版，亚东图书馆 1922 年版，第 5 页。

⑤ 胡适：《鸽子》，《尝试集（附去国集）》第四版，亚东图书馆 1922 年版，第 27 页。

⑥ 胡适：《老鸦》，《尝试集（附去国集）》第四版，亚东图书馆 1922 年版，第 28 页。

⑦ 胡适：《“应该”》，《尝试集（附去国集）》第四版，亚东图书馆 1922 年版，第 56 页。

摆脱狭隘的定语选择范畴，比如“她只眼睁睁地望着我”，“那天正孤孤凄凄地坐在大门里”① 等等，一直到了《关不住了!》，胡适才开始在叠音词之外，使用其他形式的定语来营造诗意，比如“五月的湿风”、“街心的琴调”② 等，但仍然限定在单个定语的使用上。在《威权》里才出现了明确携带“的”字的双重定语：“威权坐在山顶上，/指挥一班铁索锁着的奴隶替他开矿。”③ 可见胡适并非一开始就完全接受长定语的欧化方式，仍然是经过了一定的转化历程，不过相对来说变化不明晰，只能在细微之处凸显而已。

在《尝试集》之后，其余的诗人开始有意识地在定语上进行扩充与延伸。以俞平伯为例，他是以大量使用叠音词而著名的诗人，如“对对的归鸦”、“淡茫茫的冷月”④ 等，也已经开始加大修饰词的使用力度，如“似烟似雾朦胧罩着，/远近几星灯火，/忽黄忽白不定的闪烁”⑤（俞平伯《冬夜之公园》），“这那染不就的浅蓝天清冷冷罩着”⑥（俞平伯《墙头》），“黑漆漆的空幻支离大梦”⑦（俞平伯《小伴》）等等。也许是初尝定语可无限添加、无限表意的乐趣，诗人们开始将更多的信息细节压缩进一个单句，将定语往更复杂的结构推动——比如：“乾坤坎离环拱玄黄相互的太极图底国旗飘动了全场底空气”⑧（康白情《阿令配克戏院底悲剧》），“层层锁着的九嶷山上的白云哟！/微微波着的洞庭湖中的流水哟!”⑨（郭沫若《湘累》）。甚至到达了一种较为极端的状态，比如：“我愿透着寂静的朦胧，薄淡的浮纱/细听着淅淅的细雨寂寂的在檐上激打/遥对着远远吹来的空虚中的嘘叹的声音/意识着一片一片的坠下的轻轻的白色的落花”⑩（穆木天《落花》）。每个中心名词前面都加上了四五个定语，在不断强化细节性与画面性的同时，也给阅读增添了烦冗的难度。

其实，过于冗长的修饰语是不符合汉语的语法与阅读习惯的：一方面，主语迟迟无法确定，加重了人记忆的负担⑪；另一方面，也违背了汉语诗歌典型的以“二”与“一”为基础的节拍样态。在长定语的使用上，因为助词“的”的添加，使得基于单音

① 胡适：《老洛伯》，《尝试集（附去国集）》第四版，亚东图书馆1922年版，第36页。

② 胡适：《关不住了!》，《尝试集（附去国集）》第四版，亚东图书馆1922年版，第51页。

③ 胡适：《“威权”》，《尝试集（附去国集）》第四版，亚东图书馆1922年版，第59页。

④ 俞平伯：《冬夜之公园》，《冬夜》，亚东图书馆1922年版，第1页。

⑤ 同上。

⑥ 俞平伯：《墙头》，《冬夜》，亚东图书馆1922年版，第12页。

⑦ 俞平伯：《小伴》，《冬夜》，亚东图书馆1922年版，第13页。

⑧ 康白情：《阿令配克戏院底悲剧》，《草儿》，亚东图书馆1922年版，第65页。

⑨ 郭沫若：《湘累》，《女神》，泰东图书局1921年版，第28—29页。

⑩ 穆木天：《落花》，《旅心》，创造社出版部1927年版，第50页。

⑪ 参见张媛媛：《现代汉语诗歌“陌生化”的语言实现》，华中师范大学中外语言比较专业2013年博士论文，第72页。

节和双音节词的基本汉语节拍拓展到了三言，新诗也被迫从节奏明晰的吟唱转为“目读”形式，无法适应国人既定的节奏期待心理。这既是新诗的创新之处，也带来了一定限制。所以在经过有意延长的试验之后，大部分诗人还是把定状语的数量限定在了一至两个，但范畴却扩大到了几乎所有的词性，从而完成了修饰语的探索，找到了它在诗歌中的恰当位置。

第三，连结词在新诗中的频繁使用也强化了句法的逻辑关系，增加了推论性效果。包括介词、连词、动态助词，以及被字句的使用，其语法相对零散但在新诗中的作用同等重要。

就介词与连词来讲，因为英语清晰的语法结构必须要求使用介词，所以汉语的介词在应用频率上也受到了相应影响，比如表处所的“在……”等同于英语中的“in，on，at”等，表时间的“当……的时候”，则相当于英语中的“when 或 while”等等；同时，衔接句子的连词，如“因为、所以、但是、然而”的使用更加密集，环环相扣，层层推进，使得新诗的句法结构趋于精密，弥补了文言系统缺乏丰富联结手段的语言缺憾——有在句间使用单个连词的，如“你的一双大眼，/笼罩了全世界。/但也隐隐的透出了/你婴孩的心”①（宗白华《题歌德像》）；有使用双重或多重连词以使句子结构趋于和谐的，如“因为你身上的香泽，/调理了我底呼吸，/并且因为你底额儿是这般的秀美”②（王独清《ADIEU》）；有介词、连词交替在句中使用的，如“我俩虽半年不见，/在冷冰冰的冬夜，我却连续梦见你”③（俞平伯《屡梦孟真作此寄之》）等等。

就时态性词语与被动式来说，这也是新诗欧化句法的体现。时态是英语为了明确表现时间性，通过动词形式来强调时间概念与秩序的一种语法方式。译者受此影响，在翻译时候，会有意识使用“将、将要”来表示将来式，用“正”或“着”表现现在进行式，用“了”或“过”来表示过去式。这些词语贯穿到了新诗创作中，特别是“了”与“着”，已经到了趋于泛滥的程度，比如“我两人哭着说了许多言语”④（胡适《老洛伯》）；“雪消了，/枯叶被春风吹跑了。/那有刺的壳都裂开了”⑤（胡适《乐观》）；“绕着我们活动着的死尸，/贯串着我们活动着的死尸”⑥（郭沫若《凤凰涅槃》）等等。另外，“被字句”的使用也是一种欧化现象。在中国文言句式里本就甚少出现被动式，王力曾非常明确地提到，汉语“大部分的及物动词不能用被动式……中国被动式用途之狭，

① 宗白华：《题歌德像》，《流云小诗》，亚东图书馆 1928 版，第 5 页。
② 王独清：《ADIEU》，《圣母像前》，光华书局 1926 年版，第 5 页。
③ 俞平伯：《屡梦孟真作此寄之》，《冬夜》，亚东图书馆 1922 年版，第 91—92 页。
④ 胡适：《老洛伯》，《尝试集（附去国集）》第四版，亚东图书馆 1922 年版，第 37 页。
⑤ 胡适：《乐观》，《尝试集（附去国集）》第四版，亚东图书馆 1922 年版，第 65 页。
⑥ 郭沫若：《凤凰涅槃》，《女神》，泰东图书局 1921 年版，第 55 页。

是西洋被动式所比不上的”①。但因译诗的影响，白话新诗中也出现了被动句，比如“但是我可倦了，/衣服都被汗湿遍了，/两条腿都软了”②（胡适《上山》）。有时甚至在只需使用一般陈述式的地方，诗人也硬性插入了此形式，比如“镜花被戴了玻璃的清影，/诗镜涵映了诗人的灵心”③（宗白华《题歌德像·二》），“多少心被羞愧才鞭驯，/一转眼被虚荣又煽癫”④（闻一多《西岸》）等等，从细节处体现了对英语句法形态从化用到滥用的不良趋势。

总的说来，不论是主谓形态的齐全、修饰语的完善，还是连结词与时态性词语以及被动式的应用，它们利用词序的固定与语言的线性表述方式，在逻辑秩序中清晰定位了阐述对象的时空定位与因果联系，将诗人出于“深层结构”的心理感知以尽量明确的方式表达出来。但诗歌毕竟不同于散文或小说，语言过于明确同时也意味着诗性的寡淡无味。所以新诗句法对欧化因素的择取，也不是一味按照推论性标准来进行的，在新奇“语感”的创制上，它还吸收了一些通过阻滞与延缓对语言的感知以达到新奇效果的诗性因素——这就是跨行，以及状语和表语的易位。

首先，就跨行来讲，叶维廉在谈及现代诗时说过：“除了很特殊的情形之外，中国旧诗没有跨句（enjambment）；每一行的意义都是完整的。”⑤ 对于时调歌谣来说，其句子的起止主要依靠音乐旋律的起落与停顿，所以也不存在意义上的跨行一说。但跨行在英、法、德等诗歌中却存在，并经历了自己的发展过程：18 世纪时，英国的古典主义诗学讲求诗形的规范严整，因此不提倡跨行形式；19 世纪时，跨行却因为浪漫主义诗歌的流行，以及浪漫主义对情绪自然流露的倡导而被大量使用，因为跨行能够“改变诗句结构，转换诗的节奏，产生紧迫、连绵、流转等气氛”⑥。但笔者认为跨行之所以能被白话新诗吸收，主要是因为其在停顿处造成的语句断裂，能给过于明晰流畅的推论性句法造成“阻隔”，从而延长读者对诗句的关注与理解，使诗凸显诗歌的“质地”。一般而言，诗人们在使用“跨行”时，会遵从新诗更为宽泛的节奏感，在主谓宾等主要的句子成分处断开，比如宗白华的《音波》：

水上的微波

---

① 王力：《中国语法理论》，《王力文集》第 1 卷，山东教育出版社 1984 年版，第 128 页。

② 胡适：《上山》。《尝试集（附去国集）》第四版，亚东图书馆 1922 年版，第 69 页。

③ 宗白华：《题歌德像·二》，《时事新报·学灯》，1922 年 7 月 27 日。在《题歌德像》组诗收入《流云小诗》时，作者将第二首删去。

④ 闻一多：《西岸》，《红烛》，泰东书局 1923 年版，第 55 页。

⑤ 叶维廉：《中国现代诗的语言问题》，《中国诗学》，三联书店 1996 年版，第 247 页。

⑥ 朱先树：《诗歌美学辞典》，四川辞书出版社 1989 年版，第 433 页。

渡过了隔岸的歌声。
歌声荡漾
荡着我的寸心
化成音乐的情海。
情海的音波
充满了世界①。

几乎每句都是在主谓语之间产生跨行，这一方面给读者造成了阅读的心理期待，另一方面又使得停顿不至于过分突兀，因此成为诗人们经常选择的跨行尺度。但新诗试验的脚步总是不会在最舒适处就戛然停下，比如李金发的《有感》：

如残叶溅
血在我们
脚上，
生命便是
死神唇边
的笑②

诗句直接从“溅血”这一联系紧密的动宾短语中断开，可见为了追求更为新奇错综的语言效果，诗人们进一步试行了更零散的跨行形式，将句子割裂得更为破碎。

其次，白话新诗中表语和状语的易位虽也属诗歌“错置”句法的范畴，却更多受到了西语诗歌创作的启发。

第一，就英语中的表语来讲，“主语+系动词+表语”结构是最为常见的句型之一，其中表语可由形容词、名词、代词或介词短语等形式充当，一般放置在系动词之后。但有时英诗为了达到诗性效果会将其做倒装处理，如：

As fair thou art, my bonie lass,
So deep in luve am I;
（你那么美，漂亮的姑娘，

① 宗白华：《音波》，《流云小诗》，亚东图书馆1928年版，第48页。
② 李金发：《有感》，《为幸福而歌》，商务印书馆1926年版，第107页。

我爱你那么深切;)

——Robert Burns：A Red，Red Rose，王佐良 译①

新诗诗人们则以此为效仿对象进行了创新——因为在汉语中，系动词则通常用“是”、“象”等字表示，所以汉语诗歌的表语前置通常出现在“是”字句中，如：“死的是沙，枯的是树，/冻脸结脚的是冰雪”②（俞平伯《歧路之前》），“悄悄是别离的笙箫/……/沉默是今晚的康桥”③（徐志摩《再别康桥》），“甜美是梦里的光辉/……/暗淡是梦里的光辉”④（徐志摩《我不知道风是在哪一个方向吹》）等。

第二，在汉语的常规语序里，状语，特别是程度性质的状语，一般都会放置到谓语成分之前用以修饰中心语，或者放置到主谓之前，用逗号隔开以修饰全句，却很少放置到谓语之后。在古代汉语中有这样的例子，比如“破操军必矣”（《赤壁之战》），是“必破操军矣”的错置，但在古典诗当中却很少挪动状语，一般都是主宾之间的倒装；比如“早岁那知世事艰，中原北望气如山”（陆游《书愤》）中，“中原北望”是“北望中原”的倒装，只是将宾语前置了而已，而“北”作为动词“望”的状语，却依然放在常规位置上。在新诗中，状语后置却成了诗人喜爱使用的一种修辞手段，比如：“回转头来，/只有你在那杨柳高头依旧亮晶晶地”⑤（胡适《一颗星儿》），“黄金笑在橡树上，/赤金笑在橡树上，/白金笑在白皮树上”⑥（闻一多《秋色》）等等。使用这一形式最多的诗人是俞平伯与李金发。

以俞平伯为例，除了直接将状语放置到动词之后，如“我独自闲步沿着河边”⑦（《春水船》），“野草蓬蓬乱岔在四围”⑧（《草里的石碑和赑屃》），“我踱来踱去痴痴的”⑨（《绍兴西郭门头的半夜》）之外，诗人还喜欢用破折号标出后置状语以示强调，如“伙伴散了——分头”⑩（《仅有的伴侣》），“我对着——眼睁睁地，/什么是像他？”⑪

① 李定坤编：《汉英辞格对比与翻译》，华中师范大学出版社1994年版，第602页。

② 俞平伯：《歧路之前》，《冬夜》，亚东图书馆1922年版，第114页。

③ 徐志摩：《再别康桥》，《猛虎集》，新月书店1931年版，第38—39页。

④ 徐志摩：《我不知道风是在哪一个方向吹》，《猛虎集》，新月书店1931年版，第104—106页。

⑤ 胡适：《一颗星儿》，《尝试集（附去国集）》第四版，亚东图书馆1922年版，第58页。

⑥ 闻一多：《秋色》，《红烛》，泰东书局1923年版，第221页。

⑦ 俞平伯：《春水船》，《冬夜》，亚东图书馆1922年版，第3页。

⑧ 俞平伯：《草里的石碑和赑屃》，《冬夜》，亚东图书馆1922年版，第20页。

⑨ 俞平伯：《绍兴西郭门头的半夜》，《冬夜》，亚东图书馆1922年版，第47页。

⑩ 俞平伯：《仅有的伴侣》，《冬夜》，亚东图书馆1922年版，第37页。

⑪ 俞平伯：《潮歌》，《冬夜》，亚东图书馆1922年版，第54页。

(《潮歌》)。如果说俞平伯以标点符号的使用表示出他是出于诗句过于平淡的顾虑而有意使用状语后置的话，那么李金发的情况又更复杂一些。一方面，李氏受到了法语的影响，启用了状语后置形式①，比如“朦胧的世界之影，/在不可勾留的片刻中，/远离了我们，/毫不思索”②（《里昂车中》），“稀细的星光，闪烁在天之顶，夹点微笑向我们”③（《月夜》）。另一方面，因为诗人倾向于诗句文白杂糅的尝试，但他又“不能很好地感受语言”④，所以古代汉语中状语后置的形式也被他生硬地挪用了过来，比如“无味的昆虫之嗯嗯永不扰你于深夜之候”⑤（《卢森堡公园》）。我们不能将之一概而论，只能说法语的语言顺序与古代汉语的状语倒置形式在无形中产生契合，给诗人以更多诗语错综的启发。

二、传统句法的承接与改造

虽然欧化句法的引用在总体上增加了诗歌语言的流畅性，强化了逻辑秩序，有助于诗人思想的表达与情绪的宣泄，符合“五四”时期社会政变剧烈的语言诉求，但是诗歌又不能仅仅满足人们理性推论的期待，它更需要表现诗人的个性化与想象的丰富性，要展示一种新奇的审美特质。这一切都只能通过语言来实现，就要求诗歌在一定程度上脱离常规性表述，以延长人们对诗性美的感知力度。这是欧化句法在功能上的一种缺陷。因此诗人们必然要从其他途径择取相应元素来弥补这一不足。

一方面，在理论上，诗人们会站在“诗性”的角度，要求新诗摆脱文法的束缚，以显示诗歌与其他文学体裁之间的区隔。比如俞平伯在《社会上对于新诗的各种心理观》中说：“文法这个东西不适宜应用在诗上。中国本没有文法书，那些主词客词谓词的位置更没有规定，我们很可以利用它，把句子造得很变化很活泼。”⑥ 康白情也在《新诗底我见》中提倡“打破文法底偶像”⑦！另一方面，在实践上，传统诗歌的句法依然发挥着强大的潜移默化的效能。正如艾略特所言：“没有一种艺术能像诗歌那样顽固地恪守本民族

---

① 法语的标准语序为：主语——谓语——（宾语）——状语，“一般情况下状语放在谓语后面”。参见陈振尧编：《新编法语语法》，外语教学与研究出版社2002年版，第300页。

② 李金发：《里昂车中》，《微雨》，北新书局1925年版，第18页。

③ 李金发：《月夜》，《微雨》，北新书局1925年版，第12页。

④ 李怡：《李金发片论：一个中西比较的视角》，《中国现代文学研究丛刊》1988年第4期。

⑤ 李金发：《卢森堡公园》，《微雨》，北新书局1925年版，第52页。

⑥ 俞平伯：《社会上对于新诗的各种心理观》，《新潮》2卷1号，1919年10月30日。

⑦ 康白情：《新诗底我见》，《少年中国》1卷9期，1920年3月15日。

的特征。”① 周作人也表示：“传统之力是不可轻辱的。”② 因为“五四”时期的诗人大都具备深厚的传统文化与学理的修养，所以他们在寻找更有利于表现独立意象或直觉隐喻的新诗创作方式时，难以摆脱沉积在生命当中的美学体验，会不自觉地重返传统诗歌的艺术世界启用熟悉的表现技巧，就会下意识地使用一些传统句法——在这些句法中，有些是明显的直接沿用，比如近体诗中常出现的词性活用、省略与错置③；而有些却不是“原型再现”，更多的还是在经过诗人的改造后，以新的面貌迎合新诗的需求——这包括“不连续句法”的扩展、“多动式结构”④ 的变形以及“复沓形式”的增加等等。

首先，就词性活用来说，因为汉语缺乏词语的形态变化，所以词性因没有形态标志而显得相对模糊与自由。这就给新诗顺利地融合活用形式提供了语言基础，在细微之处凸显新意的同时，也不会使读者无法理解或接受，有效起到了调试作用。具体说来，有名词活用为动词的，比如“娘儿俩拉着手走，也慢慢家去”⑤（俞平伯《他们又来了》），“家”原本是名词，在这里则是“回家”的意思；有形容词活用做动词的，如“你明澈的笑来往在微风里，/并灿烂在园里的花枝上”⑥（李金发《温柔》）；还有动词用作名词的，如“你是一树一树的花开，是燕在梁间呢喃”⑦（林徽因《你是人间的四月天》）等等。

其次，就省略来讲，近体诗使用它主要是因为五七言的字数限制，为了要在有限的空间中最大限度地舒展想象。虽然新诗已经摆脱了这种束缚，但基于阻断语脉、减少连贯和强化诗味的新需求，还是被诗人承接过来以削弱语言的条理性。其中，有省谓语动词的，如“酱赭的皮肉、蓝紫的筋和脉，/都在血黄的芒角下赤裸裸地○○”⑧（俞平伯《绍兴西郭门头的半夜》）；有省略宾语的，如“到了一个好像没来过的○○——/几分的生疏，几分的诧异”⑨（俞平伯《如醉梦的踟蹰》）；有省略主语的，如“我盼望再见面

---

① ［英］托马斯·斯特尔那斯·艾略特：《诗歌的社会功能》，刘福春等编《西方现代诗论》，花城出版社 1988 年版，第 87 页。

② 周作人：《扬鞭集·序》，《语丝》第 82 期，1926 年 6 月 7 日。

③ 参见王力：《汉语诗律学》，上海教育出版社 2005 年版，第 255 页。

④ “多动式结构”与汉语语法所定义的“连动式结构”有所不同：“连动式结构”主要指两个或者两个以上的动词（包括它们所带的宾语或补语）连用，其间没有联合、偏正等关系，次序不能颠倒，主要针对的是词组，如“上街买菜”；而笔者这里所指的“多动式结构”主要指一个主语带多个谓语动词的形式，且动词（以及后带的宾语与补语）可以换位而意思不变，主要针对的是句子。

⑤ 俞平伯：《他们又来了》，《冬夜》，亚东图书馆 1922 年版，第 7 页。

⑥ 李金发：《温柔》，《微雨》，北新书局 1925 年版，第 123 页。

⑦ 林徽因：《你是人间的四月天》，《文学》1 卷 1 期，1934 年 5 月。

⑧ 俞平伯：《绍兴西郭门头的半夜》，《冬夜》，亚东图书馆 1922 年版，第 48 页。

⑨ 俞平伯：《如醉梦的踟蹰》，《冬夜》，亚东图书馆 1922 年版，第 101 页。

的时节，/○○都还是小孩子底心境”①（俞平伯《送金甫到纽约》）；还有省略介词的，如“齐整整都拜倒○风姨裙下”②（俞平伯《芦》）等等。

第三，就“错置”来说，除了欧化因素中增加的表语与状语易位之外，传统的其他语序变换形式也依然在新诗中得到运用。与词性活用与省略相比，“错置”因为打乱了语序的稳定，在更大程度上破坏了读者因为语法习惯而产生的心理期待，所以就具新颖的力度。有宾语前置的，如“紫踯躅花有什么色，他们并不觉得”③（康白情《紫踯躅花之侧》）；有主语后置的，如“却都不需要这些，于现在的我和你”④（俞平伯《送缉斋》）；有定语后置的，如“兜心直掉进一片平原里迷暗”⑤（俞平伯《仅有的伴侣》）；还有将宾语放置在谓语与补语之间的，如“为何更须烧蜡成灰，/然后才放光出”⑥（闻一多《红烛》）等。

在这三种传统句法的直接承用之外，新诗还融入了数种以新变形式出现的句法样态，这包括“不连续句法”的扩展、“复沓形式”的增加以及“多动式结构”的变形。

首先，“不连续句法”是近体诗“独立性句法”最简单而核心的类型，它通过名词并置的形式，最大限度地达到了物态意象的静置性呈现，并以汉语词汇模糊的“类型”表现方式，拓展了意境的时空性。在新诗中，诗人也采用了此种表现方式，但在形式上，从“并置”转为使用标点符号与跨行进行间隔的排列方式；在对象上，则从名词延展到了形容词与动词等其他性质的词语、短语甚至句子。比如李金发的《月夜》：

吁！这平原，
细流，
秃树，
短墙，
无恙的天涯，
芦苇，
罪恶之良友，
徐步而来，

① 俞平伯：《送金甫到纽约》，《冬夜》，亚东图书馆1922年版，第10页。
② 俞平伯：《芦》，《冬夜》，亚东图书馆1922年版，第18页。
③ 康白情：《紫踯躅花之侧》，《草儿》，亚东图书馆1922年版，第97页。
④ 俞平伯：《送缉斋》，《冬夜》，亚东图书馆1922年版，第51—52页。
⑤ 俞平伯：《仅有的伴侣》，《冬夜》，亚东图书馆1922年版，第42页。
⑥ 闻一多：《红烛》，《红烛》，泰东书局1923年版，第2页。

与我四肢作伴①。

为了体现“月夜”这一典型的古典意境，诗人沿用了最接近近体诗不连续句法的表现形式，较少使用定语进行名词修饰，只是通过逗号与跨行，拉开了每个物象之间的距离，一行一物象的陈列方式，反而比名词并置形式更能凸显孤寂空阔的意味。又如徐志摩的《沪杭车中》：

匆匆匆！催催催！
一卷烟，一片山，几点云影，
一道水，一条桥，一支橹声，
一林松，一丛竹，红叶纷纷②。

和《月夜》相比，诗人主要将短语进行了并置，并在大部分名词前用了表现限制性的数量词做定语，使得名词从“类”的模糊性转为了单个的具体性，在压缩了想象性与时空感的同时，也使得语言的“图像呈现”方式显得更为细致化。类似的还有“理性的光/情绪的海/白云流空，便是思想片片”③（宗白华《人生》），“墙外的枯枝，/屋顶上的炉烟，/和着隐隐的市声，/悠悠的送去了几许光阴”④ （冰心《病的诗人·二》）等等。

其次是“复沓形式”的增加。此句法的“原型”可溯源至民间歌谣。所谓复沓，就是合乎规律的语词重复所形成的节奏感。其作用主要有二，一是为了方便记忆；二是为了增强诗歌的表现力。正如格赛罗所说的那样，“要将感情的言辞表现转成抒情诗，只需要采取一种审美的有效形式，如节奏的反复”⑤。在我国诗歌里，从《诗经》开始，复沓就作为一种显著和重要的诗形特征贯穿其中——尤其是在《国风》与《小雅》的民歌部分中。当近体诗逐渐从古体诗中分化出来后，摒弃了大部分的重复形式，只剩下叠音词的少量使用时，复沓却因为必要的功能性而持续保留在了山野民歌的发展脉络当中。

对于新诗来讲，因为其与民歌相比，缺少了音乐模式的协助；与古典诗歌相比，又放宽了音韵，延长了结构，所以“复沓”因兼具增强音乐性与组织整体构架的视听觉双

① 李金发：《月夜》，《微雨》，北新书局1925年版，第11—12页。
② 徐志摩：《沪杭车中》，《志摩的诗》，新月书店1928年版，第54页。
③ 宗白华：《人生》，《流云小诗》，亚东图书馆1928年版，第3页。
④ 冰心：《病的诗人（二）》，《春水》，北新书局1925年版，第80页。
⑤ ［德］格赛罗：《艺术的起源》，商务印书馆1984年版，第176页。

重功效，就成为了新诗不可或缺的句法因素，并变换出了丰富的样态。比如单个词语的完全重复，“努力！努力！/努力往上跑！”①（胡适《上山》）；词语的部分重复，“流云啊！流云！/天宇寥阔，天风怒吼”②（宗白华《夜中的流云》）；句中的部分复沓，“橘儿担着；驴儿赶着；蓝袄儿穿着；板桥儿给他们过着”③（康白情《江南》）；完全重复与部分复沓的合并使用，“金甫，金甫/跟他去，跟他去哪！/和船儿一样，和浪儿一样”④（俞平伯《送金甫到纽约》）；以及诗歌节间的复沓，如用一个起首句来组织和统领全篇诗章的，像冰心的《假如我是个作家》，全诗共四个小节，开头都是“假如我是个作家，/我只愿我的作品/……”⑤另外，重复往往和不连续句法混合在一起使用，在固定与变化的配合中来平衡线性叙述，凸显诗性的新诗需求，比如宗白华的《生命之窗的内外》：“绿杨丝丝拂着窗槛。/一层层的屋脊，一行行的烟囱。/成千成万的窗户，成堆成伙的人生。/行着，坐着，恋爱着，斗争着。/活动，创造，憧憬，享受。/是电影，是图画，是速度，是转变？/生活的节奏，机器的节奏，/推动者社会的车轮，宇宙的旋律。”⑥

第三，“多动式结构”在这里主要指一个主语带多个谓语动词的句子表达方式，且动词（以及后带的宾语和补语）换位之后不影响语义的传递和表达。这种句法主要涉及谓语动词的叠加性使用。在新诗中，诗人们具有流动性的叙事需求，所以这种结构会出现在白话诗中，如王独清的《玫瑰花》：“她两手掬了些谢了的玫瑰花瓣，/俯下头儿去深深地亲了几遍，/随后又捧着送到我底面前，/并且教我，也像她一样的捧着来放在口边……”⑦但是，多动式结构的线性叙述性质容易使得诗句过于散文化，失去凝练的诗味，所以诗人们在使用的同时也会注意语言的提炼。比如：“北风拍着门环，/撕着窗纸，/撞着墙壁，/掀着屋瓦，/非闯进来不可”⑧（闻一多的《红豆》）、“小小的我背着月儿，踏着叶儿，跟着影儿，/恋着，守着，傍着”⑨（俞平伯《墙头》）就是多动式结构与复沓形式的连用，在增强诗句流动性的同时，又加强了稳定的节奏感。另外，更多的多动式趋向连续性的减弱，动词（和其连带的宾语与补语）之间能够进行互换，更多

---

① 胡适：《上山》，《尝试集（附去国集）》第四版，亚东图书馆1922年版，第67页。
② 宗白华：《夜中的流云》，《时事新报·学灯》1923年1月4日。
③ 康白情：《江南》，《草儿》，亚东图书馆1922版，年第52页。
④ 俞平伯：《送金甫到纽约》，《冬夜》，亚东图书馆1922年版，第10页。
⑤ 冰心：《假如我是个作家》，《春水》，北新书局1925版，第86—89页。
⑥ 宗白华：《生命之窗的内外》，《文艺月刊》4卷1期，1933年7月1日。
⑦ 王独清：《玫瑰》，《圣母像前》，光华书局1926年版，第2页。
⑧ 闻一多：《红豆》，《红烛》，泰东书局1923年版，第268页。
⑨ 俞平伯：《墙头》，《冬夜》，亚东图书馆1922年版，第12页。

地具备了联合性质。比如徐志摩的《再休怪我的脸沉》："我的心（我信）比似个浅注：/跳动着几条泥鳅，积不住三尺清流，/盼不到天光，映不着彩霞。"① 后面四个谓语动词之间就不具备逻辑意义，可以相互调换。这意味着只要诗人愿意，就能无限将动词增添下去，这无疑会增加诗句容纳独立意象的能力，大大拓宽新诗的时空性和意境感。

（作者单位：四川大学文学与新闻学院）

① 徐志摩：《再休怪我脸沉》，《翡冷翠的一夜》，新月书店1927年版，第47—48页。

萧乾的书评编辑策略与文化视野

——以《大公报》文艺副刊为例

蔡益彦

20世纪30年代的《大公报》相继出过三个纯文学副刊——《文艺副刊》、《小公园》和《文艺》。《文艺副刊》由沈从文和杨振声主编，从1933年9月23日出刊至1935年8月25日，前后共出刊166期。萧乾主编的《小公园》的出版时间是从1935年7月4日至1935年8月31日。《文艺》是由《文学副刊》和改造后的《小公园》合并而成，从1935年9月1号第一期出版，直至1937年8月天津沦陷，《大公报》天津版停刊，《文艺》也随之停出，共出刊371期。1933年到1937年的《大公报》文艺副刊对30年代的文学批评有着不可估量的推动作用。通过对发表在这一时期的书评和跟书评有关的文学事件进行考察，本文试图还原当时的文学批评语境，试图解答两个问题。一是书评为何会成为这一时期副刊的特色，编者大力提倡书评的原因何在？二是编者如何通过报刊媒介制造文学事件，扩大书评的影响？

现代报纸的文艺副刊是我们进入文学史的一个路口，很多作家和批评家最初的作品就是通过文艺副刊发表的，这些作品在发表的时候往往存在着特定的文学语境，不是孤立的单一的文本，后来的文学史家或作家自己在编选的时候其实已经把文本从特定的时空中剥离开来，而且往往有所修改，这在很大程度上限制了我们对文学史原生态的一个客观认识。最初发表在副刊上的这些作品“是史家顾及不到的大面积的文学实存，我们在此看到的是未被秩序化、未经等级化、未被文学史话语定义过的一种文学的原生形态。现代报纸文艺副刊提供的文学面貌有别于新文学史著作的叙述所呈现出来的面貌”①。

① 雷世文：《现代报纸文艺副刊的原生态文学史图景》，《中国现代文学研究丛刊》2003年第1期。

《大公报》文艺副刊上发表的很多书评和作品，有些尽管被后来的作家收录进单行本或者被文学史家编选，但它们究竟是在怎样的文学语境中产生，新文学史著作和选本估计就无力兼顾了。不仅如此，还有大量的优秀的书评因为各种原因未能进入文学史的叙述当中，实属遗憾，但它们确实曾经存在过，一同构成当时文学的多元景观，这是我们在回顾这段文学史时不应该遗漏的。

一、萧乾为何大力提倡书评

（一）“文化监督”功能的书评

《大公报》文艺副刊是一份纯文学刊物，刊登有散文、诗歌、小说等创作文章和批评家的文论、书评，翻译家的译介等。其中最主要的特色就是“书评”，编者对“书评”的大力提倡是有一定缘由的。萧乾很早就喜欢文学批评，据其回忆，1931 年在辅仁大学念西语系时曾参加过五大学校的英语比赛，所选题目是《文学批评的重要性》①。在燕京，临到新闻系毕业那年，其论文写的就是《书评研究》。这个论文题目介乎新闻与文学之间，刚好符合专业和兴趣要求。随着论文的不断深入，萧乾发觉“书评”不只是报刊上的一个栏目，更是推广和提高现代文化不可或缺的手段。由于现代出版业的发展，新书的出版数目越来越庞大，中国的读者在购买书籍方面出现了一定的选择困难。加上图书馆事业的不发达，新书难以在图书馆中占得位置，普通读者最关心的是怎样以有限的钱买到恰当的书籍。读者最为普通的择书标准大概有：1. 著作人或翻译人的名望；2. 出版的书局；3. 广告。萧乾认为这几种择书标准都不大可靠。出版商的目的在于盈利，他关心的是书籍的销路，所以书评对于他们而言仅仅是一种变相的广告，广告的目的是鼓吹、引诱，并不注重文化产品的质量。书评家应代表读者的利益，监督出版商的产品是否合格，像个漏斗一样，过滤掉不健康的、低俗劣质的文化产品，把出版商的影响从读者身上移去，切不可充当出版商的推销员。萧乾在《大公报》文艺副刊开设书评栏目，恰好起到文化生产监督的作用，避免读者因出版商的变相广告而上当受骗。

萧乾认为书评家肩上的重担不轻，尽管出版商、作家或读者对其有诸多要求，但批评家应该做的是尊重批评工作本身，而不是干迎合出版商利益、取悦或威胁作家、强迫读者接受他的意见或卖弄学问等等有损批评本身的尊严的事。所以当萧乾到《大公报》文艺副刊工作的时候，就开始不遗余力地提倡书评，组建一支书评队伍（如杨刚、宗珏、李健吾、常风、李影心等人），开辟了书评专栏和书评特辑。这些栏目成为文艺副刊的一

① 萧乾：《萧乾全集》（第 5 卷），湖北人民出版 2005 年版，第 480 页。

个品牌，扩大了书评的影响力，引起了读书界的广泛关注。

1935年，刚刚大学毕业的萧乾在沈从文和杨振声的引荐下，进入《大公报》工作，开始接手编辑《小公园》。这本是一个以普通市民为对象的综合性副刊，1928年出刊，版面半版到一版不等，先后由何心冷和马二先生主编；后经萧乾的彻底改造，成为一个纯文学的副刊。1935年7月4日，《小公园》第1726号刊载了萧乾的一封长信《园例——致文艺生产者》。这封信带有发刊词的性质，编者对取稿有了一定的标准，要求文章要有一定的艺术性，同时也表明了编者的工作态度和责任。萧乾认为一个编者只是作者和读者之间的媒介，应当尽其所能充分网罗优秀的作品，不让佳作漏到网外。在他的主持下，《小公园》先后推出了一系列文学栏目——《读者与编者》、《文艺新闻》、《书报简评》、《文艺通讯》、《名著介绍》、《文艺短论》等等，此时的《小公园》所面对的读者群已经从普通市民转向文学爱好者。

《读者和编者》是编辑跟读者之间实现相互交流的平台，这一栏目是《小公园》最早开辟也是最活跃的，受到青年读者的青睐，来信与日俱增，除了文艺问题之外，还涉及升学、恋爱等诸多人生问题，大部分的读者因为苦闷而谈到了青年的出路问题。1935年9月，《小公园》和《文艺副刊》合并成《文艺》后，编者依然注重跟读者的互动和交流。我们从部分通信可以窥见编者对于书评的看法。1935年7月5日的《小公园》刊载了编者关于开辟副刊新栏目的计划，其中有一栏就是《书报简评》，有读者来信询问《书报简评》的政策，希望以后可以提供这方面的稿件。萧乾在7月9日的这期《小公园》上对读者“楚君”进行了答复，从中可以看出编者对这一栏的希求：

> 在目前，我们的简评预备先由“介绍”入手：即是只推荐好书。除非是流行极广，毒害大众极深的，一般庸作我们将以沉默对付①。

读者嘱托编者为自己列一个书单，编者认为没有必要，批评需要热忱和激情，不是为了评书而评书。编者给的建议是挑选普及的书。

> 我们想象中的读者不是专门家，而是对普遍人生怀着浓厚兴趣的大众。在文字上，我们希望能使读者不太厌烦，（能写成流利的散文不是更好吗？）但是我们更愿有扎实的内容：简短地说明作品的背景，书的本身长度虽只一千字，可还得把书的

---

① 萧乾：《萧乾全集》（第6卷），湖北人民出版社2005年版，第147-148页，原载1935年7月9日天津《大公报》。

梗概轮廓道出①。

从编者的答复中，我们可以归纳出几点：一，书评的对象是好的读物，具有介绍性质；二，书评的读者大部分是对文学感兴趣的大众而非专家，这决定了书评的写作风格；三，书评写作要发自内心的热忱，而不是任务式的写作。

在7月19日《小公园》第1739号的《园例与计划》中，编者对《书报简评》有了新的建议和想法，并探讨了书评对于现代文化事业的重要性。对于这一栏目，编者是怀着无限的希望的。他祈求国内批评家的相助。在他看来，书评是沟通新文学作品和读者的一座好的桥梁，书评家代表读者鉴定哪些出版物值得阅读，是文化生产的监督人。由于出版事业的发展，市面上的书籍琳琅满目，读者除了听凭广告的吹嘘和自己的直觉购买外，很难有途径真正了解哪些读物更适合阅读，书评的重要性就在于能够帮助读者及时过滤掉一些不健康的、劣质的出版物，推动现代文化事业的发展。正是在这个层面上，编者及时推出《书报简评》这一栏目，呼吁国内的批评家对新近出版的文艺作品进行介绍和评论。

> 我们希望每周的新书杂志，读者全能在本刊寻到点批评，一点意见。庸常的，我们劝他不必买；劣质的，我们劝他不可看；优秀的，我们促他即刻读。虽然是一盏昏暗的灯，毕竟比他摸着黑伸脚强。在这开始时期，由于帮忙的人稀少，我们每周只能一篇，但我们希望以后每天都有一篇②。

书评这一栏目在沈从文主持的《文艺副刊》上已经开始出现，比如老舍的《离婚》出版后，文艺副刊就刊载了常风、李影心的评介文章。此外，在副刊上提供书评文章的还有李长之、朱自清、李辰冬、萧乾等人。由此可见，书评在《小公园》上并不是一个创举，而是一种延续与发展，这跟萧乾本人对书评事业的重视有着很大的关系，所以编者才大力提倡书评并付诸实践。不久，萧乾就在朋友和投稿人中组建了一支书评队伍，包括刘西渭、常风、杨刚、李影心、宗珏、刘荣恩、黄照等人。这些书评家在写法上各具特色，各有所长，大致分工明确，比如洋书多由杨刚和刘荣恩来写评论，“有的就书评书（如常风、李影心），有的则借书评作‘心灵的探险’（如刘西渭），有的则往往在评

① 萧乾：《萧乾全集》（第6卷），湖北人民出版社2005年版，第147-148页，原载1935年7月9日天津《大公报》。

② 萧乾：《园例与计划》，《小公园》1935年7月19日。

书时兼联系到一些理论问题（如杨刚）"①。从1935年到1939年的《文艺》，书评栏目从来没有中断过。为了摆脱替书店打广告之嫌，萧乾从不接受赠书，都是自己去四马路选购值得一评的书，然后分头寄给十几位书评家，请他们评论。

合并后的《文艺》依然保留着《书报简评》和《文艺新闻》这些栏目，并且增设了《书评特刊》这一栏目，评论的体裁包括散文、论文、小说、年鉴等，也有理论家和作家谈书评，书评栏目更为全面丰富。1936年8月2日，萧乾主编的第一个书评特刊栏目在《文艺》第190期亮相，这一期的书评刊载了朱光潜的《谈书评》、刘西渭对李广田《画廊集》的散文评，常风对朱光潜《孟实文钞》的论文评和李影心对芦焚《谷》的小说评。萧乾在最后的编者致辞中对这几位书评家表示了由衷的感谢：

> 本期特刊承朱光潜先生担任论文，并蒙一年来支撑本刊书评局面三位先生挥汗执笔，编者在此谨致谢意。以后我们希望按期都有一篇讨论书评理论的文字，同时，也欢迎国内别位书评家来合作……熟悉本刊过去的，对于我们登的书评必有个印象。在许多方面，本期恰是典型，论作者，一年来这三位先生是始终任劳任怨同我们合力支撑这孤独的局面。他们的书评，正如一切文章，虽各有自己的作风，然而在认真上，忠厚和热忱上，却都是一致的②。

有人看了刘西渭瑰丽的文章后，认为《文艺》是在提倡印象式的批评，萧乾在编者致辞上回应了这个质疑，表示刊物绝对没有这个打算，"如果说企图变换批评者的心肠和脸相，由一个屠夫，判官，而成为急于体味作品实质的寻求者，这种工作，我们愿意永远做下去"③。从这里可以看出《文艺》所提倡的是一种注重文学本体的书评，要求的是书评家从作品的审美本身出发而不是判官式的对作品进行裁决。萧乾在编者致辞中提到的这三位先生构成了《大公报·文艺》书评队伍的核心力量，他们的书评放在今天，依然熠熠生辉。这三大书评家的文章，比较重视文学本体，注重作家艺术技巧的运用，探讨的是作家如何创作、如何表现的问题，而不是从政治观念出发，对作品进行简单粗暴的主题划分进而论断其价值的好坏。他们评论的新文学作品也不仅仅局限在京派文学，左翼人士、自由主义作家都是他们品评的对象。《大公报·文艺》并不是一份同人刊物，不同派别的作家都可以在上面发表文章，评论的作品也是多元开放的。这样的一个文学

---

① 萧乾：《鱼饵·论坛·阵地——记1935至1939年〈大公报·文艺〉》，《新文学史料》1979年第2辑。

② 萧乾：《编者致辞》，《大公报·文艺》1936年8月2日。

③ 同上。

空间，有利于文学的繁荣和批评的发展。这几位书评家始终以文学的标准作为批评的出发点，不褒扬、不诋毁作家的作品，而是尽量做到批评的公正客观，正是基于此，许多原本没有名气但具有文学潜质的年轻作家才能渐渐走进人们的视线，逐渐成长为文坛上重要的作家。

（二）对新文学作品出版的回应

萧乾大力提倡书评，跟20世纪30年代中期新文学图书出版的繁荣不无关系。这一时期出现了大量的新文学丛书，比如生活书店的《创作文库》，商务印书馆的《文学研究会创作丛书》，良友图书印刷公司的《良友文学丛刊》、《中国新文学大系》，开明书店的《开明文学新刊》，文化生活出版社的《文学丛刊》、《现代长篇小说丛刊》等。现代出版在一定程度上促成了新文学的发展，也培养了广大的阅读消费群体，大量的新文学作品流入市场，读者在选购书籍时必然会有很多的困惑，如何最为经济地购买到理想的读物，成为当时广大读者很关心的一个问题，而书评，则起到一个文化筛选的功能，能及时有效地把优秀的新文学作品介绍给读者。《大公报》文艺副刊上大量的书评，正是针对这一时期的新文学作品而做的，由此，我们可以看出现代出版对于书评的发展，也起着重要的推动作用。30年代中期出版的这些新文学丛书，绝大多数都成为《大公报》文艺副刊书评栏目关注的对象。这里重点分析一下文化生活出版社推出的《文学丛刊》与《大公报》文艺副刊书评之间存在着怎样密切的关系。

《文学丛刊》是巴金主编的一套新文学丛书，从1935年11月至1949年6月，历时14年，总共出版了10集160册，是中国现代文学史上规模最大的一套文学丛书。《文学丛刊》第一集从1935年11月开始，每集16种，到抗日战争全面爆发，已经出版了5集，不到两年的时间就出版了新文学作品74种，最大限度地展现了30年代中国当代文坛新文学创作的成绩。1935-1937年的《文学丛刊》包括了各种形式的文学体裁——长、中、短篇小说，散文，诗歌，剧本，评论，论文，童话，书信，报告，收有鲁迅的《故事新编》，沈从文的《八骏图》，曹禺的《雷雨》、《日出》，巴金的《神鬼人》，卞之琳的《鱼目集》，芦焚的《谷》、《里门拾记》等著名作家的优秀作品。丛刊的作者群覆盖面极广，具有很强的包容性，既有像鲁迅、巴金、茅盾、郑振铎这样的文坛老将，也有芦焚、何其芳、李广田、曹禺、卞之琳等一批优秀的文学新人，既有左翼作家也有京派作家和自由自由主义作家，不分派别，不分资历，只要文学作品质量高，都被纳入丛刊的范围里。巴金主编的《文学丛刊》对于文学新人的培养起着很重要的作用，同时也在一定程度上推动了20世纪30年代文学的发展。

《大公报》文艺副刊对《文学丛刊》中的很多新文学作品及时地进行了评论，进一步扩大了这些新文学作品的影响力。通过书评这一形式，读者充分地了解了20世纪30

年代的新文学创作的整体情况。丛刊第一集推出的16种新文学作品，有一半的作品在《大公报》文艺副刊书评栏目得以被评介，其中包括李健吾对巴金的《神鬼人》、卞之琳的《鱼目集》所做的书评，鲁迅的《故事新编》、艾芜的《南行记》、李健吾的《以身作则》则是由书评家常风来评论，此外还有李影心对周文的《分》的评论、骆方对丽尼的《黄昏之献》的评论、陈蓝对张天翼的《团圆》的评论。丛刊中其他的新文学作品，像芦焚的《谷》、《里门拾记》，何其芳的《画梦录》，曹禺的《雷雨》、《日出》，李广田的《银狐集》，毕奂午的《掘金记》等优秀作品，均是《大公报》文艺副刊重点评论的对象。从这里我们可以看出萧乾主持的书评栏目，在很大程度上为新文学作品的传播和推广，营造了一个十分有利的文化空间。跟巴金的编辑理念一样，萧乾也注重对新人新作的挖掘和介绍。从副刊上所刊的书评中，我们可以清晰地看到优秀的新文学作品是如何被重点讨论和评介的，像曹禺《日出》的集体评论，还有大公报文艺奖的其他两位得主何其芳（《画梦录》）和芦焚（《谷》）。巴金主编的《文学丛刊》收入的这些具有优秀才华的年轻作家的作品，正是通过《大公报》文艺副刊书评栏目的介绍和评论，才进一步扩大了影响，所以新文学的现代出版在很大层面上推动了书评的发展。反过来，也正是由于书评的存在才进一步推动新文学的发展，读者通过书评了解到了优秀的新文学作品，大大增加了其购买的欲望，进一步促进了新文学作品的推广和流通，像文学丛刊中的《雷雨》和《故事新编》就曾多次重版，何其芳的《画梦录》和丽尼的《鹰之歌》都是出版后一个月后即再版，这足以说明书评对于新文学图书出版的推动力。

二、如何扩大书评的影响力？

（一）报纸副刊的传播优势

如前文所述，书评的繁盛，跟现代出版媒体的发展有很大的关系。20世纪30年代中期的新文学图书出版，呈现出一种繁荣状态，出现了大量的文学丛书。《大公报》文艺副刊刊登的大量书评，正是针对此一时期的新文学作品进行品评，由此可见现代出版对于书评的繁盛起着很重要的推动作用。同时，这些书评也扩大了新文学作品的影响力。

正是通过印刷媒介（图书、报纸、杂志）的传播，才进一步扩大了书评的影响力，其中以报纸的影响力为甚。相对于其他两种印刷媒介，报纸拥有更广泛的阅读群体，发行量和传播范围均占优势，而且时效性也更强，能及时地对刚出版的新文学作品做出品评。萧乾以《大公报》文艺副刊为载体，发表作品与书评，聚拢了大量的报纸副刊受众，拉近了媒介与受众的关系，充分发挥了书评传媒的优势。书评传媒就是发表书评、传递书评信息的载体、工具和渠道。由于受社会经济条件和科学技术水平的限制，电子媒介（广播、电影、电视）在20世纪30年代的中国还处于落后的阶段，书评主要是通过印刷媒介（图书、报纸、杂志）发表和传播的。在现代出版媒介的影响下，20世纪30年代的中国文化界创办了不少读书指导、图书评论专刊，创办了书评期刊，在众多报纸副刊上发表书评，创立书评栏目。萧乾认为书评将会成为现代文化界的一股新势力，只不过20世纪30年代的中国，这股势力还比较弱，读者的阅读及购买力大半还是以广告的魔力和自己的品位趣味为主，大众尚未成为读者，著作人的名字也很少被大众辨识。基于此，萧乾利用文艺副刊作为书评的载体，刊登了不少新人的作品和评论文章。正是通过这一平台，很多青年作家才步入文坛，逐渐成长为著名作家，进入读者的视野。

书评传媒的几种形式中，就传播影响力而言，报纸是居于首位的。报纸是以刊登新闻和新闻评论为主，由专门的新闻机构采编，面向大众定期连续发行的印刷出版物，具有很强的覆盖面和时效性。一期报纸可以具有多个版面、多种题材，满足不同读者的阅读需求。报纸副刊是报纸版面中一个重要的组成部分，丰富了报纸的内容，从而获得更多读者的青睐。副刊起源于清末，最初称为“附张”或“副张”。上海的《字林沪报》出版的副张《消闲报》是中国最早的副刊，创办于1879年11月。以后的报纸开始增设副刊。“五四”时期，报纸副刊成为宣传新文学和进行思想斗争的重要阵地，著名的民国四大报纸副刊——《晨报副刊》、《京报副刊》、《时事新报·学灯》、《民国日报·觉悟》对于推动新文学的发展起到重要的作用。正是由于报纸具有强大的传播影响力，一向被当成消闲余兴看的副刊，逐渐被文化人重视，成为现代文化、文学发生的重要场域，在时代的巨变中发挥着重要的宣传功能，折射了现代学者和作家的思想文化立场和观念。萧乾在《大公报》文艺副刊上开设书评栏目，正是因为他清楚地了解报纸的传播优势，欲借助《大公报》这一平台，扩大书评的地位和影响力，推进现代文化事业的发展。萧乾的编辑才能和编辑理念通过《大公报》文艺副刊最大限度地得到发挥，这不得不归功于现代印刷媒介对于文化事业的重要推动。

萧乾在副刊上开设书评栏目这样一些专栏，与副刊的版面结构本身也有很大的关系。报纸副刊因为版面限制，没办法刊登长篇小说，很多有质量的稿子因为篇幅过长，编者只能忍痛割爱，转手给其他办杂志的朋友。在这方面，杂志的编辑优势是显而易见的，因为可以不用考虑篇幅的限制。一期副刊，多一百字跟少一百字都会让整个版面看起来很不和谐，编者只能通过“短诗”和“答辞”、“木刻版画”等各种形式来调整版面，好的稿子在副刊上不容易刊登，主要是因为文章无法集中，因而也无法显出系统。萧乾在《一个副刊编者的自白》中说：“《雷雨》发表在《文学季刊》上，立即轰动全国，但如拿到副刊上，每天登个一千八百，所有它的剧力必为空间时间的隔离拆光。在这悬殊的情形下，一个副刊编者拉稿时，已怀着一份先天的自卑感。”基于报纸版面的限制，学过新闻的萧乾懂得报纸副刊既要有分量，又得多元化，所以他决定在刊物上开辟一些专栏。像书评专栏，既快又及时地评论新近出版的书，弥补了无法刊登长篇小说的不足，同时，通过书评，读者进一步了解到有哪些新文学作品值得一看。在这里，萧乾把报纸版面的局限充分转化为有利的形式，体现了其过人的编辑才能。

（二）制造一系列的“文学事件”

《大公报》文艺副刊在萧乾的主编下，开设了多期书评专栏和特辑。为了扩大书评的影响，萧乾充分利用了副刊专栏的媒介优势，制造了一系列的“文学事件”，为书评家、作家和读者之间的互动提供了一个良好的文化空间。这些互动以不同的形式呈现：如邀请作家、读者、评论家和出版家从各个不同角度讨论理想的书评何为；邀约文艺界的同行集体评论一部作品，多层次、全方位地沟通批评与创作；或直接为批评家或作者提供一个可以自由对话的文学空间，就作家的某部作品进行往返的讨论，譬如李健吾和巴金就《爱情三部曲》的讨论、卞之琳的诗学讨论；此外还有一种特殊的批评，就是作家的创作经验谈，以回应作家或读者的批评和质疑。书评家与作家之间的互动具有很高的现场感，通过这些批评活动，进一步扩大了书评的影响力，收获了更多的读者，读者也可以更清楚地理解作家的创作意图和作品的艺术特色。

为了扩大书评的影响，促进读者、书评家和作者之间的交流，《文艺》专门开辟了“书评特辑”。《文艺》第320期（1937年4月7日）刊登了一则启事，内容如下：

本年度的文艺除了想刊载几篇野心较大的作品（如4月11日的历史长诗《宝马》）外，还想就新文艺（不是文坛）一些基本的问题举行几次稍有系统的公开讨论。我们相信这种与人事宗派无涉的“问题讨论”对中国新文艺的前程多少总是一道光亮。现已准备就绪，可是仍欢迎各方面赐稿的有：

一、书评是心灵的探险吗？

二、作者怎样评书评

计划中的讨论，还有

三、我怎样写书评（由本刊特约书评家：常风、李影心、陈蓝等先生执笔）

四、外行人论新诗（公开征稿四月底截止）（……）

五、读者怎样论书评（公开征稿五月底截止）

（我们希望这个特刊完全由国内文艺作品读者执笔，明确地说出他们所望于书评是什么。因为有的读者向书评要“智慧”，有的要“史料”，还有人却又仅要“故事梗概”和“良莠的选择”。我们应使从事书评写作的人明白些客观的期待。）

六、出版家怎样论书评（由本刊函约国内出版家执笔）

希望爱护本刊的师友们帮忙指教①。

从启事中可以看出编者原计划打算邀请作家、读者、评论家以及出版家从不同角度来探讨书评，但由于“八一三”事变的突然到来，这些计划有一部分没来得及实现，但最重要的几个特辑（作家论书评、评论家论书评、读者论书评）还是登了出来。第一辑（1937年4月25日）是评论家专辑“书评是心灵的探险吗”，刊登了朱光潜、李影心、刘西渭等5位评论家的文章，讨论了书评与文艺批评之间的界限和关系。第二辑（1937年5月9日、12日）是作家专辑“作家们怎样论书评”，参加讨论的有叶圣陶、巴金、张天翼、李健吾、施蛰存、艾芜、李蕤、陈蓝这8位作家。第三辑（1937年7月4日、7日）是读者专辑“读者论书评”，刊登了来自南京、石家庄、武昌、济南、开封、南京、天津等全国各地的读者来稿。通过这些书评特辑的讨论，为寻求理想的书评写作提供了理论和实践的可能性。

《文艺》第333期（1937年5月9日）和334期（1937年5月12日）两个整版是“作家们怎样论书评”特辑，刊载的文章有《我如果是一个作者》（叶圣陶）、《关于批评》（张天翼）、《我只有苦笑》（巴金）、《书评家即读者》（施蛰存）、《假如我是》（李健吾）、《批评家的路》（艾芜）、《我们要真的批评家》（李蕤）、《关于书评》（陈蓝）。每一个作家根据自己的经验对书评提出相应的看法和要求，由于文艺观和立场的不同，出现了多种声音。20世纪30年代的文坛上，尽管左翼作家注重的历史社会批评已经十分盛行，但批评还不至于被同一种声音所主导，作家仍然有相对自由的言说，并尊重自己的个人经验。

综合这些作家的看法，大致有以下几种声音：一是认为批评家不能充分了解作家的写作意图，对批评家过分苛责。此观点以巴金为主要代表。二是认为批评有自己独立的价值。此观点与巴金形成鲜明的对比，以李健吾为代表，认为批评是一门独立的、自我完成的艺术，跟文学其他类别（比如诗歌、词赋之类）没有太多的差异，同样是尊严的存在。三是认为作家与书评家由于世界观的差异与写作路径的差异，需要相互交流和理解。四是对批评家的素养提出要求，批评了当下的不良风气，认为批评是一种判断，书评家即是读者。

这些作家对书评的不同意见很大程度上取决于其个人经验和文艺观，我们无须纠缠于谁是谁非，批评本来就难以有一个统一的标准，如果只允许一种声音呈现，文艺势必会变成一种权力的工具。巴金更多的是从文艺的功用考虑，而李健吾则是注重文艺的独

① 萧乾：《启事》，《大公报·文艺》1937年4月7日。

立性，这两种文艺观在中国现代文学中长期处于对峙状态，很容易造成偏颇。所以“为人生”或“为艺术”的文艺观不可一概而论，要辨析其是在怎样的立场上发声的，有着怎样的现实针对性。谈到书评家与作家之间复杂的关系时，萧乾认为书评家需要有自己的判断，他面向的是读者而不必在意作家的反应，有良知的评价并不会妨碍创作，唯阴险的书评才是创作的大敌①。

不同的读者对“书评”有不同的期待和要求，这些差异性看法归纳起来大致有以下几大类，从中可以窥见读者对于书评的趣味和审美心态。

1. 对“印象式”批评的质疑和否定。
2. 书评应该更好地帮助读者理解作品。
3. 书评要通俗化，不要过度理论化。
4. 对书评家的素养提出要求。
5. 避免书评公式化、固定化，成为政治意识形态的图解。
6. 要求书评要客观、公正，不奉承、不诽谤。
7. 要分析地暗示而不要武断地下结论。
8. 对集体批评的肯定。

读者对书评的看法和要求不尽相同，原因大概有以下几方面：《大公报·文艺》的阅读群体分布广泛，文化层次和受教育水平不同，普通的读者没有对文艺理论进行过钻研，对新文学的发展也不清楚，他们更希望的是书评通俗化，帮助他们理解新文学作品；另外，职业性质不同也导致了读者对书评的要求有一定差异，从事文艺工作的人员更希望书评可以增进现代文化的发展，而普通的阅读群体则希望通过书评帮助他们更好地选择书籍阅读；读者的个人阅读兴趣也是千差万别的，有些人喜欢鉴赏式的书评，有些人喜欢作价值判断的书评，读者个人的理解力和人生经验也各不相同，这种种的差异性导致了读者对书评的需求标准很难一致。

《文艺》举行的这次读者公开讨论，确实收到一定成效，编者在“读者论书评”这期特辑（第357期，1937年7月4日）总结了这次公开讨论，认为此次讨论给刊物一个重要启示：新文学不应该漠视读者，读者并不像很多人想的那么淡漠、盲目，他们热情地关心着、购买并详细地阅读新文学作品，他们知道自己需要的是什么；作为新文艺的消费者，他们不应该被忽视和冷落。编者把读者对书评的看法进行了一个总的归纳，认为读者对书评的不同意见仅仅是在要求的大小、方法的不同而已；对于书评基本态度的指摘，却是一致的，“所有执笔的读者，（连同百多件退还的）却一致要求书评需客观、

---

① 萧乾：《萧乾全集》（第6卷），湖北人民出版社2005年版，第85页。

寻真，同情而不捧场，指摘而不谩骂。他们厌恶文字的玩弄，厌恶引援外洋的靠山，对于变相广告的书评，他们认为是欺骗。还有一个极可喜的观点：异于许多怀了低能感的书评家，读者一滴滴也不要轻视书评，不曾觉得批评比书评高贵”①。萧乾的总结是相当到位的，读者对于书评的基本态度确实是比较一致的，都认为书评要客观公正，既不捧场也不指摘，这对于良好批评风气的倡导起到了一定的推动作用。

1936年12月，曹禺的剧本《日出》在《文季月刊》发表，由文化生活出版社出版。萧乾觉得一部作品（特别是重要作品），除了专业的书评家评论和作者的自剖有助于深入了解，读者的意见也极其重要。为了使评论更加“立体化”，“避免由一位权威对作品一锤定音”②，萧乾决定进行一次实验，就向文艺界的同行发起邀约，集体来评论《日出》这样一部刚刚问世的作品。他用了整整三个版面来讨论《日出》。前两版是“集体评论”，主要是请文艺界的新老作家对作品发表各自的看法，分别刊载在《文艺》第273期（1936年12月27日）和276期（1937年1月1日）这两期上；第三版是曹禺的创作自我剖析《我怎样写〈日出〉》，刊载在第304期（1937年2月28日）。参加这次集体评论的有谢迪克（H. E. Shadick）、李广田、杨刚、陈蓝、李影心、王朔、矛盾、孟实（朱光潜）、叶圣陶、沈从文、巴金、靳以、黎烈文、荒煤、李蕤。从这份名单上看，参与评论的人员组成比较多元，既有京派的作家也有左翼作家和自由主义作家，甚至也包括了美国人谢迪克（当时任燕京大学西洋文学系主任）。这样的一次集体讨论从不同的角度对《日出》做出评论，确实起到文艺界相互切磋的作用。据萧乾回忆，“集体批评”的来稿大部分是以《〈日出〉读后》或《读〈日出〉》为题，为了醒目，他把文中的关键词抽出作为每篇文章的标题，比如：“舍不得分手”（孟实），“伟大的收获”（沈从文），“渴望早早排演”（矛盾），“更亲切些”（靳以），“大胆的手法”（黎烈文）③。

这十几篇书评分别从不同的角度对《日出》做出评价，涉及了作品的方方面面，包括主题内容、结构布局、人物形象、艺术手法等，确实做到了评论的立体化，读者可以从众多的评者意见中更为全面地认识和理解这样一部刚刚问世的新文学作品。当然，每一个评者的评论都不可避免地带上了自己的个人色彩，要做到纯粹客观几乎是不可能的，像巴金在文章中就不避讳友情捧场。集体批评的好处就是破除单一权威的声音，读者可以通过多层次的批评视角寻找到最为理想的批评样态，不至于被书评家牵着鼻子走。通过这次集体批评，《日出》这样一部刚问世的新文学作品得到了很好的介绍，同时也扩

---

① 萧乾：《编者致辞》，《大公报·文艺》1937年7月4日。

② 萧乾：《萧乾全集》（第5卷），湖北人民出版社2005年版，第558页。

③ 萧乾：《鱼饵·论坛·阵地——记1935至1939年〈大公报·文艺〉》，《新文学史料》1979年第2辑。

大了书评的影响力。

面对文艺界众多作家的批评和建议，《日出》的作者曹禺会做出怎样的回应呢？《文艺》第304期刊载了曹禺的《我如何写〈日出〉》。当作者得知《大公报》文艺副刊为了这部作品特别开辟专栏，加以集体批评时，曹禺心里既紧张又高兴，自责没有花多点精力和时间把作品写得更为完善，高兴的是因为可以得到文艺界前辈的指点和批评。在这篇文章的开题，作者做出了这样的回应：

这篇文章谈不上什么“答辩”，我愿虚心地领受着关心我的前辈给我的教益。在这里我只是申述我写《日出》的情感上的造因和安排材料方法以及写《日出》时所遇到的事实上的困难①。

接下来，作者便用整个的心灵对各位读者做出独白，并一一回应了各位新老作家的批评和意见。通过作者的自剖，读者可以充分感受到作者经营这部作品的困难和创作意图。

《文艺》第276期的编者补白里谈到了这次集体批评的收获：

虽还是“创举”，这初次的收获却已远超出我们原来的预算了。几乎每位评者在交下文章时都埋怨字数的限制，埋怨话题还没说出一半，这种热烈兴奋充分地说明了国人目前对“大块文章”期望之殷切。

……

关于本剧，编者不想另外饶舌，一切留待二月初曹禺先生自己的“供状”文章吧②，这里编者感到不可忍耐的快乐的，是这种集评至少证明“超捧场”“超攻讦”的批评是可能的了。看哪，我们这里有赞赏，然而是出诸喜悦；有指摘，然而是存心鼓进。一个月后，还有作者虚心的然而是诚实的答辩。谁说批评不是阿谀便是中伤？心放得端正的人还有理由乐观下去③。

从编者补白中可以看出这次讨论的热烈程度以及评者的态度之诚恳。其实萧乾进行这次《日出》集体评论的实验，目的不仅仅在于加强读者对剧本的理解，更重要的是在

① 曹禺：《我如何写〈日出〉》，《大公报·文艺》1937年2月28日。

② 事实上，曹禺的回应文章刊载在1937年2月28日《大公报·文艺》，与编者的预期有时间上的偏差。

③ 萧乾：《编者补白》，《大公报·文艺》1937年1月1日。

提倡一种“超捧场”、“超攻讦”而与人为善的批评。为了扩大集体批评的影响，编者开始计划第二次的集体批评并在补白的最后向读者征集来稿：

> 这里应宣布的是我们第二次的集体批评的对象：
> 《星》叶紫作　一九三六年十二月　文化生活出版社　实价三角
> 凡曾读过这本小说的朋友们，盼都将意见简单爽直地吐露出来，一俟稿齐，随时发刊①。

遗憾的是，由于抗战形势的恶化，随着报刊版面的缩减停刊而中断，关于叶紫《星》的集体批评无法按计划刊载。

萧乾主持的《大公报·文艺》给批评家和作家/诗人提供一个很好的对话平台，透过书评，研究者可以清楚地理解当年的文学在讨论什么、论争什么，具有很强烈的现场感，而这一切的发生，应该说是文艺副刊这一文化空间所提供的。萧乾曾经在书评特刊的编者致辞中说道：

> 关于今后的书评特刊，还有一件应发展的工作，那是作者与评者间友谊的谈心式的讨论。古今作者与评者多相敌视，为发掘作品的真实性，他们没有理由那样。过去本刊登出的“爱情三部曲”及《雷雨》作者们的自白对于了解原著都是难得的文献。一切见解皆逃不出主观的圈子。聚多方面的主观才显出客观的真实。因此，所有本刊登的书评都欢迎原作者答辩或申述。此后，这个“书评特刊”是作者和评者共有的②。

假如没有萧乾主持的“书评”专栏，或许文坛会少了很多有价值的批评与讨论。李健吾与巴金和卞之琳之间的对话，已经成为文坛上的一段佳话。这种良好的批评风气和方式，可以为今天的批评界所借鉴。

萧乾主编的《大公报·文艺》充分体现了其编辑理想和文化追求，书评栏目和特辑的设置秉着客观公正的原则，对20世纪30年代出版的新文学作品进行品评，既不吹捧也不攻讦，而是从“文学性”的角度出发，发挥书评的文化生产监督作用，更好地沟通作品与读者。萧乾充分利用报纸的传播优势，借助《大公报》这一平台，扩大了书评的

---

① 萧乾：《编者补白》，《大公报·文艺》1937年1月1日。

② 萧乾：《编者致辞》，《大公报·文艺》1936年8月2日。

地位和影响力，推进了现代文化事业的发展。其之所以大力提倡书评，跟20世纪30年代中期新文学图书出版的繁荣不无关系，《大公报》文艺副刊上大量的书评，正是针对这一时期的新文学作品而做的，由此可见现代出版对于书评的发展，也起着重要的推动作用。《大公报》文艺副刊培养了很多书评家。李健吾、常风和李影心这三位书评家，作为文艺副刊书评队伍的中坚力量，他们的书评在很大程度上代表了文艺副刊在“文学批评”方面的旨趣和要求。20世纪30年代的文学批评，很大一部分是从政治观点或苏俄文艺观点出发的文学批评，一部分文学批评借题发挥，对个别作家进行人身攻击，或者通过文学批评为各自的集团利益争夺话语权，而真正从文学观点出发、重视文学本体的批评，在这一时期就显得难为可贵。这也是沈从文和萧乾主编的《大公报》文艺副刊对书评的基本态度和一贯要求，目的在于保持文学的相对独立性，而不是成为政治和商业的依附。萧乾主持的《大公报·文艺》给批评家和作家/诗人提供一个很好的对话平台，以书评作为触发点，探讨了中国现代文学存在的诸多问题以及解决的路径、可能性。作者的经验与批评家的经验在这里相互激荡与交流，这种双重对话使读者更好地了解作品，了解当时的文坛是怎样一个情境，也在很大程度上纠正了不良的批评风气，对于新文学的发展起了很好的推动作用。书评的对象体裁多种多样，包括散文、小说、诗歌、戏剧等，这样的批评构成了一张巨大的中国现代文学的网，涵盖了丰富的文学资源，对于现代文学研究者而言，是一笔巨大的财富。

（作者单位：北京师范大学文学院）

符号修辞对地方文化认同再构的文本策略①

操 慧　　高 敏

全球化让地方文化的并置与交汇成为可能，也倒逼着地方文化在全球融合中审视自我，在内省中再构基于地方意义的文化身份与社会认同。逐步媒介化的社会正在使地方文化的认同媒介化，呈现并建构出特有的文化景观，由此而折射出地方文化认同的新形态。其中，符号修辞在地方文化认同感的再构中发挥着积极的形塑作用，它成为一种地方文化符号化再构的当代实践，值得我们关注和探讨其中的机理。本文试以“天府文化”的文本传播为个案，着重例析其历史文本、新闻文本以及文学文本借助符号修辞再构成都文化认同的文本策略、表征及当代转型。

一、全球化时代再塑地方文化认同的必要

人类文明诞生之初，不同的共同体散居于世界各个地区，各民族与地方之间彼此隔绝，基本处于自给自足的封闭状态。不同文明之间的交往大多出于对生存空间的争夺，战争成为人类文明发展初期最主要的交往方式。随着生产力水平的不断提高、新航路的开辟以及资本主义工业的发展，战争逐渐让位于剩余产品的交换，进一步开启了全球化的进程②。自此，过去地方的和民族的相互隔绝和相互独立的状态被逐渐打破，取而代之的是地区和民族之间的相互联系和相互依存。这种相互依赖关系从经济领域开端及发展，不可避免地影响到政治领域，并进一步深化到文化领域，造就了文化全球化的景观。

---

① 本文系国家社会科学基金项目“媒介融合背景下我国新型主流媒体的竞争力构建与评价研究”（16BXW024）的阶段性成果。

② 刘波：《全球化时代的文化价值选择》，《学术交流》2003 年第 7 期。

文化全球化，意味着文化价值之全球意识与实践的加强与拓展。在地方的价值和意义仍然保持重要地位的同时，人们越来越多地介入超出他们身体所在位置的网络之中①。

一方面，全球化使得不同文化的并置、融合、碰撞和渗透成为可能，以往阻碍文化交流的壁垒被摧毁，文化之间的接触相较以往更为频繁。通信技术的日益进步，导致人类交往的时空界限不断被突破，使不同文化之间得以实现即时便捷的全球化交流。其间，地方文化面临冲击和再构之境。具体而言，全球化时代所携带的高度流动性、开放性、不稳定性正在消解地方的本土性、稳定性与封闭性，文化整合的全球化过程使地方文化的边界濒临瓦解，“原有的地方想象与现实之间出现明显的断裂”②。地方的意义逐渐被全球化、现代化的力量所消解，人们在心理上和情感上对地方文化产生了疏离感，与之伴生的是地方文化的一度边缘以及地方文化认同危机的加深。与此同时，由互联网构筑的虚拟社区逐渐模糊着原有的地理疆界，制造出“情境合并”的“无地方感”，这也在一定程度上剥离着人们的地方归属，导致认同的某种空白与断裂。

另一方面，全球化进程不但推动着各种文化行为体之间增长着的互动关系，而且也在这种互动中创造和强化着不同的文化个性③。换言之，地方文化不可避免地将在与“他者”的社会互动中审视自我，在内省中再构基于地方意义的文化身份与社会认同。观照当下的文化实践，我们不难发现，文化之间的碰撞在产生冲突的同时也在相互哺育，在此过程中，各种力量不断扭转文化发展的动力方向，倒逼着地方文化在全球化时代走向一种新的认同。也因此，文化全球化的显著特点彰显为混杂性。这就意味着，信息传播技术的进步可以使不同的文化在媒介空间中快速流动并处于一种混杂状态，也因之使个体的地方认同在这种流动性与混杂性中处于动态的解构与重构，从而走向一种多元化、个性化的新型认同。但这种多元化认同并不排斥地方文化的全球化传播，而是跳出原有的狭窄视野，构建着一种全球与在地互动的“全球地方感”，它基于地方，但又置身全球，意欲找寻两者关联下的文化回归。由此可见，地方文化认同在全球化冲击与再构中愈显其再塑的必要。

二、符号修辞作为地方文化认同再构的策略选择

何为地方文化认同？简言之，就是一定空间范围内的特定人群对该地区特有的文化

---

① 刘建明：《文化全球化与地方文化认同》，《湖北大学学报》（哲学社会科学版）2005年第4期。

② 钱俊希、钱丽芸、朱竑：《“全球的地方感”理论述评与广州案例解读》，《人文地理》2011年第6期。

③ 金民卿：《文化全球化与多元化的全球文化体系》，《天津社会科学》2004年第2期。

符号、文化理念以及共有的思维模式和行为规范在观念和心理上的共同认可。这种认可在本质上是基于“想象共同体”的一种共同的文化行为与文化心态，主要通过生产方式、生活习俗、心理特征、道德信仰、社会组织形态等方面表现出来①。人们通常在对这些文化形式和社会习俗的体验中寻求归属感，这种体验除了个体的亲身经历外，更大程度上依赖于现代传媒的意义阐释。从亲身体验感知到借助媒介的文本阐释，地方文化在多通道中得到了全方位呈现和建构，其中，“媒介化”构成人们感知地方文化的多元方式，它也让此类文化接受与认可变得更加日常、普遍、便捷和生动。

由上可知，逐步媒介化的社会在描述着这样的地方文化景观：地方文化符号通过现代传媒的再现与想象，日益培养出一种特有的“地方感”，以此维系并强化地方文化的归属。地方文化认同作为一种心理上的价值认同，就本质而言，存在于人们的精神构想中，而作为“文化容器”的媒介，由于能够为身在其间的人们的身份重构提供丰富的资源及可能，因而在这种想象的构建中扮演着重要角色。即经过对地方文化符号的策略性表达，实现对地理空间的感知和再阐释，由此唤醒或强化人们对地方的记忆和认同，即实现不同程度的地方文化归属。随着媒介表达技术的更迭进化，文本类型不断走向丰富与融合，地方文化再现所依托的载体、所借助的符号日渐多元，它提升了全方位还原地方景观以及个性化阐释地方文化的可能性与丰富性。其中，文本中的符号表征与符号的文化表征依托全球化、信息化、网络化语境展现出地方文化认同再构的创意空间。本文即把这种文本的文化符号表征策略视作文本的符号修辞功能及文化认同功能。

修辞作为一种优化表达的论辩术，在过去主要借助语言符号实现劝服目标。“作为意义表达载体或工具的符号”② 与“作为达意传情手段的修辞”③，两者均以表达意义为共同目标，这确立了符号与修辞的本质关联：即符号离不开修辞，修辞也必然指向符号。随着符号学研究的兴盛，“符号学给修辞学带来了新气象。符号修辞学把修辞推进到各种媒介中”④。可见，修辞与符号的学术“汇流”为解释不同类型的符号文本与地方文化的认同再构提供了更为紧密和广阔的分析视野。进一步看，符号修辞与地方文化认同也在理论的更新中增添了“交集”，促发了“共识”。如肯尼斯·伯克在其新修辞学中指出，有必要在“认同”维度上重新理解修辞，并确立非语言因素作为符号象征的修辞意义。“新修辞学不再将修辞当作方法和工具，而将它当作无所不在的符号。”⑤ 伯克在其修辞

① 叔翼健：《电视媒体文化与移民的地域文化认同》，《南方文坛》2012 年第 3 期。
② 赵毅衡：《符号学：原理与推演》，南京大学出版社 2016 年版，第 2 页。
③ 陈望道：《修辞学发凡》，上海世纪出版社 2001 年版，第 3 页。
④ 赵毅衡：《符号学：原理与推演》，南京大学出版社 2016 年版，第 184 页。
⑤ 鞠玉梅：《肯尼斯·伯克新修辞学理论述评：关于修辞的定义》，《四川外语学院学报》2005 年第 1 期。

认同观中认为，修辞的最终归宿是促进“共同理解”，“认同”既是修辞的“目的”也是修辞的“策略”①。由此，符号修辞之于地方文化认同的再构，既在方法上关联适用，又在目标上达成共识。此即为符号修辞作为地方文化再构的文本策略的逻辑理路与必然选择。

“符号很少会单独出现，一般总是与其他符号形成组合，如果这样的符号形成一个‘合一的表意单元’，就可以称为文本。”② 在地方文化的符号表意中，那些携带意义等待解释的文本，成为沟通的“桥梁”，在认同的再构中可以起到至关重要的作用。除了符号的具体修辞手法，符号修辞从宏观上仍然需要探寻符号文本的构成方式以及背后所蕴藏的叙述技法与结构思维，这是实现地方文化认同再构的逻辑要核。换言之，符号修辞可视为符号文本从发送者指向接受者的意义连接机制，它凝结着发送者的意图意义，可以通过特定的文本策略，尽可能扩大意图意义与解释意义的“交集”。

在此需要说明的是，本文所言的符号修辞即为一种文本策略，它是在一定的语境下通过特有的文本体例及其策略性的叙事技法再构地方及其表征地方文化的过程，即：抽象的“地方”概念以及地方文化识别借助于特定的文本结构方式及其文本叙述思维，从而被具象表达的一个叙事表意过程。只不过该过程以地方认同作为文本“传情达意”的归旨和文化感知的路径，也就是说，通过文本中特定的“文化呈现”来沟通主体，不仅触发文化共鸣，唤醒或强化人们的地方记忆，还从深层次的可感文化中展开关于地方的想象，赋予地方文化内涵的阐释动力。

三、符号修辞在地方文化认同再构中的文本策略表征

呈现地方文化的符号文本有多种类型，本文选取历史文本、新闻文本以及文学文本，“扎根”于这三个具有代表性和较大文化传播影响力的媒介文本，以成都所表征的“天府文化”作为地方样本，例析其符号修辞再构成都文化认同的文本策略和文化表征。本文所分析的历史文本、新闻文本与文学文本，是指那些与地方文化相关的、直接书写地方的符号文本。这些文本策略中的文化符号及叙述修辞，演绎了地方文化认同再构与符号修辞的发生机理，有助于我们贯通理解地方文化何以有效传播与实现认同的切入点和突围方向。

① 刘涛：《视觉修辞何为？——视觉议题研究的三种“修辞观”》，《中国地质大学学报》（社会科学版）2018 年第 2 期。

② 赵毅衡：《符号学：原理与推演》，南京大学出版社 2016 年版，第 40 页。

（一）历史文本的认同修辞：记忆唤醒的文化基因

所谓历史文本，作为对过去事实的如实叙述，是在叙述的时间点上强调“溯流而上”，它是指对过去事实的回溯引发了关于过去的感知，进而生成一种历史记忆。除了在时间上对历史文本的叙述偏向进行指认外，历史文本仍然具有空间指向与地域归属，即历史是特定空间的社会活动，它和地方密切关联，是地方记忆生成不可或缺的重要部分。地方作为记忆的仓库，它储存日常生活记忆以及历史事件的记忆，并在特定情况下唤起个人和集体的记忆①。

在历史文本与地方认同发生关联与转化的路径中，记忆修辞的唤起机制发挥着重要的作用。历史对于地方的书写，不止是在描绘地方、阐释地方，其目的还在于建构认同，它试图在地方的过去与地方的现在交界中搭建两者间的心理联结。“如实地说明历史”，这一经验主义哲学传统下的历史观念，尽管仍然占据着主流，但是不可忽略的是，“历史包括一个确定了的事实主体”②，即：历史的叙述不可避免地涉及对纷繁复杂的历史事实的选择，事实主体的确立便凝结着叙事者的主观选择，而这种选择表现在历史文本中，就是符号修辞所运用的文本策略。具体而言，就是那些被历史文本频繁选取的文化符号，作为地方文化的根脉，极可能置换为现今地方文化认同的标识与代言。而历史学家对于地方历史的追忆将促进人与城的精神互动，从而建立人与地方的“专属档案”。

呈现“城市文化”的历史文本类型繁多，包括地方志、地方档案、地方报刊以及地方书籍等。其中，地方历史类书籍在地方文化的书写中构成了特有的文化景观，成为沟通人与地方记忆的独特文本，在地方记忆的描绘与文化认同的构建中至关重要。在成都地方历史文化的书籍之中，王笛的《街头文化》、《茶馆》、《袍哥》等著作成为当今成都人了解“老成都”和外地人想象成都的重要文化读物。该系列书籍分别选择成都街头、成都茶馆和袍哥群体作为事实主体，从浩繁的历史长河中拾起典型的文化碎片，即以“微观对象”作为叙事主体，提取出成都文化的特有基因，从而开始“显微镜下的细胞观察”③。这与传统叙事中强调全方位呈现历史事实的观念不同，它把历史看作由无数“碎片”组合而成的有机整体。通过阅读这些作品，人们从微观线索中进入成都文化，进而根据自身体验涌现出对于地方文化的关怀与认可。例如，在“茶馆”这个看似微小的考察对象中，通过对众多历史事实的合理串联，关于成都的茶馆记忆被作者生动还原，

① 李彦辉、朱竑：《地方传奇、集体记忆与国家认同——以黄埔军校旧址及其参观者为中心的研究》，《人文地理》2013 年第 6 期。

② ［英］E. H. 卡尔：《历史是什么?》，陈恒译，商务印书馆 2007 年版，第 4 页。

③ 潘文捷：《历史学家王笛：历史研究不应对丰富多彩的民众历史不屑一顾》，《界面新闻》2018 年 10 月 18 日。

而“茶馆”作为成都地方文化的象征，又在此间描摹中折射出20世纪上半叶成都的社会状况与成都人的生活风貌。当茶馆作为地方文化对抗现代化所推行的国家文化认同同一模式的个案时，茶馆符号又被赋予“多层次的、复杂的社会经济和文化功能”①。可见，上述历史文本这种“眼光向下”以及“情感注入”的书写方式②，为人们了解过去成都的社会日常生活，提供了具体的符号线索。这些深具厚重感的历史书写，这些成都文化符号，在学术“合法性”建立的同时也在重新编织已经被遗忘的成都文化“底色”，逐步召唤起人们对于“老成都”的集体记忆与文化认同。

概言之，历史文本对地方的书写是依托于特定的文化符号的历史条件和环境的“深描”，通过抓取、填补、唤醒或强化地方记忆来激发人们对地方文化的感怀。于此，地方文化的底蕴逐渐被勾勒出来，并成为当今地方文化底蕴以及文化影响力构建的认同标识。进一步看，历史文本在文化认同的书写层面可以弥补过去与现在的某种“断裂”，并让特有的地方文化符号在这种新旧联结中，再造历史归属与深层认同，这可以说是将公认的地方文化符号还原于、贯穿于历史情境中的策略选择，也正因为如此，历史文本中的地方文化总是充满那些熟悉的符号重温，从而让立足当下的人们去“拾趣”和“缅怀”，并达至其构成一种关于未来发展中的文化传统与传承的沉淀。

（二）新闻文本的认同修辞：关系联结的共享共在

与历史文本相同，新闻文本以事实为本源，旨在探明事实真相。不同的是，后者着眼于“新近”事实的报道。换言之，新闻的真实在时态上属于“进行时”，而历史的真实是“完成时”。因此，“时效性”是新闻文本区分于历史文本的重要标志。这从时间的刻度中为新闻定立了边界，即立足“现在”，同时以地方的“过去”作为背景与借鉴，以地方的“未来”作为展望与愿景，在新闻书写的“时间绘图”中寻找地方、再造地方与想象地方。新闻社会学家迈克尔·舒德森说“新闻是文化的一种形式，我在此称之为‘公共知识’”③。作为公共知识的新闻，很少有东西比它的发明及每天的更新对现代文化更有典型和启发意义④。可见，新闻文本对于阿尔弗雷德·舒茨所言的“共同世界”⑤

① 王笛：《二十世纪初的茶馆与中国城市社会生活——以成都为例》，《历史研究》2001年第5期。

② 余如波：《王笛“微观”老成都：历史文化和日常生活的纸上旧影》，《四川在线》2019年2月21日。

③ ［美］迈克尔·舒德森著：《新闻的力量》，刘艺娉译，华夏出版社2011年版，第8页。

④ 同上，第3页。

⑤ 舒茨为了说明人类理解他人的不同方式，将人的社会世界划分为前人世界、周遭世界与共同世界。新闻更多的是关怀共同世界，即一个由同时代人及其人的行动构成的社会集合体，他们互不相识，但是相互理解，共同存在。

的持续性呈现，使得因地方而连接的“想象共同体”在“公共知识”的阅读与感知中得到身份的确认与关系的确立。在此意义上看，新闻在地方文化中的时空坐标被勾勒出来，它显示出新闻在时间上的同步卷入，以及在空间上的文化共在。这种共在特性也决定了新闻文本的符号选择既包括传统文化，又必然会选取当今地方的新文化符号，从而在更广阔的时空范围内激发共鸣，构建文化的普遍认同。

以报纸新闻文本为例，它包括新闻、评论、广告与副刊四大“要件”。其中，直接呈现地方文化的当属文化新闻与副刊文本，它们“在面向过去、日常、边缘与当下中，点滴记录所栖居之地的文化脉络以及变迁，绘制出和风细雨般的区域文化之时间地图”①。进入融媒体时代，地方文化的讲述，不再仅仅依托于专业机构的内容生产，而是拥有更多的个体直接或间接地参与到地方文化内容的生产中。地方日常生活的涓滴细流以前所未有的规模涌现于新媒介空间，使得以往有所遮蔽的细微碎片的文化景观拥有了更多的展演空间。专业内容、组织内容以及用户内容的文本生产，共同构筑了特有的符号修辞景观。它们既是生活场景的再现，也是地方变动的文化书写。

新闻与社会发展的互动实践显示，现代新闻媒介在中国的发展与我国逐步走向现代化的轨迹基本同步。即紧跟时代发展的新闻媒介，在我国逐渐融入“全球化”的发展浪潮之后，也渐渐置身对于现代化与全球化的反思境地，从而开始地方文化的“寻根之旅”。因此，作为地方文化“风向标”的新闻文本，尤其是副刊文本，在敏锐的文化感知中，逐步形成一种扎根“地方”又放眼“全球”的开放理念。以《成都日报》副刊“天下成都”为例，“居成都，观天下”的栏目意涵代表的是“更广阔的世界与更深远的视界”②，旨在从地方内外的关系网络中观察多面的成都，在全球化与在地化的共在联结中放眼世界且审视成都。与此同时，“天下成都”所开办的《传承》、《蜀文蜀艺》、《人文地理》、《旧蜀图说》等专栏，以传承地方传统文化为己任，这样的“文化寻根”又在时间序列的历时交叠中追问过去、现在与未来。而《华西都市报》的副刊“宽窄巷”，同样秉承立足本土、结合时代的宗旨定位，即“视野需要有全球性、前瞻性和时代性，但落脚点却要在本土”③，打造出独特的地域文化景观。2017 年，“宽窄巷”升级为“天天文化副刊”，新闻文本的文化“底色”日益浓厚，所借助的文本体裁日渐多元，漫画、老照片等图文版面“好看”且“吸睛”，文本表达异彩纷呈。“宽窄巷”的升级恰是在媒

① 范湘鸿、罗安平：《时间绘图：地方媒体的“区域文化史”——〈成都日报〉副刊的实践意义》，《成都大学学报》（社会科学版）2018 年第 5 期。

② 同上。

③ 赵晓梦：《纸与端齐飞 报纸副刊转型新路探索——华西都市报-封面新闻〈宽窄巷〉副刊创新转型实践》，《传媒评论》2018 年第 4 期。

介融合语境下的创新转型，而与专业内容生产“比翼齐飞”的还有组织内容生产以及个人内容生产，它们释放出地方文化“共享”与地方共同体“共通”的潜力与效力。再如组织内容生产以城市政务微信号“微成都”① 为代表。“微成都”综合应用文字、图片、音频、视频等多媒介符号，从不同的感官通道促成地方文化的“传情达意”，更加凸显人性化、故事化与情感化的叙事手法，让成都文化显示出复合化内涵与多彩的人文魅力。这样的文本策略于日常生活的审美体验与情感唤起中进一步推进了人与地方的互动。个人内容生产以个人微信公众号“朱毁毁的成都”② 为例。它以个体笔触伸向地方文化的街头巷尾，用光影“图绘”作者眼中细腻且微小的成都，却又能够将这些“碎片”以强烈的视觉形象穿透“隔阂”，直击成都人的心灵。这种雕刻着鲜明个人特色的图像叙事，以及立足“烟火气息”的文本表达，构建起每一位普通市民与地方文化的关联，加深了文本立足写实而延伸无限美好的审美体验。同时，“朱毁毁”（本名朱映辉）也因此具有了文化传播的符号指代及地方文化的识别号召力。

综上可见，新闻文本内含着独特的时间性和空间性，其作为一种文化书写，就是对过程渐变的记录与感知，这是一个聚合文化与地方性的独特机制。我们可以将之理解为在特定时空中定位和构建地方性的表意模式，而其中的内容即为地方文化的有机构成。当新闻记录和传播这些内容时，就是在输出具有地方特性的文化意义，意义经由不断的传播循环，就使新闻成为一种可以表征地方文化的符号文本。由此，一个积蓄丰富传统且蕴含独特创新的地方文化得以不断“可见”并被注入时代性，基于此，通过新闻文本传播的意义之网，在此文化生产中编织出共享共在的文化认同。

（三）文学文本的认同修辞：情感想象的文化共鸣

与历史、新闻文本强调对客观世界的事实叙述不同，“文学文本对客观世界的描摹有多种选择”③，它并不排斥作者主观情感的表达，甚至与作家的主体感受密切相关。这样的书写方式使得“想象”成为文学叙事的约定俗成和审美目标。这种想象赋予情感表达的无限空间，也促成了文学文本与地方文化认同内嵌的修辞选择，从而使人们在情感的体验中获得文化共鸣。与此同时，作为人学，文学文本的人文色彩最为突出，它主要以人作为地方文化符号的核心，以充满情感的故事书写，释放出无可比拟的可读性以及不

---

① “微成都”是成都市外宣办于2011年9月5日创办的政务微信号，以“在成都，爱成都”为栏目宗旨。

② “朱毁毁的成都”是由四川大学广告学2018届毕业生朱映辉创办的个人微信公众号，曾创作出《成都不是一个天堂》《2.35：1比例下的成都和成都人》、《人间成都》等多篇广受欢迎的10万+推文。

③ 操慧、高敏：《可读与可信：新闻散文化与文学纪实化的互鉴审思》，《现代中国文化与文学》(24)，巴蜀书社2018年版，第37页。

可替代的情感关怀。这种充满人文色彩的情感认同，即为文学文本符号修辞的主要策略及文化表征。

从文学文本的空间维度来看，文学必然是依托于特定地理空间的创作，因而地域文化的基因不可避免地会植入文本中。严家炎先生曾说：“地域对文学的影响，实际上通过地域文化这个中间环节而起作用。即使自然条件，后来也是越发与本区域的人文因素紧密连接，通过区域文化的中间环节才影响和制约文学的。”① 可见，地方文化影响着文学创作，它使文学文本可以并必然呈现地方文化，反之，文学文本的呈现也会扩展甚至创生地方文化内涵，从而助推读者对地方文化的多元理解。正因为文学文本总是依托于特定的空间，因而我们或多或少都能够在其文本中找寻到地方文化的因子。

例如，“故乡”作为文学作品永恒的命题，往往是作家文学创作的根源，古今中外均涌现出了不少以地方为特定书写区域的文学作品。享有“天府之国”美誉的成都，养育了一代又一代的文人豪杰，他们对于成都的书写，勾勒出独具特色的成都文化。近代成都历史上，巴金、李劼人、何其芳、沙汀等本土作家都曾受到成都文化的滋养，而后又在文学文本中描写成都，反哺成都文化。其中，李劼人的大河系列小说三部曲——《死水微澜》、《暴风雨前》、《大波》，被称为近代成都文学作品的经典之作。这些作品大多以成都作为背景与中心，生动地刻画了处于新旧变动中的近代成都。李劼人笔下的“邓幺姑”，其独特不羁的性格表征着成都文化的开放包容生态；与此同时，东西文明交汇的郝达三公馆，同样折射出新旧交替的地方历史，这为我们观察成都的文化脉络提供了生动形象的文化符号。巴金曾言：“只有他，才是成都的历史家，过去的成都活在他的笔下。”② 李劼人以深厚的故乡之情与浓郁的成都情结，准确而又凝练地描绘了封闭、落后、愚昧的成都，展示了成都人独特的生活方式以及其时成都社会发生的巨大变迁，这种书写并未停留于一味的简单爱恋，而是夹杂着理性的批判与反思③。由此可见，无论是作家对于故乡的情感依恋，还是小说中的情感书写与抒发，这种家国情怀、故土情怀与儿女情长，不仅多层次地呈现了一个“有血有肉”的成都，也立体地展现了一种蕴藏着丰富内涵、充满着“人间烟火”的成都文化。需要指出的是，相较于其他文本，文学文本对于地方文化的书写表现出更加强烈的反思性与批判色彩，这也启发着我们：对地方文化的呈现与建构必须放之于时代的经纬。时代经纬和当时人们的文化价值取向是影响其文化认同的重要因素，而且其本身也构成了文化认同的地方性和理性根基。

概言之，文学文本基于地方又高于地方的想象叙事，为地方文化情感的生发和抒发

① 严家炎：《20 世纪中国文学与区域文化丛书“总序”》，《理论与创作》1995 年第 1 期。

② 谢扬青：《巴金同志的一封信》，《成都晚报》1985 年 5 月 23 日。

③ 胡静雪：《中国现当代文学中的成都形象》，西南师范大学 2004 年硕士论文，第 14 页。

提供了广阔的展演空间，这种情感通过作家的乡恋情结、家国情怀，以及内容创作中的情感书写、联想，共同激发出读者对于地方文化的情感共鸣。它具体表现为：文学文本通常从现实生活中找寻创作灵感，提取地方文化符号，而后借助想象的“翅膀”，将其结构到充满人文关怀的、极具可读性的故事文本中。正是这种植入了典型地方文化元素的符号文本，可以展开亲切而熟悉的生活场景，可以借助故事来讲述地方，可以通过人物性格来隐喻地方文化特性……这些文学叙事的技法，其实都是巧用地方的符号文本，它们在折射地方社会的复杂变迁的过程中型构着地方文化性格，进而作为一种整体修辞成为地方文化的感知代言。不容忽视的是，这种文学书写时常也对地方发展的反思融入优化文化的自觉，它让文学文本的认同建构充满着动态解构与重构的张力，从而令读者的感知伴生更加能动的憧憬和展望。正是这些彰显作家主体价值取向的文本，也同时映射出地方文化认同中的博弈与多维思辨。立足于作家对地方文化的书写，“故乡”、“家国”的文化情怀作为符号修辞的独到隐喻机制，使其文化认同的地方性葆有永不衰退的“灵气”与“灵韵”。

四、结语

置身于全球化时代与媒介化社会，地方文化的“稳固态”正在遭遇解体，取而代之的是文化间的互审以及碰撞中的互融。人们对于地方以及地方文化的认同将逐步摆脱单向认可的“孤芳自赏”，转而走向一种兼容并包的开放认同和动态包容。本文从符号修辞与文本策略的转化机制切入，意在探索作为修辞功能的文本在再构地方文化认同中的策略表征。描绘成都文化的历史文本、新闻文本及文学文本的叙事策略显示，叙事是文本的主体和结果，修辞是叙事预期和效果实现的联结转化器，从地方文化的发展变迁与认同再构的文本分析审视，地方文化的符号化及有效叙事是其符号修辞作为整体过程与文本策略表征的关键。

前文所分析的三类典型文本策略，体现出对地方文化认同再构的符号修辞功能，主要表现为：

历史文本以记忆修辞作为主要的文本策略。通过地方记忆的书写以及唤起，借助特定的传统文化符号钩沉地方文化的“历史层”，填补今日地方与过去地方的记忆“空白”，在记忆联结中沉淀地方文化的认同与归属。

新闻文本以关系修辞作为主要的文本策略，在时空坐标的确认中凸显新闻文本对于地方文化认同的伴随和再造。它以“现在”作为审视过去与未来的基点，在立足本土的同时放眼“天下”，以新闻文本特有的社会中介力，网罗多层多质的符号资源，使得地方共同体在实录与阅读中感受文化的共享共在。

文学文本以情感修辞作为主要的文本策略，以它特有的“故土”深情与故事笔法来调动丰富多彩的文化符号，以此隐喻和折射社会生活变迁，并借助文学创作的特有想象，激发受众对地方文化的憧憬与情感共鸣。这种情感的唤起并非一味地指向赞美与宣扬，而是伴随着作家的深刻反思与理性批判，由此推动着我们对于地方认同内涵与时俱进的理解升级与文化再省。

尽管历史、新闻以及文学文本对于地方文化的呈现以及认同再构的符号修辞功能各有侧重，但是在当代的文化生产与媒介消费中，它们却彼此交错，走向融合互鉴。我们可以从成都文化的文本书写中看到，历史文本与新闻文本在探问真相的同时，也在借鉴文学文本的“情感修辞”，以提升文本的“可读性”，当然这种“可读”追求以“可信”作为前提，即在事件的实录中强化人文关怀，以故事化的叙述手法展现地方文化符号与人物经验的互动；新闻文本与文学文本在地方文化的描摹之中，时常回望过去，沉淀地方记忆，运用“记忆修辞”联结地方的过去与现在。所不同的是，新闻文本通过记忆的唤醒与传承来观照现在，文学文本基于想象的描绘来呼唤记忆或建构记忆；历史文本与文学文本在对地方的回顾与想象之中，分别从不同的视角与地方的“现在”相连，在这种历时性的“关系修辞”中以不同的方式共享共在。正因为如此，我们总是能够从历史与文学文本的书写中找到当前文化赖以生存的根脉与源头。可见，不同的符号文本既有各自固有的修辞技法，也在文化生态的语境重构中作“跨界”审思，试图借鉴多元化的修辞策略来提升传播实效，从而凝聚动态发展中的地方文化认同。

成都文化的符号修辞实践显示：“眼光向下”与“情感注入”作为这些文本的共性修辞理念正在有效凸显成都文化的特色与魅力，并增强成都文化的向心力与凝聚力。“眼光向下”即以“微观视角”提取相应的地方文化符号，在此引领下，深入到地方的日常生活，选取具有典型意义的人和事，映射地方文化的特定横截面，从而寻找滋养地方文化的现实土壤；“情感注入”则是指文本的字里行间所倾注以及所流露出的人文关怀，它凝结着文本发送者与接收者深深的地方情结，同时在认同再构的社会效果助推下提升文本表达的“可读性”。这些修辞理念启示我们的文化生产：地方文化认同再构的符号修辞在于促进人与地方的互动交往，“点燃”交往火花的便是文本描述人与地方的修辞智慧。可以推想的是，在“媒介弥漫于我们的感官，我们对世界的感觉充盈着媒介”①的媒介化社会，这种立足于个体、立基于生活的“眼光向下”将进一步拓展个体认同的

① ［英］尼克·库尔德利：《媒介、社会与世界：社会理论与数字媒介实践》，何道宽译，复旦大学出版社 2014 年版，第 1 页。

多元化表达，这也是生活审美构建地方认同的心理投射。当下，互联网的网络概念，作为全球化时代的一个重要隐喻①，它从本质上预示着地方文化中多重关系的连接。而在人与地方文化的关系连接中，抑或说是认同连接中，情感是人与地方之间最具穿透力的纽带。概言之，在这个互联互通的媒介化社会，地方性与全球性的互动会更加紧密，而文化认同的需求会愈加显得必要、重要和稀缺。正如符号修辞投射到文本策略中的使用及功用所示，“越是地方的就越是全球的”之认同哲思将促发我们探寻修辞符号化与符号修辞功能的新境界。这是我们再构地方文化认同的使命与自觉。

（作者单位：四川大学文学与新闻学院）

① ［美］约翰·厄里：《全球复杂性》，李冠福译，朱洪文校，北京师范大学出版社2009年版，第1页。

中国现代文学馆所藏穆旦手稿两种辑录①

易 彬

整理说明

作为“中国第一座、也是目前世界最大的文学博物馆”，中国现代文学馆以“收集、保管、整理、研究现当代文学书籍及作家著作、手稿、书信、日记、录像、照片、文物等资料”为“主要任务”。目前，文学馆共有藏品60万件，其中手稿有22005件②。所藏穆旦手稿有两种，量不多，与所藏很多作家的手稿量不可同日而语，但对穆旦研究来说，意义却非同一般。

目前所见穆旦手稿资料不算多，诗文手稿基本上仅见于《穆旦诗文集》等由穆旦家属所主导的出版物中，但所披露的数量有限；档案类手稿材料有一定的数量，其中部分见于其生前所在单位（南开大学）的档案馆，另有部分近年来散见于坊间。

文学馆藏两种穆旦手稿。一种为文稿，即发表于1956年第12期、署名良铮的《不应有的标准》。该稿所用为25×20的方格稿纸，竖行书写，共9页。不过，这并非一份单一的手稿，而是有着大量修改的痕迹。“综合来看，应该是当初穆旦向《文艺报》投稿之后，编辑对稿件进行了批阅和删改，并反馈给了穆旦本人，然后，穆旦又进行了一定的文字增补和说明。也就是说，这份原始手稿包括了三个向度：最初稿、编辑批阅稿和穆旦的反馈稿。《文艺报》所发表的——也即在目前通行的穆旦作品集中所看到的，是

---

① 本文系国家社会科学基金重大项目“中国现代文学名著异文汇校、集成及文本演变史研究”（17ZDA279）的阶段性成果。

② 据中国现代文学馆主页“历史沿革”栏目的介绍。按：从馆内人员处所了解的情况看，这是较早时期的数据，近年来数据还有较大的增幅。

最终的改定稿。”实际上，仔细对照发表稿，仍存在若干细微的修改。

另一种为未刊译稿，题为《〈父与子〉和六十年代的文学及政治的斗争》。该稿为巴金先生 1997 年捐赠给文学馆的。目前仅舒乙先生在叙及巴金先生捐赠事时曾有简单提及①，而从未见诸穆旦家属及作品整理者的相关文字。该稿所用为 520 字的稿纸，竖行书写，共 24 页。题中所称“六十年代”非 20 世纪 60 年代，而是《父与子》发表时的 19 世纪 60 年代。译文稿首页有“附录二”字样，但查找巴金本人所译屠格涅夫《父与子》的各个版本，并未见此一附录。因此，“附录二”可能并非指中文译本的附录，而是指原书的附录。综合来看，此译稿应是 1953 年穆旦从美国留学归来之后译出的，但具体为何时，是穆旦主动翻译还是源自巴金的约稿，相关记载阙如，目前均无法确断②。

考虑到所见穆旦诗文手稿有限，而这两种手稿，一种虽曾发表，但包含了多重向度，清晰地浮现了个人写作、编辑修改乃至时代语境的状况；另一种则是此前从未披露的手稿，因此，将其整理出来，无疑还是有着独特的意义。

关于整理过程中的一些技术性因素，也略说明如下：

（一）关于《不应有的标准》

此稿分初稿、编辑的批阅修改和穆旦本人的反馈，单一的字体显然无法显示出来，因此，不得不使用不同的字体，同时，为醒目处理，凡有改动处均用**加粗**，相关图例说明如下：

编辑所作删除：【×××】

编辑所作替换：【×××】×××

编辑所作补入：×××

作者所作补入：斜体、楷体

发表稿中的修改文字，用注释说明。

（二）《〈父与子〉和六十年代的文学及政治的斗争》

此稿上多有涂改之处，非最后的誊正稿，但总体来看，文字已定型，仅偶有书写错误或表意不当之处，其中一些译名也偶有不同写法，如“巴札洛夫”与“巴札洛夫”、“杜勃罗留波夫”与“杜布罗留勃夫”、“普加切夫”与“蒲加切夫”之类。同时，一些译名现有通译名，如安宁珂夫（П. В. Анненков），为俄国唯美主义理论家，现通译为安年科夫。凡此类情况，均保持原样，未作统一处理。此外，原稿有多条注释，本文均加上“原注”字样，以示区分。

① 舒乙：《巴老再捐四份手稿》，《人民日报》（海外版）1998 年 2 月 28 日。

② 关于这两篇手稿的详细讨论，参见易彬：《捐赠、馆藏与作家研究空间的拓展——从中国现代文学馆所藏多种穆旦资料谈起》，《文艺争鸣》2018 年第 11 期。

手稿之一：对于相声“买猴儿”的讨论

不应有的标准

良 铮

【看了文艺报第十期“对于相声‘买猴儿’的讨论”中孙玉奎、匕戈和丁洛三同志的评论后，使我对该各论文中所持的标准生出一些感想，想写在下面，就正于读者。】

我们都知道，艺术是一种生活反映；由于反映的对象、方法和媒介（或材料）的不同，而有艺术的不同类型。因此，艺术既有一般的法则，概括整个的艺术领域；也有特殊的法则，就是只适用于各个类型的法则。**【举例说，悲剧和喜剧同是戏剧，自然同受戏剧的一般性法则所控制，但同时，它们又是不同的类型，有其各自特殊的法则，因此，在这种地方，就不能以悲剧的法则去衡量喜剧，或以喜剧的法则衡量悲剧。**

我想，这是极为普通的道理，无需多赘的。】

按照这个道理，在评论作为艺术类型之一的“相声”的时候，我觉得首先应该确定的是，“相声”是怎样的一种艺术类型，它的特征应该是什么，也就是说，是哪一些特征使得它有独立存在的价值，不同于别种类型——例如喜剧——的。

只有把这个首要问题**【确定好了】****弄清楚**以后，才能掌握相声的特殊法则，进而根据这个法则去衡量相声作品。不这样作的话，就会以外在的法则或标准来衡量它以致抹煞它，这种批评就不是健康的了。当我们艺坛上正在争取“百花齐放”的时候，批评任何剧种或曲种的人尤其应该注意到这一点。

可是，在**今年《文艺报》第十号**孙玉奎、匕戈和丁洛三位同志的文章里，都没有把这个首要的问题先弄明白。他们无论是肯定或否定“买猴儿”，都不知不觉使用了一些对相声来说成为疑问的标准。

相声，作为艺术的一个类型，自然是反映生活现实的。不过，它的反映形式没有喜剧那么严肃；恰恰相反，它在短短一二十分钟内必须使听众很快地发笑，而且最好是大笑多次，——这是相声与别种曲剧最大的不同之点。如果相声不能保留这一点，恐怕它就不会作为一个特殊形式而存在的吧。有谁喜欢听不可笑的相声呢？

既然要让相声①发笑，那么，相声所采用的材料（或媒介）必不能同于其他“严肃”的作品。我想试作如下一个定义：相声是以荒谬不经的材料或情节来反映生活的。

① 发表稿，多“引人”二字，即“引人发笑”。

*它的反乎寻常的滑稽动作和过分的表情，即意在①与荒诞情节起配合的作用。*在这个意义上说，相声无论怎样追求笑料（这是它的类型的本质，亦即它据以存在的特殊法则），它仍然是严肃的，假如它同时反映并批判了生活的话。它必须采用荒诞的材料，尤②如寓言必须采用另一种荒诞的材料（例如禽兽世界的拟人化）一样；但另一方面，在它的“荒诞”之中，却包含有（或反映了）生活的因素，它所以能反映生活现实，也就是依据这一点。

我们知道，在艺术领域内，是有可能以各种材料来反映生活的。艺术家可以使用有着严格生活逻辑的现实材料来反映现实，但也可以从那材料里抽去严格的生活逻辑，而仍不失为现实的反映。在这后一种情形下，艺术的欣赏者决不会因为失去的那一部分逻辑而感到不快；恰恰相反，这反而满足了他【的】对另一种艺术欣赏的【本能】需求。我们看报上的漫画，一个满身是铁刺的魔鬼似的人，一手拿着原子弹，一手拿着“实力政策”的招牌，站在裁军签名桌案之前，上面写道：他无法空下一只手来签字了。这是一【副】幅多么好的讽刺美帝国主义的漫画呵！恐怕没有人要找一找，世界上究竟有过这样的人否？如果以肖像画的标准去衡量漫画的真实性，我们会作出怎样可笑的结论来呢？可是，我们仍然认为那幅漫画，就其本身而言，具有十足的真实性。它正是以荒诞的材料反映现实（或现实的因素）的一个例子。

由此看来，采用荒诞的材料，失去严格生活逻辑的材料，并不就摒除生活的反映。自然，这种反映是有着它的局限性的，但它的所失，也就是它的所得。它不能细致、全面而现实地反映生活；但另一方面，它却突出、生动而鲜明地表现了现实的因素。如果要取消它的缺点，那也就恰恰取消了它的优点。

现在，我们可以把话题回到相声上来了。作为一个类型来说，相声有其本质的规定性。一方面，它以荒诞及夸张的材料获得生动、活泼、鲜明性的可能，而另一方面，却不得不在严格的生活逻辑方面，在全面、细致而现实地反映生活方面作出一定的让步。各别的相声作品无论怎样优越，也是逃不出这本质的规定性的。

如果对于相声这一类型的本质有了明确的概念，以上三位同志的议论就未免显得有不当之处。例如，孙玉奎同志只在理论上允许夸张，而作品一进入夸张的时候，他立刻就要以“过火”来制止，*因为他所害怕的，是相声情节的不真实。他把生活的真实和艺术的真实等同起来。请看*他所赞成的夸张是什么呢？“例如：作品中写马大哈犯三次错误，第一次，马大哈当文书时写通知，把锦州道写成锦州；第二次，当收货员时贴标签

① 发表稿，“即意在”作“又”。

② 发表稿，“尤”作“犹”。

儿，把香油的标签儿贴在香①油桶上，桐油的标签儿贴在香油桶上；第三次，他替文书写通知，把东北角写成东北，买猴牌肥皂写成了买猴儿。”依我来看，这只是生活中常②可以见到的事，还算不得夸张，而且不【会】一定令人发笑；只有当这些事情引起荒谬的后果时，“例如：香油漆桌子，桐油炒菜”，恐怕才是夸张，才是相声的精彩【的噱头】之处【，】。可是孙玉奎同志却要制止这些。现实中【也许不会】已经有过桐油炒菜【、】的事，香油漆桌子【的事情，这一细节虽无他所谓的真实性，但却】虽未听说，但在相声中，这样的细节完全可以写，有现实的意义，因为它以奇幻的形式突现了贴错标签这件事的恶劣后果。还可以说，这一细节在小说里也许是不能令人信服的，可批评的，但相声却完全可以容纳。因为相声有如漫画，人们不求其表面的真实，人们要求相声通过捏造和夸张一部分事实之后（如香油漆桌子），更尖刻地暴露另一部分事实（如贴错标签）。如果把孙玉奎同志所不赞同的“捏造”、“出人意料之外”、“不在情理”的相声情节取消以后，那相声恐怕真“就不可笑了”；还谈什么讽刺力量呢？因为作为以荒诞不经的情节反映生活的相声艺术，它的夸张正应该是“出人意料”和“不在情理”的。可以夸张一点说，相声本就是大人的童话或神话。

匕戈同志否定“买猴儿”，说它“捏造了一些不可能发生的稀奇古怪的事物和非典型的形象”。只就他的反对相声“捏造”“稀奇古怪的事情”这一标准而言，我是不能同意的。他不知道，人们在听相声的时候，不但允许一件起初有可能的现实基础的事情（例如：把买猴牌肥皂写成买猴儿）尽量往戏谑不真的后果去发展*（例如：百货公司里跑出一群猴子）*，而且暂刻③欢笑于这一场戏谑，因为这正是相声的艺术之所在④。他不知道，人们在听相声时，是和读巴尔扎克的小说所采取的态度不同的。没有人那么严肃，或那么傻，会相信相声里的【情节的真实性。】*噱头是事实，因此，他所看到的“污蔑”，多半是出于他以读报或看小说的态度来对待相声了（关于这点，下面还要谈到）。让我重复一遍，*衡量相声的尺度应该不同于衡量喜剧或小说的尺度。

丁洛同志也是把相声作品的“真实性”和“严肃性”作了一般性的、肤浅的理解，而没有看出相声特有的“真实性”和“严肃性”究竟应该在什么地方，以及怎样取得。因此，他指出的几个缺点也是不能令人信服的。

总括说来，艺术的反映现实是多种多样的，有时是曲折的、折射的【，不能一概去作直线的印证】。如果问寓言：“现实中有这样的事吗？”【直线的印证】简单化的头脑就

① 发表稿，“香”作“桐”。按：此处“香”字当属笔误，应作“桐”字。

② 发表稿，“常”作“不时”。

③ 发表稿，缺“暂刻”二字。

④ 发表稿，“之所在”作“的特点”。

只能回答："农夫和狼怎能对话呢？这是捏造！"相声从现实中取出一粒种子，然后以它特有的活跃的幻想去培育、铺张、演【义】绎和歪曲，使我们大笑，而笑后又能觉到它寓有【一个】严肃的教训【，】。例如，使我们警惕于一种反面现象的严重后果（尽管不是①像相声情节所设想及夸张的那般），这就是相声这一艺术类型所能发挥的"真实性"和"严肃性"。有人提出要相声也有正面的主人公，这是不理解相声的"真实性""严肃性"的所在；如果真要去找的话，那么，表现听众的否定态度的哈哈笑声就是相声里的正面主人公。我们笑得越是多，对反面现象就越是不利；对相声来说，所谓"热情的""愤懑的"讽刺和"新与旧的斗争"的积极性不正包含在这里面吗？**【又有人要相声中的生活材料（亦即它的媒介或体现形式）具有严格的生活逻辑，周密而全面，从而可以更好地、现实地反映现实。我不否认这种可能性，不过，恐怕那就是以别种艺术的标准来衡量它了，结果会不会为了改正所谓"缺点"，而取消它的形式特具的优点，使它变得非驴非马呢？】**我记得苏联某作家说过，他不相信有所谓"严肃的笑"，这句话【会】多么确切地答复了人们给相声提出的错误标准呵！是的，别让我们作"严肃的笑"吧，因为那是笑不出来的！

最后，我想再具体地谈一谈对"买猴儿"的两点重要的指责：一是说它"糟蹋了百货公司，歪曲了现社会"，另一是**【它"忽视了一些必要的交代。例如采购员外出买猴儿去了半年，公司并没发现，并且采购员由东北到广东又去西南，也没有向公司请示，其中他由东北回到天津一次，也没有到公司去联系"。"采购员出去一次错了又一次，科里都不知道，不闻不问，这也不可能。""一个人走这么远的路，南北走了好几省，路费怎样报销？"也就是说，】**说它情节太荒唐，不够现实【。】，如采购员跑了半个中国没人问等等。

在我看来，这两点指责恰好彼此对消。换句话说，由于这相声是有意地、明显地说一个荒唐的故事，它既没有糟蹋百货公司，也没有污蔑现社会。它所尖刻讽刺的不过是官僚主义和马大哈而已。

为什么这样说呢？假如我们仔细研究一下"买猴儿"，我们就会发现，它有其作为艺术作品的内在逻辑和完整性。它知道它所要讽刺的对象，在这种地方它就率直而逼真；它也知道它所不想讽刺的东西，在这种地方它就以种种艺术方法，使真实的对象不在它的戏谑之中。

举几个例子看吧。首先，关于它所讲的"乌七八糟"的百货公司。在故事进展以前，它就告诉了听众，这个百货公司完全是虚构，不可凭信。为了这，它使用了如下的

① 发表稿，"是"作"全"。

对话：

乙：我说你们百货公司怎么什么都卖呀？

甲：呵，是呵！我们跟油脂公司合并啦！

乙：没听说过，你们就是和平路六层楼那个百货公司？

甲：不是，我们先在小王庄，十四层楼。

乙：后来哪？

甲：营业一发展，盖了二十层楼，挪大直沽去啦！

乙：大直沽！我怎么没见过呵？

甲：那你就别深问啦！我们那儿保密。

这里，有三点很明显地指出了他所要讲的百货公司是不存在的：（一）哪里有和油脂公司合并的百货公司？（二）哪里有与外界隔绝起来的“保密”的百货公司？（三）某乙屡次否认它的存在。

为什么要有这一段交待呢？因为，很明显，这相声是不想讽刺百货公司的，它不过想给官僚主义和马大哈找一个地盘作背景，百货公司就这样被拉出来了。**【而在故事的进程中，这个百货公司也被写得非常不现实，这种】**而写百货公司的不现实的氛围**【（如前述第二点指责中所列的细节）是必要的】**，在本篇相声中就成【“】为保护真实的百货公司的正面性格【”】的艺术手法。因为，假如它真是把百货公司买猴儿的一切环节认真地、严谨不遗地作了交待——那结果怎样呢？那才真会令人大吃一惊，说：“百货公司原来这么乌糟！”那才是污蔑了它，歪曲了现社会！可是，它没有这样作，它的“疏忽”和“不现实”的地方，适足以使它巧妙地讽刺了马大哈而又不涉及现实中的百货公司！

再举例说：它也没有想讽刺协助买猴的常秘书和村长等人。常秘书对买猴子屡次表示难以相信，他和村长在得知这个任务后都“直咗牙花子”，讲演说明买猴意义的人不是村长，而是说相声的某甲本人，而他那一通滑稽演说也是在不断咳嗽、迟疑和故作丑态、尽力胡编的情况下说出来的，这就和以正经口吻说出来的意义不同了。如果不考虑这些艺术细节，**【而只对抽象的内容加以批判，】**而像匕戈同志所说：“不用说，某甲跑遍了半个中国，我们各地工商局的干部、村长——都是缺乏对事物起码的分析能力的昏头昏脑的人——给了他支持，他才能顺利地完成任务”，① 这就是使用抽象推理对待抽象

① 发表稿，“，”作“。”。

内容的批评【范例】了。这表现了对艺术的冷漠无感。以我看来，“买猴儿”虽然为了贯穿①自己的情节，不得不提及干部和村长，但它却没有把他们放在戏谑的焦点上，**【而是尽力使他们呈现了应有的智慧。还值得提一下，这篇相声力图把官僚主义集中在马大哈一人身上，连可能是王文书的错误都被转了一些湾子放在马大哈身上。这正是避免予人以到处是官僚主义的印象的企图。】作者对自己所讽刺的对象，是经过细心考虑的。**

我们在批评相声的时候，还应该注意一点，就是：它是一种舞台艺术，不能只就文字批评它，须要使它呈现在舞台上，才能获得它的全貌。善于说相声的人，知道把真的地方说真，把荒唐的地方以动作、表情和语调的帮助把它说假，这样，就会使听众完全意识到哪儿真，哪儿假，哪儿严肃，哪儿逗趣，不致颠倒黑白。只看印成文字的相声，在这方面是受到损失的。

六月十一日于天津

【不过，如前指出，何迟同志在这一相声的编写上，已经尽可能以他的艺术手法来突现他所要讽刺的目标，并摒除了其余的东西。这是一篇角度成功的相声，“马大哈”名字的流传就是一个证据。】

【编辑同志：

谢谢你的意见。我已找到“买猴儿”细读并补写了一些意见。补写的部分似与题目不够切合，但也不想改题了。如觉补写部分多余，可以删去。

此致

敬礼

查良铮　十一日】

---

① 发表稿，“贯穿”作“贯串”。

手稿之二：

《父与子》和六十年代的文学及政治的斗争

查良铮 译

一

一八六〇年八月，屠格涅夫开始写作《父与子》；一八六一年七月三十日全部小说完稿。由于友人的建议，屠格涅夫对原稿作了一些修正。它在一八六二年的《俄罗斯导报》杂志上初次发表，并在同年以单行本问世。

由此看来，这本小说是在历史的转变期，也就是在准备和进行“农业改革”的时期写成的。农奴制度已经面临末日，农奴地主的俄罗斯正在转变为资产阶级的俄罗斯了。

在《农业改革和无产阶级及农民革命》（一九一一年）一文中，列宁这样规定着那促使农奴“解放”的历史环境：“农奴地主不能阻挠俄国和欧洲之间的商品贸易的发展，不能保留陈旧而崩溃的经济形态。克里米亚战争暴露了农奴制度的俄国的腐化和无能。在农奴解放以前，每十年就更增大的农民‘暴动’使俄国的第一号地主亚历山大二世不得不默认这一个事实，就是：由上而下的解放，总比等待由下而上的革命好些。”在同文中，列宁还指出了两种历史力量在为新的资产阶级的俄罗斯而斗争。他写道：“一八六一年二月十九日标识着新的、资产阶级的俄罗斯的开始，这个俄罗斯是从农奴制度的时代里生长出来的。六十年代的自由主义者和车尔尼雪夫斯基是两种历史趋势、两种历史力量的代表，从那时直到我们现在，是这两种力量规定着争取新的俄罗斯的斗争的局面。”

在这个斗争中，自由主义者和以车尔尼雪夫斯基为首的革命民主主义者在立场上是尖刻对立的。自由主义者企图保留地主所有制；他们所要的改革只不过为了符合地主的利益，使地主得以把他的土地经营置于资本主义的轨道上，使他采用新的方法，就是借助雇佣劳力而非农奴劳力的方法。自由主义者害怕农民革命；他们所提的政治方案以不超过要求温和的君主立宪政体为限。而六十年代的革命民主主义者则是农民群众利益的维护人，主张消灭地主所有制，土地交还农民，并且主张以革命推翻专制政权。他们在原则上不只和农奴地主是敌人，也和自由主义者是敌人。

列宁着重指出了车尔尼雪夫斯基对六十年代的自由主义者的这种不妥协的态度：“他把自由主义者始而粉饰、继而甚至颂扬的一八六一年的‘农业改革’叫作卑鄙无耻，因为他清楚地看出了它的拥护农奴制的本质，清楚地看出了自由主义者的解放先生们像剥光小菩提树一样地剥光了农民。车尔尼雪夫斯基把六十年代的自由主义者叫作‘空谈家、吹牛家、和傻瓜’，因为他清楚地看到他们在革命之前的畏缩，他们在统治者之前的懦弱无能和卑膝奴颜。”①

革命民主派和自由主义者之间的斗争早在农业改革的准备期间就已经开始了。这个斗争也在文学中扩大。在一八五九年，贵族派的作家（屠格涅夫是其中之一）已经到了势必跟《现代人》杂志编辑部（那时候，车尔尼雪夫斯基和杜布罗留勃夫的路线还在其中起着主导作用）公开决裂的地步。但是在决裂以前，早在一八五八年，车尔尼雪夫斯基即已在其评论屠格涅夫小说《阿细亚》的名文《俄国人在约会中》（Русский человек на rendez-vous）里宣布：革命民主主义者和自由主义阵营中即使最优秀的人物也是合不拢的。

在车尔尼雪夫斯基这篇文章发表一年以后，杜勃罗留波夫给了贵族自由主义者一个决定性的打击。在《什么是奥勃洛摩夫性格?》一文中，他把贵族自由主义的所有代表人物都比作了奥勃洛摩夫。“假如现在我看见地主在谈论人权以及个性的发展的必要，——我从他的第一句话中就会知道这是个奥勃洛摩夫……当我在杂志中读到自由主义者对虐政的抗议，以及他的欢快，说什么我们久已企盼和愿望的事情终于实现了——这时候，我会想：这一切都是奥勃洛摩夫写出来的。”旧的“进步人物”的时代已经过去了。杜布罗留勃夫用隐喻指出了当时的局势；对当时的读者来说，这隐喻的含义是谁都清楚的。人民处在死寂的树林中，没有人知道怎样走出去。“进步人物”们爬上树去瞭望和休息，但是从他们所爬到的高度却一无所见，而且他们忘了被引路的人们。于是，路上的群众对他们丧失了以前的信赖，说一句“哎，你们全是奥勃洛摩夫!”便开始自己摸路了。他们“砍倒了树，搭起沼泽地带上的桥，开辟路径，打死路上的蛇和毒虫；他们不再想到这些聪明人物，这些天资过人的人们，这些他们曾经寄以希望和致以赞扬的皮丘林们和罗亭们”。就这样，杜勃罗留波夫在懦弱无能、卑膝奴颜的自由主义者和渴望革命、愿意站在人民前列去寻求解放之途的“新人”之间划出了一条清楚的界限。

车尔尼雪夫斯基和杜勃罗留波夫所领导的斗争的严格的原则性和尖锐性引起了自由主义阵营异常的恼怒。这自然是不足为怪的：平民民主主义者的文学主张，在他们的反对者看来，很明显地具有革命的含义。毫无疑问，在俄国已经成长了新的革命的一代。六十年代的革命民主主义者的斗争实际上展开了俄国解放运动的新阶段，代替了贵族革命者——十二月党人和赫尔岑——的运动。列宁写道：“十二月党人唤醒了赫尔岑。赫尔岑展开了革命的宣传，而以车尔尼雪夫斯基为首的革命民主主义者把这工作拿到自己

① 原注：见《农业改革和无产阶级及农民革命》，《列宁文集》第四版，第十七卷，九十七页。

的手里，推广它，加强它，使它达到白热的程度……”①

这就是屠格涅夫写作《父与子》时的历史背景。即以小说的名字而言，它已指出了六十年代的思想上与政治上的斗争。显然，《父与子》并不是以家庭中的亲子关系，或前辈和晚辈的相互关系为题材的。在六十年代的批评及政论文字中，所谓“老一代”和“年青一代”（“父”与“子”）这些概念有其一定的政治的含义。前进的政论家们讲到“老一代”时，他们是指反动的或自由主义的、赞助过时的贵族观点的那些人们。当他们把“年青一代”作为和“老一代”对立的人物提出来时，读者们也立刻了解他们所指的不仅是年青的人，而且还指新的社会力量，那些和贵族阵营斗争的平民民主主义者。因此，《父与子》的小说名称就透露了：它的主题是描写旧的贵族观点的拥护者和年青的平民民主主义者之间的斗争。

二

屠格涅夫作为作家的主要特征之一是：他对于俄国生活中的思想变动永远投以密切的注意，他对于新生的社会现象与心理现象有特殊的敏感。杜勃罗留波夫异常重视屠格涅夫作品中的“对于同时代的活的联系”。他在《真实的日子何时到来》一文中这样讲着屠格涅夫：“他能很快地猜出呈现在社会意识之中的新要求和新思想，而经常在自己的作品里注意到（在情况允许的程度上）那被提出于日程之上的、并已开始在暗中激动社会的问题。”

屠格涅夫在计划创作《父与子》的时候，给自己提出了困难的任务：他必须创造新人的形象，也就是俄国历史上新的英雄——平民民主主义者的形象。屠格涅夫在他的前一部作品《前夜》中已经部分地为自己准备了这项工作。《前夜》的主人也是一个平民出身的，有决断、有毅力、准备献身于祖国解放斗争的人。然而不同的是：第一，这个主人公不是俄国人，而是保加利亚人；第二，犹如杜勃罗留波夫在上面引用的那篇文章中所说的，这个主人公“只是写出了一个苍白而概括的轮廓”。“他（屠格涅夫）不仅把他从保加利亚找来，而且，即使从把他仅仅当作一个个体的人来介绍给我们这方面来说，这种介绍也是不够的。”杜勃罗留波夫并且指出：在俄国，对于像英沙洛夫那样的活动家而言，“他的任务比英沙洛夫的要复杂得多，困难得多”。他不仅要和外面的敌人，而且要和内在的敌人展开斗争。“他处在这样的一种境况中，就好像，打个比方说：一个土耳其将军的儿子想要把保加利亚从土耳其的统治下解放出来。”

① 原注：见《纪念赫尔岑》（一九一二年），《列宁文集》第四版第十八卷，十四—十五页。

因此，杜勃罗留波夫的文章不只谈到俄国的英沙洛夫们——平民民主主义者的任务，而且指出了他们必须和“老一代”进行斗争。然而，从事写作《父与子》的屠格涅夫还不能完全领会杜勃罗留波夫那篇文章的教导，因为那篇文章的一般倾向、它的革命的精神与含义是和他格格不入的：屠格涅夫在政治立场上是一个自由主义者，一个“温和派”，和革命民主主义者的思想是对立的，并且不只一次和他们发生了尖锐的论争。

屠格涅夫和其他自由主义倾向的作家们一起对车尔尼雪夫斯基的著名美学论文表示一种尖刻的、甚至是恶意的否定态度。他对杜勃罗留波夫怀着私怨，并且同《现代人》决裂了。但此外，还有另一方面的事实也足以见到屠格涅夫的特点，这就是：他在自由主义阵营中处于独立的地位，在很多原则性的问题上和他的朋友们也不断发生争执。例如，车尔尼雪夫斯基的《果戈理时代漫谈》引起了所有自由主义作家的恼怒，但是屠格涅夫却对这些漫谈表示欢迎，因为它以尊敬的口吻讲到别林斯基的名字。他和德鲁日宁争吵起来；他认为在文学中，果戈理的批评的倾向是合法的，而德鲁日宁则想否认这种倾向。他在友人面前为车尔尼雪夫斯基辩护，赞扬他对于当代生活的课题有灵活的理解。杜勃罗留波夫的最初的批评文字他也曾表示十分赞同。这一切都使屠格涅夫在对待车尔尼雪夫斯基集团这件事情上处于特殊的地位。

屠格涅夫尽管在观点上和车尔尼雪夫斯基及杜勃罗留波夫有所分歧，他对他们无疑地感到一种吸引力，就好像对自我牺牲的英雄战士一样。这种吸引力在《前夜》中可以充分见到。在这本小说里，英沙洛夫，一个平民民主主义者和从事斗争的人，是作为进步的社会活动家描写出来的。在写《前夜》的同时，屠格涅夫还写了他的引人注意的演说稿——那篇带有政论性质的《韩姆雷特和唐·吉诃德》。

屠格涅夫在唐·吉诃德身上首先看到的是对于观念的忘我的忠诚和为了人类幸福而去自我牺牲的英勇的决心。因为是站在自由主义的立场，屠格涅夫自然拒绝承认那鼓舞唐·吉诃德们去从事斗争的理念的准确性，但同时，他却不能不赞扬他们的勇敢和高贵的热情，并且不断地着重指出：历史就是由这些人的手创造出来的。“假如这些人竟然绝迹了，”他感叹道，“就让史书永远关起来吧！那里面再也没有什么可读的了。”

屠格涅夫在这篇演说中表现了他能够为了客观真理而克制自己的偏见的才能。我们该记得，早在他和别林斯基接近的时候，屠格涅夫就已深深领会了别林斯基号召一切现实主义作家去遵循的生活真理的原则。他在自己的《关于〈父与子〉的几句话》（一八六九）一文中这样解释说：“在作者的心灵中”，“他所追求的、那使他欣慰和痛苦的、那使他成功或者失败的是”：他是否“准确而有力地描写了真实，生活的真实——这对于文学家说来是至高的快乐，即使这真实并不投合他自己的喜好”。

屠格涅夫跟《现代人》的革命民主主义活动家的往还并不是白白地、不留痕迹地消失了。关于这个，萨尔蒂珂夫—谢德林说得很好。在一八七六年二月二十七日致安宁珂夫（П. В. Анненков）的信中，他解释为什么屠格涅夫在七十年代的创作不那么深刻了。谢德林写道："因为没有人能引起他的争辩，启发他的思想。从这方面来说，他和《现代人》的决裂使他自己寿终正寝了。他的临终之作——《父与子》——是他和《现代人》的往还的果实。他们是他觉得看不顺眼的一群捣乱的家伙，但他们却迫使他动用脑筋，感到愤怒，并且在回来以后好好地检讨自己一番。"

这里，谢德林并非偶然地把《父与子》看作"和《现代人》的往还的果实"。屠格涅夫不仅对敌人发脾气，而且同时会在他们的影响之下"好好地检讨自己一番"——这是可以在《父与子》的思想的内容，尤其在巴札洛夫的描绘中看出来的。这本小说脱稿以后，屠格涅夫在日记中写道："一小时半以前我终于写完了自己的这本小说……我不知道它有怎样的成功——《现代人》也许会为了巴札洛夫骂得我狗血喷头——他们绝不会相信，我在写作的时候对他感到了怎样不自觉的喜爱。"

三

有很多次，屠格涅夫不得不在书信中，在谈话中，或者在上面引用过的专门论《父与子》的文章中对《父与子》加以阐明。在所有这些阐明中，屠格涅夫都清楚地肯定了如下的事实：就是他对于巴札洛夫有不自觉的同情；他自觉地想要使自己的主人公成为"一个恶狼，但仍旧要为他辩护"，他愿意引起读者对巴札洛夫的尊敬，甚至喜爱。"尽管巴札洛夫是怎样粗暴，无情，尽管他缺乏怜悯心，对人冷淡而严厉。让我再说一遍，倘使读者不喜欢他，那这是我的错，我没有达到我的目的。"这是屠格涅夫在一八六二年四月十四日写给斯鲁切夫斯基的回信，因为后者写信告诉他，他这本新出版的小说在海得尔堡大学的俄国学生中间发生了不良的影响。

屠格涅夫谈到了他想替巴札洛夫"辩护"。这"辩护"首先表现在他给了巴札洛夫一种超人的精神力量，这是任何人一看见他就会感到的。实际上，在巴札洛夫周围的人们中没有一个人能在性格的坚强、信念的深刻和坚定上和巴札洛夫相比；没有一个人能够动摇他，说服他，使他改变已定的道路；没有一个与他为敌的人能够稍稍配得上称为他的敌人。

巴威尔·彼得洛维奇·基尔沙诺夫在小说中是作为一个活过了自己时代的人而出现的。他只能惹恼巴札洛夫，引起他的尖刻而恶毒的反驳；他并不能稍稍动摇他安详的自信——那对于自己的正确意见的信心。巴威尔·彼得洛维奇的时代已经过去了，在俄国他已经没有什么可做的，因此屠格涅夫使他去到国外，让他在国外把自己多余的一生消磨过去。"他（巴札洛夫）怎能不厌服那个'有喷香的小胡子的人'和其他的人!"屠格涅夫在一八六二年四月廿八日写给赫尔岑的信中这样说，因为如果不是这样，那倒是会使他惊奇的。他接着还添上一句说："这正是民主主义对贵族政治的胜利。"

至于尼可拉·彼得洛维奇呢，显然，这个好心的目光狭小的地主怎样也不能在思想上算做那个突然侵入他生活中的巴札洛夫的敌手。就连阿尔卡狄·基尔沙诺夫，屠格涅夫也没有派定他这个任务。这个"软心肠的、自由主义的公子哥儿"，这个巴札洛夫的短期朋友和学生并没有和自己的老师对抗；他和巴札洛夫的友谊说明了"虚无主义"在当时是多么流行，连在观念上和社会地位上和他相距很远的人也都来附和它。

"我的整部小说反对把地主作为进步阶级的"，屠格涅夫在给斯鲁切夫斯基的信中写道，"请看清楚尼可拉，巴威尔，和阿尔卡狄这个人物。他们多软弱，多萎靡，眼光多狭小。我顺从自己的审美感觉，选择了贵族方面好的代表人物，来更真确地证明我的主题：倘使精华都不行的话，遑论糟粕?"

巴札洛夫像一个无情的检察官似地审查了这些"好的"贵族代表人物。他否定了整个的地主生活方式，否定了旧的贵族文化，唯心哲学，否定了关于爱情是"超凡俗的"浪漫的概念和"圣洁的"感情等等。他的否定竟达到了偏激的程度，使他反对艺术和诗，并且对普希金也表示了反感。

要想了解巴札洛夫这一方面的观点，我们应该回忆一下五十年代主张所谓"纯艺术"的人：他们毫无根据地想把普希金的名字拉来做为自己的旗帜。在和他们争论的时候，有些民主主义的批评家忘了把我们伟大的人民诗人的遗产从反动的"纯艺术"派的掌握中拿过来，反而采取否定普希金的错误路线了。皮沙列夫对于普希金的态度就是如此的。在反对"纯艺术"的时候，他有时候低估了艺术在社会中的重要性。他以实际学识——自然科学——来对抗艺术的迷恋：自然，没有自然科学就不可能展开稳固的唯物主义的世界观。

无论皮沙列夫的偏激的美学观犯了怎样的错误，他的反对唯心主义的哲学和美学、反对"纯艺术"派的斗争，对当时的文学和政治上的斗争而言，无疑具有进步的意义。皮沙列夫的看法是在《父与子》问世以后才形成的。但是就当屠格涅夫写作这本小说的时候，和皮沙列夫相似的论点已经多多少少在人们的言谈中感觉到了，于是屠格涅夫就把它写进了巴札洛夫的言论中。要知道，平民民主主义者从事于反对专制和农奴制度的斗争，艺术问题在这整个问题中不过占有局部的、从属的意义。

屠格涅夫在他的小说里让人清楚地理解到巴札洛夫在做着同样的工作。

"凡是我们认为有用的事情，我们就依据它来行动，"巴札洛夫说，"目前最有利的事就是否定——我们便否认——”

“否认一切吗?”

“否认一切。”

“怎么？不仅艺术跟诗……可是连……说起来太可怕了……”

“一切。”巴札洛夫非常镇静地再说了一遍。

由此看来，巴札洛夫连巴威尔·彼得洛维奇认为“说起来太可怕”的事情也否定；这事情，由于当时的检查制度，屠格涅夫不能够直说出来。这事情便是俄国社会上及政治上的统治机构的存在。屠格涅夫并非偶然地对斯鲁切夫斯基写道：“……倘使管他（巴札洛夫）叫做虚无主义者，那就应该当作革命者来解释。”

《现代人》在巴札洛夫身上看出了杜勃罗留波夫的许多特征。屠格涅夫却指出巴札洛夫的现实中的原型是他曾经偶尔遇到的一个乡下医生。但是，可以想得到：杜勃罗留波夫的许多观点是被屠格涅夫用来刻画自己小说的主人公了。例如，巴札洛夫关于“原则”和“感觉”的意见是和杜勃罗留波夫直接有关的。巴札洛夫不承认抽象“原则”是人的行为的基础，只认为“感觉”才是如此的；他甚至承认他的否定一切不是出于原则，而是出于感觉。

把原则和感觉直接对立起来，这究竟有什么意义呢？关于这个问题的答案，我们可以在杜勃罗留波夫于一八五九年一月《现代人》杂志上所发表的《去年文学的琐事》中找出来。他在这篇文章里斥责“老一代”人，因为他们在生活中“拘于原则，成为原则的奴隶”。他们“不能提高自己，在自己身上感到责任的要求”。杜勃罗留波夫在这里发展了革命民主主义者所特别标识的新道德的理论；照这个理论来说，社会责任之所以必须履行，不只是因为道德上的义务，也是由于个人切身的要求。在这篇文章发表几个月之后（《父与子》的故事的时间是一八五九年夏天），巴札洛夫以独特的语言重复了杜勃罗留波夫关于“原则”和“感觉”的话。

巴札洛夫对自由主义者的肤浅的所谓改革予以尖刻的讽刺，这如果不令人直接想到杜勃罗留波夫，至少会想到《现代人》，因为《现代人》的副刊《哨笛》也曾对它无情地嘲笑过。“后来我们也明白发议论，对我们的烂疮只空发议论，这是毫无用处的……；我们看见我们的聪明人，那些所谓进步分子跟‘控诉派’不中用。”

由此看来，巴札洛夫的观点、谈话的主题、甚至他的术语——这一切都必然使人把他的形象和革命民主主义的活动家关联起来。屠格涅夫令人清楚地看到：在巴札洛夫的形象中不仅仅是理论上的否定而已。巴札洛夫不光是批判，而且是在准备“行动”。屠格涅夫不能描绘他的主人公这一方面，一则因为检查的限制，再则作者自己对这一方面的情形也不十分熟悉。虽然如此，他仍然在小说里写进一些明显地证明巴札洛夫是在准备积极斗争的细节。

巴威尔·彼得洛维奇在和巴札洛夫争辩的时候，曾经这样反诘他：

“……可是你们为什么责骂别人呢，连‘控诉派’也要责骂呢？你们不是也跟所有别的人一样只会空谈吗？”

“不管我们有多少短处，我们却没有这个毛病。”巴札洛夫咬着牙齿说。

“那么又怎样呢？请问你们行动吗？或者你们是在准备着行动吗？”

巴札洛夫不回答。巴威尔·彼得洛维奇的身子微微颤抖了一下，可是他立刻控制了自己。（第十章）

巴札洛夫是个年青的医生和学者，但他真正的职业却不是科学。阿尔卡狄曾经预料巴札洛夫会成名的：“自然，不在医学界里，不过就是在那方面他也会成为一个第一流的科学家。”（第二十一章）他的真正职业是：医治社会的疾病；但与其说医治，不如说是预防好些。他说过：“社会一改造，病就不会有了。”

屠格涅夫的同时代人已经注意到：巴札洛夫是当作一个典型的俄国人写出来的，他比小说中的贵族人物更富于俄国风味。作者在巴札洛夫的形象中着重写出了他的民族特征，这些特征并不弱于他的革命民主主义者的品质。屠格涅夫很重视这一点，就是：巴威尔·彼得洛维奇是一个英国迷，而在他和巴札洛夫的争论中所表现的社会趋势和政治观点的分歧，也应该看作是一个雄伟有力的俄国性格和一个典型的世界主义的贵族所必然会有的冲突。屠格涅夫把巴札洛夫的民主主义和他的富于俄国风的性格写成了浑然一体。巴札洛夫用优秀的俄国语言，单纯、准确而讥讽地说出了自己的信念。他使纯朴的人民感到他是自家人；农家的孩子们从心里信赖他；费尼奇加——她在小说中的出现仿佛就为着表明她是单纯的天性的化身——感觉和巴札洛夫比和任何人在一起时都更自如、更随便些。这里值得一提的是：在屠格涅夫的意识中，巴札洛夫——这个俄国的民主主义者，这个无情的否定一切的人——是和普加切夫的形象在无形中联起来了。“我幻想着这样一个人，他阴沉、野蛮、一半是从泥土里长大的，刚强、凶狠、正直，但仍旧注定了要灭亡，因为他始终还站在未来的门口——我幻想着一个奇怪的跟蒲加切夫相等的人物。”

四

承认巴札洛夫是进步的活动家，把伟大和刚强的特征写进他的形象中，对他感到一种爱慕——这一切并不意味着屠格涅夫相信巴札洛夫或巴札洛夫们必然会胜利。恰恰相反，依照他的自由主义的观点，屠格涅夫认为巴札洛夫是注定了要灭亡的。巴札洛夫没有完成自己的事业，由于偶然的原因死去了。他的死亡像他的生活以及他的整个的面貌一样残酷、刚毅。就在这件事情上，屠格涅夫也没有使他的主人公降低品格或者稍稍改变一点；但他也没有给巴札洛夫展开明天的远景，却使他始终站在“未来的门口”。实际上，革命民主主义者们固然没有得到”完全的胜利，但他们的活动和斗争已经使他们和俄国革命的胜利日益接近了。自由主义者的屠格涅夫既不能、也不愿意承认这一点。

屠格涅夫把巴札洛夫描绘成一个坚定的民主主义者，但同时着重指出：在巴札洛夫和人民之间的相互关系上仍旧存在着某种缺陷。巴札洛夫照屠格涅夫说来，“一半是从泥土里长大的”，但也只是“一半”。这对于屠格涅夫是很有意义的。“谁会理解他？他连自己都不理解。”——巴札洛夫这样讲着农民，因为农民还远不能理解和追随巴札洛夫们。屠格涅夫还特地以一个插曲来指出巴札洛夫和农民之间的隔阂，在这个插曲中，农民们把巴札洛夫叫作“一种打诨的小丑”（第二十七章）。

列宁在《纪念赫尔岑》一文中异常明白地讲到，革命民主派虽然没有和人民运动取得联系（在他们那时代，人民运动还没有展开），但他们已经比他们的前驱——十二月党人——在接近民众上迈进了有意义的一步了。列宁指出：“斗争者的集团变得更广大，他们和民众的联系也更为紧密。”他们是农民民主主义者，是“未来风暴的年青的先驱”。屠格涅夫由于夸张了他们和人民的隔阂，给了这个问题一种不正确的看法，把历史的真实歪曲了。

还有，屠格涅夫在描绘巴札洛夫的性格的时候，写出了一些不是他那一类型的人们经常有的特征。屠格涅夫所描绘的巴札洛夫是一个“自我抑制”的人。他必须经常“抑制自己”，为了使自己达到他向别人所宣示的行为的水准。他需要随时检查自己，从而避免沾上“浪漫气味”和“肉麻”，避免违背自己严格的道德教条。他力图规避爱情，虽然他对女人的魅力并不能无动于衷。不难察觉，巴札洛夫异常热爱他的年迈的父母，但是他认为无论对自己或对别人，都有必要把这种感情隐藏在粗暴的面幕之下。在和阿尔卡狄永别的时候，巴札洛夫说出了一些尖刻冷酷的话，这并不是因为他没有别的话可说，而是因为他认为又应该“抑制自己”。“不错，阿尔卡狄，不错，我还有别的话跟你说，不过我不说了，因为说起来又是浪漫气味——那是说，有点儿肉麻。”在和阿金左夫夫人谈话的时候，巴札洛夫表示厌恶一切浪漫气味的东西，“可是只剩下他一个人的时候，他就会生气地发觉他自己也有了浪漫的情感了”。

巴札洛夫所厌恶的“浪漫情感”也出现在这件事情上，就是：他还有时候想到个人的死亡之不可避免的悲剧，想到在茫茫无尽的世界的永恒之前“个人的渺小”。这种悲剧思想使他甚至有时候怀疑：是否值得为人民的福利，为了“费立卜或者西多尔”的福利而斗争；有一回，他简直看不出自己斗争的果实在哪里（“唔，就算他将来要住在干净的白色小屋里头，而后我的身上要长起牛蒡来”）。读者在知道巴札洛夫的毅力以及他在克制自己的浪漫感情上的能力以后，就会相信：巴札洛夫在这种事情上也不会“肉麻”的，他一定会克制这种不自觉的“浪漫情感”的表现；但是，巴札洛夫的“自我抑制”的印象更为他的悲观思想加强了。

因此，在《父与子》中，很多地方表现出来屠格涅夫和革命民主派的不可和解的争执，意见的分歧。这分歧必然会表现出来的，因为，一如列宁所指出：屠格涅夫向往于“温和的君主及贵族立宪制”，“他厌恶车尔尼雪夫斯基和杜布勃留波夫的农民民主主义”①。从另一个方面说，屠格涅夫的伟大的艺术能力也表现在《父与子》中：就是，尽管他和巴札洛夫型的人们有怎样深刻的意见的分歧，他还能尊敬甚至赞扬自己的主人公，还能指出他的深刻的民主主义，他的远超于“老一代”人的优越性，以及他的刚强和伟大。

五

《父与子》引起了激烈的争论，这争论在小说问世以前就已经开始了。《俄罗斯导报》的编辑 M·H·卡特科夫在看过《父与子》的手稿以后，对屠格涅夫非常生气，卡特科夫有一度是个温和的自由主义者，但从六十年代初便逐渐右倾，终于投靠了反动的统治集团的阵营，成了它的忠实的奴隶。“虚无主义者”巴札洛夫的形象所给人的强烈的印象，自然会使他感到困窘，这是毫不足怪的。屠格涅夫的友人 П. В. 安宁科夫在《文学回忆录》里谈到和卡特科夫的一次对话。“他没有夸奖这本小说；相反地，一起头他就说：‘屠格涅夫在激烈派前偃旗息鼓，把他们看作了光荣的英雄战士，还居然不以为耻！’”安宁科夫想劝说卡特科夫几句，但后者却异常坚决。“只要请你想一下吧：这个小伙子巴札洛夫无保留地主宰着一切，而在任何地方都没有碰到一点有力的反击。甚至他的死也是一种胜利，是他的可赞美的一生的花冠；这死固然是偶然的，但仍然可以说是自我牺牲呀。更多的颂扬是不可能的了！”

这是反动阵营对屠格涅夫的这本小说的最早的评论。而另一方面，有些屠格涅夫的民主主义的友人也责备这本小说，他们的动机却和卡特科夫的恰恰相反，安宁科夫在《回忆录》中总结说：“就是这样，在《父与子》问世的前夕，有两派极端的意见划分开

① 原注：见《列宁文集》，第三版，第二十二卷，四六七页。

来：读者对于这本小说的批评就回旋在这两端之间。一派责备作者不该美化他的主人公；而另一派呢，责备他没有把年青一代的最重要的特征写在主人公的身上。”

小说出版以后的情况也是如此。《现代人》刊载了M·安东诺维奇的《我们时代的阿斯莫德》，对屠格涅夫的新作加以攻击。必须指明：《现代人》的批评副刊已经不是前几年的样子了。杜勃罗留波夫已经去世，而安东诺维奇在批评的深度上，在揭发文学作品的思想矛盾上以及规定它在社会斗争中的地位及意义上是怎样也不能和杜勃罗留夫相比的。安东诺维奇异常片面地评论了这本小说。屠格涅夫在小说中明显透露出来的自由主义的社会观点掩盖了《父与子》的进步的一面。安东诺维奇把屠格涅夫的这本小说和阿斯可钦斯基的反动小说《我们时代的阿斯莫德》并列在一起了，因为他认为屠格涅夫对“年青一代”的描绘是对民主主义青年有意的粗野的诬蔑。他写着：“屠格涅夫以整个的心灵歧视和憎恨他的主人公及其友人们……他对他们怀着私怨，好像他们侮辱了他，中伤了他，而他则想每一步都对他们采取私仇的报复。”一句话，安东诺维奇把这本小说看成了屠格涅夫在对使自己不快的年青一代的代表人物算旧账。

安东诺维奇的文章是在真诚地想要为平民民主主义的年青一代辩护，它的社会意义即在于此；但他对于屠格涅夫的小说解释未免太片面了，从这方面说来，他的文章只能算是六十年代民主思想的一个代表人物的错觉。

Д. И. 皮沙列夫对《父与子》的态度却完全不同。他在一八六二年三月《俄国之声》上发表了《巴札洛夫》一篇长文，在这篇文章里，他直截了当地认为：巴札洛夫表现了“新人”的观点、性格和行为的最重要的特征。

皮沙列夫还指出：巴札洛夫由于他特殊的智力和坚定的道德信心，远超过他周围所有的人。他采用了巴札洛夫对“真实的人”的定义（所谓“真实的人”是指这样的一种人，你对他不是听从就是憎恨），并且说道：“巴札洛夫自己正就是附合‘真实的人’的定义的人；他一下子就能惹起周围的人们对他注意：他使有些人感到惊诧和厌恶，而另一些人则会听信他，这听信并不见得基于他的论据，而是由于他的观念的单纯、严整和直率的力量。作为一个有异常智力的人，他还没有碰到一个对手。”

屠格涅夫对于自己的主人公的两面看法——深刻的敬佩和意见的歧视——也没有逃过这个锐利的批评家的眼睛。但这并没有使皮沙列夫忽视了这本小说的客观意义和进步作用。他写道：“屠格涅夫不喜欢无情的否定，但同时，这无情的否定者的个性却是如此有力，每个读者会不自觉地敬佩他。屠格涅夫虽然倾向于唯心主义，但小说中没有一个唯心主义者在智力和个性的坚强上可以和巴札洛夫相比。”

皮沙列夫一直保持他对《父与子》和巴札洛夫的这种看法。在他于一八六四年发表的《现实主义者》一文中，他仍旧把巴札洛夫看作是表现了新人——“现实主义者”——的特征。

必须指出：皮沙列夫对《父与子》的解释并不是没有缺点的；他不能永远站在车尔尼雪夫斯基和杜勃罗留波夫那样理论的高峰。例如，在对巴札洛夫的唯物主义观点表示同情时，他倾向于“庸俗的”、“生理的”唯物主义；这就比车尔尼雪夫斯基和杜勃罗留夫的哲学的唯物主义退后一步了。皮沙列夫也不能回答像巴札洛夫型的人们应该怎样行动的问题。“怎么办呢？难道不想故意得一场传染病，也美丽而平静地死去吗？不！那么，怎么办呢？”皮沙列夫在《巴札洛夫》的结尾中这样发问，并且回答说：“如果你还活着，就活下去吧；没有牛排吃吗，就啃干面包；无法爱女人吗，就和她们厮混一下吧；总之，当你脚下是冰原和积雪的时候，不要去幻想柑橘和棕榈树吧。”这样的答案就使巴札洛夫们注定要虚掷了自己最好的时光，而不会为自己在现实中展开革命斗争的前景。

车尔尼雪夫斯基在他著名的小说《怎么办?》中对同样的问题作了解答，这解答给革命民主主义的青年们指出了：即使是在不利的情况下，“当你的脚下是冰原和积雪的时候”，斗争的途径也是可能的。在《怎么办?》里，车尔尼雪夫斯基以“新人”的鼓动者的笔锋刻绘了“新人”，因此它没有屠格涅夫的小说的两面性，并且他深刻地探讨了新人的内心的世界；在这一点上，屠格涅夫却是做得不够的。

然而，这并没有影响屠格涅夫的历史的功绩。他在这本小说里反映了俄国解放运动的革命民主主义时期的开始，并且把平民革命者在俄国社会中的出现当作一种进步力量指了出来。自然，屠格涅夫的自由主义倾向也可以在小说中感觉到，这成为它的一个缺点。但从另一方面说，他克制了自由主义的观点，“好好地检讨自己一番”，在《父与子》中表现了“新人”的伟大的道义力量和动人的品质，使这本小说有力而真实，成为俄国古典文学中卓越的著作之一。

——从一九四九年莫斯科国家文艺书籍出版局
俄国长篇小说丛书版《父与子》中译出

（作者单位：长沙理工大学文法学院中文系）

穆旦诗歌在港台地区的传播与影响研究①

栾 慧

穆旦与郑敏、杜运燮合称“联大三星”，早在20世纪40年代就已诗名大盛。20世纪80年代，随着《九叶集》的出版，穆旦作为九叶诗派的代表诗人再次蜚声海内外，学界掀起研究穆旦的热潮，《穆旦诗全集》、《穆旦译文集》、《八叶集》、《唐璜》等诗集、译著出版，《一个民族已经起来》、《蛇的诱惑》、《穆旦传》等有关穆旦的研究论著、传记纷纷面市。这次热潮之中，中国香港、台湾的研究文章以新颖独特的角度和力度引起了读者的注意，逐渐扩大了穆旦的影响力。

有论者认为，穆旦可谓中国新诗现代化最为成功的诗人，穆旦诗歌的感情、意象、艺术形式纯然是现代的，是中国诗歌界渴望已久的将古典诗歌传统与现代诗形、现代情绪完美融合的典范。以下笔者将分别论述穆旦诗歌在中国香港、台湾的传播与影响情况，涉及在中国香港、台湾当地出版物发表的有关穆旦的诗文作品与研究论著，至于作者身份，则不以地域来限定，既包括港澳台本地的诗人、学者，也包括虽非本地人士却在当地刊物发表作品并形成影响的其他地域人士。

一、穆旦诗歌在香港的传播与影响

穆旦诗歌在中国香港的传播，从20世纪30年代起至今可谓连绵不绝。从内容上来看，可以分为四类，一是穆旦诗歌、译诗、文章等作品在香港的发表出版情况；二是介绍、评价穆旦其人其诗的文字，包括香港诗集选本、文学史著、报纸杂志上的介绍文章；

---

① 本文系四川省教育厅社会科学规划和委托项目地方文化资源保护与开发研究中心“欧美汉学视域中的四川当代诗人研究”（13DFWH004.1）的研究成果。

三是回忆、纪念穆旦的诗歌和文章；四是研究穆旦诗歌与译诗的学术专论。香港中文大学图书馆著录有关穆旦的诗文约30余篇。从时间上来看，早在20世纪30年代，穆旦就在香港发表过诗歌和评论文章；20世纪70年代有穆旦诗作的介绍在报刊和诗歌选集里出现；20世纪80年代起讨论则更为热烈，1984年《八叶集》在香港出版，1980年至1989年香港文学刊物《八方文艺丛刊》与《诗双月刊》共出过3次九叶诗人专辑，其中有多篇研究穆旦的专论文章。

第一类，穆旦诗歌、译诗、文章在香港书刊的发表。

香港由于特殊的地理优势，早在1939年到20世纪50年代，穆旦就在香港《大公报》发表过诗歌、译诗与评论。报刊文艺副刊是诗歌发表的重镇。香港20世纪30年代末出现3个副刊——《星岛日报·星座》、《大公报·文艺》与《国民日报·诗与木刻》（均为戴望舒主编），一时成为当时诗人聚集的园地。戴望舒主编过香港《大公报·文艺》（1938年8月到1941年12月）①，刊登的作品在内容上回应抗战现实，以大陆诗坛为主体，三四十年代著名诗人如何其芳、艾青、卞之琳、臧克家、穆旦、朱自清、戴望舒、杜运燮、唐祈等人都曾发表诗作②。从1939年到1941年，穆旦在香港《大公报·文艺》共发表诗歌17首、评论文章2篇、翻译文章2篇。

这三年间穆旦在《大公报·文艺》发表的诗作包括《Chorus二章》、《防空洞里的抒情诗》、《从空虚到充实》、《蛇的诱惑——小资产阶级的手势之一》、《漫漫长夜》、《悲观论者的画像》、《还原作用》、《窗——寄日后方某女士》、《“有钱出钱，有力出力”》、《在旷野上》、《不幸的人们》、《在寒冷的腊月的夜里》、《智慧的来临》、《还原作用》、《我向自己说》、《中国在哪里》。

其间穆旦在《大公报》发表的诗歌评论有2篇。1940年3月3日，穆旦《他死在第二次》（评论）刊于香港《大公报·文艺》第794期。1940年4月28日，穆旦《〈慰劳信集〉——从〈鱼目集〉说起》（评论），刊于香港版《大公报·文艺》第826期。

1940年11月，穆旦翻译路易·麦克尼斯的《诗的晦涩》（文），后分11次连载于香港版《大公报》副刊，均署名穆旦。1941年，翻译麦可·罗勃兹（Michael Roberts）的《一个古典主义的死去》（文），刊于同年11月20日、22日、24日香港《大公报·文艺》第1230、第1231期、第1233期。

叶维廉在《走过沉重的年代》中描述了香港独特的文化环境：“在这个失去了文化身份，或者说妾身未明的五六十年代的香港，却成了中国文化承传可能有复活契机的场

① 关梦南：《香港新诗资料搜集札记》，香港《文学研究》2006年3月创刊号。
② 同上。

域！大陆和台湾对新文学传统的封锁，新文学承传所依恃的新文学的书，只有在香港才找得到、读得到！”

1953 年 6 月 17 日，穆旦所译美国诗人勃特·麦耶斯的《一九五三·朝鲜》刊于《大公报》，署名良铮。1956 年 11 月 12 日，所译匈牙利的班雅敏·拉斯罗的《匈牙利的春天》（诗歌）刊于香港《文汇报·文艺》，署名查良铮。1957 年 4 月 7 日，译作《生之礼赞》、《孩子们》刊于香港《文汇报·文艺》。《诗选》（朗费罗诗十首）刊于 1957 年 10 月 1 日香港《文艺世纪》第 5 期。1959 年，香港的上海书局出版了《拜伦诗选》，万里书店出版了《拜伦抒情诗集》，署名梁真译。1960 年，香港上海书局出版杨熙龄、查良铮译《雪莱诗选》。1977 年，香港上海书局出版《普希金诗选》。

1971 年 8 月 20 日，穆旦《城市的舞（外二章）》（即《绅士和淑女》、《诗》）刊载于香港《中国学生周报》第 996 期第 4 版。1980 年 9 月 15 日，香港《八方文艺丛刊》第 3 辑刊登穆旦的《冬》、《友谊》两首诗。1993 年 8 月 25 日，《大公报·文学版》61 期发表了《穆旦遗作二首》之《好梦》与《“我”的形成》，编者按说明是为了纪念著名诗人、翻译家穆旦（查良铮）诞辰 75 周年，并感谢周与良提供诗稿、杜运燮眷录。

1973 年，香港出版《新诗三十年》（康锷、王翊编，三册，文学研究社），选入穆旦诗歌《诗八首》、《幻想底乘客》。

1974 年，香港出版《现代中国诗选（一九一七——一九四九）》（张曼仪、黄继持、黄俊东、古兆申等合编）一书，收入穆旦 9 首诗作（共收诗人 110 家，诗作 479 首），包括《赞美》、《诗八首》、《裂纹》、《旗》、《先导》、《三十岁诞辰有感》、《我想要走》、《手》、《世界》。编者简介道：“概括来说，穆旦的诗题材称得上广阔，从个人内心对生死问题、欲望等的感受到现实环境的各种现象，他都有描写。语言方面，他的诗的语法颇为欧化，但这对他来说并不是一个很大的缺点，因为作为一个知性较重的诗人，文法严谨的欧化语法，正能使他的意念表达得较为准确。同时他常常能够用生动的意象来表达明确的意思，所以他的诗不是纯粹抽象的思维，而是有生活的实感为基础的，这是他难能可贵的地方。”①（见该书 314 页）编者之一黄俊东也写过一篇谈《穆旦诗集》的文章，除了简介穆旦生平及诗作出版情况外，对穆旦的评论大致同意王佐良的说法。黄俊东介绍道：“有人说将他（穆旦）的作品译成英文，简直可以说是原作而不是翻译。”（见该书 313 页）

20 世纪 70 年代初，为弥补时人对新文学的陌生，在香港《中国学生周报》大力倡

---

① 张曼仪、黄继持、黄俊东、古兆申等合编：《现代中国诗选（一九一七——一九四九）》（上、下二册），香港大学出版社、香港中文大学出版部 1974 年版，第 314 页。

导发掘三四十年代诗人的运动中，香港刊行了大量影印本。香港创作书社于1970年影印《旗》，于1974年影印《探险队》，《穆旦诗集（1939-1945）》也于1974年出有影印本，扩大了影响。

1984年11月，《八叶集》由香港三联书店、美国《秋水》杂志社联合出版，收录有除改行从事书籍装帧设计的曹辛之外其余8位九叶诗人的诗作，包括辛笛、杜运燮、袁可嘉、唐祈、唐湜、陈敬容、郑敏、穆旦1949年之后创作的诗歌。其中收录穆旦70年代创作的10首诗歌，即《智慧之歌》、《城市的街心》、《春》、《夏》、《友谊》、《有别》、《自己》、《秋》、《停电之后》、《冬》。

1997年10月1日《香港作家报》之《百年中国文学经典（1949-1996）》目录，选入穆旦的《冬》、《停电之后》。

第二类，介绍穆旦其人其诗的文章在香港书刊的发表。

1971年7月23日，香港《中国学生周报》第992期刊登黄俊东的《云封雾锁的三四十年代文学》，并有1947年版《穆旦诗集（1939—1945）》的8张书影，包括封面、有穆旦签名的扉页、目录、第1到4页、版权页。文章介绍了20世纪30—40年代的一批作家（主要是诗人），介绍了《文艺复兴》、《诗创造》等刊物，“第一位就是穆旦，他可算是中国现代诗中第一流的人物，是一位自觉的现代主义者”，并引用了穆旦《合唱》中的八行诗进行论述，认为“他就是四十年代新诗发达到新境界的一块里程碑”，“是四十年代诗海中的一个大波”。

1978年，司马长风出版著作《中国新文学史》（昭明出版社），第二十八章“诗歌的歧途和彷徨”把穆旦跟辛笛放在同一节介绍，说“穆旦的诗散文化的气味也很重”，但“他的意境清新，想像活泼，又善于押韵，因此累赘的散文外衣，阻不住他的情意飞翔”；评《诗八首》为“风格独异，把热爱浓情都化作迷离的形象，诗句虽飘渺幻奇，但都可意会，使你感到回肠荡气”。

叶维廉先生曾经手抄几本诗人的作品，其中就有穆旦①。其1977年的《我和三四十年代的血缘关系》提到“我猛读五四以来的作品，在十五六岁便开始，我从贫穷的农村流落到香港……书买不起，只有猛抄，抄了五大本，五本中抄得最多的诗人包括冯至、卞之琳、何其芳、王辛笛、穆旦……其中穆旦、冯至、曹葆华、梁文星是我在台大外文系做学士论文的素材（译为英文）。这些人对我的语态、意象、构思都曾有过相当的影响，我在日记里写诗的时期，曾多方实验过他们的句法”。他还把穆旦诗歌翻译成英文，

① 叶维廉：《我和三四十年代的血缘关系》（1977年作），《叶维廉诗选》附录一，中国友谊出版公司1993年版。

作为学士论文的一部分。

1980年9月15日《八方文艺丛刊》第3辑《九叶专辑前言》对九叶派进行了总体介绍，有《九叶集诗人小传》，穆旦列在首位，并刊有袁可嘉写的《九叶集》的序。1989年10月1日《诗双月刊》第2期《九叶诗人简介》（附有九位诗人的照片）中，穆旦被放在最后。

1997年10月1日，何文发发表《访书录》，第一部分小标题为"《穆旦詩全集》"，说"偶然购得穆旦诗全集。穆旦是四十年代很出色的诗人和翻译家……诗人写此诗时，仅二十来岁，可见其才华。可惜因为后来那所有人均不能避免的灾难，诗人最终弃掉他的诗笔，只能埋首于翻译，其后更因病离世"，其诗句"令人低回"。何文发提到穆旦早年的诗集很难找到，看到过80年代出版的《九叶集》（穆旦17首）与杜运燮编的《穆旦诗选》（59首），如今看到《穆旦诗全集》（收录140余首诗）终于出版，十分欣慰①。

1998年，康夫发表《笔记〈穆旦诗全集〉》，说"阅读穆旦的作品的喜悦好比是在同色的胶粒中找出宝石"，并联系到香港人对"旗"的淡漠，对《旗》作了评价。康夫在"笔者附识"中谈到初识穆旦的缘起——大约1976年夏天，遇到《中国学生周报》文艺版的王编辑，他只谈论穆旦两首诗，就是《神魔之争》和《森林之魅》，要康夫好好阅读。这次会面以后，康夫到湾仔创作书社买了穆旦的诗集来看。前两天，友人将《穆旦诗全集》寄来，想到穆旦的才华和不幸的际遇，不由自主地记下这些话，聊作对他的景仰。可见在1976年，已经有编辑注意到穆旦，并认真推荐了穆旦的诗，引起了作者的关注②。

1989年10月1日，《诗双月刊》第2期"九叶诗人专辑"中有"九叶诗人简介"，附有诗人照片和简短的生平介绍。2006年10月8日《大公报·文学》第793期C6（版）刊登了邵燕祥的文章《读穆旦，读查良铮》。

2008年，《香港文学》刊发消息《新诗九十年十大诗人　穆旦第一北岛次之》："近日，广州《南都周刊》选出新诗九十年十大诗人，分别为：穆旦、北岛、卞之琳、多多、艾青、冯至、海子、昌耀、肖开愚、郭沫若。""穆旦和卞之琳的高分入选准确地反映出此时代的诗歌风尚和趣味，他们在今天的崛起是和此时代的诗歌风尚分不开的。"③

第三类，回忆、纪念穆旦的诗文在香港书刊的发表。

从20世纪70年代到21世纪的今天，香港不断有纪念穆旦的诗歌和文章发表，其中既有袁可嘉、郑敏、杜运燮等大陆诗人，也有黄灿然、贾羽、樊善标等香港诗人。

---

① 何文发：《访书录》，《沧浪》1997年10月第8期，第36-37页。

② 康夫：《笔记〈穆旦诗全集〉》，《素叶文学》1998年11月第64期，第58-60页。

③ 《香港文学》2008年4月号（总第280期），第95页。

1979年2月27日，杜运燮回忆文章《忆穆旦（查良铮）》刊载于香港《新晚报·星海》。1979年11月13日、20日，樊帆（郭保卫）的《茅棚下的樵夫——一个青年了解的穆旦（查良铮）晚年（上、下）》发表于《新晚报·星海》。

1980年9月15日，香港《八方文艺丛刊》第3辑为九叶诗人专辑，包括《九叶专辑》前言、袁可嘉《九叶集》序、九叶集诗人小传、穆旦的《冬》。1987年8月20日，香港《八方文艺丛刊》第6辑也是九叶诗人专辑，袁可嘉《诗人穆旦的位置》、罗寄一《诗情常在　余韵绵绵》、郑敏《诗人与矛盾》都以纪念穆旦逝世十周年为副标题。罗寄一则追述了穆旦的诗作历程与亲切真挚的友人风貌。

1995年7月26日，杜运燮在《大公报·文学》发表诗歌《怀穆旦》（第160期，第D5页）："充满对母亲的眷恋思念/奔向家乡的晴空/结果却遇上风狂雨骤/多么痛苦的灵魂//斯文的身躯裹着非凡的才华/……原始森林中逃生也不忍细谈//那么年青，就那么成熟……痛苦地"以眼泪洗身"/真诚地要把旧我"埋葬"/热望开辟新的乐土/……为什么也像那么多不幸的诗人/身后才有人给予公正的待遇//……戴着荆冠走了，听一片"可惜"声/来不及看读者把你的历史重写。"（1995年2月旧作定稿）

1992年11月11日，香港诗人黄灿然在《星岛日报·文艺气象》发表了《穆旦二题》："（一）你逝去，不在多灾多难的年代，而在风暴/停息的瞬间……""（二）像这面旗，你的思想也独树一帜，/你高举它如同高举你一生的灾难；/你荟萃时代的精灵的事迹从事庄严的生活，/你倒下了我接下你的遗言，从你身上站立。"黄灿然对穆旦有深刻的叹惋与认同，他尊称穆旦为"前辈"，认为穆旦的诗歌是一面旗，自己从中得到财富，将发挥穆旦的未竟之业。黄灿然还写了一篇《穆旦：赞美之后的失望》，极力推崇穆旦40年代的诗作把许多西方诗人比下去了，却对穆旦50年代的作品颇为失望，认为他失去了一个杰出诗人原有的清醒。

1997年6月1日，《诗双月刊》（总第34期）发表了贾羽的诗歌《永远的九叶》，最末的是"穆旦"。2001年12月，《呼吸诗刊》第7期发表樊善标的诗《我要赶到车站搭一九四零年的车开向最炽热的熔炉里——穆旦〈玫瑰之歌〉》，表达了穆旦诗歌对自己的深刻影响①。

第四类，研究穆旦诗歌的学术专论发表。

20世纪80年代，伴随着大陆穆旦热潮的兴起，香港讨论、研究穆旦诗歌的文章逐渐丰富起来。1983年，《文汇报》刊登林真的《曾使我激动和哭泣——读穆旦的诗集》

---

① 樊善标：《我要赶到车站搭一九四零年的车开向最炽热的熔炉里——穆旦〈玫瑰之歌〉》，《呼吸诗刊》2001年12月第7期，第11页。

（载香港《文汇报》1983年4月25日）、《穆旦诗作的特色》（上、下）（载香港《文汇报》1983年4月26、28日）。

1987年8月，香港《八方文艺丛刊》第6辑发表了有关穆旦的系列评论文章。郑敏的《诗人与矛盾——纪念穆旦逝世十周年》、王圣思的《生命的搏动 知性的升华——浅析穆旦前期的几首诗》、袁可嘉的《诗人穆旦的位置——纪念穆旦逝世十周年》认为穆旦站在40年代新诗潮、新诗现代化的前列，是名副其实的旗手之一，在抒情方式和语言艺术“现代化”问题上，他比谁都做得彻底。梁秉钧的《穆旦与现代的“我”》指出“同样重要的应该是《诗八章》，可能是新诗中最好的情诗”。

1989年10月1日，香港《诗双月刊》第2期刊登“九叶诗人专辑”，有王圣思的《九叶诗派对西方诗歌的审美选择》、刘静的《一群自觉的现代主义诗人——论“九叶”派》、唐湜的《九叶在闪光》、李焯雄的《欲望的暗室和习惯的硬壳——略谈穆旦战时诗作的风格》（《诗双月刊》第3期刊完）。

1998年，李方的《穆旦与现代爱情诗》① 发表，讨论了穆旦的爱情诗。2003年8月31日，《诗网络》10期发表周良沛的《漫议穆旦》，还介绍了穆旦50年代与70年代的诗歌，认为仅仅用“现代”来评价他是不完整的②。叶维廉《出站入站：错位、郁结、文化争战——我在五六十年代的诗思》引用了穆旦的诗歌《我》，认为“这首诗有人或许会用精神分析的眼光来看，认为写的是人格分裂。但事实上，在现代中国这样独特的文化场域里，个人和民族是不分的，这里写的也是外来霸权所引发的中国文化的分裂，既是个人的也是民族的‘既爱犹恨说恨还爱’的情结”③。

20世纪80—90年代，值得重视的是梁秉钧、李焯雄、吴兆朋研究穆旦的三篇专题论文。

1984年，梁秉钧的穆旦研究专论《穆旦与现代的“我”》发表，这实际上是他在美国的博士论文的一部分，对“我”这个主体形象进行了细致的研究。

1989年，李焯雄《欲望的暗室和习惯的硬壳——略论穆旦战时诗作的风格》在《诗双月刊》第2期、第3期发表。他认为穆旦诗的基本风格是悲观和冷静的，是他对个人敏锐心灵和对理想虔诚的坚持的必然结果。《饥饿的中国》运用了宗教的意象表达出深思的结果。他诗中始终没有冷漠的态度。长期以来的政治因素令穆旦即使重新受注视，

① 李方：《穆旦与现代爱情诗》，香港《诗双月刊》1998年12月第43期，第76-88页。

② 周良沛：《漫议穆旦》，香港《诗网络》2003年8月第10期，第22-39页。

③ 叶维廉：《出站入站：错位、郁结、文化争战——我在五六十年代的诗思》，《诗探索》2003年第1、2期。

也不能获得最公平的评价。穆旦的诗不宜轻率地被划分为爱国或爱情或宗教诗，这些素材只似是同一主题的一体三面，穆旦的诗提供了事物的多面，拒绝把某部分的特质过分前景化及深化①。

1991年，值得注意的是，时为香港中文大学翻译学系讲师的吴兆朋在台湾刊物《国文天地》上发表论文《永远的九叶——九叶诗人与现代诗派》。她这样评价九叶诗人：“不但50年代台湾现代诗的早期发展呈九叶派的流风遗韵，连70年代末在中国大陆崛起的所谓朦胧诗也似一脉相承，实在是一个独特而复杂的文学现象。”她还引程步奎语认为九叶诗人“对中国新诗的艺术探索，作了相当重大的贡献，远远超越了早期白话诗的拓荒阶段，更跨越了新月派的形式的追求；不但汲取了西方现代主义诗歌的手法，也融汇了中国古典诗词的情韵；承继了艾青的惠特曼式的自由诗风，又融进了何其芳、卞之琳、冯至、戴望舒一脉的沉潜的象征情思，更有着西方现代派（如里尔克、艾略特和奥登）那种意象凝聚的效果；实有承先启后的作用”②。

吴兆朋以“穆旦能把中国字排列出令人意想不到的组合”为小标题，引用王佐良的评价，说穆旦是九叶诗人中废弃了旧文体的一个，他能把中国字排列出令人意想不到的组合；到了1976年，接近死亡的穆旦仍然用平铺直叙的文字，唱出惊心动魄的《智慧之歌》，其“诗里充满了自我搏斗的现代派基调，抽象词与具体词的嵌合，使外间与内心达到艾略特所谓的‘客观联系’；同时，话语的节奏与韵律和诗的意念与情绪同步同调，收着戴望舒所谓的‘音乐片语’之效”。

此外，澳门诗人黄文辉写过《穆旦论诗》与硕士论文《穆旦诗学论》。2013年10月16日，《澳门日报》转载了黄文辉facebook的文章《穆旦论诗》③，该文写于1999年4月19日。他从1975-1977年的信件和译作的前言后语总结了穆旦的新诗创作观。《穆旦诗学论》讨论了穆旦诗的现实观和艺术形式，认为“穆旦的诗歌语言已成为现代汉语诗歌一座重要的里程碑”。此文还试图思考，穆旦在拒绝中国古典传统之后在诗学上获得了什么，有何好处。

二、穆旦诗歌在台湾的传播与影响

与香港不同的是，由于特殊的政治与地缘原因，20世纪五六十年代的台湾对穆旦等

---

① 李焯雄：《欲望的暗室和习惯的硬壳——略论穆旦战时诗作的风格》，香港《诗双月刊》1989年12月第2-3期，第48-54页。

② 吴兆朋：《永远的九叶——九叶诗人与现代诗派》，台湾《国文天地》1991年6月第7卷第1期，第34-39页。

③ 参见 www. macaudata. commacaubookbook046html15101. htm。

诗人并不熟悉，直到20世纪70年代才有零星的诗歌选本、介绍出现，20世纪90年代初才有研究论文发表。

辞典与目录方面。20世纪70年代中期，痖弦在《创世纪》诗刊陆续发表中国新诗集的目录，著录有穆旦20世纪40年代的3本诗集。新文学史料专家周锦编的《中国现代文学书名大辞典》（1986）、《中国现代文学重要作家大辞典》（1991），有穆旦的出版资料和小传，对于穆旦其人、其诗、译诗有简要的叙述。

新诗选本方面。20世纪70年代，香港出版的《新诗三十年》（康锷、王翊编，三册，文学研究社，1973年），选入穆旦诗歌《诗八首》、《幻想底乘客》。此书在20世纪七八十年代的台湾翻印过，不少爱诗的人应该拥有此书。杨昌年《现代诗的创作与欣赏》（台北：文史哲，1995年）第一章为“创作论”，第二章为“中国近代新诗分期析介”，第三章为“诗人与诗作”。第二章分“初期新诗——白话诗与小诗”、“格律诗与象征诗”、“朗诵诗与写实诗、抒情诗”三节，在“抒情诗”里介绍了4位诗人穆旦、绿原、邹荻帆、辛笛，选入了穆旦《诗八首》的第三、第四首。杨昌年是较早在大学讲授新诗的学者，《现代诗的创作与欣赏》最早的版本是20世纪70年代的《新诗研究》（台北：兰台，1975年），历经多次修订、改版；1982年的《新诗赏析》（台北：文史哲）还没有收录穆旦的诗。陈义芝《不尽长江滚滚来——中国新诗选注》（台北：幼狮文化，1993年）共9章，在“四十年代名家诗选注”中选了覃子豪、纪弦、穆旦的作品，穆旦的诗作有《赞美》、《诗八首》之三、之四，简介了作者，有诗歌赏析。这本书是台湾教育事务主管部门审定的“高级中学人文学科丛书”。陈义芝是著名诗人，主编报纸副刊，因出版社与文教关系良好，这本书流传当较为广泛。杨牧、郑树森合编《现代中国诗选》（二册，台北：洪范书店，1989年），选入穆旦《诗八首》、《野外演习》、《劝友人》、《我》、《赠别》等。张默、萧萧合编《新诗三百首》（二册，台北：九歌，1995年）、《新诗三百首新编》（三册，2017年），选入穆旦《森林之魅》，有鉴评①。

文学史方面。皮述民、邱燮友、马森、杨昌年合著《二十世纪中国文学史》（台北：骆驼，2008年）第十七章“动乱时代的写实诗歌，抒情诗”中，简单介绍穆旦《诗八首》之三、之四，分析文字与杨昌年《现代诗的创作与欣赏》一样。马森《世界华文新文学史：中国现代文学的两度西潮》（三册，台北：印刻，2015年）分为三编，第二编第23章“抗战与内战时期的诗与散文”介绍了“现代派的九叶诗”，每一位诗人篇幅不长，穆旦部分配了照片，评价部分引用了杜运燮与陈思和的话，陈思和提到穆旦晚年的

---

① 参见李瑞腾先生2018年4月5日在南开大学纪念穆旦诞辰100周年学术研讨会的发言，并致谢。

诗“大多数都是成熟深沉的杰作”。

穆旦专论方面。有莫渝《现代译诗名家（三）：查良铮（穆旦）》（载台湾《东方杂诗》复刊，1989 年，第廿三卷第六期）、陈德锦《在温暖的黑暗中体验爱情——读穆旦〈诗八首〉》（载台湾《蓝星诗刊》，1992 年第 7 期）、吕正惠《四十年代的现代诗人穆旦》（1993 年）、杨宗翰《九叶诗派与台湾现代诗》（1997-1998 年）、蔡登山《作为诗人与翻译家的穆旦》（2008 年）、李有成《翻译家查良铮》（2009 年）、李章斌《1940 年代后期的穆旦：内战、政治与诗歌》7 篇。

莫渝于 1989 年 12 月发表的《查良铮（穆旦）》是以“现代译诗名家”来介绍的，主要是介绍作为翻译家的查良铮，但在最后的“诗作赏析”部分介绍了《春》，并作了评点。

吕正惠 1991 年在《国文天地》杂志策划的“现代主义诗派在中国”专题论文十分重要。吕正惠在《不朽的风旗——中国现代主义诗歌的贡献与成就》中提到“最能继承冯至的风格而加以发扬光大的，当数穆旦”，“长期以来，因为政治的影响，穆旦的作品在两岸同受忽视”，“我相信，再经过一段时间，可能会有越来越多的人承认，他是迄今为止中国最重要的现代诗人”。在同一期专辑里，正刊有上述香港吴兆朋的《永远的九叶——九叶诗人与现代诗派》。吕正惠《四十年代的现代诗人穆旦》（1993 年 6 月 5 日-6 日，中国文化大学中文系文艺组主办的“中国现代文学教学国际研讨会”）谈到，由于“目前台湾对于穆旦的认识似乎相当有限”，“希望透过这一介绍，让台湾的读者对穆旦及 40 年代的现代主义诗歌有一些初步的了解”。作者介绍了穆旦的生平，还有他 70 年代的诗作。

杨宗翰《九叶诗派与台湾现代诗》提到，九叶诗派如此重要的诗歌流派，在中国现代文学史上应为极必要的一章，中国大陆对“九叶”的重视已是 80 年代的事，台湾因政治上的意识形态始终未曾对“九叶”作过全面性的介绍，反而是香港对其创作有艺术层面上的探讨。台湾年轻一辈的读者可能只有从辛笛《手掌集》（台北：大雁书店，1989 年）与《国文天地》七卷一期（1991 年 6 月号）吕正惠策划的“现代主义诗派在中国”专辑中窥得一斑。可惜大雁书店已停止营业，且专辑中简介“九叶”诗派为香港学者，始终无法对此一流派及其文本作较深刻的讨论①。

杨文试图梳理“九叶”诗派与台湾“现代派”之间隐性的联结，他以“九叶”诗人中的辛笛、穆旦、郑敏为创作之检视对象，以袁可嘉、唐湜为批评之检视对象，分别阐

① 杨宗翰：《九叶诗派与台湾现代诗》（上），《台湾诗学季刊》1997 年 12 月第 21 期，第 156-161 页；《九叶诗派与台湾现代诗》（下），《台湾诗学季刊》1998 年 3 月第 22 期，第 141-150 页。

述其艺术理念及特色。吕正惠说穆旦是“迄今为止中国最重要的现代诗人”，“在九叶诗人里面，成就最大的可能要数最早去世的穆旦”。杨宗翰则认为辛笛作品与穆旦作品可算是两座巨峰。杨宗翰介绍了《春》、《我》、《诗八章》，认为《时感》这样的作品“和台湾70年代流行的批判性强的社会诗相较绝不逊色”；《诗八章》挟着对爱的思考，步入现代主义在中国新文学创作实践的高峰。穆旦作品中的孤绝感与艾略特式的荒原意识，在九叶诗人中是最显著的。

杨宗翰论及，纪弦提出“横的移植”引发的争议不够周密，因为九叶诗人在20世纪40年代的上海已尝试将现代主义思潮与传统古典美学及写实精神消化于创作中，并取得了相当的成果。当时纪弦人在大陆，他不太可能没有接触或听闻九叶诗人们的作品，而纪弦带到台湾来的火种却完全忽略此成果，停滞于30年代的现代派。这是一个悲剧，台湾现代诗的发展才会绕了远路。后来，九叶诗人们因为文风的整顿不得不放下诗笔，真正体认九叶诗派贡献的评论反而是在香港发表的，并且得到广泛的推崇。杨宗翰感慨台湾出版界对大陆文学的介绍仍嫌太少，没有完整、正确的资料，应该由《九叶集》开始，让20世纪40年代的诗歌成就得到公允的评价。

痖弦在1972年发表《开顶风船的人》，说自己在15年前（即1957年）初读辛笛《再见！蓝马店》时“至为心折”。吴兆朋在论文后记里提到，1988年，相隔40年的两岸诗人相聚北京，台湾《创世纪》的洛夫见到陈敬容，说出一段趣事：40年前，20多岁的洛夫从大陆带去一本上面打满了圈圈的陈敬容诗集，到台湾即被张默借去读，一读几十年，才回到洛夫之手，并于近期在台湾再版，成诗坛佳话。台湾现代诗人曾经受到过九叶诗人（辛笛、陈敬容）的影响，看来是有迹可循的。

2008年，蔡登山《另眼看作家系列（13）：作为诗人与翻译家的穆旦》全面介绍了穆旦的生平经历、其作为诗人与翻译家取得的成就，引用了大量已有研究成果①。

李有成《翻译家查良铮》主要介绍作为翻译家的查良铮的翻译成就，提到《拜伦诗选》（查良铮译，台北：桂冠，1992年）并未介绍译者，《济慈诗选》（台北：洪范，2002年）则有“译者序”，介绍了诗人的生平，附有郑树森的短文、查良铮的老友巫宁坤撰写的《查良铮小传》。小传“以系年的方式叙述查良铮求学、教书、译著及在反右与“文化大革命”时身受迫害的经过”。“对查良铮不熟的人可以从郑树森和巫宁坤的文章中知道这位翻译家的另一个大名；查良铮即20世纪中叶中国文坛的重要诗人穆旦。显然，穆旦要比查良铮有名多了。”查良铮《谈译诗问题》留下了少见的有关翻译的看法。

---

① 蔡登山：《另眼看作家系列（13）：作为诗人与翻译家的穆旦》，台湾《新书信息月刊》2008年3月第111期，第11–16页。

他无法认同“字对字，句对句，结构对结构”的译法，认为原作与标的语言音韵、语法结构都不相同，要与原作一丝不差毫无可能。文学翻译必须灵活运用本国语言的所有长处，复制或重现原作中的那个现实的形象，而不是重现原作者所写的那一串文字①。李有成认为查良铮的译诗以19世纪的浪漫主义为大宗，其次是现代主义。这与他在学院中所受的训练有关。他在西南联大与芝加哥大学所接触的以19与20世纪的浪漫主义诗为主，生命、公义、个性解放等吸引着他，现代主义则与他作为诗人穆旦的心境较为契合。

刘强《中国式的现代派艺术——对九叶诗派及其创作的研究》认为九叶诗派扎正了现实的根，才成为“中国式”的现代派艺术，介绍穆旦“一九三九年前后开始在香港《星岛日报·星座》、《大公报·文艺》发表诗作。艾青曾经称‘穆旦的诗，在温和与平静里蕴含深沉的思想’（《抗战以来的中国新诗》）”②。

李章斌《谈近年来关于穆旦研究与“非中国性”的争论》认为，穆旦诗歌研究过于简单地强调西方诗歌的影响，关于其“非中国性”的讨论过于强调传统文化资源的作用与价值，走入了血统论式的批判，有必要重新审视其独创性与丰富性③。穆旦早年写的评论《〈慰劳信集〉——从〈鱼目集〉说起》对英美所谓“机智”（Wit）策略持保留态度，对徐迟“情感的放逐”表示反对，而主张“新的抒情”，即有理性地鼓舞着人们去争取那个光明的东西。作者指出了穆旦研究的误区——中国性就等同于中国古典文学吗？穆旦诗歌发出了自己的声音的作品可与西方先驱媲美，是“穆旦诗风”的体现。李章斌《一九四零年代后期的穆旦：内战、政治与诗歌》考察了穆旦20世纪40年代后期的创作与其时内战、政治思潮等议题的关联性，他对于内战的局势有着清醒而沉痛的反思，这种历史观和政治态度引发了其诗歌对社会现实与历史处境的超越性的探寻，历史在其诗中呈现出一种终结的状态——它并非是线性前进的进化论式的历史，而是被“现在”之狂流牵引着螺旋般下沉的历史。这些诗歌具有独特的文学史与思想史意义④。李章斌《“感时忧国”与宗教关怀：再探穆旦诗歌的基督教意识》认为穆旦是受到基督教精神深刻影响的中国现代诗人，应当充分考虑到背离基督教精神的作品。基督教精神给予穆旦诗歌强大的现世批判力量和超越性的视野，但诗人对于神性处于祈求但不确信的状态，带来了很大的精神波动。感时忧国情怀与宗教关怀在其诗歌中交错出现，相互抗衡，具

---

① 李有成：《翻译家查良铮》，台湾《思想》2009年10月第13期，第281-294页。

② 刘强：《中国式的现代派艺术——对九叶诗派及其创作的研究》，《创世纪诗杂志》2000年3月第122期。

③ 李章斌：《谈近年来关于穆旦研究与“非中国性”的争论》，台湾《中山人文学报》2009年9月第27期，第165-179页。

④ 李章斌：《一九四零年代后期的穆旦：内战、政治与诗歌》，《中国文化大学中文学报》2010年10月第21期，第109-126页。

有很强的悖论性质，使得他的神性寻求之路无法完成。穆旦诗作体现了基督教思想与现代中国历史的碰撞，独树一帜①。

综观中国香港、台湾对穆旦生平、诗歌、译诗、诗论的介绍、评价与研究，角度各有千秋，都切实对诗界、文坛、学界产生了或隐或显的影响。香港对穆旦的介绍与评价从20世纪30年代起一脉相承，90年代初更直接辐射到台湾。台湾的新诗发展经历了杨炽昌超现实主义风格的日语写作，到40年代纪弦把现代派带进台湾，20世纪50至70年代几乎与大陆诗人隔绝。杨宗翰的著作提到20世纪30年代批评家李健吾的后继者就有九叶派的唐湜，纪弦所谓“横的移植”九叶诗派早已做过。香港作为一个相对自由的空间，对于穆旦的传播起到了重要的作用。台湾对穆旦的研究起初落后于香港，近十年却屡有研究专论刊登。这提醒我们在对穆旦深入研究之际，需要进一步打开视野，考察穆旦诗作在不同地域独特的传播与接受情况，突破研究盲点，增强洞察力。穆旦的诗歌带有鲜明的无法复制的个人风格，既蕴含奥登、艾略特诗风的影响与创造性转化，又不乏对传统、现实、历史、个体命运的深刻反思，其深厚内涵值得深入研究与思考。

（作者单位：西南交通大学外国语学院）

① 李章斌：《“感时忧国”与宗教关怀：再探穆旦诗歌的基督教意识》，台湾《汉语基督教学术论评》2013年6月第15期，第113-142页。

穆旦译文三篇辑存①

司真真

目前，穆旦20世纪40年代的翻译材料已被发现有多种，如译路易·麦克尼斯的评论《诗的晦涩》、译麦可·罗勃兹的评论《一个古典主义的死去》、译台·路易士的长诗《对死的密语》、译泰戈尔的诗歌《献歌》等②。易彬指出，20世纪40年代前期，穆旦兼有诗人和翻译者两种身份，“穆旦”这一符号具有双重身份效应③。笔者新近发现了穆旦1944年发表在《联合画报》上的4篇译文，当属他在重庆国际宣传处主办的中央政治学校的新闻学院当学员“学习英文新闻”时和在重庆中国航空公司任职员时所译。从翻译内容来看，这些译文反映了第二次世界大战中英、美、法等国所取得的成绩及对战争的信心，也可从中发现翻译工作的意识形态层面的问题。

格陵兰鸟瞰

穆　旦

格陵兰岛上遍布着一里厚的冰层，其中一部分尚是史前期形成的。岛上没有树，蔬菜也异常稀少，暴风会毫无预示地突然到来，城市般大的冰山时常崩裂，凌乱地飘流到

---

① 本文系2019年河南省社会科学规划年度项目“民国小报与中国现代文学研究”（2019BWX031）的研究成果。

② 前两篇经李怡整理，重刊于《新诗评论》2010年第2辑；亦刊于李怡编著的《穆旦作品新编》，人民文学出版社2011年版，第425-446、447-460页。后两篇经易彬整理，分别重刊于《现代中文学刊》2010年第2期和易彬的《穆旦评传》，南京大学出版社2012年版，第102页（节录1节）；易彬、杨艺嫄：《穆旦集外文五种》，《长沙理工大学学报》（社会科学版）2015年第2期（节录3节）。

③ 易彬：《“穆旦”：作为翻译者的一面》，《现代中文学刊》2010年第2期。

北极的无名荒原里去。

这就是海岸防御船只和格陵兰巡弋队员作战的景况,①

显然，格陵兰的社交生活是受着限制的，海岸防御部队登上了“自由之邦”却找不到书中的胜景。这是异常令人吃惊的，受过特别训练的海岸防御部队会选择到这个北冰洋地点，他们以自己的能以耐受北极给予的困苦为荣。

美国其他的人很少到这里来拜访，使海岸防御部队可以得到调剂休息的种种便利也是没有的，但服务于格陵兰巡弋队中的人员却都很机智。

防御部队异常喜欢当地土人，他们学习土人的习惯，驱使狗队，陪他们一起旅行，格陵兰的土言也是诱人的，因为任何一个从这里面到美国的海岸防御队员都曾说几句爱斯基摩话。

格陵兰在第二次世界大战中所占地位之重要和非凡使它曾经，而且在将来也便掩蔽在军事秘密里，希特勒也曾努力为这不大著名岛屿的价值保守着秘密，虽然我们不能宣布格陵兰巡弋队的军事计划，但我们可以说出：这种计划是由陆军，海岸防御部队和海军部队谨慎地联合完成的，罗斯福将军是现在这区的一切海军活动的司令。

自战争开始，格陵兰就是一个活跃的地方，美国刚加入战争不久，美国军队就在这里第一次俘获了纳粹，这事发生在一九四一年九月，麦克卢斯基中校司令官率领着一群海岸防御部队乘着“北地”号突袭毁灭掉了格陵兰海岸上一个工作效率十分高的纳粹无线电台。

当海岸防御部队正乘着小艇“北地”号巡行侦察敌潜水艇的时候，他们得到命令说要他们寻获往柏林发电报告天时的纳粹无线电台②格陵兰天时的报告是很重要的，因为由此可以预测北大西洋和欧洲的空中与海洋的情形。司令的小艇沿海岸发现一艘外貌可疑的挪威船。询问了这船上的水手之后，他们知道“有几个猎人和无线电设备在迤南四百哩处登陆了”③ 麦克卢斯基司令于是率领着一打武装齐全的兵开往那个可疑地点。在刮着冷风的半夜里，他们登上冰陆，找到了“猎人”的帐幕和三个熟睡的人，这几个纳粹和他们的无线电装置以及秘密指令都被捕获了。

海岸防御部队曾有过第二次的成功。仅在两星期之前，海长诺克斯发表说，在前任格陵兰巡弋司令官史密司指挥之下，美国军队击溃了在西半球上纳粹另一侵略，那就是在北冰洋，一个几乎被坚实大冰田隔绝开的另一价值极高的德国无线电与气候报告站。

德国根据地是被一队丹麦猎人发现的，他们时常带着雪车在格陵兰的无人地带巡逻。

① 原文如此，实应为句号。
② 原文如此，但此处应加一句号。
③ 原文如此，但此处应加一句号。

只有用这种方法，美国部队才能防守住这个大岛，遭遇到纳粹前哨的丹麦人曾被德人攻击，但他们之中有人逃开去报告了他们的发现，在五月著名远征的巴尔金统领着美国陆军飞机来轰炸这个根据地。海岸防御小艇“北地”和“北星”号最后开到那里帮助破坏它的时候，人们看出轰炸的成绩是异常令人满意的。

宝尔森船长命令两船远征到那个北极轴心站去，小艇立刻在情形允许之下开了出去。不久，北星被陷在冰里几达一月之久，北地则继续着她的航程，其实如果不是遇到一阵好的西风把冰吹开一条路的话，她也会遭到和他姊妹船一样的命运的，船长说：“当我们知道有些事情在上面进行着，而我们却被风，而非敌人阻滞在这里的时候，真是令人丧气。”远征军发现一个小而建筑结实的气候站，它有和电话或可能短波相连的前哨站，这显然表示是计划永久存在的武装完备的主电台①包括一个电力室，临时发电机，和一个无线电送波机，这些都是分别建立的。又发现了防守用的机枪机座和大仓物库，电台被毁灭，美国海岸防御队并且计划使它将永久不能再建立在任何地点。

德国之不肯放弃格陵兰，显然是曾看到了它在地理上和气象学上的价值，由于西风的原故，任何格陵兰的天气报告以预测出法国，德国和英国的飞行可能性来。

为了截止敌人在大岛上的侵略行动，格陵兰巡弋队组织了一队能力高强的反潜艇的小艇。在战争初期中，当大西洋之战还未胜利之前，这些斗争的小艇曾救起了惊人数量的被鱼雷打坏船的水手，这些故事的详情是要到和平来临时的才能发表的。

和格陵兰巡弋队共同工作的海岸防御部队算是战争中的无名英雄，在他们巡弋海岸和担任护航工作时，他们要在大风，冰雨，冰山崩和浓雾之中作着苦工，他们的机师要在寒冬里英勇地拯救被迫降落在毫无掩蔽的冰块上的飞行人员，格陵兰机师很少画卍字在他们的船上，因为他们的作战对象主要的是风，这是极其辛苦的，但他们的精神还是很好。

刊于《联合画报·副页》第72期第5版（1944年3月24日）

美国人眼中的战时德国

穆　旦

美国参②战后在德国被拘一年的记者们到了里斯本，将战时德国的情形告诉了我们。这当然只是一种“张门孔”式的看法。现在正在交换返国中的美国记者，外交人员，及

① 原文如此，但此处应加一逗号。
② 原文字迹不清，可能为“参”字。

救济工作人员，大多是拘留在巴登，巴登或哥台斯堡。他们观察的机会是局限于一个区城内的。他们并没有在被炸区内，没有观仰被摧毁之西才方或东方大撤退的机会。

但当战潮反击，对德不利的那开始的一年，他们是在敌人后方的。他们每天看报，听无线电。他们和当地的德国人们谈过很多话。他们曾比较过各种数字，考核过各种报道，旁观着宣传以及人民反应之变更。他们受人禁卫着，可是在重围的堡垒中，他们所能得到对事物之见解如何，却非外界人士所能逆料。

第一批的报道非常有趣，因为记者们与世隔绝已久，他们的密切观察并不受外界观点所屏障。他们有点似德国人那样，在圈内作内视的工夫。他们一旦重见天日未免双眼昏花，在自由空气中有点难以喘息。他们最初报告的故事最为重要，因为它们代表着在黑暗中，对他们印象最深的事物。

在第一批电报中有四人观察报告，一个是国内民气之低落，有如在大败将临之前士气崩溃的情形一样。这可以由可靠的资料来证实之：城市之被毁，生产之降低，主要物资之缺乏，运输及公共事务之杂乱无章。但是，联合社记者还有一点报导也是可靠的，他说在过去六个月中人民抵抗力已经加强——是因为被轰炸及苏军之挺进而加强的。卫生健康及食物情形仍不算坏。一九四三年时，出生率较死亡率多一．一〇〇、〇〇〇。人民并没有听见什么不好消息，我们如以为纳粹在有一丝方法抓紧政权时会自杀，或以为德国人会在失望或幻想破灭时，不等打败，因为恐惧而屈服，都是妄想。

第二点是人力缺乏。纳粹榨取全欧人力以补充它的劳力，德国外国工人，总数29,000,000人中有12,000,000人在柏林，但人力仍嫌枯窘。这些外国工人中以□①国人为最多，这些战俘们非常坚强，生产力十分低落，他们给予德国人的麻烦，不亚于士兵们所给予的。

德国军事力量虽然迅速减削着——记者们估计在近5,000,000名士兵中有2,000,000人已经战死——但仍极强硬，原因乃在它能自法国及其它国家掠取劳工。纳粹们非但与“世界”作战，他们还在掘竭并饥饿欧洲以供养他们的军队；但这还嫌不够。

第三点是自史大林格勒一役后，希特勒之威望已减，汉姆勒以容易地成为纳粹第二号元凶。这并非说汉姆勒有取代希特勒之势。宫廷内的革命对纳粹无利，他们自身也明白此点。他们存亡相共。汉姆勒之成为第二元凶者，不过证明了特务工作的秘密警察是该政党掌握大局的唯一支柱而已。汉姆勒的伊利吐团私人军力有六十万人，是准备对付任何发自人民或军队之叛变，使德国脱于战争的武力。

在德国的美国人们所感到之第四点就是德人对俄国人的恐惧。在目前这种恐惧之扩

---

① 原文字迹不清。

展更甚于他们对摧毁西方之轰炸或进攻欧陆之恐惧。一位美国外交人员在答路透社访员时提到在莱茵河德国人对俄国恐惧心理时说：“忿恨和恐怖都集中于东方，德国人对英美之忿恨已减，甚至愿在西方进行单独媾和。”

纳粹在德人以及欧洲各地散播着这种恐怖。戈贝尔博士在德国最不受人欢迎，但他至今似乎还能运用使希特勒登台时的那种鬼怪手段。而且没有任何反对的宣传，无论是英美或苏联方面的，足以压制他。美国交换出德国的人们多感到我们至今还未能造成一种心理上的打击。

刊于《联合画报》第80期第6版（1944年5月19日）

MAGUIS——法国的地下武力

H. G. 拉沙里夫作，穆旦译

本文系根据一位法国地下工作人员之报告而写，该员现在美国。

孩子们到了山脚边时，停下来休息了。他们在深夜中拖着缓慢沉重的步伐，已经走了两小时了。尖矗，黝黑的阿尔卑斯山峰看来就在眼前了；在他们后面那遥远的地方，日内瓦湖寂静地躺着，他们一共七个孩子，全是从B村里来的，有一个年纪大的人作他们的领导。他们被领到丛林中去，打算去到那荒野开阔之地，到那他们所谓“MAGUIS”那儿去。他们不知道隐秘之所在什么地方，但他们知道有很多孩子和大人们，一共有二十多万爱国人士们，隐藏在法国全境中。

MAGUIS的守则

他们很明白加入MAGUIS之后的情形。就在前一天晚上，他们曾经仔细地阅读过秘密的手塞进他们口里来的一张传单。那张用小号字排印在灰黄薄纸上的传单中，叙述了MAGUIS的种种规则。

这些严厉而周到的规则是他们必守的命令：必须严守纪律，必须永远和亲友断绝任何关系，必须绝对严密隐匿地点之所在，必须尊重法国公民，盟国及中立国人士之私有财产及生命，必须尊重同志——无论是旧教徒，新教徒，犹太人或自由主义者——们的信仰和意见；必须小心保护武器，使它保持清洁，失去武器须处死罪。

行军命令

在传单的末端，注出了这样的命令：“霍坦沙斯别墅，十一月十一日下午六时。”那天在B村的议事厅大墙上，还有一条命令高揭着，召集十八岁到二十岁的少年们前去登记。这就是这批孩子们跟着这位村中送信人在山中走上走下的原因。在废弃的霍坦沙斯别墅中举行会议以前，孩子们从没有想到那送信的也是地下工作人员。

在他们前面的路还很长。事实上，那里并没有什么路。经过了一个树林，继着是石块，继着是冻结了的沟，又是软湮①的沼泽，一个狭隘青葱的山谷。于是，他们突然站定了。在深夜中传来了一阵喊声："口令!"于是在守卫人和黑影之间传报了明确简单的口令。孩子们屏住了呼吸——并不是走累了，而是望见眼前一切有点吃惊了，土地像是在扩涨。

那是一个山洞的伪装屋顶。狭隘，低矮的门打开了，展开了一片奇异的景色；在一个空洞的洞穴中，卅位青年在野火边唱歌。有的坐在地上，有的坐在木材堆上；有两个躺在席上。大家都转过头来望着那狭隘的门，经过这扇门，七位新的"武装兄弟"低着头，惶惑而含羞地进入了一个神秘的世界中去了。这场面有点像那些胆大的孩子们所玩的惊人游戏。"消息如何？无线电有什么消息？你有香烟没有？带了什么好吃的来了没有?"

从"下面"来的消息

这一大堆的问话声刺破了寂静。瘦削，年轻，饱经风霜的 MAQUIS 们非常急于要知道"下面"的消息。他们是从法国各角落中来到这个避难所中来的：有二位从里尔来的学者，一位从吐鲁斯来的拳师，一位从斯达拉斯堡来的律师，一位从波第沃克斯来的粉刷匠，其余的是从赫提，萨伏依的部属中来的。他们仍穿着偷逃时所穿的衣着——马靴，卡其裤，麻纱衬衣，粗毛绸手结运动衫，黄色运动短衫，敞败的皮背心。

新来的人尽可能地很快回答着：是呀，盟国已经轰炸了纳粹在比利时和法国北部的根据地了，戴高乐在阿尔及尔发表了很好的演说，苏联在基辅方面杀死了三千五百多个德国人。他们缺乏香烟，牛油也不多。他们已经很疲乏，很饿了，"你们有洋芋，扁豆和肉吃了。"那胖胖的尼古依斯人，队中的伙夫愉快地说。外面响着一只吊壶的叮当声。"食物，"火夫在传递扬起热气的碗时说："②是农民们给我们的，不是白给的，我们出钱买的，但是他们不愿卖给那些贪生怕死的人去多赚点钱，他们愿意便宜一点卖给我们。"

"鬼兵们怎么样？他们想扑灭这儿吗?"新来的人中年纪最小的保罗问道。他装得很粗硬，什么都不怕似的。

准备对付德国人

"德国人吗?"回答的人，比这一堆人（大约有四五十人）中谁都要大一点。他皱纹的脸，皱曲的胡须，眼中流露出来那沉静棕色的光芒，倔强的头子，都显示出他的地位。他是解放了的"休战军"中的中尉——该军是一九四〇年德国为了"保护法国殖民地"

① 原文字迹不清，可能为"湮"字。

② 原文遗漏，此处引号为笔者所加。

而命令可容十万人的法国军队，在一九四二年，十一月十三日，盟军在北非登陆后，又被命令解散。“德国人，”他复述一次，声音很坚强：“他们不敢上此地来。第一，他们不知道怎样找到我们这些 MAQUIS。正如你们所经验过的，这路非常难走。而且即使他们胆敢爬上来，我们此地也准备欢迎他们呢。”他指着山洞口上的炮穴说。

“让他们来吧，”中尉继着说：“这山上每一块石子，每一枝树，我们全熟悉。让他们来吧！”

洞中非常寂静。火很低，却发着深红色。

“当行动的时机来时”——他们都在想，当他们从那原始的无线电设备中听到盟军进攻欧洲时的情形。那一天来临时，他们都知道自己该做和不该做的事情。他们每人心中都清楚地规划好自己的任务：通过山谷的桥梁，到××的路，苏农的电话线，山上的动力站，一个车库，一段铁轨。他们知道该如何对付这一切。他们不担心恐惧，他们只有点不耐。

在屋子后面，有人拉奏起手风琴。一个□①动的，近于儿童似的声音开始哼着：“提起武器来，公民们！”很多声音都响应着。

连载于《联合画报》第 82 期第 6 版和《联合画报·副页》第 82 期第 5 版（1944 年 6 月 2 日）

（作者单位：郑州师范学院初等教育学院）

① 原文字迹不清。

“分裂”的痛苦与升华

——20 世纪 40 年代读者批评视域中穆旦新诗的“颓废”哲思①

田　源

根植广泛人性的痛苦本源引发了穆旦沉重的颓废哲思——20 世纪 40 年代的读者批评或隐或显地揭示出这一诗学现象。正如尼采最为“竭思惮虑”的“颓废问题”，一种传统价值失落后，“道德否定生命”的“衰退的征象”②。然而，穆旦并未陷入沉沦的绝境，他以自然为媒介转化苦难的颓废意识，以“分裂”的读者言说消解着“颓废”固有的含义，认为与腐朽衰败相反的“上升，黎明，青春，萌芽”等具有朝气的先进意义“使得人们必然会按自然周期和生物隐喻”重新界定“颓废概念同有机过程的这些相似性”③。

一、饱尝灾难的“痛苦”人生

穆旦的痛苦源于自我悲苦卓绝的战争经历。王佐良认为穆旦“最痛苦的经验却只属于一个人”。身为士兵的穆旦在 1942 年从缅甸撤退的战役里承担最危险的殿后工作，为了掩护主力军，穆旦既要避开日军的追击，又要面临身边战友的阵亡，还遭遇了恶劣的

① 本文系重庆市社会科学规划项目“1920-1940 年代读者批评与‘颓废’诗学的审美研究”（2018BS35）的研究成果；四川美术学院 2018 年博士重大课题培育项目“中国现代新诗的‘颓废’审美——基于民国时期的读者批评文献”（18BSPY006）的研究成果；国家社会科学基金重大项目“中国新诗传播接受文献集成、研究及数据库建设”（16ZDA186）的研究成果。

② ［德］尼采：《悲剧的诞生》，周国平译，生活·读书·新知三联书店 1986 年版，第 281-282 页。

③ ［美］马泰·卡林内斯库：《现代性的五副面孔》，顾爱彬、李瑞华译，商务印书馆 2003 年版，第 166 页。

生存环境——潮湿幽暗的热带森林、蚂蟥和蚊子的叮咬，“而在这一切之上，是叫人发疯的饥饿”，历经千辛万苦的诗人拖着疲惫不堪的身躯抵达印度后“又几乎因为饥饿之后的过饱而死去”。穆旦可谓尝尽了人世间最悲惨的痛苦滋味。王佐良认为穆旦诗歌中“主要的调子却是痛苦”，并且列举了《野兽》里的诗句：“在坚实的肉里那些深深的/血的沟渠，血的沟渠灌溉了/翻白的花，在青铜样的皮上！”野兽遭到残暴的伤害，血的颜色也发生了异常的变化，它在寒风中发出痛苦的哀吟，灼热毒火“是对死亡蕴积的野性的凶残”，从野兽犀利的眼神里“射出那可怕的复仇的光芒”。王佐良从痛苦基调谈到死亡魔影：“死是中国街道上常见的景象，而中国的智识分子虚空地断断续续地想着。”①穆旦对于死亡的态度不像一般知识分子那样模糊，也不受意识形态的政治约束，而是独立且笃定的人类痛苦的真实写照。王佐良摘录《出发》的诗句：“在犬牙的甬道中让我们反覆……你给我们丰富，和丰富的痛苦。”这首诗歌原载重庆《大公报·战线》，题名《诗》。战争把人类挤压在狭窄错综的封闭空间，蠕动的生命遭到无情的戕杀，穆旦个人“最痛苦的经验”诠释出民众卑微的生命，不幸的死亡蕴藏着“丰富的痛苦”，诗人“战前关于现代文明的思考与惨烈的战争记忆也就融合在一起了”②。正如《平民日报》编者的评论：“穆旦更丰富，方面更广。他有一种灵魂上的痛苦，而这使他最普遍的观念都得了一种深厚和庄严。”③ 战争造成人类难以弥合的精神创伤，表现为形形色色的悲剧样态。

李瑛认为穆旦的痛苦是以自我为中心的，《穆旦诗集》的作者是面对苦难的折磨呈现出的麻木忧伤的知识分子的典型，穆旦诗歌暗含了青年“在怎样的爱憎里走着弯曲不平的道路，怎样陷在焦忧泥淖中拔不出脚，怎样感到自己的动摇的苦痛”。李瑛列举了《我》的诗句：“幻化的形象，是更深的绝望……仇恨着母亲给分出了梦境。”诗中的“绝望”是悲剧的结局，一切的冲动欲求化为泡沫，沉睡的美梦从脱落母亲胚胎的那一刻起就注定了破碎的命运，诗人是“如此的痛”，他感到“孤独，迷惘”。李瑛认为穆旦“的灵魂像受过重伤一样，于是他感到畸形，怀疑和矛盾”，其他诗篇渲染着“不少同样的感伤”④。穆旦悲观厌倦的情绪滋生出痛苦的颓废意识。

默弓把穆旦“丰富的痛苦”阐释为底层人民的悲惨遭遇：“无论写报贩，洗衣妇，战士，神或魔鬼，他都能掘出那灵魂深处的痛苦或欢欣。”⑤《报贩》里，清早贩卖报纸

① 王佐良：《一个中国新诗人》，《文学杂志》1947年第2卷第2期。

② 易彬：《穆旦评传》，南京大学出版社2012年版，第142页。

③ 《平明日报》编者：《杂志，副刊，中国的新写作》，《平民日报》1947年3月22日。

④ 李瑛：《读〈穆旦诗集〉》，《益世报·文学周刊》1947年9月27日。

⑤ 默弓：《真诚的声音——略论郑敏、穆旦、杜运燮》，《诗创造》1948年第12期。

的人“只为了把‘昨天’写来的公文/放到‘今天’的生命里，燃烧，变灰”，他们的叫卖只是对被处理后的消息的廉价搬运，却根本无法去辨别里面内容的真伪，依附于社会的苍白吆喝让报贩成为可悲的工具。《洗衣妇》里的妇女“一天又一天，你坐在这里，/重复着，你的工作终于/枉然，因为人们自己/是脏污的，分泌的奴隶”，而这位以洗衣为生的妇人获得的“报酬是无尽的日子/在痛苦的洗刷里/在永久不反悔里永远地循环”。污浊的人类成为自我的奴仆，洗衣妇的可怜之处在于作为奴仆的奴仆，她的工作只是周而复始的徒劳旋转，她洗净污秽的衣裤残迹，自己却永远被痛苦冲洗，这是普通民众无法察觉的苦痛的颓废境遇。

穆旦在痛苦的颓废纠葛里展现出“一种受难的品质”①。穆旦接受战争考验，顽强地战胜死神，其坚韧不拔的品格让他直面苦难。唐湜的批评串联起《赞美》里的苦难意识：“他可又多么衷心地‘赞美’这些‘走不尽的山峦的起伏，河流和草原，/数不尽的密密的村庄鸡鸣和狗吠’，他多么爱好这些‘凝固’在路旁的‘受难的形象’呵，他自己的受难者的气质使他多爱好这些太多了的‘无言的痛苦’。”连绵不绝的山河草地与无数村落的鸡犬声似乎连接着“忧郁的森林”和“荒凉的沙漠”，路旁泥泞的土壤里埋藏着历史的痛苦，过往的灾难一代代传递并扩散，诗人在受难的煎熬里期盼涅槃重生，坚信“一个民族已经起来”。

唐湜列举《哀悼》的最末两句：“我们停下来没有救治，/我们走去，O无边的荒凉!”痛苦的伤痕被诗人漠视，他在漫无边际的荒芜悲凉里行走，唐湜认为“这是一种受难者的品质，一种自觉的从绝望里寻觅‘至大的欢乐’，回到生命的自然里去的精神，并不是盲目的天真的乐观”。诗人对苦难的承受不等于默默忍受，被压抑的生命力引爆“他的悲痛，甚至悲壮的‘控诉’”，诗人痛心追不上时间的步伐，控告自私的人类秉性，镇定的受难精神营造的“尖锐的自觉使他彷徨无地，哈姆雷特式的世界的厌倦于是来了”②。唐湜列举《控诉》的诗句：“这是死，历史的矛盾压着我们，/平衡，毒戕我们每一个冲动。……一个平凡的人，里面蕴藏着/无数的暗杀，无数的诞生。”历史的重负连同死亡把人类压得喘不过气，先进的现代文明让人变得庸庸碌碌，发出无可奈何的叹息，穆旦对平庸社会和无常生死发出强烈的指控，申诉人间变幻不定的痛苦，罪孽浑噩的生存现状“促成了一种针对生活的复仇态度，并通过憎恨（ressentiment）来表现自身”③。

---

① 王佐良：《一个中国新诗人》，《文学杂志》1947年第2卷第2期。

② 唐湜：《穆旦论》，《中国新诗》1948年第3期。

③ ［美］马泰·卡林内斯库：《现代性的五副面孔》，顾爱彬、李瑞华译，商务印书馆2003年版，第196页。

周珏良认为穆旦灵魂里的受难品质反映了中国知识分子群体进退维谷的尴尬局面，以穆旦为代表的西南联大诗人“在实际生活上未见得得到现代文明的享受，在精神上却情不自禁地踏进了现代文化的‘荒原’。受苦是他们自己投进的圈套”①。穆旦的受难更像是自我画地为牢的逼仄，在作茧自缚的颓废暗流里飘荡。周珏良引用《诗（一）》的诗句：“这一片地区就是文明的社会/所开辟的。呵，这一片繁华/虽然给年轻的血液充满野心，/在它的栋梁间却吹着疲倦的冷风！”诗人在现代社会未感到一丝安稳，盘根错节的人际关系使现代人变得卑微渺小，光鲜亮丽的外表难掩枯竭衰败的内心，浮华的“荒原”让人很难找到自我的定位，好不容易产生的热血沸腾的动力又被“疲惫的冷风”吹散。穆旦在凛冽的寒风中感到刺骨的倦怠，困兽犹斗的忧郁内心“促迫着人生与审美的观念在痛苦中‘蜕变’”②，受难的意志力被处于时代与自我张力间的颓废意识削弱、瓦解。

穆旦在真实可感的悲痛里抒发受难的无畏、哀怜的混杂情绪，当有形的痛苦转入无形的焦虑，深沉的隐忧唤起更为浓厚的颓废意识。王佐良在穆旦诗歌里发现“他的焦灼是真实的”。他列举《在旷野上》的诗句：“而不幸，彷徨的日子将不再有了，/当我缢死了我的错误的童年。”被扼杀的童真年代看似带走了偏执的狭隘观念，迷茫苦难的岁月好像也一去不复返，然而那股勇猛突破的锐气和短暂逗留的间隙也被扫灭，诗人内心萌发新的忧虑，行走“在旷野上，在无边的肃杀里”，内心只有“绝望的彩色和无助的夭亡”。穆旦在“丰富的痛苦”中感到死神的降临，恐怖的幻影在诗人内心留下焦虑的印记。王佐良列举《从空虚到充实》的诗句：“一个更紧的死亡追在后头，/因为我听见了洪水，随着巨风，/从远而进，在我们的心里拍打，/吞噬着古旧的血液和骨肉！”死亡的讯号通过狂风巨浪在诗人心中回响，穆旦想要扭转空虚的精神困顿，尾随而至的死亡却让他再次跌回虚空的隐忧里。王佐良感伤地说道：“他只是更深入，更钻进根底，问题变成了心的死亡。”③ 穆旦从痛苦的日常现象写到忧患的死亡冥想，颓废意识也逐步深化。

穆旦的焦虑是痛苦的延续，导向一种必然的悲剧命运。唐湜在评价穆旦痛苦的受难特质时指出其中蕴含的悲愤的“控诉”，他认为《成熟》里的诗句“那改变明天的已为今天所改变”是“一句沉重深长的话”，它“结束了诗人的申述”，既然“黑暗”是命中注定的无言结局，活在当下的人们就不会“顾惜未来”，也不会感到“心痛”，颓废的痛苦遭遇在冷漠的人间变作一道恐怖的魔咒。唐湜说：“这句短短的话真可以是一个数学公

① 周珏良：《读穆旦的诗》，《益世报·文学周刊》1947年7月12日。

② 李方：《悲怆的“受难的品格”》，杜运燮、袁可嘉、周与良编《丰富和丰富的痛苦：穆旦逝世二十周年纪念文集》，北京师范大学出版社1997年版，第64页。

③ 王佐良：《一个中国新诗人》，《文学杂志》1947年第2卷第2期。

式，一个可惊的透明的结论，含有多可怕的世情。”死亡的归宿作为“历史的判决”，也代表“诗人自己的声音”。《神魔之争》里“你只有死亡，我的孩子，你只有死亡”的呼声在唐湜看来是“多可怕，但这是历史的真实，百万生灵的涂炭正是内战的必然结果”。惨绝人寰的战争葬送了无数生命，穆旦内心的焦虑“昭示了虚无主义问题的存在”①，虚妄悲观的宿命与卑污惨淡的现实相连，战争让紧绷的神经逐渐衰弱，苦难的悲伤处境让虚无的死亡成为永恒的灾患。穆旦凭借着个人深厚的战场经验从“富裕的生命之自信和丰饶，观察了颓废的天性之隐密作用”②，用死亡的符咒对抗脆弱的生命。因此，唐湜在读完穆旦所有诗歌后，驻留内心的是“无比的丰富，丰富到痛苦的印象”，穆旦迫不得已地抒发灼烧的心灵，他的“笔下还有一些挣扎的痛苦的印记”③。

二、抵御苦难的顽强“肉搏”

穆旦对苦难的转化在读者批评里首先表现为“肉搏”的英勇姿态。肉身代表着基础的物质层面，穆旦的搏斗精神从对肉体的深刻感知开始。王佐良列举了穆旦诗歌《五月》的诗句：“勃朗宁，毛瑟，三号手提式，/或是爆进人肉去的左轮……我是得到了二次的诞生。”从机枪射出的子弹穿越人体的肉身，爆裂的身躯奏响生命终结的痛苦哀音，“绝后的快乐”也唤起希望的生命意念。王佐良认为穆旦在诗中“采用了辩证”的“身体思想”，处于“一个黑暗的情感吞蚀着的”诗人“给人那么一点肉体的感觉”④。穆旦用苦难的肉体作为抵御战争的媒介，但并未沉沦于苦痛的衰亡，而是从残败的肉体里感知胜利的曙光、悲痛与欣喜的情感，生存与毁灭的对立被陨落的肉体打破，辩证地“形成一个具有张力的整体，它们之间可以相互转化，互相生成”⑤。

唐湜认为穆旦诗歌的“底层又有那么沉重的肉感（sensuality），那么浑然的一份生命的重量，那么深沉的激动，一种强烈的灼人的浪漫的气质”。肉体是生命力的象征，穆旦对肉体的深沉的感受蕴含自我勃发的生命冲动，平静的肉体里隐藏巨大的能量，蕴含浪漫主义的激越和张扬。唐湜将穆旦的肉体底蕴阐释为“投掷”的生命冲击，犹如堂吉诃德的骑士冒险，横冲直撞地投身生活与艺术的冲进过程，勇敢无畏的战斗精神建立在肉体极致的喷薄状态。唐湜称赞的“肉搏”的品质“是在自觉的睿智照耀下的筋肉与思

① 段从学：《穆旦的精神结构与现代性问题》，人民出版社2014年版，第137页。

② ［德］尼采：《看哪这人》，高寒译，文通书局1947年版，第3页。

③ 唐湜：《穆旦论（续完）》，《中国新诗》1948年第4期。

④ 王佐良：《一个中国新诗人》，《文学杂志》1947年第2卷第2期。

⑤ 吕周聚：《中国新诗审美范式的历史转型》，人民出版社2014年版，第339页。

想的相互体现的痉挛”①。穆旦在肉体与灵魂的碰撞里摩擦出智慧的火花，从现实社会回溯到生命本源的“肉搏”无疑是更加残酷和痛苦的挣扎。唐湜使用的“痉挛”一词仍是生理上的反应，“思想”在诗人的搏斗中制造了肉体的阻力，肌肉无法挛缩的停滞形态反衬出“肉搏”的艰辛和痛苦，颓废意识在“肉搏”的生命转化中依旧十分明显。

辩证的肉体以其独有的魅力吸引着穆旦。唐湜引用《我歌颂肉体》的诗句：“我歌颂肉体，因为光明要从黑暗里出来，/你沉默而丰富的刹那，美的真实，我的上帝。”结实的躯体好像海中小岛，漂浮在茫茫大海的不安定感获得暂时舒缓。肉体赋予了诗人一种至真至美的神圣属性，由暗向明的豁然开朗让唐湜联想到“惠特曼的歌颂‘带电的肉体’的精神”。惠特曼不羁地高呼：“男性的肉体是完美的，女性的肉体是完美的。”穆旦在诗中将“思想”比作肉体的“敌人”和“穿破的衣裳”，穿得越久，磨损也厉害，“薄弱”和“褪色”的外衣无法长久地保护身体，因此，唐湜肯定“自由而丰富的是那肉体”②。

在对残酷现状的“肉搏”的反抗里，穆旦的“思想”与身体发生分化，诗人不自觉地选择肉体，而扬弃“思想”。正如少若对《穆旦诗集》的评价，穆旦的抒情诗似乎“总带着某种剽悍粗犷的豪迈神情”，雄浑的肉体缺乏抽丝剥缕般的细腻情绪，加上速度与力量的野蛮混合，厚重的“肉搏”对读者感官造成强烈的冲击，形成粗线条的豪放彪悍的审美感受。少若进而认为“肉搏”释放的刚烈动力削弱了情绪的感染力，故盼望穆旦“如果使情感熔冶得更柔一些——自然在同时也就韧一些，那或者也是一种进步”③。刚猛的“肉搏”塑造出坚硬的情感外壳，缺乏柔韧的灵动感，滋生出与“进步”相对立的颓废意识。

然而，穆旦的“肉搏”不是一味地蛮干，袁可嘉认为穆旦在“搏斗的雄姿”中“拼命地思索，拼命地感觉”，“他的《世界》《手》《我想要走》仍保有一贯的dynamic的特质”，穆旦在年轻一代诗人里是“最有动量的可能走得最远的才人之一”④。以《手》为例，肉体的手是破坏的力量源泉，也是搏斗的抗争武器，手的作用丰富，它既可以“在条约上画着一个名字”，又“在建筑城市”的同时“把它毁灭”，“它以一秒的疏忽把地球的死亡加倍”；诗人心中那“万能的手”却做了“谋杀”和“谋害”的工具，独手的威力是鸦雀无声，联手的合力是双目紧闭，人类的手既创造着奇迹，又策划了巨大的伤害；诗人在转化颓废的决斗中被虚无的死亡恐吓，反复发出“我们从哪里走进这个国

① 唐湜：《穆旦论》，《中国新诗》1948年第3期。

② 唐湜：《穆旦论（续完）》，《中国新诗》1948年第4期。

③ 少若：《读〈穆旦诗集〉》，《民国日报·文艺》1947年9月8日。

④ 袁可嘉：《诗的新方向》，《新路周刊》1948年第1卷第17期。

度”的疑惑，苦难始终无法消退。在《我想要走》里，穆旦想要逃离“这曲折的地方”，渴望规避内心的“无望”、“空虚”、“恐惧”和“罪恶”。诗人发自肺腑地说：“我想要走出这地方，然而却反抗：/一颗被绞痛的心当它知道脱逃，/它是买到了沉睡的敌情，/和这一片土地的曲折的伤痕。”穆旦“肉搏”的“反抗”只为满足出走的意愿，但是消沉的意志又令搏斗的肉体伤痕累累。穆旦的“搏斗”也仅仅停留在“想要”的意识层面，滞后的行动证明“搏斗的雄姿”的实质是消极无奈的抵抗。

穆旦在“肉搏”的厮杀中灵与肉彼此分离，读者批评表现出主体性的“分裂”。唐湜发现穆旦在“投掷”的奔突里“全身筋肉震颤着，自觉的精神使他习惯地依照基督教精神把灵魂与肉体割分开来”，灵与肉的离散在激烈的碰撞中完成，被烧焦的生命散发出炽热的能量。唐湜认为穆旦的“自我分裂与它的克服——一个永无终结的过程，带着那么痛苦的丰富”，亢奋的激情如火山爆发的熔浆，充满“焦灼的挣扎者与无望的摸索者的对新生命风格的重又铸造的绝望，或者说，对一个艺术品或艺术的表现的绝望”。穆旦在主体分裂里获取痛苦到极点的“绝望”，苦难的转化从初生的胎儿起便被颓废意识牵绊。穆旦在《我》中写道“从静止的梦离开了群体，/痛感到时流，没有抓住”，从母体分娩的瞬间就注定了颓废的悲剧命运，脱离母亲温暖的胚胎，沉睡的美梦被惊醒，暴露在冰冷空气中的“我”是不完整的残缺存在，流逝的时间唤不起最初的梦。孤独的自我渴望群体的关爱，绝望的颓废里蕴含着欣喜的期盼。唐湜设想穆旦在主体分裂里寄托的复杂情感的起点是“以母爱为象征的‘大我’的爱，对失去的生命的‘救援’”①。

然而与“大我”对立的小我分裂后的处境极度悲惨。唐湜列举了《智慧的来临》的诗句：“稍一沉思听见失去的生命，/落在时间的激流里，向他呼救。”分裂后的主体属性很明显是虚弱的，因为时间的洪流降低了生命厚度，淹没了脆弱的生命。穆旦在这之前写道：“送人上车，掉回头来背弃了/动人的忠诚，不断分裂的个体。”主体分裂后的独立就像送别时客套的寒暄，列车开动后，双方分道扬镳，虚伪地存活在分裂的镜像中。

唐湜从穆旦主体分裂的痛苦里断定诗人“向那个自然的‘我’承认了一切理想的失败，生命的变质，爱的缺陷，纯洁的冷却，承认自己是被他摧毁了的命定的‘绵羊’”。穆旦在分裂切割的碎片里洞察颓废的每个侧面，腐化肮脏的生命凝结宣告苦难转化中颓废的胜利，期待获得爱的滋润反倒使自我形象变得弱小而悲情。穆旦的主体性分裂还表现在自我和恋人的爱情裂痕。唐湜列举《春》的诗句：“呵，光、影、声、色、都已经赤裸，/痛苦着，等待伸入新的组合。”满园春色呼唤爱情的欲望，又在年轻的肉体上跳跃，爱情的隙缝清楚再现了声音色彩和光线影像，苦痛地等待下一次的结合，穆旦分裂

① 唐湜：《穆旦论》，《中国新诗》1948 年第3 期。

的爱是矛盾的生命挣扎，诗中“强烈的肉体敏感是幸福也是痛苦，哭和笑在片刻间转化”①。无休止的分裂形变“没有终结任务，完成自我的理想，‘我自体’（仿康德的物自体）的日子”②。

分裂不是某一阶段的生命历程，而是全部生命的历史裂变，永恒的痛苦与未完成的自我实体紧密相连。唐湜模仿康德的“物自体”是对自我存在的反思，一分为二的生命本体在与自我身体的运行及和他人的接触中形成的苦难和隐患只是分裂的现象，支撑前后变异的精神“不是他的肉体或他的肉体活动之因；不过这一实体，通过时空直观中的表象间接表现为肉体”③。穆旦由分裂形成的“我自体”是灵魂与肉体的混合物，依附于肉体的间接形式是苦难转化以后新的灾患的颓废隐喻。

穆旦的主体性分裂与“肉搏”的英勇品质密切关联，在激烈的斗争中将苦难转化为一种悲壮或不安的颓废意识。唐湜认为《被围者》是“一篇英雄主义的礼赞，对平庸的圆满的厌弃”，并列举最后一节的诗句来称颂诗人的“大勇者”风范：“一个圆，多少年的人工/我们的绝望将使它完整。……因为我们已是被围的一群，/我们翻转，才有新的土地觉醒。”传统的圆满和谐的审美标准在诗人眼中变得比平庸还低劣，我们每个人被圈套在里面而又成为圆圈的一部分，主体性的分裂能打破整饬的弧线，完成意志的突围。唐湜认为在这首“生命的史诗”里，诗人的主体性分裂贯穿烂漫无邪的青葱岁月与惨败冷清的衰老时光，从色彩斑斓的舞动神情“到平庸的空虚与真实的死亡，最后归结到宁为玉碎，不为瓦全”。穆旦反抗平庸的战斗精神令人肃然起敬，飞扬激荡的活力在焦虑不安的躁动里被耗尽，奔放激昂的智慧转瞬之间露出虚无衰颓的征象。诗人在圆形的分裂中殊死一搏，极力捍卫自我存在的意义，最后却无奈地消散，顽强抗争的“肉搏”精神凸显出残缺的美感，但同归于尽的壮烈，揭示出主体性分裂的隐失恶果和苦难转化的颓废结局。罪孽的滋生引发上帝与魔鬼的争斗，表现为终极层面神圣与邪恶的分化决裂。唐湜认为《神魔之争》里的“东风是齐生死的生命本身的象征，它把种子到处播散，又让烈火烧遍，如此均衡着力量，它的分裂是神与魔的斗争”④。上帝与魔鬼在天堂和地狱互不侵犯，可是东风的煽动引发了天地玄黄的激战。尽管“神的存在，一如神的本质，乃是永恒的真理”⑤，但魔的势力不容小觑，势均力敌的战争让双方一时难以分出高下。神的内部也发生着等级分裂，飞扬跋扈的人类指使牲畜为自己服务，它们没有尊严地活

① 郑敏：《诗人与矛盾》，杜运燮、袁可嘉、周与良编《一个民族已经起来——怀念诗人、翻译家穆旦》，江苏人民出版社1987年版，第33页。

② 唐湜：《穆旦论》，《中国新诗》1948年第3期。

③ ［德］文德尔班：《哲学史教程·下卷》，罗达仁译，商务印书馆1993年版，第811页。

④ 唐湜：《穆旦论（续完）》，《中国新诗》1948年第4期。

⑤ ［荷兰］斯宾诺莎：《伦理学》，贺麟译，商务印书馆1981年版，第170页。

着，形同齑粉地卑微死亡。

李瑛引用《神魔之争》里林妖的合唱：“谁知道生命多么长久？/一半是醒着，一半是梦。/我们活着是死，死着是生。”诗人用永恒的质疑分裂出现实与梦境，参悟死亡与生存，洞察自我的愚笨，“肉搏”的热情逐渐冷却。李瑛认为穆旦“懂得受苦，他也学习忍耐，然而在他过去悠长的日子磨折中，突然的转变实在是一件艰巨的事，于是多少留下了消极”①。穆旦在痛苦的折磨中试图转移苦难的颓废意识，但苦难转化异常困难，诗人只有借林妖的口吻来传达自我分裂的悲苦之声，神与魔已经分裂为苦难的两个极端，诗人受难的意志在两端游荡，主体性分裂在最高层级体现的基督教式的颓废观念“是一种敏锐而不安的紧迫感。颓废被感觉成一种独特的危机，这种感觉前所未有地强烈”②。虽然穆旦在基督教的神魔分裂中预感危险的隐患，紧张焦虑的迫切感让苦难转化在最后抵达的“上帝也可能不是上帝，而是魔鬼本身”③。

穆旦在苦难的转化中隐含着辩证的颓废意识，从肉体的搏斗到思想的信仰，剧烈的冲突在荒芜的灵魂里引发深层次的苦难。相比较战争环境里糊涂存活的人，穆旦自我主体灵与肉的分裂为读者所称道，固态的颓废意识在动态的流转里分裂并产生诸多新的颓废质素。这种辩证的关系恰如李瑛的评价：“因为我们的诗人毕竟在炮火中倔强长大的，环境的铸型使他性格上见出‘向内’与‘向外’的错综，所以他感到内在的矛盾。他有时要保守，但有时也要突破。有时把自己囿于黑暗里，但却又渴望看见光明。他在狭小的圈子中叹息着哭，但当自己激情的时候，自己又疯狂地要追求进取。”④ 穆旦在意志分裂的两个极点徘徊和跳跃，在苦难的转化里有机地呈现出“丰富的痛苦”，而比这痛苦“更丰富，更丰富得痛苦的是诗人的自我分析与人格分裂”⑤。

三、超越“历史”的“自然”新生

支配苦难转化的“分裂”核心是永恒变动的历史与自然，读者在对穆旦的诗歌批评里大多贯穿着历史衰亡和自然更生的辩证思想。唐湜认为穆旦借助主体性分裂的“蜕变与代谢作用”，由虚空的彷徨走向充实的笃定，历史的“死亡，更是个新生，生与死原是同一的点：旧文化传统的终点也就是新文化的起点”，绝望之后的快乐“就是死，也

① 李瑛：《读〈穆旦诗集〉》，《益世报·文学周刊》1947年9月27日。

② ［美］马泰·卡林内斯库：《现代性的五副面孔》，顾爱彬、李瑞华译，商务印书馆2003年版，第166页。

③ 王佐良：《一个中国新诗人》，《文学杂志》1947年第2卷第2期。

④ 李瑛：《读〈穆旦诗集〉》，《益世报·文学周刊》1947年9月27日。

⑤ 唐湜：《诗的新生代》，《诗创造》1948年第8期。

就是第二次诞生，新旧文化传统的交替”①。生存与毁灭的“分裂”表现了历史阶段的交换与更替。

穆旦的《五月》被唐湜、王佐良等人视为新旧历史转换的辩证诗作。该诗在七言绝句后紧跟现代新诗，循环排列的古体诗与自由的新体诗从阅读视觉上便造成旧与新的对立，刺眼的格式蕴含着新文化的胜利。细看穆旦的古体诗，大多用白话写成，只是采用了规整的样式，除开篇的古体诗“五月里来菜花香”遵循第一二四句平声同韵、第三句仄声异韵的传统绝句声韵规律，其他四首都不押韵。诗中内容也传递出新旧更替的历史宿命，比如第五节的古诗：“春花秋月何时了/郊外墓草又一新/昔日前来痛哭者/已随轻风化灰尘。”坟墓前新长出的野草象征向前滚动的历史齿轮，对陈旧历史的凭吊和哭泣很快便融化在崭新的历史风气里。又如第六节的新诗：“安心守住了你们古老的监狱，/一个封建社会搁浅在资本主义的历史里。”陈腐的牢狱如泡沫般飘忽，其实诗人“守住”的是对过去的念想。封建时代一去不复返，全新的意识形态在历史场域生成，痛苦的颓废观念灼烧着穆旦紧绷的神经，传统腐烂的历史碾压着诗人灵魂，由此形成的“受难的精神历程与中国布尔乔亚时代的受难的历史过程正可以心心相印”。唐湜的“布尔乔亚”即是“资产阶级”的代名词，穆旦“肉搏”的精神分裂亦是历史的对垒，内心的激烈交火“是布尔乔亚时代的较健康的意识与落后的传统意识的交战”②。犀利的决裂让腐朽的过去“一飞飞上九层天”，没有丝毫踪影可寻的过往预示着残旧历史的衰亡，正如王佐良对该诗的批判，穆旦在诗中“故意地将新的和旧的风格相比”，为读者审美带来“一种剃刀片似的锋利”③。灰飞烟灭的历史看似涤除了苦难的污垢，但在转化的分裂之初却是衰败不堪的颓废根基。

穆旦在苦难的转化中宣判了历史的死刑，与之对应的自然成为了历史衰亡后新生的希望寄托。唐湜列举《森林之魅》的诗句：“空幻的是所有你血液里的纷争；/一个长久的生命就要拥有你，/你的花，你的叶，你的幼虫。”战士的牺牲在胡康河谷留下一具具尸首，它们是对残暴战争的无声控诉，死亡的肉身带走了纷乱的历史，黑暗的迷梦与枯竭的灵魂在宁静的自然里获得超度，战士的尸体被流水和空气腐蚀化作白骨，花朵、绿叶、小虫的生长从中得到了滋养，战场血肉横飞的惨烈画面，被祥和安宁的自然景象取代。唐湜惊讶地感到“这壮烈的抗日的战斗的归宿竟就是原始的自然，人类的故乡。这一去而复返的故乡竟是人类历史与自然史的交点”。唐湜继而引用《森林之魅》的诗句：“没有人知道历史曾在此走过，/留下了英灵化入树干而滋生。”河谷回荡的“细风”、

---

① 唐湜：《穆旦论》，《中国新诗》1948年第3期。

② 唐湜：《穆旦论（续完）》，《中国新诗》1948年第4期。

③ 王佐良：《一个中国新诗人》，《文学杂志》1947年第2卷第2期。

“密雨”清理血迹斑驳的“山坡”，战争造成死亡的颓败记忆也随之被清除，衰颓丑陋的尸骨转化为生机勃勃的养料。唐湜由衷地感叹：“在人类的历史里的死亡也就是在自然的历史里的新生。”历史的断裂沦陷彰显自然宏大永恒的生命力，那不能承受卑污存在的脆弱历史在自然的怀抱里完成苦难的转化和依托。唐湜认为穆旦的分裂如伯格森的“生命流”，诗人巧妙地利用自然整合历史，纵向“历史的生命的死亡与完成也就是自然的生命的新生与开始”①。

法国哲学家伯格森认为生命是连绵不断的流动体，尽管时间把生命历程划为不同阶段和形态，但彼此不是分裂和孤立的存在，生命内部的冲力延续着历史的发展轨迹。穆旦统筹历史与自然的辩证关系与伯格森的学说在本质上是一脉相承的，消亡的历史与自然的串联构成的生命“绵延，不过是过去的连续进展”②。爆裂的过往期待着重组的未来，在自然的摄入与延展中，时间的主导力被逐步地削弱，生命的延绵让历史成为从属的载体，意识流的连续涌动强化了直觉的自然效力。苦难的转化完成了从壮烈的战争历史向柔和的自然美景的主体平移，痛苦的颓废意识将沉郁的意志掩埋在自然的泥土里，攫取的生命能量将颓废意念渐渐消解。

穆旦在苦难转化的同时完成了苦难的升华，“分裂”的思索促成了自我对生命的“超越”的理想境界，苦难的颓废意识被遮盖掩埋。唐湜称赞穆旦拥有“一种自觉的精神与一份超越的或深沉的思想力”，以肉体与思想的分离搏斗姿态“给万物以深沉的生命的同化作用（identification）”。唐湜认为诗人在“《潮汐》里，他达到了对教条与偶像的超越”③。穆旦在该诗中借唪经人的双眼“看见到处的繁华原来是地狱，/不能够挣脱，爱情将变做仇恨，/是在自己的废墟上，以卑贱的泥土，/他们匍匐着竖起了异教的神”。传统的唪经者代表着历史的颓废面，诗人对他们顶礼膜拜的软弱祷告深恶痛绝，奉劝他们“该忏悔，存在一颗宽恕的心”。历史传统的残败罪恶在神魔分裂中被魔鬼的反叛打破。唐湜引《神魔之争》的诗句：“黑色的风，如果你还有牙齿，/诅咒！……在错误和错误上，/凡是母亲的孩子，拿你的一份！”不均的社会让人性遭到严重扭曲，不公的历史在诗人看来大错特错，穆旦借魔的嘶吼与反抗号召人们破除历史枷锁，拿回属于自己的平等权利。唐湜赞赏穆旦“那种历史的自然主义的看法与超越的自觉精神”④。苦难的升华通过遮蔽丑恶污浊的现象逐步分解痛苦的颓废意识，穆旦镇定自若的品质“成功地

---

① 唐湜：《穆旦论（续完）》，《中国新诗》1948 年第 4 期。

② ［法］亨利·伯格森：《创造进化论》，王珍丽、余习广译，湖南人民出版社 1989 年版，第 8 页。

③ 唐湜：《穆旦论》，《中国新诗》1948 年第 3 期。

④ 唐湜：《穆旦论（续完）》，《中国新诗》1948 年第 4 期。

将感性与理性、自我与大我、个体与社会结合起来”①。

综上所述，20世纪40年代读者批评与穆旦新诗“颓废”哲思的生成，究其本质乃是一种现代诗学的建构。穆旦克服贫苦的外在因素，煎熬的内心矛盾上演了一出出人间悲剧，人类的悲惨境遇在他的笔端呈现出多样化的发展趋势，既有日常生活里的种种苦难，也有内心深处的焦虑隐患。这种痛楚的折磨不再是个体感伤情绪的宣泄，而带有社会集体的悲苦意志。读者视域中的穆旦新诗已然触及现代诗学的核心，即抒写人类的“欲望、意志、生命律动，表现人的内外在解放主题”②。诗人浸润在哲理化的痛苦沉思中，运用自然的感化力转化痛苦的记忆，现代化的生命颓废意识也悄然萌生。

（作者单位：四川美术学院公共课教学部）

① 吕周聚：《中国现代主义诗学》，人民文学出版社2001年版，第121页。

② 方长安：《传播建构与现代新诗评估范式的重建》，《复旦学报》（社会科学版）2018年第3期。

穆旦的 PTSD 与诗歌疗救

——从《阻滞的路》到《森林之魅》①

薛媛元

中国远征军的重评大潮随着 2009 年缅甸远征军老兵的回国探亲而兴起之后，诗人穆旦因其抗战时期独特的赴缅从军经历，被再一次符号化，成为了千千万万远征军文化兵英灵的代表。然而人们的视线多易被战争的惨烈、雨林环境的残酷、九死一生的传奇所吸引，而对这一事件本身给予穆旦的影响，包括对他的心理、生活和诗歌创作的影响，却鲜少问津。诚然，穆旦本人的守口如瓶、王佐良等好友的回忆，包括穆旦自缅甸回国后数年内的生活，似乎都给人留下一种印象：穆旦仿佛只是消失了一段时间，战争似乎没有在他身上留下什么痕迹。然而穆旦本人对于这段经历，是否真如表面那般举重若轻、淡然视之，实有可探讨之处。

一、穆旦的 PTSD 之形成

在 14 年抗战期间，中国现代诗人之中参战者有数人，但穆旦在缅甸战场的经历却是最为特殊的。其他诗人，比如七月派诗人阿垅也曾亲历过淞沪会战，也曾有过牙齿被炸碎的经历。但是与其他人不同的是，穆旦所经历的不是炮火连天的惨烈，也不是刀光剑

---

① 本文系 2017 年辽宁省高等学校基本科研项目“中国事工新诗研究（1921－1949）”（2017JYT19）和 2019 年教育部人文社会科学青年项目“民国基督教报刊中的新诗史料研究（1917－1949）”（19YJC751055）的阶段性成果，并由“2018 年度大连外国语大学学科建设专项经费资助项目”提供资助。

影后的伤痛，而是一种长时间的迷惘、恐惧与绝望的折磨。而这种折磨，最容易产生严重的心理问题，即创伤后应激障碍，简称 PTSD。

创伤后应激障碍（post-traumatic stress disorder，PTSD）是指“遭受过强烈的精神创伤或经历了重大生活事件后发生的延迟性精神病理性反应的一类应激障碍”，而“所谓强烈的精神创伤或重大生活事件，是指一个人经历或目睹了威胁到人类生命的事件”①。这些事件可包括突发性自然灾难、严重人为创伤和持续性恶性刺激等。其中，穆旦所经历的，就是“严重人为创伤”之中最典型的“战争”。

虽然这种病症最早发现于越战后自东南亚归国的美军身上，但并不代表在 20 多年前这种尚未引起人们足够关注的病症不存在，尤其缅甸战场与越南战场的自然环境和惨烈程度是如此相似。我们可以通过朱锡纯的《野人山转战记》、革非的《中国女兵蒙难野人山》等回忆录的叙述侧面了解到一些值得注意的现象：幸存下来的远征军战士刚逃离野人山区、在列多和兰姆嘉接受紧急治疗时，很多人情绪极不稳定，噩梦连连，狂暴易怒甚至充满攻击性②；还有些人在丛林行军中脱离各种险境后，会出现幻觉，沟通障碍或陷入暂时性迷茫状态③。这些都是 PTSD 的即时反应④。不过在当时战火正炽的中国，亢奋的人们显然很难留意到这个问题，而 PTSD 有一定自愈概率，到战争结束、人们又进入新中国的创世狂欢之时，这一现象已不普遍，剩下少数不幸的未愈者就很自然地被忽略了。

作为野人山大撤退的亲历者，穆旦也承受了每个远征军将士都必须面对的恐怖压力。诚然，从死亡线回归只是 PTSD 发生的必要条件而非充分条件，部分人在经过短暂调整后即可继续正常生活。但是，据王佐良的描述以及穆旦接下来几年生活和写作中的种种不顺，都可以看出，至少有两年，他没有，或者至少是没有完全躲过这种心理疾病的

---

① 王学义、李凌江：《创伤后应激障碍》，北京大学医学出版社 2012 年版，第 1 页。

② 参见朱锡纯：《野人山转战记：一位远征军幸存老兵的战地日记》，新世界出版社 2010 年版，第 194-252 页。

③ 参见革非：《中国女兵蒙难野人山》，中国工人出版社 1999 年版，第 152-153、157、277-279 页。

④ PTSD 的常见反应包括失眠、焦虑、易怒、注意力集中困难、过度警觉、易受惊吓等生理反应，回避创伤相关记忆、选择性失忆、参与活动兴趣下降、与朋友疏远、情感体验能力下降、对未来感到茫然等回避反应，以及躯体不适反应、不良应激事件的回忆反复出现、创伤性事件相关噩梦等创伤感觉再现反应。满足其中一条创伤感觉再现反应、三条回避反应及两条生理反应，即可确诊为 PTSD。三个月之内能恢复者为急性 PTSD，持续更长时间为慢性 PTSD，6 个月以后才开始出现症状为延迟性发作。见［美］威廉姆斯、［芬］鲍伊朱拉：《创伤后应激障碍自助手册》，张进辅主译，重庆大学出版社 2011 年版，第 10-11 页。

困扰。

从多个角度考察，穆旦都属于PTSD的高发人群。首先，作为一个感情丰富、观察力敏锐的诗人，他对战争惨烈刺激的感应力会高于普通军人，因此同样的千余伤员自焚①、活人化枯骨、骨灰止泻②、人吃人事件③等对他的冲击也就更大。其次，穆旦的性格较为腼腆内向④，这降低了他在创伤事件结束后及时获得社会支持的可能性，同时增大了他独自重温痛苦记忆的几率。再次，当时的前事件因素、事件因素与后事件因素⑤，都于事件亲历者颇为不利，也易于增加PTSD的发生几率。

现实与理想的落差，成为了穆旦最主要的PTSD前事件因素。在穆旦投笔从戎之前，他具有“野兽”、“古墙”式的英雄主义情结，对战争也带有一定理想主义和浪漫主义的想象，这从他摆脱“沉寂，没有刺激”的教书生活、“去军队体验生活”、“想抗日”⑥的三个参军动机中就能看出。但到达缅甸后，他发现以解放者和援助者自居的远征军收到的不是缅甸人民的礼遇而是仇视⑦，随军翻译在中外军人中常遭到各种歧视和误会⑧，身为盟友的英军中存在着种种腐败行为⑨，尤其杜聿明、罗又伦身边的翻译工作更让他直接接触到中、美、英三方以及国民党军界高层间种种错综复杂的矛盾和倾轧⑩，这些

① 决定转移时，千余名伤员为不拖累军队弟兄，将自己关在茅屋里，用汽油点燃集体自焚。参见王宏印：《诗人翻译家穆旦（查良铮）评传》，商务印书馆2016年版，第96页。

② 参见朱浤源等：《罗友伦先生访问记录》，台湾“中央研究院”近代史研究所1994年版，第35页。

③ 邓贤：《大国之魂》，国防大学出版社1996年版，第143-144页。

④ 易彬：《他非常渴望安定的生活——同学四人谈穆旦》，《穆旦研究资料》（上），知识产权出版社2012年版，第77页。

⑤ 一些特定的创伤前因素常常影响到一个人对创伤性事件会做出怎样的反应，被称为前事件因素；一些与受害者相关的因素会增加受害者患上PTSD的可能性，比如年龄、与创伤性事件的远近距离、事件对受害者的意义、创伤持续时间、威胁的持续性等，被称为事件因素；而后事件因素包括创伤性事件之后的一些社会因素，包括缺乏良好的社会支持、对创伤事件无所作为、忽略自己、消极地任由某些不利事件发生等。见［美］威廉姆斯、［芬］鲍伊朱拉：《创伤后应激障碍自助手册》，张进辅主译，重庆大学出版社2011年版，第4-6页。

⑥ 易彬：《穆旦年谱》，中国社会科学出版社2010年版，第67页。

⑦ 得不到缅甸人的支持，是远征军在缅甸作战失败的重要原因之一。当时缅甸受英国压迫已久，日本打着“大东亚共荣圈”的旗号在缅甸与英国开战，不少缅甸人上当。中国军队与英国军队共同与日作战，被视为对缅甸独立运动的阻挠，不得人心。当时远征军的行动经常受到所谓“缅奸”的破坏，杜聿明在曼德勒视察时所乘专列也遭到缅甸人颠覆。参见朱锡纯：《野人山转战记：一位远征军幸存老兵的战地日记》，新世界出版社2010年版，第272-273页。

⑧ 王宏印：《诗人翻译家穆旦（查良铮）评传》，商务印书馆2016年版，第91页。

⑨ 吴宓日记载“查良铮，昆明，军邮局一五三号，参谋处。自缅甸军中来函，言英军腐败”。见易彬：《穆旦年谱》，中国社会科学出版社2010年版，第69页。

⑩ 穆旦先在第一路司令部杜聿明手下任翻译，后来被调到第五军罗又伦手下。见王宏印：《诗人翻译家穆旦（查良铮）评传》，商务印书馆2016年版，第91页。

都足以颠覆一个怀着神圣使命感赴缅抗日的热血青年的世界观，使他对战争的正义性产生怀疑。

4 个月有余的野人山大撤退经历是穆旦等诸多远征军幸存将士罹患 PTSD 的直接原因，而穆旦遇到的一些特别事件因素更增加了他的心理负荷。进入野人山之后，穆旦所在的整个第五军进入了一种无序状态，“野人山残酷的生存法则，打碎了军队铁一般的建制，官亦非官，兵亦非兵，隶属关系实际上已荡然无存”①，身为军长的杜聿明可以被六十六团的伙夫揍倒②。这种环境最容易暴露人性的丑恶面，这很可能也是穆旦事后不愿多回忆这段经历的原因之一。环境的逼迫会使人不得不做出一些违心的举动，即使这些举动伴随着高尚的初衷。如穆旦曾在回忆中特别提及，在一个金戒指只能换两个玉米③的困难期，他“曾以买来之牛脚让罗又伦吃”④。食物短缺时所谓的“买”其实是一种近乎乞讨的行为，这于自幼便“不食日海带”⑤ 的穆旦而言无疑是对本性的违背，然而在自己、战友的生命与尊严之间，他只能选择放弃后者。另外据一些有待进一步考证的孤本资料显示，在自己心理承受着巨大压力的同时，穆旦很可能还承担着鼓舞士气的工作。因为在那之前，因联大教师和诗人身份深受杜聿明器重的穆旦，就曾受命“在难得的作战间隙”，“不时……作几句诗，在军前朗读，借此活跃气氛，并鼓舞军中斗志”⑥。然而这种工作从某种意义上而言类似于今天心理医生的疏导，其本质是将他人的压力转嫁给自己，当事人需要承担更重的心理负担。和平时期的心理医生尚需定期做心理咨询，但那时的人们并无这方面的常识，必然会导致心理负荷的增加。

在抵达印度及归国之后，穆旦还遇到了一些不利的后事件因素。当穆旦终于恢复了

---

① 革非：《中国女兵蒙难野人山》，中国工人出版社 1999 年版，第 9 页。

② 朱锡纯：《野人山转战记：一位远征军幸存老兵的战地日记》，新世界出版社 2010 年版，第 138–140 页。

③ 同上，第 140 页。

④ 易彬：《穆旦年谱》，中国社会科学出版社 2010 年版，第 70 页。

⑤ 穆旦中学时代抵制日货，“不允许母亲买海带、海蜇皮”，“要是买来，他不但一口不吃，后来还把它倒掉”。见查良铃：《怀念良铮哥哥》，《一个民族已经起来》，江苏人民出版社 1987 年版，第 146 页。

⑥ 山佳：《穆旦：信仰在空中飘扬》：https://mp. weixin. qq. com/s? _biz = MzI0NTAyMTUyMw%3D%3D&chksm = f147bf3ac630362ceba8bba7528def8827d4b9bff90472eeda342b66f6d4e9ad1a95fb18230d&idx = 1&mid = 2649223430&scene = 21&sn = 69f5a79ad7bff2342f7111c0a6b79b87 侧面资料显示，在缅甸战场上，文化程度较高的士兵承担鼓舞士气的工作在当时是传统，比穆旦一行早数日进入野人山的朱锡纯也曾被指名唱歌鼓舞士气。参见朱锡纯：《野人山转战记：一位远征军幸存老兵的战地日记》，新世界出版社 2010 年版，第 108–112 页。朱锡纯与穆旦在野人山的行程有一部分重合，其回忆录具有相当大的参考价值。

一定程度的健康、从印度回到祖国，面对的却是“前方吃紧、后方紧吃”的畸象和乱局。很长一段时间内缅甸的败局被隐瞒①甚至导致西南门户被破、远征军师长牵头走私黄金酿成举国震惊的“军人黄金走私案”、阵亡将士的抚恤金被捏造冒领②等一系列腐败事件，更彻底地否定了他基于“民族—国家共同感”的战争神圣性认知③，对这位年轻诗人在学生时代形成的理想主义价值观构成了摧毁性的打击。在艰难的战争时代人人自顾不暇，再加上当时也缺乏有效的外部心理援助，穆旦虽有真诚关心他的朋友，但他们不曾有过相似的经历，始终无法真正理解他的心灵困境，因此也谈不上助他脱困。

以上种种原因，导致穆旦的身上出现了一系列 PTSD 反应：性格突变④，情感解离、麻木，逃避回忆及回忆引发情境⑤，社会性下降⑥，对战友的依附⑦等。诚然，与诸多严

---

① 1942 年 5 月前，中国军事当局一直对缅甸战败的消息严密封锁，这直接导致了保山等西南要塞的沦陷。参见邓贤：《大国之魂》，国防大学出版社 1996 年版，第 89–92 页。

② 朱锡纯：《野人山转战记：一位远征军幸存老兵的战地日记》，新世界出版社 2010 年版，第 256–261 页。

③ 段从学：《穆旦的精神结构与现代性问题》，人民出版社 2014 年版，第 103 页。

④ 王佐良曾说穆旦自缅甸归来后“从此变了一个人”。见王佐良：《一个中国诗人》，穆旦《穆旦诗集（一九三九——一九四五）》，自印 1947 年版，附录第 3 页。

⑤ 穆旦归国后很少提及自己的野人山经历。“但是不，他并没有说”，“他本人对于这一切淡漠而又随便”，“只有一次，被朋友们逼得没有办法了，他才说了一点”。见王佐良：《一个中国诗人》，穆旦《穆旦诗集（一九三九——一九四五）》，自印 1947 年版，附录第 3 页。而这一次，很可能就是吴宓 1943 年 1 月 25 日日记中所载的“铮述从军所见闻经历之说情，惊心动魄，可泣可歌。不及论述……”见易彬：《穆旦年谱》，中国社会科学出版社 2010 年版，第 73 页。并且穆旦选择离开西南联大各处辗转，未必没有脱离故友圈子、避免触景生情之意，因为从军之前熟悉的环境也是诱发战争记忆的因素之一。

⑥ 接下来两年多时间，穆旦连续在曲靖、重庆、昆明、贵阳等地辗转，多次更换工作。据易彬《穆旦年谱》记载，无法长期从事同一工作的原因主要在穆旦自身，或是“感觉自己不被需要”，或是“没有做任何事情”，或是“能力与兴趣有限”、“不喜欢党化教育”，或是“被他们歧视”等，均与社会沟通有关，在此过程中也不止一次与人冲突，还曾表示不喜欢昆明的老生活圈子。可见在这一段时间内，穆旦的社会适应力多少有些问题。

⑦ 穆旦在战后明显表现出对野人山患难之交的亲近和信任，这与之前生死与共的情谊有密切关系。穆旦长女查瑗回忆，在野人山撤退中，穆旦曾病倒，当时杜聿明把仅有的两粒药分给穆旦一粒，穆旦吃下药后腹泻痊愈，活了下来。见王宏印：《诗人翻译家穆旦（查良铮）评传》，商务印书馆 2016 年版，第 97 页。此时杜聿明自己也患了回归热和疟疾，勉强被抬到列多，而罗又伦在途中曾替杜聿明治病。见朱锡纯：《野人山转战记：一位远征军幸存老兵的战地日记》，新世界出版社 2010 年版，第 206–207 页。鉴于穆旦在困难时期曾把买来的牛脚分给罗又伦，可见他们一组人一路同行，因此他很可能也替穆旦治过病。穆旦在回国后无处可去的困难时期接受了杜聿明、罗又伦所提供的英文秘书、英文教师职务，后来因杜聿明“欢迎他随时回到军队”而下定辞职的决心，接受罗又伦提供的英语教学和办报工作并与他同车共赴北方，都可作为辅证。参见易彬：《穆旦年谱》，中国社会科学出版社 2010 年版，第 74–85 页。

重的 PTSD 患者相比，穆旦的症状是较轻的，属“部分确诊”级别①，对社会生活虽有妨碍，但尚不至造成严重影响。但是，PTSD 若不能得到及时有效的干预，也可能延续数年甚至一生。

在没有专业心理干预的年代，足够坚强也足够有责任感的穆旦是幸运的。因为他可以借助写诗的方式，与自己的心灵对话，在沉思与反省中努力进行自我疗救，进而超越自我，从心理梦魇中脱困。

二、穆旦的诗歌疗救过程

从野人山脱困后到《森林之魅》写作完成，一共是 3 年时间。在这 3 年中的前两年半，穆旦的诗歌创作数量不高，若不计散佚作品，1942 年 8 月后作诗 3 首，分别为《阻滞的路》、《自然底梦》、《幻想底乘客》；1943 年作诗 4 首，分别为《合唱二章》（即《祈神二章》）、《隐现》、《诗》（一）、（二）；1944 年作诗 5 首，分别为《赠别》（一）、（二）、《成熟》、《寄——》、《活下去》。但到了 1945 年，他的新诗创作出现了井喷，在 9 月《森林之魅》完成前作诗 25 首，且开始有直接涉及战争的作品。如将这些作品按照穆旦 PTSD 心理状况的发展变化作一个分类，大致可分为与年份并不完全同步的回避异化、宗教依附、现实回归和释然四个阶段。

（一）回避异化阶段

回避与异化是 PTSD 初期症状。由于可能会以噩梦的方式反复体验当初的痛苦，在意识清醒的时候，人们往往会尽力避免触及与创伤性经验相关的想法、感受或谈话等。由于缺乏必要资料，我们无法得知穆旦是否与列多的不少战士一样有噩梦的困扰，但回避表现却的确曾在他身上出现过。严格说来，这一阶段不能算是疗救，只能说是穆旦对自己异样状态的发现。

穆旦离开野人山之后的第一首诗《阻滞的路》② 发表于 1942 年 8 月，按时间推算应是完成于刚刚脱险之时，其中获救的喜悦成为诗歌的主调。这很容易理解，也很符合逻辑。全诗的第一句“我要回去”与后文中的“我只想回到那已失迷的故乡”绝对是长时间绝境中奔突后的真情流露，同时“绝望给我引路”、“正在绞痛着我的回忆和梦想”、

---

① “部分确诊”指出现了一些 PTSD 症状，但若严格按量表对照，并未完全符合 DSM-IV 临床诊断标准。见［美］威廉姆斯、［芬］鲍伊朱拉：《创伤后应激障碍自助手册》，张进辅主译，重庆大学出版社 2011 年版，第 11-12 页。

② 穆旦：《阻滞的路》，《穆旦诗文集》（增订版），人民文学出版社 2013 年版，第 228-229 页。

"我已曾鉴定不少异地的古玩：/为我憎恶的，狡猾，狠毒，虚伪，什么都有"则包含着对痛苦感受的记录和对数月来所见之人性阴暗面的见证。整体而言，诗中所表达的对故乡的思念、对新生后的憧憬、对死里逃生后的豁然开朗感都属于正常的反应。但是，诗人对痛苦经历做了一带而过的处理，还表现出很多矛盾的情绪，一方面有"而我追寻的一切都已避远"的消沉，一方面又有"这些是应付敌人的必需的勇敢，/保护你们的希望，实现你们的理想"、"我要向世界笑，再一次闪着幸福的光"几句中的过度乐观，显示出诗人灵魂的一种撕裂状态。其中将受难作激扬化处理的浪漫主义风格回返以及非常态的兴奋，都透露出刻意掩饰恐惧的意图。

到了写作《自然底梦》① 时，诗人的恐惧发生了进一步的变异，他开始在意念中对自然记忆进行美化，试图借此驱散记忆中的恐怖。这首诗主观上描绘的并不是野人山的自然，但诗中语词的选用却仍带有野人山挥之不去的阴影。除了"迷误在自然底梦中"等较明显的暗示之外，还有很多描述性文字都能从《森林之魅》② 中找到呼应，如《自然底梦》诗中"我底身体由白云和花草做成"与《森林之魅》诗中"那飘来飘去的白云在我头顶"、"无名的野花已在头上开满"，《自然底梦》诗中"那不常在的是我们拥抱的情怀，/它让我甜甜的睡"与《森林之魅》诗中"黑夜带来它嫉妒的沉默/贴近我全身"、"从此我们一起，在空幻的世界里游走"，《自然底梦》诗中"一个少女底热情，/使我这样骄傲又这样的柔顺"与《森林之魅》诗"它的要求温柔而邪恶"、"要我依从"、"瘫患③了我的血肉和深心"等，都对自然有"美丽"、"温柔"、"憩静"、"虚幻"等相当一致的概括，所不同的只是《自然底梦》回避了自然残忍邪恶的一面。同时，诗人还表露出对被美化后的记忆扭曲的怀念心态："美丽的呓语把它自己说醒，/而将我暴露在密密的人群中，/我知道它醒了正无端地哭泣，/鸟底歌，水底歌，正绵绵地回忆。"这种怀念部分出于对战后日常生活的适应不良，部分是为减轻常存在于幸存者身上的强烈负罪感。本能恐惧衍生出的回避心理与幸存者自我惩罚式的受难重温之间存在着的巨大矛盾，使得诗人精神的割裂状态在诗歌中以一种吊诡的、甚至可以说与初衷相悖的调和方式得以呈现，因此给予《自然底梦》一诗难以言喻的不和谐感。

在诗歌中与自己的心灵进行了两次对话之后，穆旦似乎已经发觉了自己的问题，因

① 穆旦：《自然底梦》，《穆旦诗集（一九三九——一九四五）》，自印 1947 年版，第 93-94 页。

② 穆旦：《森林之魅——祭胡康河上的白骨》，《穆旦诗集（一九三九——一九四五）》，自印 1947 年版，第 172-177 页。

③ 应为"痪"。

此《幻想底乘客》① 一诗中不再有前两诗那样的掩饰和美化。诗中最初的一句“从幻想底航线卸下的乘客”即带有一定的自喻意味，同时全诗的内容都暗含了一种与错误告别、重新开始的意愿。当然我们不能说“铁掌下的牺牲者”一定象征着远征军，“投进别人的愿望”一定暗指远征军为英军做出的无谓牺牲，“永远走上了错误的一站”一定指这场战争，那是一种过度解读，但不能否认其中确实包含了对先前认知的空前怀疑和较强的幻灭感，而诗歌的最后一句，也确实透露出了蜕变的决心和勇气。这首诗，可以说是穆旦从回避痛苦到正视现实的一个转折。

（二）宗教依附阶段

在《幻想底乘客》之后，穆旦进入了自我疗救的第二阶段。在这一时期，从他不愿与友人多谈远征军经历、未回西南联大任教等行为可以看出，他的回避倾向依然存在，并且对于国内的乱象他也有了更深的了解。对现实的失望、世界观被摧毁的痛苦使穆旦对现实的荒诞性有了进一步认知，促使穆旦与“领我来到绝顶的黑暗”的“发光的”（《隐现》）英雄主义和浪漫主义彻底决裂，完成了对现代主义的彻底皈依，同时也加重了他的自我封闭倾向。这段时间有关穆旦与友人交往的记录甚少，而他的诗歌写作中，宗教意象开始频频出现。

穆旦并非宗教信徒，虽然由于学习英国文学的缘故，他早期的诗歌《一九三九年火炬行列在昆明》、《从空虚到充实》等作品中即有宗教意象的出现，但那时的宗教意象多半是为了表达某种创世豪情或既愿牺牲又心怀恐惧的客西马尼式挣扎，并非真要抒写宗教情怀。但写于 1943 年的这几首诗，第一次真正地包含进了宗教感情②。《祈神二章》③是痛苦和茫然的心曲，穆旦在此转向“他”，一方面是为让“大的光明”洗涤“我们小小的恐惧我们的惶惑和暗影”，一方面也是试图为现实的幻灭给出一点解释、让自己获得安慰：“O 他给安排的歧路和错杂！/为了我们倦了以后渴求/原来的地方。/他是这样的喜爱我们/他让我们分离/他给我们一点权力等他自己变灰/O 他正等我们以损耗的全热/投回他慈爱的胸怀。”穆旦先前就对世界有着“丰富和丰富的痛苦”之认识，所以产生这样的认识也属水到渠成。

到了《隐现》④ 之中，穆旦进一步，向“他”就这“未曾存在的出现了，出现的又

① 穆旦：《幻想底乘客》，《穆旦诗集（一九三九——一九四五）》，自印 1947 年版，第 95-96 页。

② 类似的观点也见于易彬：《从“野人山”到“森林之魅”——穆旦精神历程（1942-1945）考察》，《中国现代文学研究丛刊》2005 年第 3 期。

③ 穆旦：《祈神二章》，《穆旦诗集（一九三九——一九四五）》，自印 1947 年版，第 97-101 页。

④ 穆旦：《隐现》，《华声》（半月刊）1945 年 1 卷第 5、6 期。

已隐没”、“我们认为真的现在已经变假，/我们曾经哭泣过的，现在已被遗忘”的荒谬寻求解释。这一时期，《圣经》“虚空的虚空，一切都是虚空”（传道书1章2节）的观念深深为穆旦所认同，虚空之于此时的诗人有一种解脱的意义，因为在基督教的话语体系之中，承认个人的无力即意味着救赎的开端。摆脱了英雄主义的自大，诗人得以在上帝面前谦卑下来，在《祈神二章》中“我们小小的恐惧我们的惶惑和暗影/放在大的光明中”之基础上，“投回他慈爱的胸怀”。在“大的光明”映照下诗人获得了宽恕自己与他人的能力，作为幸存者的负罪感因溶解在罪的普遍性中而减轻了对心灵的威压，而对于“不幸的家系”施加给他及相同遭遇者的痛苦，他也愿意尝试以同情与悲悯的心态来包容与原谅。从未聆听过牧师教训的穆旦对于上帝赐予苦难的意义做出了与宗教解释惊人相似的理解，他说：“在寻求你的时候，主呵，让我们忍耐而且快乐，/因为谁能无视呢？每个挫折带我们更近你一步/我们失败了才能愈感到你的坚真和完整，/我们绕过一个圈子才能在每个方向里和你溶合①。”在承认了“丰富和丰富的痛苦”的必然性与客观性后，诗人得到了某种程度上的释然，能够以一种欢迎的姿态面对受难，像耶稣和使徒一样在逆境中体味“你给他的欢乐”。

不过穆旦对上帝毕竟没有宗教上的信仰，这使他在皈依与怀疑之间长久动摇，也意味着上帝带给他的救赎注定是反复的、不彻底的。他的诗歌真实地呈现着这种钟摆式的精神历程：《隐现》中耶稣的欢乐一个月后就变成了《诗（二）》中人子的悲剧，然而他毕竟能渐渐坦然记录自己“徒然”而“曲折的感情”（《赠别》），记录“烙印/终于带着伤打上他全身”（《成熟》）、“弥留在生的烦忧里，/在淫荡的颓败的包围中”（《活下去》）等真实的痛苦体验，这种“成熟”为他下一阶段写作的现实回归做好了准备。

（三）现实回归阶段

从《活下去》② 开始，诗人明显表现出触碰那段他曾有意识回避的记忆之尝试。1944年是他重新开始与巴金夫妇等文学界朋友频繁交往的时间，也是从这时起他再次有了关系比较好的同事③。穆旦的自我封闭倾向在这一阶段得到了改善，于是写作量有所上升，诗歌与现实生活的关系也逐渐密切。写于抗战胜利曙光初露之时的《活下去》，就做到了既承认现实的恶劣，要“活下去，在这片危险的土地上，/活在成群死亡的降临中”，“弥留在生的烦扰里，/在淫荡的颓败的包围中”，又不放弃希望，在“希望，幻

① 应为“融合”。
② 穆旦：《活下去》，《穆旦诗集（一九三九——一九四五）》，自印1947年版，第116-117页。
③ 据穆旦在1944年11月16日与唐振湘通信可知，穆旦此时与《华声》编者、江瑞熙、李金锡等多人有书信来往。见易彬：《穆旦年谱》，中国社会科学出版社2010年版，第79页。

灭，希望”之后，依然“再活下去”，在黑夜之中“孕育/难产的圣洁的感情”。没有比从死亡线归来的人更明白“活下去”的艰难，穆旦也是直到此时才能坦然写下这句话。在这里，“活下去”是一种信念，也是一种宣告。

在《活下去》之后的写作中，穆旦能够触及痛苦记忆的诗句逐渐增多，如《线上》中的“自然的赐与①太多太危险”②，《被围者》中“闪电和雨，新的气温和泥土/才会带来骚扰，也许更寒冷，/因为我们只是被围的一群，/我们消失，乃有一片‘无人地带’”③。到1945年4月，穆旦写下了正面记录战争归来者心境、本着切身体验对退伍军人群体进行心理关怀的《退伍》④一诗，可视为他彻底改变回避心态、心理平衡逐渐恢复的阶段性标志。在这首诗中，可以看出穆旦以过来人的特殊敏感，发现了老兵退伍后的适应困难症，以及他们身上存在着的对战争之殇某种意义上的怀念与享受于受难记忆的倾向：“战争太给你寂寞，可是回想/那钢铁的伴侣也给你欢乐”，“你也许不能//立刻回到和平，在和平里粉碎，/由不同的每天变为相同，/毫未准备，死难者生还的伙伴，/你未来的好日子还隐藏着敌人”，“要换下制服，热血的梦想者//虽然有点苍老，也许反不如穿上/那样容易；过去有牺牲的欢快，/现在则是日常生活”。这些在越战后才得到心理学家关注的问题，穆旦在此时已经以诗人特有的敏感发觉了。可见他在归来的日子里，也曾对日常生活存在一定程度的不适应，甚至恐惧日常甚于恐惧战争。不过此时他对这一问题已经认识得较为透彻和清醒，加之战争结束、胜利曙光的良性刺激，使他随后又写出了《忆》这样的清理性作品，以及《旗》、《给战士——欧战胜利日》、《先导》、《奉献》、《良心颂》等基调相对积极的作品，PTSD 症状已在逐渐消失。

（四）释然阶段

到了抗战胜利后的1945年9月，穆旦终于解开心结，能够真正直面自己当初的痛苦经历，写下《森林之歌——祭野人山死难的兵士》（后改名为《森林之魅——祭胡康河上的白骨》）⑤，对自己压抑三年的情绪做出了一次彻底的清理，将自己的恐惧、负疚与战友的白骨一同埋葬在野人山的森林中，并献上郑重的祭奠。虽然诗人笔下的森林仍带

---

① 应为“赐予”。

② 穆旦：《线上》，《穆旦诗集（一九三九——一九四五）》，自印1947年版，第118页。

③ 此句为《诗文学》之初版，《穆旦诗集》中更改为“闪电和雨，新的气温和希望/才会来灌注：推倒一切的尊敬！/因为我们已是被围的一群，/我们翻转，才有新的土地觉醒”，不再有明显的野人山环境暗示。

④ 穆旦：《退伍》，《穆旦诗集（一九三九——一九四五）》，自印1947年版，第126-128页。

⑤ 穆旦：《森林之魅——祭胡康河上的白骨》，《穆旦诗集（一九三九——一九四五）》，自印1947年版，第172-177页。

着“温柔而邪恶”的魔性之美，但他已不再回避“血肉脱尽”、“饥饿”、“疾病与绝望”、“毒虫的啮咬和痛楚的夜晚”等残酷与痛苦。几年时断时续的宗教陶冶使得这首祭歌的受难书写极为可贵地免去了滥情的流俗，没有悲流成河的伤痛之泪，没有慷慨激昂的英雄赞颂，没有痛心疾首的历史谴责，无论是“你们的身体还挣扎着想要回返，/而无名的野花已在头上开满”的委婉死亡表达，“过去的是你们对死的抗争，/你们死去为了要活的人们生存”的价值赋予，还是“你们受不了要向人讲述，/如今却是欣欣的林木把一切遗忘”、“没有人知道历史曾在此走过，/留下了英灵化入树干而滋生”等哀而不伤、怨而不怒的批判性暗示，都带有历尽沧桑后的豁达与节制，呈现出一种“悲剧的‘缓和’（relief）”①。“他把原是痛苦的死亡说为掌握美丽的一切；死是代替生的另一个梦；死不是一切的完结而是一个长久的生命的开始”②，这种领悟中固然有不可否认的基督教永生观影响，然而穆旦能以一己之力在孤独而长久的心灵搏斗后成功脱困、战胜PTSD并获得这种超脱的彻悟，足见其精神的坚韧与顽强。这种完成于灵魂内部的受难与复活过程，赋予了穆旦更直接和敏锐的发现目光。

三、诗人的疗救成效

穆旦在《森林之魅》写作完成后，与相扶走出野人山的上司兼战友罗又伦一起北上辗转到沈阳，一路写下四则忧国忧民、博爱悲悯的《还乡记》，显示出他在寻回从前社会责任感的同时，思想也变得更为深邃。在沈阳，他开启了一段比较符合诗人身份的编辑兼写作工作，后来又争取到了留学机会，也获得了属于自己的爱情，生活逐步走入正轨。然而，能够做到正视过去的记忆、不再为痛苦的经历所困扰，并不代表完全康复。穆旦毕竟没有经过专业的治疗，不能说全然走出了战争的阴影，甚至可以说，他直到晚年还有一点心理亚健康的表现。

与PTSD的斗争给穆旦留下的长期影响主要有两个方面。其一是正面影响，即增强了穆旦的心理承受能力，使他能在1949年出国前的困难时期、留美期间的贫困时期以及受到1955年的“外文系事件”、1956年的“肃反”、1957年后的“反右”和管制劳动、1964年的“五反”运动以及“文革”开始后的劳改、批斗等一系列打击之时，依然宠辱不惊，并且在十七年时能够边写检查边完成大量高质量的翻译工作，译出《普希金抒情诗二集》、《文学原理》、《拜伦抒情诗选》、《布莱克诗选》、《雪莱抒情诗选》等优秀译

① 唐湜：《搏求者穆旦》，《新意度集》，生活·读书·新知三联书店1990年版，第98页。

② 周珏良：《穆旦的诗和译诗》，《一个民族已经起来》，江苏人民出版社1987年版，第22页。

作，在“文革”时能够于政治高压之下保持清醒并加入潜在写作大军，为当代诗坛贡献了《智慧之歌》、《冬》、《停电之后》、《神的变形》等30余首高质量的地下诗歌，充实了中国潜在写作文坛。

其二则是负面影响，或曰后遗症。首先，PTSD 的后事件因素使穆旦在很长一段时间内都对上位者怀有一种不信任的态度，这种不信任并非单单针对国民党政府，而是带有一定普遍性的。他在出国前写下一系列社会批判题材的诗歌作品，在美国也多有抨击世相型诗作。对大陆的革命，他其实“并不熟悉，甚至没有很好地考察过”①，也不十分看好大陆的文艺政策②，可见他回国的选择不是出于认同新中国政府的体制和理念，而只是基于本能的故土眷恋、爱国情感和知识分子的责任感。所以十七年前期，这种对上位者的不信任也在一定程度上延续着，导致他对“缺少人情的温暖，缺少朋友之间相互信任与思想沟通”③ 的不自由文化氛围和频繁的政治学习颇为抵触④，还写下《九十九家争鸣记》予以讽刺，而这种不逢迎的态度和异端的诗歌都是他日后不断受到批判、劳改的部分原因。其次，在诗歌疗救的第二阶段，穆旦较深地投入宗教情感之中，虽未皈依，但也受到宗教文化的较大影响，以至于一直具有较强的原罪感，这致使他在受到错误批判之时，很难像七月派诗人那样坚决地持守自己最初的观点，而是比较容易放弃抗争⑤，默默接受别人的批评、承认自己的“错误”⑥，甚至主动断绝与朋友的联系。再次，“幸存者的负罪感”一直或多或少地隐藏在穆旦的灵魂深处，反映在写作中则是一定范围内的享虐心态，尤其在他晚年的写作中体现得格外明显。一方面他以自己的“受害很大，很后悔弄这一行”⑦ 劝诫郭保卫不要写诗，自己却又情不自禁地在1975年再拿起诗笔；另一方面，他的晚年诗歌内容之中，也多包含有一种令人费解的对痛苦的召唤，如“只有痛苦还在，它是日常生活/每天在惩罚自己过去的傲慢”、“但唯有一棵智慧之树不凋，

① 王宏印：《诗人翻译家穆旦（查良铮）评传》，商务印书馆2016年版，第138页。

② 穆旦曾在与梁再冰的信中称，从那些“骂我的话来看，只要他们有一天得势，我是一定要受他们‘训练’的”。见易彬：《穆旦年谱》，中国社会科学出版社2010年版，第125页。

③ 王宏印：《诗人翻译家穆旦（查良铮）评传》，商务印书馆2016年版，第150页。

④ 易彬：《穆旦年谱》，中国社会科学出版社2010年版，第140页。

⑤ 穆旦虽然也曾利用《我上了一课》等文章申辩自己的观点，也曾在被打为“历史反革命”之后与岳父商量能否上诉，最终却因政治局势而放弃。见王宏印：《诗人翻译家穆旦（查良铮）评传》，商务印书馆2016年版，第162页。

⑥ 穆旦1955年曾在《干部履历表》中表示，“但因和他（巫宁坤）来往可能阻挠自己进步，决定此后不再来往”，后又写下多份自我审查性质的日记。见易彬：《穆旦年谱》，中国社会科学出版社2010年版，第163、187页。不过据巫宁坤在《一滴泪》中的回忆，两人之后并没有完全断绝来往。

⑦ 易彬：《悲观的终结》，《书屋》2002年第3期。

我知道它以我的苦汁为营养"①、"让一个精灵从邪恶的远方/侵入他的心，把他折磨够，/因为他在地面看到了天堂"② 等。这种享虐多被解读为"从话语权利实现中体验快感，又从快感中剥离出优越感"③ 之变异状态下的本能心理防御机制，而倘若我们向前追溯，则也能从穆旦的 PTSD 中找到一丝最原始的端倪。

从《阻滞的路》到《森林之魅》，穆旦经历了整整 3 年与 PTSD 的努力抗争。他以诗歌这种独特的方式拯救了自己的灵魂，幸运脱困。然而他的灵魂虽然已挣扎着回还，但野人山却还是留下了他的浪漫主义情怀、他对当权者的信任能力，带给了他一生挥之不去的幸存者负罪感。他能左右自己的灵魂，却未能左右自己的命运，在自由的晨曦已然出现时凄然离世，这是时代的悲剧，也是诗歌的悲剧。对穆旦诗歌我们已经做了大量有意义的挖掘，但在个别研究中，穆旦有一种被逐渐神化或者至少是纯精神化的倾向，我们常常忽略了他还是个有血有肉的人，也会遇到与常人一样的困惑，拥有与常人一样的恐惧和痛苦。只有把穆旦重新摆回到人的位置上，我们才能从他的诗歌中读到更接近真实的穆旦。

（作者单位：大连外国语大学汉学院）

① 穆旦：《智慧之歌》，《穆旦诗文集》（增订版），人民文学出版社 2013 年版，第 310-311 页。

② 穆旦：《理想》，《穆旦诗文集》（增订版），人民文学出版社 2013 年版，第 321 页。

③ 巫洪亮：《心灵的后花园——穆旦晚年诗歌创作享虐心理探析》，《龙岩学院学报》2005 年第 23 卷 2 期。

新见吴宓20世纪40年代史料三则①

凌孟华

当代学人敬仰吴宓，多因为他是“现代中国一位执著于自身学术理想、追求学术独立的知识分子”②。《吴宓和民国文人》之“序”甫一开篇，张中良先生就指出“吴宓是一个说不尽的话题，无论是典雅守成的人文主义姿态，还是柔里含刚的文人风骨，抑或难以言说的悲剧命运，都值得深入探讨”③。此书题名之歧义与客观上过度消费关键词“吴宓”之嫌疑姑且不论，序言的确精彩，前述判断也堪称卓识高论，于我心有戚戚焉。博士学习期间，笔者有幸跟随业师系统阅读全部《吴宓日记》及《吴宓日记续编》，撰写“共和国时代的吴宓”之“交游篇”，列入《共和国时代的吴宓：以〈吴宓日记续编〉为中心》出版，刊发《〈吴宓日记续编〉中吴宓与方敬的交往考察》《〈吴宓日记续编〉中的周恩来、邓小平》等论文习作。王本朝先生关于“吴宓是一个很值得研究的文化现象和精神个体，在某种意义上，他是一个文化符号，具有一定的典型性和代表性，特别是对探索现代人文主义或者说保守主义思想的境遇，思考现代知识分子的命运，阐释现代思想文化的张力及复杂性，都有着特殊的标本意义”④ 的论述，也是可以奉为圭臬的不刊之论。由此，在近年读书问学、翻阅民国报刊的过程中，“吴宓”就成为我们的一个兴奋点与关键词，陆续发现了一些值得关注和讨论的新史料。其中1936年5月出版的

---

① 本文系国家社会科学基金项目“抗战时期作家佚作与版本研究”（14BZW113）和“吴宓年谱长编”（18BZW167）的研究成果。

② 李怡：《无法圆满的悲剧——我看吴宓及其文化理想》，《西南师范大学学报》（人文社会科学版）2000年第5期。

③ 张中良：《序》，刘淑玲《吴宓和民国文人》，人民文学出版社2016年版，第1页。

④ 王本朝：《绪论》，王本朝主编《共和国时代的吴宓：以〈吴宓日记续编〉为中心》，四川人民出版社2014年版，第1页。

《人物月刊》创刊号与1947年10月刊发的《国立河南大学校刊》复刊第16期上的吴宓佚简，已先后有学友宫立兄、金传胜兄撰文披露①，兹不赘述。值此吴宓先生逝世40周年之际，特结合新见史料就吴宓20世纪40年代的一次花溪之行、一份读物介绍与一场红学座谈略作讨论。

一、1944年的花溪之行

1944年10月4日《贵州日报》刊发有一则“花溪通讯”，题为“诗人吴宓游花溪”，似乎未见吴宓研究界关注。先照录如次：

> 前清华大学教授，名诗人吴宓（雨僧）前日自滇来花溪，据云昆明近况异常安静，决无谣传所谓疏散等事。彼系乘联合大学任教五年休假之便，将去成都转陕西原籍。此次来花溪，除久慕风景幽美外，兼探视贵州大学旧雨，并应清华中学之请为学生演讲“老清华掌故”云。
>
> 吴氏该日除讲演外，并于晚七时在花溪中山公园，为嗜爱文学之贵大清华师生讨论《红楼梦》一书。吴氏在昆明曾为研讨该书组织“石社”，因原书名为石头记也。当晚月明如昼，吴氏讲毕并赋诗一律，兹探录如次：“异域桃园辟，清华梦影浮；典型存旧绩，规制壮新猷；鹿洞生涯乐，花溪水石幽；瀑声喧欲静，月下说红楼。”

这则通讯内容虽短，但由于吴宓“1944年9月24日至29日日记‘文化大革命’被抄走，未归还”②，而具有重要的参考价值，特别是在吴宓的生平和创作方面的补遗之力与纠正之效值得注意。

首先是可以补充一次吴宓的红楼梦演讲。北京语言大学汉语学院沈治钧先生撰有《吴宓红学讲座述略》，对吴宓的红学讲座梳理详备，列有《吴宓业余红学讲座一览表》，列出1919年至1963年间吴宓的71场红学讲座的时间、地点和内容③，但仍有遗珠。此次花溪公园的月下讲红楼，就是其中之一。本次讨论，显然既不是“少数人之间的随意闲谈”，也不是“吴宓在正式的课堂教学中讲授《红楼梦》的部分”，是有理由纳入统计

---

① 宫立：《吴宓佚简一封》，《人民政协报》2014年9月11日；金传胜：《吴宓的一封佚简》，《中华读书报》2017年6月28日。

② 吴宓：《吴宓日记》（第九册），生活·读书·新知三联书店1999年版，第346页。

③ 沈治钧：《吴宓红学讲座述略》，《红楼梦学刊》2008年第5期。

范围的。由此，吴宓1944年的红学讲座增至15场，进一步扩大了“顶级”优势，比1945年的10场多出三分之一。《吴宓书信集》收录有一封1944年10月12日在遵义写给吴学淑、李赋宁等的书信，简述9月23日以来的行止情状，可作参考。其中关于9月27日的内容为：“晨李振麟陪乘公路局汽车至花溪，并请早午合饭。即至清华中学，见关懿娴。校长唐宝鑫以下，热烈招待。11–12为全体学生演讲，释清华校训。正午，再午饭。一切极似昔年之清华。下午李振麟陪至贵州大学，见潘家洵，访陈逵，贵大新聘教授适进城，仅见其夫人及三子女。洵等同来清华中学，诸人（约十人）共宴宓。晚，步月，至花溪公园，在草地，讲《红楼梦》。师生均到宿清中。萨本栋夫人黄淑慎（邵可侣君之妻妹）亦在此任教。一切极整洁。”① 两相对照，可知通讯所谓“贵州大学旧雨”，就是潘家洵、陈逵等老朋友；而“老清华掌故”，则当是以校训“自强不息，厚德载物”为主要内容线索；至于讲演时间，则在11时至12时。可知吴宓书信中的“晚”，应当曾约在7时，而所步之“月”，可以从“当晚月明如昼”中得到补充。至于通讯中的“花溪中山公园”，当系手民之误，应为“花溪中正公园”，即吴宓书信中的“花溪公园”。贵阳的中山公园旧址，不在花溪，而在云岩。此次《红楼梦》讨论或曰演讲的具体内容，通讯与书信均未提及，颇为遗憾。翻检资料，发现当年贵阳清华中学6级学生龚淳关于程应镠老师的回忆中留有雪泥鸿爪：“红学家吴宓教授来贵阳，程老师您专门请他讲《红楼梦》。那是一个秋高气爽，月光如水之夜，我们坐在花溪公园的草坪上听讲，吴教授把宝、黛、钗的性格讲活了，引起不少人自学该小说。”② 程应镠（1916–1994），笔名流金，系西南联大历史系毕业生，时在清华中学任国文教师。回忆中“您专门请他讲《红楼梦》”当只是学生的主观感受，而“吴教授把宝、黛、钗的性格讲活了”则透露了在现场感受到的讲座内容与效果，“引起不少人自学该小说”也可见红学家吴宓的影响之一斑。

其次是可以纠正一首吴宓诗歌的创作时间。通讯中探录到的吴宓讲座之后所赋五言律诗，已收入商务印书馆《吴宓诗集》卷十六《入蜀集》，题为《花溪书事》。对读可知，此诗“贵州日报版”与“吴宓诗集版”文字内容一致，标点略有差异。更为重要的是，“吴宓诗集版”诗后有“作者原注”，为“一九四四年十月二十七日游花溪，宿清华中学，备承款洽。书事，并谢唐校长宝鑫及同事诸君”③。10月4日出版的《贵州日报》怎么会刊发10月27日创作的诗歌呢？显然这里要么是吴宓的误记，要么是整理者的误读，将时间推迟了一个月，应当予以纠正。希望能够引起相关人士的注意，在《吴宓诗

① 吴学昭：《吴宓书信集》，生活·读书·新知三联书店2011年版，第239–240页。小字照录。
② 龚淳：《师恩难忘》，兰绗、胡琴主编《清华家书》（未出版）。
③ 吴宓：《吴宓诗集》，商务印书馆2004年版，第404页。

集》再版时修正。

第三是可以进一步坐实吴宓成都行的交通方式。关于吴宓1944年的成都燕京大学之行，张紫葛《心香泪酒祭吴宓》称“原本是同年8月23日，从昆明乘飞机到达重庆，从8月24日到29日，他和我一起相处往还了6天……盘桓至9月下旬，才搭汽车去成都”，认为是吴宓改写为“9月23日才‘由昆明出发’，不是坐飞机而是坐的汽车”①。坊间已有不少学者引用关懿娴、缪钺、李赋宁等的文字，指出此处张说与事实不符。这则印刷在当年《贵州日报》上的通讯，是重见天日的“新”证，更是白纸黑字的铁证，坐实了吴宓的确是坐汽车途径贵阳，并且讲学赋诗，而不是直飞重庆。

此外，还值得一提的是吴学昭整理的吴宓1944年9月30日日记之注释问题。释文称“据作者1944年9月26日致谢鸣雄、屠石鸣两君函，是日由严景珊、李振麟两君，陪谒贵州省财政厅周诒春厅长。9月27日尊周师面命，由李振麟君陪导赴花溪参观清华中学，并游览。浙江大学张君川教授于9月24日由遵义到贵阳，迎接作者同往遵义”②。参照前引吴宓致吴学淑、李赋宁等的书信，这里26日和27日的内容吻合，而张君川由遵义到贵阳的时间，则也应在27日。此其一。其二，核查《吴宓书信集》，未见这封“1944年9月26日致谢鸣雄、屠石鸣两君函”，可见入集的221封中英文书信，并不是整理者在《后记》中所言“经二十年不间断的努力，仅收集到二百多通”的全部。谢鸣雄、屠石鸣两君其时任新创刊的贵阳《民报》总编辑与编辑，此信何以在先期出版的《吴宓日记》中提及，又在后续整理的《吴宓书信集》中雪藏，其中必有缘由，只是目前还不得而知。希望相关人士能无保留地公开全部吴宓文字，以有助于后辈晚生完整认识了解吴宓先生，将吴宓研究推向深入。

二、1947年的读物介绍

1947年7月1日出版的《重庆清华》月刊，头条刊发一篇《中学生课外优良读物介绍》（一），署名“吴宓”，当是雨僧先生文字，未见于傅宏星《吴宓著（译）作年表》③ 等吴宓年表及研究资料，可视为吴宓的一篇佚文。照录如次：

《中学生课外优良读物介绍》（一）

---

① 张紫葛：《心香泪酒祭吴宓》，广州出版社1997年版，第143页。

② 吴宓：《吴宓日记》（第9册），生活·读书·新知三联书店1999年版，第346页。

③ 傅宏星：《吴宓著（译）作年表》，见《吴宓评传》，华中师范大学出版社2008年版，第397页。

吴 宓

（一）实用文字学，（上下二册）。吴契宁著。（去年亡故，江苏金坛人，年与宓相若）。商务印书馆。作者根据说文及篆隶变迁之迹，又本于多年中学教授经验，详列每字之正体及俗讹。简单明了，切实有用。不但中学生，即宓自己，任敢兄，以及官商人等，倘每日翻阅一两页，改正自己平日写错念错之字，为益至巨。适合各年级。

（二）耶稣传。赵紫宸著。上海青年协会书局（教会机构，当易寻得）。作者为真正之基督徒，又为天生之诗人，深造于中国文化，性情类杜甫陶潜。今以历史之眼光，用小说之文笔，运其想象同情，作成此书。（白话）读者但觉耶稣之可爱可敬，如在我之左右，如为我之师友兄。潜移默化，大可立品进德。适合各年级。

（三）五种遗规。（养正训俗必读，教女从政等可不必读。）陈宏谋编。有铅石印本。此为宓中学时代之部定修身课本。养正中如朱子读书十法，古今东西，莫能逾此。训俗中如引薛文清君（瑄）名言："学问当看胜于我者，愧耻自增，境遇当看不如我者，则怨尤自寡"。又如"由俭入奢易，由奢入俭难"等语，宓生平受用极深，恒诵记之。时代虽改，仍有用。适用各年级。

（四）① Jameson：A Short History of European Literature（欧洲文学史。）R，D，Jameson 著。商务印②馆。此为清华多年教授（美国人）所编之欧西洋文学史课本，简述西洋文学史之大纲，均用简易之文体及普通之字作成。（略如 basic English 一类之书）。故虽系大学课本，中学生尽可通解，有裨常识。适合高中二三年级。

（五）Zucker：Western Literature，（共四册，英文泰西文选。）A，E，Zucker 著。商务印书馆。此书选集西洋文学名篇，各冠以导言，专为中国学生而作。而其文笔亦极浅显明白，易于通解，大中学皆可读。第一二册尤善。适合高中二三年级。

（六）Moment③in Peking（瞬息京华）。林语堂著。有翻印本。此系抗战小说，带宣传性质。（对外国人为中国人宣传）。然文笔顺利明显，圆转自如，且取材皆中国近今之人物情态，故学生读之，得知日常需用之许多名词生字，其英文应如何讲，如何说。窃意读此胜读部颁之大学英文读本，以其较实用也。适合高中二三年级。

（七）吴白屋先生遗书。长沙木刻本六册。

（八）白屋吴生诗稿。成都铅印本二册。必须购置。

---

① 原文误排为"（三）"。按顺序应为"（四）"，今予以改正。以后诸条，也顺延径改，不再出注。

② 原文如此，脱一"书"字。

③ 原文误排为 Momeut，径改之。

（九）吴宓诗集。中华书局。亦望列入。可使人知碧柳之全。

吴宓先生一生爱书嗜书读书，为自己、为友生、为单位编辑各类书目多种。比如1920年4月在哈佛大学期间，就打算“以三月之力，拟编成《精选古今英文书目提要》小册，不惟为国内购书者、读书者指示途径，并使国人得此知沧海之大，彼乱党所倡导者，乃只一偏之邪说，涓滴微细，不足以概全局，且又皆西方之糟粕粪土也”①；1922年在《学衡》分3期（第6期、第7期和第11期）连载《西洋文学精要书目》248种；1923年在《学衡》第22期刊发《西洋文学入门必读书目》60种；1936年9月编拟“《文学与人生》应读书目”②；1957年9月“整编中文系学生阅览室之外国文学参考书目，分类依序，颇费编排，至深宵疑已近晓始寝”等等③。但开列书目为中学生推荐介绍课外优良读物，为目前仅见的唯一一次，其意义不容忽视。

具体而言，所列9种课外图书读物，既有西文著述，又有中文读本，其中西文3种，占三分之一，胪列在居中的4-6位置，而中文6种，编排在起首的1-3与末尾的7-9。严谨如吴宓先生者，呈现如此入选数量与排列位置，当有其仔细的甄别与反复的考量。一种推测是，显示了吴宓既要求中学生学习外语，阅读西文书籍，又以中文读本为主体，由中文始，然后拓展视野兼及西文，最后以中文终的苦心。西文著述中推荐了国人林语堂的英文小说，而中文图书中又推荐了国人赵紫宸的耶稣传记，也显示了先生的开阔视野与世界眼光，既考虑中国人用中文撰写的西方人物传记，又推荐中国人用英语创作的长篇抗战小说，不以西方人的原版传记为尊，不以中国人的英文创作为次，不偏颇，不炫耀，不媚外。有学者指出，“大学的世界精神的现代内涵”在于各行各业的人们“有了共同的学习经历、形成相似的精神气质，世界学人社会的联系将会从精神文化上冲破以主权国家为界限的形式限制，世界社会及其公民将会以共同意识而形成之同胞之情冲破暂时的经济利益联盟和技术利益追求”④。在我们看来，吴宓先生的这份书目是其作为“中国比较文学的拓荒者”⑤之“世界精神”的侧面展示。而中学教育的“世界精神”，乃是大学教育的“世界精神”之重要基础。当年的重庆清华中学学生与今天的00后青年，若能按照吴宓先生开具的书目认真读书，是有利于涵养自己的“世界精神”而取得

① 吴宓：《吴宓日记》（第2册），生活·读书·新知三联书店1998年版，第156页。

② 吴宓：《吴宓日记》（第6册），生活·读书·新知三联书店1998年版，第59页。

③ 吴宓：《吴宓日记续编》（第3册），生活·读书·新知三联书店2006年版，第177页。小字照录。

④ 崔延强、何谐：《论大学的世界精神》，《云南师范大学学报》（哲学社会科学版）2017年第3期。

⑤ 杨周翰：《吴宓：中国比较文学的拓荒者》，《文教资料》1991年第5期。

全面发展的。

评价赵紫宸为“天生之诗人，深造于中国文化”，作品有“但觉耶稣之可爱可敬，如在我之左右，如为我之师友兄”之效果；赞誉林语堂之英文“文笔顺利明显，圆转自如”，小说有“学生读之，得知日常需用之许多名词生字，其英文应如何讲，如何说。窃意读此胜读部颁之大学英文读本，以其较实用也”之价值，可谓言简意赅，大家风范。所列图书，既有文学作品和文学史著作，又有文字学读本，兼顾文学与语言，而语言又兼顾中文和英文，难能可贵。所列图书，既有好友吴芳吉先生的遗书与诗稿，也有自己的诗集。好友诗稿“必须购置”，自己诗集只是“亦望列入”，而推荐自己诗集之理由也仅为“可使人知碧柳之全”，可见吴宓对碧柳先生著述的极端重视，以及传播碧柳诗文的不懈努力，背后都是对亡友的满腔热情。这份书目，可以作为记录“两吴生”感人至深的友情的又一重要史料。注重品德与修身，也是这份书目的显著特点。推荐《耶稣传》以求“潜移默化，大可立品进德”，推荐《五种遗规》则介绍曾为“部定修身课本”，并现身说法，自曝“生平受用极深，恒诵记之”，强调“时代虽改，仍有用”，可谓用心良苦，彰显了论者所谓吴宓的“道德主义读书观”①。

这份书目，或言明“适合各年级”，或指出“适合高中二三年级”，可见吴宓的针对性考量。对照1936年开列的《〈文学与人生〉课程应读书目》②，可知《耶稣传》、《五种遗规》、《吴白屋先生遗书》、《吴宓诗集》都在其中，保持着一致性；而1936年 *Western Literature* 仅列入第二卷《圣经及中古文选》，林语堂的英文著述列入的是 *My Country and My People*，又体现出必要的调整。

《实用文字学》为商务印书馆1935年3月初版；《耶稣传》为上海青年协会书局1935年初版；《五种遗规》包括《养正遗规》24则、《训俗遗规》30则、《教女遗规》22则、《从政遗规》10则和《在官法戒录》328条，吴宓加以区别对待，前两种必读，后三种可不必读，非常得当；*A Short History of European Literature* 所见有商务印书馆1933年版，精装一厚册，长达1400余页；*Western Literature* 所见有商务印书馆1922年初版本，1933年再版本，精装四厚册；*Moment in Peking* 之翻印本，或系指顾宗沂编注的上海中英出版社1941年版。吴宓先生推荐的这几种英文书籍，不知道当年的高中学生能通读的有多少？高中教师能认可的又有几何？会不会觉得要求偏高了一点？验诸现在的高中学生，乃至文学专业的大学生，恐怕望之兴叹者众！笔者也惭愧得很！还值得注意的是，吴宓虽然早在1923年第13期《学衡》刊出的《希腊文学史》第一章之“附识”中就力主

① 肖太云：《读书观：文以载“道”》，王本朝主编《共和国时代的吴宓：以〈吴宓日记续编〉为中心》，四川人民出版社2014年版，第82页。

② 吴宓：《文学与人生》，清华大学出版社1993年版，第3-9页。

“宜速编著欧洲文学史”，被新近梳理学术史的研究者认为其“充分认识到编写系统的外国文学史对国人全面认知外国文学作品的重要性”①，但诸多中外人士编著的欧洲文学史②未必能入雨僧先生的法眼，获其青睐并推荐给大学生和中学生阅读参考的都是清华大学教授 R. D. Jameson（中文名翟孟生）先生的 *A Short History of European Literature*，且不逐字直译为《欧洲文学简史》，而称之为《欧洲文学史》。当然，多年以后成为作家和翻译家的学生赵瑞蕻都还记得吴宓为该书“作了许多补充，并修订了某些谬误的地方。他每次上课总带着这本厚书，里面夹了很多写得密密麻麻的端端正正的纸条，或者把纸条贴在空白的地方”③。

《重庆清华》是当年重庆清华中学编行的校园刊物，1947 年 1 月 1 日创刊，梅贻琦题写刊名，刊期为每月 1 日，每期 4 页，主要刊载校事纪、演讲录、文艺、学术论文、校友零讯以及教授动态等，社址在南岸土桥清华中学，每每于刊末表示“校友们：母校很惦念你们……”第七期社务委员组成如下：发行人傅任敢，社长周光午，主编于泓淇、王介平，编辑张辅枢、黄志勤，发行王振华、胡甫庥。周光午正是吴宓门生，吴宓日记多有记载。胡甫庥即后来的郭沫若《科学的春天》的实际作者胡平先生。重庆清华中学能培养出以胡平等为代表的一批杰出人才，应该是和校长傅任敢主导下的良好学风和校风分不开的。吴宓先生应邀为该校学生开具的书目，无疑会进一步强化努力读书、修身、拓展视野的优良学风。正如论者在讨论作家柳青与国立西安临时大学时谨慎提出“是否可以说，在一定程度上，西安临时大学的受教经历，对作者具有理论或思想上的先期准备意义”④一样，我们或许也可以指出，在一定程度上，吴宓先生专门开具的书目，对那些有缘读到的重庆清华学子之未来成就，同样具有积极的先期准备意义。

《重庆清华》第 7 期同页“关于王国维”栏还刊发有四封书信，写信者分别为梁漱溟、吴宓、李源澄、谈状飞。其中“吴宓（雨僧　教授）来函”已经以《致周光午》为题，收入吴学昭编《吴宓书信集》⑤。《重庆清华》以《中学生课外优良读物介绍》为题

① 管新福：《谢六逸与我国“外国文学史”学科的构建》，《贵州师范大学学报》（社会科学版）2018 年第 6 期。

② 丁欣：《中国文化视野中的外国文学——20 世纪中国“外国文学史”教材考察》，复旦大学 2004 年博士论文，第 47-49 页。作者就“1917 年-1949 年我国出版的外国文学史书目”进行了初步的列表统计，列为附录一，可参考。

③ 赵瑞蕻：《我是吴宓教授，给我开灯——纪念吴宓先生辞世二十周年》，《收获》1997 年第 5 期。

④ 杨立川、姚远：《柳青与国立西安临时大学》，《西北大学学报》（哲学社会科学版）2019 年第 2 期。

⑤ 吴宓：《致周光午》，吴学昭整理、注释、翻译《吴宓书信集》，生活·读书·新知三联书店 2011 年版，第 302 页。

刊发的这篇吴宓佚作后面有序号（一），起初还推想吴宓会不会继续开列（二）、（三）……核查原刊，才发现书目介绍的确有四期后续，只是作者已换成了吴景超、樊弘、曾炳均和王力。第12期介绍这批外稿作者身份分别为清华大学社会系教授、北京大学经济系教授、武汉大学政治系教授和中山大学文学院长。王力先生的书目，只有图书两种，一为林语堂的《开明英文文法》，一为王了一翻译的乔治桑小说《小芳黛》。王了一乃王力的笔名，可见王力也推荐了自己的译作。此书目未收入中华书局2015年版《王力全集》，是意外发现的一则王力先生佚文。

三、1949年的红学座谈

1949年4月1日出版的《新语》半月刊第14卷7期之“分行通讯”栏，刊发通讯《红学权威吴宓博士座谈纪要——汉行同人出席旁听》，作者署名“叔明”，记录了吴宓先生1949年在汉口之上海商业银行座谈红楼梦的主要内容。笔者2018年12月15日在重庆北碚举办的“吴宓先生逝世40周年纪念大会暨吴宓学术研讨会”宣读拙文之前，未见吴宓研究界披露，故予以辑校介绍并修改投稿。蒙《现代中国文化与文学》诸君录用后，习惯性再度爬梳已有研究成果，才发现这则通讯已由金传胜辑录刊发。本拟将这则史料全部删除，改题《新见吴宓20世纪40年代史料二则》，但经核查，我们披露的史料虽然一致，但讨论的内容却各有不同，可以形成必要的参照和补充。传胜兄辑校的原文①准确而完整，令人信服，就不再照录，读者如有兴趣可自行查看。以下仅保留相关讨论。1988年出生的传胜兄是80后史料新秀中的佼佼者，此前已有一次因其捷足先登而导致拙文标题“名不副实”，参会时的《三十年来首度发现茅盾抗战时期小说佚作》，发表时事实上已是“再度”②。此番题曰“新见”的第三则史料，又是“再谈”矣。这则吴宓1949年红学座谈的“史料首发权”③，无疑属于金传胜博士。

“叔明”的纪要有明显瑕疵，比如时间不清，仅言“本周周末”，不知何年何月；地点不明，仅知东道主为“汉口上海商业银行”，未明是银行内举行还是另假他处；排印不精，有多处误植。但瑕不掩瑜，其基本内容信息仍然值得重视。

纪要关于吴宓的介绍是精要而准确的，对先生被时人誉为“红学权威”的介绍，也

---

① 金传胜：《吴宓的两封书信与一次演讲》，《现代中国文化与文学》（27），第168—178页，巴蜀书社2018年版。

② 邓龙建、凌孟华：《三十年来首度发现茅盾抗战时期小说佚作——被遗忘的〈十月狂想曲〉论略》，《现代中文学刊》2019年第1期。

③ 丁东、谢泳：《史料应用的道德》（对谈），《文化十日谈》，福建教育出版社2008年版，第76页；又见谢泳：《建立中国现代文学史料学的构想》，《文艺争鸣》2008年第7期。

可资参考。作为银行界同人旁听吴宓讲座，而能笔录讲者所述，且专门注意“与一般人见解不相同之点”，也殊为可贵。所记对《红楼梦》的三种看法“皆属错误”的观点，特别是“我们应该把《红楼梦》当作一本文艺小说看，不是某人的隐射和自传，更不可当作研究当时社会情况的材料看”若非误记，就显示了先生对早年《〈红楼梦〉新谈》“虽写贾府，而实足显示当时中国社会全副情景。即医卜星相书画琴棋之附带论及者，亦可为史料”① 之观点的修正。而指出关于高鹗续作的推测“是无稽的，因为全书布局一贯，前后笔调相同，绝非二人所能办到”，倒是与“吾信《石头记》全书一百二十回，必为一人（曹雪芹，名霑，1719–1764，其生平详见胡适君之考证）之作”② 的观点保持一致。直至 1953 年 2 月 10 日借得俞平伯《红楼梦研究》阅读，吴宓才醒悟“按宓谈《红楼梦》多凭揣想，未考版本，且素不信高鹗续补之说。若俞君所言，实甚分明”，从而“使宓废然矣”③。

纪要第 4–6 段关于《红楼梦》成书“必须要有三个人的力量”，以及“贾宝玉为本书的源起人”、“曹氏为本书著作人”、“高氏为本书的删改出版人”的阐述，在所见吴宓论《红楼梦》文字中，是不多见的，也可能是最为翔实清楚的，值得红学界瞩目。末三段关于高鹗的删改“未替《红楼梦》增彩，反而使之减色”的三个例子，又是吴宓曾讲过的。比如关于王熙凤的内容，就可以参照《王熙凤之性格》，与其中“王熙凤之收场不如原作者曹雪芹所定之悲惨……此高鹗改作之痕迹，而有损于《石头记》全书之价值者也”④ 形成互文互证。

《新语》半月刊原名《新华行报》，1934 年 1 月 1 日改名《新语》出版第二卷第 1 期，冯耿光题写刊名，由上海新华信托储蓄商业银行发行，总行研究室主编，设总行消息、分行通讯、半月金融、半月见闻等栏目，内容丰富，颇具可读性。1937 年 11 月 1 日出版第 5 卷 17 期后停刊，1938 年 3 月 1 日复刊出版第 6 卷第 1 期，1942 年再度停刊，1946 年 1 月 15 日复刊出版第 11 卷第 1 期，1951 年终刊。其有别于 1945 年 10 月创刊、12 月终刊的周煦良、傅雷主编的同名刊物《新语》。

吴宓此次演讲的主办方上海商业银行也办有一份同人业务刊物《海光》月刊，此刊 1949 年 2 月第 13 卷第 2 期也刊有一篇通讯《记吴宓博士演讲〈红楼梦〉》，作者王维明。此文已收入刘平编纂的《稀见民国银行史料初编》。王维明明确记录吴宓演讲的时间在 1

---

① 吴宓：《〈红楼梦〉新谈》，《民心周报》1920 年第 18 期。

② 吴宓：《石头记评赞》，原载《旅行杂志》（桂林版）1942 年第 11 期，未见原刊。参见徐葆耕编选：《会通派如是说——吴宓集》，上海文艺出版社 1998 年版，第 302 页。但此书将“一百二十回”误排为“二百二十回”。

③ 吴宓：《吴宓日记续编》（第 1 册），生活 · 读书 · 新知三联书店 2006 年版，第 494 页。

④ 吴宓：《王熙凤之性格》，《流星》1945 年第 3–4 期合刊。

月16日星期六晚上，7点半左右开讲，地点在银行五楼，“到场的除了行、社公司同仁外，且有很多来宾，挤满了整个的五楼”①。究其内容，与《新语》所刊“叔明”的纪要，多有相似，但也有明显差别。吴宓虽然1948年1月也在汉口永利银行为银行界人士讲过《红楼梦》，但一年之后又有别家银行邀请，另讲一次，也合情合理。而百日之内（《新语》4月1日刊发时称举行座谈的“本周周末”，最晚不过3月27日，距离1月16日也不过70来天），两次接受同一家银行之请，演说差不多的内容，则几无可能。在这个意义上，我们推断叔明和王维明记录的很可能是同一次演讲，只是因为叔明的通讯在《新语》刊出的周期稍长，才滞后两月刊出。一个例子就是其通讯《元旦记乐》，在《新语》刊出时已是1949年2月15日。假定其在元旦节后数日内完成、寄出作品，刊发周期也是一月有余。而1月16日吴宓讲座的纪要稿，考虑差不多的刊发周期，也只能在4月初刊发了。何况期间叔明没有别的通讯在《新语》发表。至于二者的差异，当是记录者各有选择和偏差所致。只有两相对照，才有可能较为准确地还原吴宓此次《红楼梦》演讲。以上只是我们的推测，而吴宓1949年日记于1966年6月18日晚“交托陈老新尼保藏”，到“八月十四日上午往取，则已被陈老焚毁矣”②，无法对照。是否准确，还需要更多的史料佐证与专家意见，祈请读者诸君指正或提供线索。只有这样，才能进一步更好地完成吴宓这篇演讲稿的整理鉴别工作，包括而不限于识者所主张的“鉴别演讲稿的作者”、“鉴别演讲的具体情况”、“鉴别演讲的内容”③ 等方面。

总而言之，我们发掘、整理和讨论的这三则关于吴宓的新见史料，虽然比较零散，涉及一次花溪之行、一份读物介绍与一场红学座谈，但都是20世纪40年代吴宓之学术生活的记录和见证，保存着先生的情感与温度，折射着先生的神采与面影，对全面认识、了解和把握先生之生平与著述、思想与观念都不无助益。肖太云教授主持的国家社科基金项目“吴宓年谱长编”2018年已经成功立项，忝列课题组成员，自当作一些基础性的资料工作，三则史料若能增补三条谱文，也就有所交代了。学界盼望已久的《吴宓文集》一旦正式启动，这三则史料也可供编辑者参考。谨以此文纪念吴宓先生逝世40周年！

（作者单位：重庆师范大学文学院）

---

① 王维明：《记吴宓博士演讲〈红楼梦〉》，刘平《稀见民国银行史料初编》，上海书店出版社2014年版，第589页。

② 吴宓：《吴宓日记续编》（第8册），生活·读书·新知三联书店2006年版，第164页。

③ 付祥喜：《现代作家演讲稿的独特价值及其整理鉴别——以徐志摩〈海滩上种花〉为例》，《长沙理工大学学报》（社会科学版）2017年第4期。

从新发现的两则史料看“吴宓赠书”

黄　菊

1955年底，吴宓先生决定将其存于北京的部分个人藏书运送到重庆北碚，并将藏书中的西文文献捐赠给他任教的西南师范学院。这批赠书现收藏于西南大学图书馆。吴宓所赠的西文文献有着珍贵的价值和意义。从语言形式看，赠书包括英、德、法和拉丁文等多种语言；内容则涉及文学、政治、历史、哲学、传记等多个方面；不少文献还具有较高的版本价值。

尤为珍贵的是，1955—1956年间，吴宓将书籍捐赠西南师范学院时，对藏书逐一进行了整理，并认真写下了题跋和批注。这些题跋和批注有对书的简介，有吴宓自己的读书心得，更有书中与之相关的人和事，涉及了吴宓从青年求学到回国任教以及进入新时期后的个人情感和经历，信息量极为丰富。

那么，围绕“吴宓赠书”，有着怎样的经过？赠书包含了哪些重要文献？赠书时的吴宓又是怎样的一种心态？凡此种种问题，都值得深入挖掘和探讨。不过，迄今为止，就“吴宓赠书”——无论是事件本身，还是文献、注释、题跋的价值和意义，并未得到过系统的梳理和分析。为此，本文拟从西南大学档案馆新发现的两则史料出发，结合吴宓日记、书信中有关赠书的记载，梳理“吴宓赠书”始末，呈现赠书的经过，对赠书的构成以及书中的题跋、注解做初步的梳理和解读。

一

1949年4月29日，吴宓从武汉飞抵重庆。他此行的目的地，原本是成都的东方文教学院，但因当时成渝交通阻滞，不得不止步重庆。到重庆后，吴宓在北碚私立相辉文法学院任教，同时在梁漱溟创办的私立勉仁文学院讲学，并兼职重庆大学外语系。1950年

4 月，吴宓受聘为四川省立教育学院外语系专任教授。同年秋，四川省立教育学院与国立女子师范学院合并组建西南师范学院。1952 年，西南师范学院由重庆磁器口迁至北碚，吴宓随校迁移，自此定居北碚，直到 1977 年 1 月被家人接回陕西泾阳老家。

吴宓在西南师范学院度过了生命中最后的 27 年，先后担任外语系、历史系和中文系教授。他的晚年与重庆、与西南师范学院密不可分。他在西南师范学院做的重要的决定之一，就是在 1955 年底将存放在前妻陈心一女士处的个人藏书运至重庆北碚，并最终捐赠给西南师范学院。

吴宓赠书，无论是对西南师范学院还是对于吴宓自己，都是非常重要的大事。在西南大学档案馆中，有两则史料和吴宓赠书相关。一则来自《西南师范学院院刊》。1956 年 6 月，西南师范学院在院刊头版对吴宓赠书一事做了专题报道。报道的题目为《吴宓教授赠送我院图书七百余册》。现转录如下：

在向科学进军的时候，历史系教授吴宓同志为了发挥自己藏书的作用，以利于我院的教学和科学研究工作，特由北京运到书籍五大箱，约七百余册，全部送给我院图书馆。

所赠图书的内容：有希腊、拉丁、英、法、德、意大利、西班牙各国文的字典、文法及读本；有世界古今各国之文学史、通史、断代史及部门文学史；有世界古今各国文学名著，其中以希腊、罗马、英国、法国的文学著作较齐备；有诗文选注读本以及诗人或小说家全集数部。如，希腊罗马传记及神话字典、希腊文学史、高华论①、西班牙文学史、亚里士多德全集、安诺德全集、古希腊文学史等稀少难得的英文书。关于但丁的著作有：意大利文全集、英文译本全集、英诗译本全集、参考要籍选编、但丁字典、但丁著作各论等。这些是研究但丁的宝贵材料。

这批书是吴教授在外国留学时苦心搜集的文学书籍，也是他平素极喜爱珍惜的书，其中有许多今已绝版，极为可贵。

在赠送前，吴宓教授还细心地将这批书进行了整理。在书内的题页上注明了作者、译者、编者的姓名、国籍和生卒年月，有的且将该书的内容和影响及对该书之评价做了简括的叙述和题跋，以便利读者了解该书的梗概。现在图书馆正在对这些书进行编目，准备编一专目，供师生参考②。

另一则是西南大学档案馆所藏的一封关于吴宓赠书的感谢信。该信以文件的形式签

① 高华论：即《论崇高》，郎基努斯著，吴宓译作《高华论》。

② 《吴宓教授赠送我院图书七百余册》，《西南师范学院院刊》1956 年第 67 期。

发于1957年10月26日，收件人为历史系和吴宓。信以西南师范学院的名义书写，图书馆黄彝仲撰文，孙述万核稿，学院副院长谢立惠签发。信的内容如下：

雨僧先生：

前承赠送我院有关西洋文学方面的外文书籍一批，共计八百六十一册……惠赠之书籍□□珍贵。足征先生关怀我院教学和科学研究工作。除已由图书馆陆续整编完毕，善为庋藏共参考阅读外，特诵申谢。

此致

敬礼

西师①

第一则史料提及了几个关键信息。首先，赠书来自吴宓的北京藏书。吴宓所藏的西文书籍一直存放于北京，由陈心一女士保管。吴宓对这批个人藏书的去向曾有过不同的计划。1949年，吴宓在给其弟吴协曼的信中提到过他的北京藏书。当时吴协曼在台湾，正为个人何去何从而踌躇。吴宓给吴协曼的建议之一，即离开台湾回到平津，在北大、清华任教，可近名师，饱读藏书，“宓在北平家中遗留之全部西洋文学书籍，全可与弟，俟时机到时往接收”②。后来吴协曼并未回到大陆，此提议也就未能实现。

此后，李赋宁成为吴宓藏书托付的对象。李赋宁是陕西人，其家与吴宓既是同乡又是世交。李赋宁的父亲李协和吴宓相熟，吴宓在南京东南大学任教期间，吴李两家租住同一栋楼。李赋宁不仅是吴宓在西南联大的学生，也是吴宓最信赖的人之一。吴宓视李赋宁为“平生最敬爱之学生、兼世交，亲如子侄”③，他多次在信中表达了把自己的藏书、日记予以委托的愿望。1950年，吴宓在给李赋宁的信中就提出，其藏书除留给女儿们数册外，“他日仍以奉赠”。在信中，吴宓很明确地将李赋宁作为了其藏书捐赠的对象。1951年2月，吴宓再次致信李赋宁，在信中催促他将书从陈心一处拿走：

前宓之全部西洋文学书籍，已赠与弟，今因北京寓宅恒因屋小无地存放，且若章姑母去世（今病危）心一离京他往，京寓取消，亦意中事。故望弟速与心一、学淑接洽，将宓已赠与宁之全部西书（中文书，拟赠金蜜公），即日运至清华弟家中

① 此信来自西南大学档案馆馆藏。

② 吴学昭整理、注释、翻译：《吴宓书信集》，生活·读书·新知三联书店2011年版，第362页。

③ 同上，第370页。

存放。勿捐与任何学校图书馆，勿分赠友人（不可零散），而自己永远保存……若因书多而在清华需住大宅，加房租以及运费等，宓均愿另汇款津贴补助，犹如代宓办事一样。至在渝（昔在昆）之书，宓仍保管阅读，他日亦全赠宁，归一处保存①。

吴宓在信中急切地希望尽快将书转交李赋宁，同时还表达了处理个人西文藏书的几点态度：1. 不捐与任何学校图书馆；2. 保持藏书的完整，不能分拆；3. 只要能妥善保管，吴宓愿意自己掏钱，承担书的运费、存放所需的房租费；4. 在昆明、重庆期间所购置的书籍，最终也将全部交与李赋宁。吴宓为藏书的去处，做了妥善的规划。

吴协曼和李赋宁，一个是吴宓的弟弟，一个是吴宓视为子侄的学生，两人都与吴宓关系亲密。因此，在书的去向上，吴宓首先的选择是亲近之人予以相托。赠书于吴协曼和李赋宁的计划都没能成为现实，但这批书的去向是吴宓一直的牵挂。

吴宓赠书的要求，第一是“勿捐与任何学校图书馆”。他选择吴协曼和李赋宁为赠书对象，也是表达了不捐赠给学校图书馆的意愿。这中间的重要原因之一，应是吴宓希望自己的藏书可以保持完整，而不至于星散。但这批藏书最终辗转西南，捐赠给了西南师范学院图书馆。那么，吴宓赠书西南师范学院有着怎样一个经过？

在吴宓的日记中，较早提及赠书学校，是在1955年的12月26日。在那天的日记中，吴宓写道：“邮局遇方敬教务长，立谈久之。敬自任代商院长由学校运宓书六大箱由京至碚，即以酬宓所捐书、由学校代出全部运费云云。”②

时任西南师范学院教务长的方敬最早代表吴宓，向学校领导提出运书、赠书事宜：即学院承担运费，将吴宓留京的书运至北碚，吴宓则捐书与学院以作酬劳。很快，12月29日，吴宓写信给西南师范学院院长张永青，希望学校能代垫运费，将其放在陈心一女士处的书六箱运送来校，“按月扣薪还二十元”。书到后，“宓决以其大部分捐赠与西南师范学院”③。

此时吴宓的计划是，学校暂时垫付运书的费用，然后从他的工资中逐月扣还。吴宓也并未打算将全部书籍捐与学校，而仅是将“其大部分”捐赠。吴宓将此信“函送敬，请酌办”。吴宓将信函送给方敬，由方敬转交学校领导。当天吴宓就得到了学校的答复。方敬告知吴宓，“王、谢二副院长均深荷宓捐书与学校之意，正酬议详细办法”④。至此，

---

① 吴学昭整理、注释、翻译：《吴宓书信集》，生活·读书·新知三联书店2011年版，第371页。

② 吴宓：《吴宓日记续编》（第2册），生活·读书·新知三联书店2006年版，第337页。

③ 同上，第339页。

④ 同上，第339、340页。

吴宓赠书的举措得到了学院的肯定和支持。

1956 年 1 月 4 日，吴宓“从学校之意”写信给陈心一，由时在北京师范大学进修的历史系教师李秋媛代表西南师范学院，取走吴宓书籍六箱，交运输公司运至北碚。在信中，吴宓多次提到计划运送到北碚的书籍共六箱，实际上，最终送到北碚的书籍是五箱。3 月 23 日，装有吴宓书籍的五个书箱到校，西南师范学院总务处派工人将书箱分批送往吴宓住处，且安排木匠开启书箱。

3 月 26 日，第一箱书运至吴宓家中。早在前两天，吴宓已经迫不及待地在家中做准备，“迁床留空地以待”①。由于书箱过重，担心压塌地板，所以五个书箱是分 3 次送到吴宓处。从那一刻起，吴宓开始了长达数月的整书、送书的生活：“上午整书”、“终日整理书籍”、“续整编捐赠之书，至凌晨 1：00 始寝”、“上下午编整捐书”、“宓上下午及晚，续整书不停”……根据吴宓日记的记载，从 1956 年 3 月底至 9 月中旬，整理赠送书籍成为吴宓生活中最重要的内容之一。

那么，吴宓捐赠给西南师范学院的书籍到底有多少册？关于这个数字有几种说法。从上述两则材料中可知，在《西南师范学院院报》的报道中，是“约七百余册”。但报道的时间是 1956 年 7 月，当时吴宓赠书尚未完成，所以这个数字只是一个临时数字。而感谢信写于 1957 年 10 月，彼时赠书已经完成，因此信中的 861 册应为准确数字。

不过，这个数字和吴宓日记中的记录仍有出入。1956 年 9 月 14 日的日记中，吴宓写道：“宓捐送西师之图书已达 863 册。”② 此后，吴宓日记中再没有关于整理书、送书的记录。因此，可将这则日记记录视为吴宓对捐书事件的一个小结。同年 12 月在给好友金月波的信中，吴宓写道：“西文书共九百册，值一万余元。尽捐赠西南师范学院图书馆。”③ 在信中，西文书的册数为 900 册。1960 年，在给李赋宁的信中，吴宓提及“宓 1956 年捐助本校西文书籍近 1000 册……”④

那么，仅在吴宓日记和信件中关于赠书就出现了三个不同的数据，到底哪个数据更准确？笔者认为，西南师范学院写给吴宓的感谢信中的数据应更可信。西南师范学院图书馆在 1956 年接收吴宓赠书时，对每一册书均作了详细的登记，逐册记录下了赠书的著者、书名、出版等详细信息⑤。这些信息直到 20 世纪 80 年代依然保存在图书馆。而前

---

① 吴宓：《吴宓日记续编》（第 2 册），生活·读书·新知三联书店 2006 年版，第 407 页。

② 同上，第 511 页。

③ 吴学昭整理、注释、翻译：《吴宓书信集》，生活·读书·新知三联书店 2011 年版，第 322 页。

④ 同上，第 378 页。

⑤ 黄彝仲：《良师 同事 益友——缅念为图书馆事业奋斗终生的孙述万教授》，《四川图书馆学报》1989 年第 5 期。

述第二则史料中的感谢信经过了图书馆馆长孙述万的审核，其中的数据应较为准确。因此，吴宓捐赠给西南师范学院图书馆的西文书籍为861册。这一数据也与吴宓1956年9月14日日记中所记数据最为接近。

二

赠书从一开始就受到西南师范学院的重视。院报的报道和感谢信都表达了学校对吴宓先生赠书以支持教学和科研的感激之意。在具体的接受赠书过程中，西南师范学院图书馆同样和吴宓保持了良好的沟通，充分尊重了吴宓对赠书管理的意见。1956年，时任西南师范学院图书馆馆长的是孙述万教授①。孙述万是图书馆学专家，尤其对西文文献著录有深入的研究。为妥善保存好这批珍贵的赠书，孙述万和吴宓多次交流，讨论文献的存放标准。

1956年3月17日，书还未到校时，孙述万就主动找到吴宓，商议接收赠书的办法，提出赠书“可由馆员编目，不烦宓。且书上贴印宓捐赠字样云云”②。此后，孙述万和吴宓为赠书存放和管理不断相与往来。3月26日，吴宓收到第一箱书的当天，即“访图书馆孙述万馆长，商送交赠书办法，待洽”。3月28日，“午饭时，孙述万馆长来。答访”。3月29日，吴宓再次去图书馆见孙述万。此次见面，明确了送交赠书的办法，“又见派定收书之馆员侯文正，交付吴宓藏书图章，并面交付宓捐赠之书二册。以后，则由开桂持簿送交，侯文正点收盖章”。为赠书，吴宓和孙述万交流不断。7月17日，“孙述万来”。8月8日，吴宓“访孙述万馆长”。8月23日，吴宓将插图精印《法国文学史》送交孙述万馆长。9月11日，“上午，无所成。至图书馆访孙述万主任，谈图书之存放管理制度”。两人因赠书而熟悉，此后，吴宓常因购书、借书等事宜和孙述万交流。

吴宓一生爱书，将他的藏书视为过往生命的留存。对于赠书的管理和存放，他有自己的标准。在不少赠书中夹有大小不一却裁剪整齐的小纸条。纸条上写着吴宓对书籍存放、编目的建议。如果书籍页面脱落较多，小纸条上就会写着“此册必须装订”③ 或“此册线已脱，必须装订” 等字样。对一些重要的书，吴宓还会对装订的方式提出建议，如“装订时，最好用原板，另加缝”。

---

① 孙述万，湖北蕲春人，1925年毕业于武昌文华大学图书科，历任湖北省立图书馆馆长、厦门大学图书馆主任、国立浙江大学文理学院图书馆主任、国立北平图书馆中文期刊组组长、重庆大学图书馆主任，1952年起担任西南师范学院图书馆馆长。

② 吴宓：《吴宓日记续编》（第2册），生活·读书·新知三联书店2006年版，第403页。

③ 本文所引用的吴宓题跋、注释均来自西南大学图书馆馆藏吴宓赠书。

吴宓非常看重对文集完整性的保持。有些成套的文集，因时间久远散落不全，吴宓希望图书馆能够补齐，如《蒋生戏剧全集》原有上、下两册，捐赠时缺上册，吴宓即在书中写明“望学校能购补”，并提示“日本丸善书店买最便宜”。对《安诺德全集》也提出了“不可当作零册，分散编目”。

但吴宓对书的态度，并非是仅仅为他的书寻求一妥善的保管之所，相反，他希望他的赠书能在教学中让更多的学生受益。因此，对一些教学中急需的书籍，吴宓希望图书馆能尽快编目，让学生能早日阅读。在《特洛耶城》一书中夹的小纸条上，就写着提示：“世界古代史必用之参考书（望早编目）。”

这类写着书籍管理中需注意事项的小纸条都是利用纸张的边角裁剪得来。吴宓在写这些小纸条时，既用毛笔书写，有时也用钢笔，字迹色彩显示有时为红色墨水，有时为黑色墨水。无论哪类小纸条，文字无不工整有序。怎样装订、如何存放，事无巨细都一一考虑周全，显示了吴宓一贯的严谨态度和对赠书的良苦用心，以及这批藏书对吴宓的重要意义。

西南师范学院图书馆充分尊重吴宓的这些建议，以专业的技术对吴宓赠书予以了较好的保护。对那些遭遇鼠啮、残缺不全、书页脱落的赠书，图书馆进行了再次装订。而这些装订，无不从书的具体情况出发，对每本书量身重装。在一些经过重新装订的书籍中，尚存留着“装钉通知条”，上面印有书的装订要求。从“装钉通知条”可看出，仅装钉的式样就分“全布壳”、“1/4 布壳”、“纸壳”；书籍切边的要求则有“不切”、“少切”等等诸如此类的标准。凡装订的书籍，均要在封面、书脊上烫印字。至今，这批经过统一装订的吴宓赠书仍存放在西南大学图书馆，均为统一装订，绿色硬壳封面，书名烫金，书脊上印有“西南师范学院”字样。西南师范学院图书馆和吴宓良好的互动，以及他们认真的态度，大概给吴宓留下了很好的印象。这也未尝不是吴宓最终决定将所有西文图书捐赠出来的原因之一。

三

自 1956 年迄今，60 多年过去了，经历了各种运动、破坏以及图书馆的多次搬迁，吴宓赠书已经无法保持原有的状态，部分已经散落遗失，和赠书时的原貌相比，已经发生了变化。前述第一则史料对吴宓赠书详尽客观的报道，则为我们了解赠书的基本信息，包括书的种类、来源等提供了参考。

吴宓赠书主要为西洋文学类书籍，涵盖希腊、拉丁、英、法、德、意大利、西班牙等多国文字。重要的文集有《沃尔特·司各特小说全集》25 册、《安德诺全集》13 卷、

《萨克雷小说》11 册、19 世纪法国文学批评大家圣伯甫《月曜谈》英译本 7 册、《英国文学史》4 卷等。赠书中有为数不少的“Everyman's Library”（人人文库）系列，书籍有统一的开本、封面设计和版型。“人人文库”推出的均为经典人文书籍，《白芝浩文学论集》（上、下集）、《欧金妮·格朗黛》（《欧也妮·葛朗台》）、《爱弥儿》等皆属于“人人文库”。无论内容、装帧还是书内插图，赠书都各具特色。

文学史著作是赠书中的一个重要部分，囊括了英国、法国、德意志、西班牙、古希腊、古罗马、印度、日本等多个国家以及不同历史时期的文学史著述。以《法国文学史》为例，同名的著作有 4 个版本。4 本法国文学史作者不同，书写角度各异。《法国文学史（插图本）》（Abry，E. & others 著），是吴宓在哈佛大学上法国文学史课时所用的教材，“读之极熟，恩爱其书”。赠送给西南师院的这本《法国文学史（插图本）》为吴宓在巴黎游学时重新购置。其中一册《法国文学史》为哈佛大学教授 C. H. Conrad. Wright 所著。吴宓在哈佛大学留学时，Wright 正开设法国古典文学课程。吴宓虽未听 Wright 的法国古典文学，但认同 Wright 在该书中所持有的观念，即“西洋自古希腊罗马以后，法兰西文学实为最精美而影响最大者，而法国文学最佳最重要之部分，乃是其十七八世纪之古典文学，而非十九至二十世纪之浪漫文学”。至于《法国文学史》（改订第 11 版，Lanson，Gustinel，P 著）和《法国文学史》（Des Granges，Charles 著）则均为通行教材，前者“凡法人及外国人之肆习法国文学者，无不人手一编”，后者实用性强，为法国大学通行的法国文学史著作。

古希腊、罗马相关书籍在赠书中也占有一定分量。与苏格拉底、柏拉图、亚里士多德相关的有：《苏格拉底自辩篇》、《苏格拉底行述》、《柏拉图研究》3 册、《柏拉图对话》3 卷、《柏拉图理想国讲释》、牛津英译本《亚里士多德全集》11 卷、《亚里士多德政治学》、《亚里士多德伦理学通论》、《亚里士多德哲学简述》、《亚里士多德诗学》（希腊文原本）等等。其中，《亚里士多德诗学》有希腊文原本和英译本两种不同的版本。其他研究亚里士多德和柏拉图的著作有《柏拉图理想国研究指导丛书》、《柏拉图与亚里士多德之政治思想》、《亚里士多德政治学》、《亚里士多德伦理学通论》等等。

由藏书可窥见吴宓阅读的兴趣所在。吴宓留学美国时即对苏格拉底、柏拉图和亚里士多德很是推崇，对三位思想家的著述颇多研究。他认为西方学术思想的精华源出古希腊苏格拉底、柏拉图和亚里士多德三位思想家。在他看来，“治西学而不读希腊三哲之书，犹之宗儒学而不读四书五经，崇佛学而不阅内典”①。为研读古希腊作品，吴宓甚至

① 吴宓著，吴学昭整理：《吴宓日记》（第 2 册），生活·读书·新知三联书店 1998 年版，第 62 页。

下功夫学习过希腊文。1923 年夏，他委托香港大学副校长沃姆 G. N. Orme 代为选购希腊拉丁文学研究的书籍。后来英国古典文学家李文思敦赠送给了吴宓两册书用于希腊文的学习，即赠书中的《美第亚》和亚里斯多芬的诙谐剧《云》，两书均为半希腊原本半英文翻译。吴宓收到书后，1923 年秋开始在南京跟随圣公会英国传教士马伯熙（Rev. B. Mather）先生学习了一段时间的希腊文。

赠书中的文集，多为吴宓多方苦心求索而得。《安诺德全集》（*Works of Matthew Arnold*）就是其中之一。在西方的诗人中，吴宓最追慕的 3 位诗人为拜伦、安诺德的和罗色蒂。在《安诺德全集》第一卷的扉页上，吴宓特意写下："其书宓所笃好。"这套他喜爱的书籍来之不易，"极不易得，而第十三卷笔记（读书笔记）尤难寻见"。吴宓集齐《安诺德全集》也颇花费了一番功夫，第一卷、第二卷和其他卷并非同一版本。为此，吴宓才会在编目时，向图书馆强调要保证《安诺德全集》的完整性。

吴宓赠书中有沃尔特·司各特的小说全集 25 册。该套全集购于 1919 年，是他在美国哈佛留学时最早购买的书籍之一，"值美金叁拾伍元，以其为有名之插画版本，遂购之"。吴宓购买此套书后，非常护惜，担心翻阅图书造成污损，上课时需读的司各特小说都另购单本。司各特小说全集大概也是吴宓第一次花钱买的全集。据吴宓日记记载，1919 年，吴宓与同在哈佛读书的陈寅恪、俞大维时相往来，陈、俞二人读书多，购书也很多。陈寅恪劝吴宓多购书，回国以后西文书籍很难得。于是吴宓遂决定"以每月膳宿杂费之余资，并节省所得者，不多为无益之事，而专用于购书，先购最精要之籍，以次类及"①。正是从那时起，吴宓开始有意识地购置西文书籍，日记中时不时可见他和朋友出入书店。尚是留学生的吴宓购书只能节衣缩食，在买司各特小说全集之后，因财力有限，吴宓则"不敢多购全集以求丰备，而变计专购宓切实需用及心爱之书"。

不过，在对吴宓赠书的梳理过程中，有一点值得我们注意，就是关于"全集"的定义。在赠书中，除了《安诺德全集》，尚有《卢梭全集》。如前所述，《安诺德全集》13 册并非出自同一版本，系吴宓多处收集而来。尽管如此，《安诺德全集》的版本仍大体是一致的。《卢梭全集》八卷则是吴宓"就两三书店所购之书拼合而成"，因"法国各书店无刊售卢梭全集者"，所以在此意义上，这套《卢梭全集》尽管集齐了当时卢梭的作品集，但并非统一策划出版的一套"全集"。

根据日记的记载，吴宓赠送给西南师院的全为西文书。不过这些西文文献并非全部来自国外，也有少量中国出版的英文书籍，以及由中国学者撰写的著作。如：冯友兰的

---

① 吴宓著，吴学昭整理：《吴宓日记》（第 2 册），生活·读书·新知三联书店 1998 年版，第 55 页。

《人生理想之比较研究》（*A Comparative Study of Life Ideals*）、薛诚之的《单调集》（*Monotones*）、《英文修辞学》（*Essentials of Rhetoric*）、《现代英国名家文选》（*Selected Modern English Essays*）、《英文泰西文学文艺复兴时代文选》（*Western Literature Volume III The Renaissance*）、《英文泰西文学近代文选》（*Western Literature Volume IV Modern Times*）等。《英文泰西文学文艺复兴时代文选》、《英文泰西文学近代文选》由商务印书馆1923-1924年间印行，是商务印书馆出版的西方文学文选系列，文中有胡适撰写的序言。

也有少量书籍并非属于吴宓北京藏书，而是他后来所有。薛诚之所著的《单调集》由吴宓作序，出版时间在1948年。《英文修辞学》是吴宓题写的中文书名，出版时间在1949年。《现代英国名家文选》由上海龙门联合书局在1947年8月初版，该书的作序者是钱锺书。从出版时间来看，此三册书应是吴宓随身携带之书，也被一并赠予了图书馆。

除了书籍，吴宓赠送给西南师范学院的尚有杂志，即他自己主编的《学衡》全套和完整的《甲寅周刊》第一卷。吴宓有两套《学衡》，其中一套装订成册，共计13册，包含了全部1-79期；另一套未装订，是吴宓平时阅读所用，里面有他的校改、注释、笔记等。经过一番选择，吴宓将装订好的全套《学衡》13册交给了图书馆收存。《甲寅周刊》第一卷则是吴宓当面送交孙述万，8月4日的日记中写有：“宓归，以《甲寅周刊》第一卷（全）及Otto von Leixner（1847-1896）著《德国文学史》一巨册插图甚富捐赠图书馆，面交孙述万馆长收。”在这册《甲寅周刊》第一卷中尚钤有“学衡杂志社”的印章。

四

在吴宓赠书中，最值得关注和研究的，莫过于赠书中的评注。几乎每一本书都有吴宓用毛笔小楷工整写下的关于书的基本信息、评论和个人感慨。那么，这些笔记都是什么时候写的呢？在《西南师范学院院报》关于吴宓赠书的报道中，提到“在赠送前，吴宓教授还细心地将这批书进行了整理。在书内的题页上注明了作者、译者、编者的姓名、国籍和生卒年月，有的且将该书的内容和影响及对该书之评价做了简括的叙述和题跋，以便利读者了解该书的梗概”。很显然，正是在1956年3月至9月，吴宓在整理赠书的过程中，写下了这些题跋、注解。吴宓对赠书的整理，已经不是寻常意义上的清点。这些文字或长或短，长的上百字，短的不过寥寥数语，看似简括，事实上不啻是一次分量不小的学术写作。

吴宓在赠书中所作的评注内容有多种，包括对每一本书的版本、作者、译名等基本信息的注释，对书的评价，以及与书有关的人与事等等。

基础评注包括了对赠书的版本、作者、译名等注释。这为后来者的阅读和研究提供了极大的便利。吴宓在大部分书名旁标注出了中文译名。如果书名、人名有不同的翻译，吴宓还对不同翻译做说明。如《孟德恩论文集》中写着“孟德恩”为吴宓译名，另一译名系梁宗岱翻译的《蒙田论文集》。

对外国文学作品在中国的翻译和流传，吴宓也做了说明。如席勒的歌剧《威廉·退尔》，“此剧首由胡适译出，登载于民国四年之大中华杂志”。吴宓赠书中有法国作家小仲马的小说《茶花女》，系1848年初版版本。吴宓在批注中写道：“按　此书约1896年即有林纾先生（别号冷红生）之汉译本，名曰巴黎茶花女遗事，其书影响极大。严几道赠诗所谓‘可怜一卷茶花女，搅尽支那荡子肠’者是也。后另有白话译本。”短短数言，既写明了《茶花女》在中国的传播经过，并借用严复诗句显示了林译《巴黎茶花女遗事》对中国读者的影响。

吴宓对书有着惊人的熟悉，他清楚地记得书的初版、再版时间，也清楚记得作者的出生、治学观念，以及翻译者的身份。1956年，吴宓在西南师范学院，身边能借助参考的资料寥寥，他完全是凭记忆，将书籍的关键信息一一厘清。《彭纳得院士之犯罪》一书中，吴宓写着“法郎士小说（1881年出版），英译本1890出版”，将此书法语初版时间和英译本出版时间交代得清清楚楚。关于作者、译者的身份、国籍，吴宓写道“作者（法人，犹太种）法郎士（1844–1924），英译者（日籍，爱尔兰人）小泉八云”，更是将作者法郎士·阿纳托尔的国籍、身份、生卒年，以及英译者小泉八云的爱尔兰裔日本人的身份做了明确说明。类似的注解在吴宓赠书中随处可见，足见吴宓对西方文学的博学和熟稔。

通过吴宓书中注解，不难看出他所收藏的文献与他人生的交集。赠书中有一部分为大学教材，其中既有吴宓读书时的教材，又有他当教师期间所用的教材。吴宓留学美国，先在弗吉尼亚大学就学一年，后进入哈佛大学。他在为这些书写作注解时，回顾了当年的读书生活。

《美国大学与未来》一书即为吴宓在弗吉尼亚大学一年级选修《英国文学》的读本。他在年谱中评论该书“论美国大学过重体育、跳舞及‘课外活动’之流弊，实有益于世道人心之书”①。他在评注中则表示曾对该书“读而善之”，并认为该书切中美国教育的弊端，“三十余年后日察之，似其弊亦未能多改也”。

1918年，吴宓完成了弗吉尼亚大学一学年的课程，转入哈佛大学求学，并认识了好

① 吴宓著，吴学昭整理：《吴宓自编年谱》，生活·读书·新知三联书店1995年版，第164页。

友梅光迪。哈佛的学习对吴宓一生影响深远，他对西洋文学的熟稔无不来自这几年如饥似渴的阅读。吴宓在哈佛的第一学年，选修的课程有《卢梭及其影响》、《近世文学批评》、《英国小说》、《英国浪漫诗人研究》、《第一年法文》。将课程记录和吴宓个人藏书联系起来可以看出，他的阅读范围和课程密切关联。这一学年是吴宓学习最勤奋、最有收获的一年。吴宓在课程之外，读完了白璧德及其好友、美国文学批评家穆尔教授的全部著作。吴宓评价自己留学美国的四年，只有在哈佛大学的第一学年，“为学业有成绩，学问有进益之一年”①。

赠书中的《插图本法国文学史》就是吴宓在哈佛大学法国文学史课的教材，“读之极熟，恩爱其书”。《法国十七世纪文选选注读本》则是法国文学史课程的参考书，书中有吴宓用铅笔所书的笔记，笔记为英文或中文。吴宓在评注中回忆“当时为应付考试，辄将文中每段之大意以英文或汉文记于书缘”。

吴宓回国后长期任教于高校，部分教材亦是他任教所用。《翻译原理论》为1925年在清华讲授翻译术课程所用；《现代英美作者论文选》是1925–1927年在清华给留美预备部高等科三年级上英文课所用。教学也促使了吴宓对西方文学作品的细读。约翰·高尔斯华绥的《贵族》是1923年秋在东南大学讲授现代小说课程时所用资料，吴宓在《贵族》的评注中提及自己曾因授课对该书“读注”，书中还有吴宓的读书记录。

吴宓最为人所熟悉的身份之一，即是《学衡》主编。《学衡》1922年1月创刊于东南大学，此后至1933年终刊，先后12年发行了79期。1928年至1933年间，吴宓还担任天津《大公报》文学副刊编辑。通过赠书中的评注，我们可以清晰地发现藏书和吴宓编辑的刊物之间的联系。

在编辑《学衡》、《大公报》期间，刊物中的不少篇章来自吴宓个人藏书。《学衡》第三期有景极昌翻译的《述学：柏拉图语录之一：苏格拉底自辩篇》，第十四期的《希霄德之训诗》则来自《希腊文学史》第二章。陈汝衡翻译的《福禄特尔小说集》（今译伏尔泰）刊登至《学衡》，此后还汇集成书，由商务印书馆出版。除了朋友的翻译，吴宓也是翻译作品的主力。1928年春，吴宓自《杂俎集》中翻译了法国后期象征主义诗人韦拉里（今译瓦雷里）的两篇文章，即《韦拉里论理智之危机》和《韦拉里说诗中韵律之功用》，先登于《大公报》，后来分别录入《学衡》第六十二期和六十三期，对法国后期象征主义诗学理论做了介绍。《学衡》第七十三期的《薛尔曼评传》两篇，七十四期的《班达论智识阶级之罪恶》等，也皆由吴宓翻译。这些翻译作品，无不在吴宓赠书中可找到原著。如果讨论现代文学翻译和“学衡派”之间的关联，吴宓个人藏书将是一个

① 吴宓著，吴学昭整理：《吴宓自编年谱》，生活·读书·新知三联书店1995年版，第182页。

很好的切入点。

吴宓仰慕法国文学批评家圣伯甫，赠书中有圣伯甫所著的《月曜谈》、《新月曜谈》、《文学写真集》和圣伯甫的传记《圣伯甫与十九世纪》等。圣伯甫每周一在当时的报纸或杂志上登载文学批评，数十年如一日，“积文数百篇，篇篇皆精粹”。吴宓仰慕圣伯甫宏博精深的学识，把对人物的崇敬之心延伸到了现实。吴宓自述，担任天津《大公报》期间，将文学副刊的出版时间定在每周一，就是因仰慕法国文学评论家圣伯甫而来。

评注中的文字也为我们勾勒出吴宓交友论学的朋友圈。在吴宓藏书中，除了自购书籍，还有一部分来自朋友的赠书。在现有的吴宓藏书中，赠书人有梅光迪、楼光来、张歆海、汤用彤、冯友兰、薛诚之等。这些赠书的朋友主要分为两类，一类是吴宓读书时的好友，一类是吴宓任教大学的同事。

来自好友的赠书对吴宓个人有着特别的意义。1921 年 8 月，吴宓和陈心一女士在上海结婚，好友楼光来、张歆海都以书为贺礼。当时尚在美国的楼光来寄来布莱士·帕斯卡的《致外省人书》和《思想录》作为贺礼。吴宓称这两册书“毕生所最爱读者也”，并视之为他和陈心一“两人终身制纪念也”。

赠书最多的好友是梅光迪。《文艺复兴时代欧洲文学批评史》、《白芝浩文学论集》（上、下册）、《马考莱文史论集》（上、下册）、《福录特尔小说集》、《彭纳得院士之犯罪》、《现代英国文学》、《西塞罗演说集》等书皆原属梅光迪。这些书中都有梅光迪的英文签名“K. T. May”，《文学评论之原理》中尚有刻写着“宛陵梅氏”的个人印章。这些书有些来自梅光迪的赠予，有些则是吴宓从梅光迪处所借。《文艺复兴时代欧洲文学批评史》是白璧德所授课程的必读参考书之一，书中有梅光迪的批注。吴宓到哈佛求学，梅光迪遂将此书赠给了吴宓。吴宓称“饮水思源，未敢忘也”。《福录特尔小说集》则属于借书，1923 年吴宓请陈汝衡翻译福录特尔小说的部分篇章，并将其登载于《学衡》，于是从梅光迪处借来此书。1924 年梅光迪赴哈佛大学任教，这本书就留在了吴宓处。《文学评论之原理》也属于类似缘由，是吴宓为校对钱堃新、景昌极翻译的中文版本从梅光迪处借去，后来梅光迪就赠送给了吴宓。

吴宓留学哈佛时，曾经将常常相与往来的几位朋友称之为“七星”，包括陈寅恪、吴宓、汤用彤、楼光来、顾泰来、张歆海以及俞大维。他们之间彼此分享读书心得，探讨学术问题，这样的交流，对他们彼此之间后来学术思想的形成和发展无疑都有着或多或少的影响。

来自同事的赠书有冯友兰的《人生理想之比较研究》（*A Comparative Study of Life Ideals*），薛诚之的《单调集》（*Monotones*）和《英文修辞学》（*Essentials of Rhetoric*）。冯友兰的《人生理想之比较研究》又名《天人损益论》，系商务印书馆 1924 年出版。该书系冯友兰赠送，书中有冯友兰题写的“雨僧我兄指教”。吴宓对该书做了认真的阅读，不仅书中有笔记，书前还粘存有英文评论一篇，以及他对该书的读注。《单调集》是薛诚之的英文诗集，吴宓做英文序。该书扉页有薛诚之的题字：“谨以此册呈献雨僧夫子益谢佳序之赐。”这册薄薄的诗集，出现了好几位知名教授的名字。除了吴宓作序以外，冯友兰、郭绍虞、陆侃如分别题写了该书的中文书名，书中还有西南联大教授罗伯特·温德、罗伯特·白英等对该书的评论。这也为我们了解民国时期学者创作、往来提供了非常有意思的参考。

五

1956年，吴宓已经在小城北碚居住了4年。从离开西南联大，经历了成都、武汉、重庆间的辗转，生活终于安定了下来。与此同时，距离他熟悉的清华藤影荷声馆，他的朋友和学生，无疑越来越远。尽管不断有朋友来信劝他回京，也有机会回到北京，但吴宓都一一婉拒。在新的社会环境下，过去的一切，从空间上和时间中都令人感到遥远。然而，在整书过程中，尘封的藏书唤起了吴宓对往昔的记忆。吴宓整理第一箱书之时，在日记中写道，将“最心爱及名贵书”全部赠予学校，“无复留恋”。语气颇为决绝，似乎不只是将书赠送，言下之意还颇有与过去告别之意。书是过去岁月的见证，处处留有昔日思想、情感的印迹。吴宓整理书，旧书重阅，开始“恋恋不舍”。

从“无复留恋”到“恋恋不舍”，这其间包含的不仅是吴宓对过去生活的回味，对昔年人与事的怀念，更有吴宓对当时身边诸事的感慨。吴宓对自然气候极为敏感，日记中总有对气候的记录。风声、雨声、温度变化都引发吴宓的关注。“彻夜大风，微雨”、“夜大风”、“晚雨，寒”，时时见于1956年春夏的日记。在巴山夜雨之中，翻读昔年藏书，令人平添了无数的感慨。伴随风声、雨声的，是吴宓的沉吟回思，是日记中不时出现的“感慨系之”、“百感刺心”、“不胜凄悲”、“感念往昔”。所有的感受，勾连起过往与当下，书的故事和人的命运重重叠叠，相互交错。评注中的文字，既是对文献文学价值的评价和介绍，同样是吴宓对往日生活的一次回顾。

评注中除了涉及文献基本信息和评价，吴宓的笔触也涉及了个人的经历与情感。从留学美国，到后来任教国内的大学，以至于抗战后期至成都燕京大学，再后来武汉大学，以及中华人民共和国成立后，各个时期的经历都可见于评注的字里行间。

吴宓极喜爱萨克雷，早年曾将萨克雷和狄更斯进行比较，认为世人都将两人并称，事实上狄更斯不如萨克雷。吴宓评点萨克雷作品堪比《红楼梦》，“深微婉致，沉着高华”，而狄更斯之书则似《水浒传》，“纵情尚气，刻画过度，至于失真”。吴宓认为，俗人崇拜狄更斯，而智慧之人则推崇萨克雷①。回国后，从《学衡》创刊号开始，吴宓即陆续翻译萨克雷的《钮康氏家传》。吴宓认为，英文小说中只有《钮康氏家传》能与《石头记》的宏达精到相比，是“最肖而差近者”②。往事已矣，1956 年春，当吴宓再次翻看《萨克雷选集》时，在日记中述：“宓少年爱读沙克雷氏之书，并慕其为人，且立志追步沙氏而以撰作小说为业。今老矣，一无所成，愧对此诸书也。”青年时的踌躇满志，在人生晚年回想起来，惟剩下“愧对此诸书也”的叹息。

一本书也可将不同时期的经历联系在一起。在《新拉奥孔》一书中，书的扉页上，一侧写着对书的内容的简介，另一侧，写着“呜呼，此吾师白璧德先生所著书也。其书具在。而同门杨宗翰君于 1935 秋来成都任国立四川大学文学院长时，特命学校翻印此书与拉丁文法入门，以授学生。印版精美，成都技艺之良，他省所不及也。十年后，宓至四川大学讲学，见校中犹存此二书百余部，乃敬索取一部，细读而校之喜可知已。林山腴先生思进清寂翁词集中有八声甘州寄杨伯屏北京所寄，即杨宗翰所居址为东养马营四号。其人则如神龙见首不见尾者也。”

这段文字触及了几个关键点，首先即新人文主义的倡导者白璧德。吴宓对白璧德的怀念和敬重伴随其一生，直到晚年仍不减丝毫。《新拉奥孔》是白璧德所著，吴宓睹物思人，更引发了对老师的思念。其次，文字也勾勒了该书在中国的传播。即同毕业于哈佛大学，为白璧德学生的杨宗翰，在担任四川大学文学院长时翻印《新拉奥孔》给学生。此书翻印制作精良，令吴宓对成都留下深刻印象，赞叹“成都技艺之良，他省所不及”。寥寥数语，可知吴宓在成都生活期间，对成都的喜爱，以及他在成都和本地士绅的交往。林思进字山腴，号清寂翁，四川华阳人，曾任四川省图书馆馆长，四川大学教授。林思进有《清寂堂集》传世，和当时四川文人相互唱和甚多。吴宓对其诗词信手拈来，说明他在四川期间，与四川的文人交游不少。

藏书既引发对旧日的怀念，也能呈现时代变迁带来的社会变革。《英国大家散文选集》一书因其内容丰富，曾由西南联大外文系主任叶公超交付龙门书局翻印，以作为联大学生课本。1944 年吴宓学术休假一年，离开联大，前往成都燕京大学讲学。行前，吴宓携带翻印的《英国大家散文选集》一册。后来，吴宓任教武汉大学外文系，仍选择将此书作为学生课本。为了再次翻印此书，吴宓将自己所藏的美国原版《英国大家散文选集》交给龙门书局，拆散翻印。作为补偿，龙门书局以翻印的书两册赠吴宓。1952 年“三反”期间，武汉大学致函西南师范学院，指斥吴宓“贪污”，要求将两册翻印书返

① 吴宓著，吴学昭整理：《吴宓日记》（第 2 册），生活 · 读书 · 新知三联书店 1998 年版，第 58 页。

② 吴宓：《钮康氏家传 · 译序》，《学衡》1922 年 1 月第 1 期。

还。吴宓不得不遵照办理，花了6200元（1952年的货币）将翻印书挂号寄给了武汉大学。书的命运也打上了时代的烙印，和人生经历叠加在一起，折射出时代的扭曲和命运的荒谬。

吴宓赠书的1956年，是中华人民共和国成立后一个不可多得的相对宽松的时期，国家对知识分子的政策在那一年有所调整。但对吴宓个体而言，这一年过得并不轻松。4月，他的妻子邹兰芳因病去世。8月，因邻里不睦，吴宓一度计划迁居。吴宓赠书更因此蒙上了一层现实的感伤。

邹兰芳系吴宓第二任妻子，两人于1953年结婚。两人的婚姻并未给吴宓带来幸福和安稳。邹兰芳长期缠绵病榻，和吴宓形成了“老健偏逢少病身”① 的状态。吴宓不仅要在日常生活中照拂邹兰芳，还要为她的嫂子和侄子提供经济援助。观念的不同，生活背景的差异，更让吴宓和邹兰芳之间缺乏精神的交流，难以有理想的对话。

然而，就在吴宓忙于整理捐赠图书时，邹兰芳突然病逝。吴宓不得不放下所有工作，全力处理邹兰芳的后事。在《吴宓日记》中，1956年4月14日“上午送书”的记录后，4月27日吴宓方才又开始了赠书整理，但心情却非常低落，“体乏神昏，敷衍而已”。5月1日至11日，吴宓甚至中断了日记的写作。此后数月，这批待整理的书籍带给吴宓很多的感伤。夜深人静时分，“触手得某书”，书中文字往往触动心事，更加深了邹兰芳去世带来的悲凉，以及吴宓对往事的怀念。5月13日，“夜，触手得小仲马《茶花女遗事》（小说）法文原本，翻读茶花女病重及殁逝一段，回忆兰四月二十四日夜弥留之情景，重增感伤，遂即寝”。5月14日，“晚倦甚，触手得《福禄特尔小说集》（英译本）（天真之人）一篇”，“不胜凄悲”。

对于吴宓而言，所感到凄悲的不仅是邹兰芳之死。当身边同事和学生都为邹兰芳之死安慰吴宓时，吴宓在日记中写道：“岂知宓之悲兰实自悲耳。”“宓新伤兰芳之死，反顾自身，益用悲哀，然亦兼得解脱。”吴宓的“自悲”中有对自身际遇的伤怀。1946年吴宓未跟随西南联大返回北平，最后驻足重庆北碚，远离了自己熟悉的生活环境，也远离了亲人朋友。尽管吴宓一再表示自己在重庆生活得很好，“自觉待遇甚优”，“居处生活亦极满意”。在1956年初西师历史系的一次学习发言中，吴宓表达的请求之一，即“希望能在西师任教永不调往他处”。但在一生重情的吴宓心中，清华园内的“藤影荷声馆”，那些与他往来多年的朋友，以及他的亲人，在他心中何曾有丝毫的忘怀？整理赠书的过程，不时将吴宓拉回到过去。每一本书，都勾起他对过往的怀念，生出今昔之感。正如他在日记中所感叹的那样，“不啻恒在回味过去之生活，再接昔年之人与事，体验当

① 吴宓著，吴学昭整理：《孽果一首》，《吴宓诗集》，商务印书馆2017年版，第474页。

时只思想与感情”①。

六

赠书，在吴宓心中是非常重要的事情。1956年末，吴宓给好友金月波的信中讲述年内关于自己的几件大事，第一件即是“赠书”。1956年5月，西南师范学院开展“先进生产者运动”，吴宓撰写了《我之先进工作经验》。他在总结“先进工作经验”时，列举了两条，即“（1）编撰补充教材（2）整理捐赠书籍”。在整理赠书期间，吴宓多次在个人交谈、组织学习中，向西南师范学院的领导和同事汇报赠书一事。可以说，吴宓的1956年是在整理赠书、题写批注中度过的，倾注了他主要的时间和精力。当吴宓将书全部整理完成送出以后，生活似乎一下子失去了寄托，一度“彷徨无所成”。他不时到图书馆借阅他所赠之书。1956年11月14日，吴宓邀外语系资料室主任陈梦恭一起往图书馆看馆藏的西文书籍，“宓所捐及陈君所售者皆在焉”。吴宓还不时的去图书馆借阅他的赠书。部分书籍的借书卡上借阅人一栏尚有吴宓的签名。显然，吴宓是他的赠书的主要读者。

1962年，吴宓谈及在北碚的生活时，表示“决愿终老此地”②，其原因之一即西洋文学书籍捐赠与西南师范学院，可随时借读。这批他青年时期的藏书，成为他晚年在精神上的重要慰藉。

早在1951年，吴宓就在信中提醒李赋宁，“断不可弃书……断不可卖书……宁受人讥骂，亦必大量细心保存书籍”。因为尽管在当时，中国旧书和英国文学及西洋文学、哲学、史学旧书籍根本无人问津，但总有一天，“政府与人民必重视而搜求此类佳书，学者文士，更必珍宝视之”③。吴宓以一个学者的睿智，清醒地意识到文献对学术研究的重要意义，任何时候都不可将珍贵文献视为废纸。当吴宓赠书与西南师范学院的时候，他最着意的，依然是能发挥文献用途，让更多的学生受益于这些珍贵的西文典籍。然而，此后的政治运动一个接一个，“潜心学术”已成奢望。

在20世纪60年代给李赋宁的信中，吴宓再次提及了他所赠送的这批书。一是1962年，吴宓表示赠书中有许多重要、有用之书，“如北大杨周翰等诸公，编译外国文学，尽可利用”，“可由北大图书馆向西南师院图书馆借阅”；一是1964年，吴宓因西南师范学院不能招收英国文学、外国文学研究生，“虽有宓在，又有宓至大部分捐赠之书籍，亦无

① 吴宓：《吴宓日记续编》（第2册），生活·读书·新知三联书店2006年版，第511页。
② 吴学昭编：《吴宓书信集》，生活·读书·新知三联书店2011年版，第382页。
③ 同上，第370页。

所用之”。显然，这些书未能充分发挥用途，甚至连自己所学也无法传授给学生，无不令吴宓深以为憾。

当初赠书时的861册，如今尚有不足600册保存在西南大学图书馆。回首“吴宓赠书”，无论赠书行为本身，还是文献的价值，值得讲述的话题很多。文献的题跋、批注可视为吴宓书信、日记的延伸，同样是吴宓思考、情感的记述。在此意义上，吴宓赠书应该成为吴宓研究的重要组成部分。而迄今为止，甚少有学者将吴宓赠书纳入研究的视野，更未能对这批赠书做专题的研究。吴宓曾期待他的书能为培养西洋文学研究者提供支撑，希望能有更多的人因这些文献而受益，他的期待如同他的赠书，湮没无闻。即使在当下，吴宓已经获得了学术界的关注，《吴宓日记》早就成为研究者津津乐道的话题之后，对吴宓赠书以及赠书中的注释、题跋却未曾有过详尽的梳理和解读，这不能不说是吴宓研究的遗憾。吴宓仍然是孤独的，一如他捐赠出来的861册书。

（作者单位：四川大学文学与新闻学院　西南大学图书馆）

朱湘史料考辨[1]

金传胜

朱湘是现代著名诗人、翻译家，因离世较早，其生平文献与著述文字颇多散佚。今坊间虽可见《朱湘诗全编》、《朱湘全集》，但集外诗文尚有不少。余世磊编撰的《朱湘年谱》实有草创之功，然而此书因未公开出版，致使流传不广，且囿于材料所限，时有疏漏之处。笔者翻阅民国报刊，陆续辑获与朱湘有关的若干史料，特披露于此；并就朱湘诗歌《寄思潜》的版本问题、朱湘书信的阙文与系年、安大时期的生平行状等略作考证与辨析，以期丰富学界对诗人生平创作的认识与研究。

一、长诗《寄思潜》的版本

1925年1月，朱湘的首部诗集《夏天》由上海商务印书馆初版，其中收有诗人写给好友的一首长诗《寄思潜》，得到了沈从文等评论家的一致好评。沈从文在《朱湘的诗》一文中写道："但在《夏天》里，如《寄思潜》一长诗，已显出作者的诗是当时所谓有才情的诗，与闻一多之长诗咏李白一篇，可以代表一个诗的新型。"[2] 当代有学者认为"只有《寄思潜》一首，通过诗人对思潜——这位才气焕发而不得志的青年命运的慨叹，表现了诗人对社会人生中一些具有普遍意义的现象进行着思索"，"在这些诗行中，是有着《离骚》、《天问》的气味的，可惜在整本《夏天》里，象这样凝重而又能触及普遍的人生的，只有这一首而已"[3]。由此可见，《寄思潜》在朱湘诗歌创作中具有十分重要的

① 本文受到2018年江苏省"双创计划"资助；本文系扬州大学"语文教育课程群教学团队（培育）"项目研究成果。

② 沈从文：《论朱湘的诗》，《文艺月刊》第2卷第1期，1931年1月。

③ 钱光培：《现代诗人朱湘研究》，北京燕山出版社1987年版，第163页。

地位。

《现代诗人朱湘研究》中附录的《朱湘著作年表》认为此诗与《迟耕》、《小河》、《黑夜纳凉》、《忆西戍》、《宁静的夏晚》等诗在结集前未曾发表①，《朱湘论稿》、《朱湘年谱》皆沿袭此说。吴方、越宁编的《朱湘诗全编》中在《寄思潜》的末尾即括注“原未发表，收入《夏天》”②。然而笔者发现《寄思潜》的“无序版”曾刊登于杭州《三三医报》③ 第2卷第14期（1924年12月13日出版）的“社友俱乐部”栏目中。此外，该刊1924年2月3日出版的第1卷第19期还于“通讯”栏目下刊载了高思潜的《与朱湘君书》以及朱湘的回信。两人的书信已有学者披露，故此处不赘④。据目前资料，《三三医报》上版本是《寄思潜》一诗的期刊版，除无序言外，正文与收入《夏天》的版本多有出入。现节录如下，以窥两版之差异：

你天上月钩中生长大的神童，
你逐渐走近辉煌的圣河之诗翁，
因为铜臭的蟾蜍张口想将你吞下，
以致忘记了你乃稳擎于慈母之掌中。

母亲慈鸟般用暖翼将你覆起，
使冰白的白雪不至落入你赤子的心里，
你听听我这三岁失母的雁雏之哀鸣罢！
你更当觉得你有母亲的欢喜。

……（中略）

济慈的诗不死，他的身早死了有何轻重？
百年来知道湮灭了多少富寿的凡庸，
虽说高寿的才子也有七月识之无的乐天，

---

① 钱光培：《现代诗人朱湘研究》，北京燕山出版社1987年版，第314页。实际上，《迟耕》1922年5月初刊《清华周刊》第249期，《小河》、《黑夜纳凉》1922年11月初刊《清华周刊：文艺增刊》第1期，《忆西戍》、《宁静的夏晚》1923年4月载《文艺汇刊》（清华文学社丛书第二种）。

② 吴方、越宁编：《朱湘诗全编》，浙江文艺出版社1994年版，第27页。

③ 本刊由绍兴裘吉生编辑，旬刊，1923年7月3日创刊，三三医报社出版，是民国时期影响较大的中医药期刊之一。

④ 冒海燕：《朱湘与中医师高思潜的通信》，《中医药文化》2007年第5期。

但香山所以不朽，不是同①他寿高而是因诗工！

济慈的情绪不死，虽然他含情绪的躯壳已烂，
读他诗的永远经历他当日的悲欢，
别人的情绪朝虫之声般暮随身灭，
但他的情绪长流于他诗句之中间。
情绪如一点上天颁赐下铜盘中的仙露，
想像老蚌般将他凝成照夜的明珠，
诗如一只上刻梦笔生花图的宝匣，
将珠子传家宝般藏起，传之万世而不归无。

济慈诗中所歌咏的诚然都罩上了苦辛，
但月亮映日光般快乐须映悲哀而始明！
未悲哀洗礼的快乐有如饧食之悦口而易厌，
远不如受了悲哀洗礼的快乐之佛仿②苦茗之回馨。

思潜，你是一条困于浅沼的雏龙，
一颗骊珠闪耀于你头角峥嵘的额中，
将来一日雷雨喧呼着下来迎你，
你将奋身跨上紫电的长桥而骤空③。

由于《三三医报》上登有大量署名“高思潜”的医学论文、书信与诗词作品，可知他是该刊的长期撰稿人，故朱湘的赠诗与书信应当正是他交付该刊发表的。依据发表时间的先后，《三三医报》所刊当是《寄思潜》一诗比较早期的版本，是依据朱湘寄给高氏的文稿。其后朱湘对此诗进行了一定的修改，收入《夏天》集子中。如忽略序言，将两个版本进行对照，可以发现入集时所做的改动主要有两种。第一，在个别字词上进行了调整、删改与替换。如第一节第二句中将“圣河”改作“望日”，第三句中“张口”被删去；第二节中第三、四句则分别增加了“只要”、“就”，使语气更为强烈；等等。大体而言，这种字词的增删与替换主要出于表意的清晰与完善。不过个别的修改也不尽

① “同”应为“因”。
② “佛仿”应为“仿佛”。
③ “骤空”不通，或系误印，《夏天》版作“腾空”。

然，如第二节中原稿“冰臼的白雪”似比改后的“冰血的雪”语义更加丰富与妥帖。第二，期刊版比《夏天》版多出两节，期刊版共15节，而《夏天》版为13节，即早期诗稿的第12、13两节入集时被完全删汰，且原第14节被调整为第11节。经过这样的修改后，全诗的最后四节两两押韵，即“人”、“生”、“神”与“辛”、“明”、“馨”通押，“重”、“庸”、“工”与“龙”、“中”、“空”合辙，从而在音韵上显得更加和谐流畅。

《寄思潜》发表半年后，此刊于1925年6月13日第2卷第32期再次登发了朱湘的《寄思潜序》，同时还刊载高思潜的《后记》，介绍与评价朱湘的诗歌创作，且对朱序中关于自己的家世进行了更正与补充。内容如下：

> 此朱君寄予诗之小序也。本诗已刊入本报二卷十四号中，阅者可取参阅。诗中有数处用典，以此证之，甚觉切合也。朱君作此，在十二年冬间，当寄予时，无小序也。近朱君第一创作集夏天出版，“由商务印书馆出版价洋二角”。蒙赠一册，浏阅之下，见此小序，觉颇有关系，故亟录之。朱君亦安徽人，生于湖南，故名湘字子源①。天资英敏，性情热烈。学于清华学校，清华为留美之输送者。君再度一学期，即将毕业游美矣。而因嗜好文学之故，忤办事者，致被开除。而君亦不以之为可惜也。今任上海大学英文教授，出有书数种，年才二十二岁耳。新进作家，盖未有出其右者，真天才也。本诗性格热烈，音节激扬，每一读之，只暇感到酸辛，其悲壮为何如哉。惟序中有数处，不无传闻有误，特更正于下。
>
> 一　县志非先祖所修。先祖一山公，邑之诗人也，生平不得志，所作多苍老悲壮之音，论者以为直逼工部，信非诬也，所著有拙庐诗存及续存二篇。
>
> 二　修县志者，乃先伯祖叔九公也。公隐于商，居恒手不释卷，兴至则高吟长啸，每一作出，人争诵之。所著之书，县志而外，尚有保□笔记阐幽集先器识斋全集等。
>
> 三　予在十一二岁时，有句云：最好春光三月里，绿阴深处听莺啼。时人皆疑非予作，不过能惹人注意耳。而云诗文甲一县，似失之夸。
>
> 四　余之就馆芜湖，在十七岁时，以前则在牛屯设帐糊口，饥寒驱人，不得不如此。如许年纪，竟为人师，迄今思之，犹自愧也。

由上述文字可知，朱湘的《寄思潜》一诗约作于1923年冬，即诗人就读于清华学校期间，这与诗中“如今居北”的表述亦相吻合。该诗寄给高思潜的时候，并没有小序。

---

① “源”应作“沅”。

《夏天》中的小序，当系诗人后来改订本诗时特意增补的，以交代写作缘由，便于读者阅读与理解。诗集出版后，朱湘寄赠了友人高思潜一本，后者读到了这篇小序，遂抄录下来，再次交付《三三医报》发表。因此，《寄思潜》才会先于《寄思潜序》登载于此刊。严格来说，《三三医报》当是《寄思潜》一诗的初刊版，而小序原文则最早载诸诗集《夏天》。由于此诗是高思潜投寄发表的，且《三三医报》又非受众广泛的纯文学刊物，是故朱湘可能并不知道其诗曾在此刊登载。

二、朱湘书信的阙文与系年

朱湘逝世后，为表达对于诗人的纪念，好友罗念生先将诗人与妻子霓君的往来书信编为《海外寄霓君》，1934 年印梓。嗣后，罗念生又选辑《朱湘书信集》，收入诗人致妻子与友人书信八十六封，1936 年由天津人生与文学社印行，作为“人生与文学社丛书”第二种。1983 年，上海书店出版社曾出版该书影印本。1987 年，罗念生再次编订《朱湘书信二集》，实将《海外寄霓君》、《朱湘书信集》汇为一册，并增补了致施蛰存书简一封。学者陈子善 2007 年编订《孤高的真情　朱湘书信集》，在两本书信集外新收佚简近十封。此后，学界又相继发现了十余封朱湘佚简，至此诗人存世的书札已近二百封。这些信札无疑是研究朱湘生平交往、文学活动、诗歌观念与人生情怀的重要资料。

然而由于书信的特殊性，如今可见的这批信函中，有一部分公开发表时曾经过编者不同程度的“处理”。早在《朱湘书信集》序言中，编者罗念生就做过解释：“他在这些信里得罪了许多人，这是他的率直处，甚至还写信去直骂本人，因此他不能见容于这个世界。等到百年后，这些信才能全部发表。”① 为了保护朱湘的身后名誉和避免不必要的麻烦，罗念生（可能还包括其他收信人）对朱湘书信中批评当世文化名流的不敬之处做了一些“手术”，抹去了若干人名、刊名、出版社名等，少量涉及性话题的敏感文字也被删削。平心而论，罗念生的此种做法确系无奈之举。他本人对此亦耿耿于心，想等到合适的时机恢复书简原貌。及至《朱湘书信二集》的序言中，他做了明确的说明：

> 当初顾虑到诗人树敌太多，我曾将《朱湘书信集》中一些字句用省略号代替，以免再得罪人。我曾在原序中说，要等到百年后，这些阙文才能补上。但是原件已于抗战初期被托管人销毁，所以我如今只能凭记忆恢复几处原有的字句。至于文字

① 罗念生：《序》，罗念生编《朱湘书信集》，天津人生与文学社 1936 年版，第 2 页。

有错误、意义不明的地方，我不便改动，只好加上一个问号，如（?）①。

是故，与《朱湘书信集》相较，《朱湘书信二集》中的部分书信有所修订，主要由编者“凭记忆恢复几处原有的字句”，但因原稿已不存，加之经过半个多世纪的岁月，当事人的记忆难免模糊，想要完全恢复书信原貌实非易事。其实对于某些依然存在、悬而未解的阙文，依据有关史料，是可以补正的。如 1934 年 12 月 5 日柳无忌主编的天津《益世报·文学周刊》第 40 期推出“朱湘纪念专号”，刊发了朱湘的若干诗文、遗札及纪念文章。因稿件较多，一期不能全部排出，故分数期登载。同月 12 日第 41 期刊出署名朱湘的《零简》，是作家罗暟岚从朱湘生前写给他的信函中选出来的四封。其中第二封全文如下：

暟岚：

信收到，开明因旭初去了，无人帮忙，并且我在不曾认识旭初以前，曾经同他们别扭过，诗在这初中学生的读者界中销路也不好，开明积书又多，已经是断绝关系了。《东镇》不收的理由是“书稿太多”。《三星集》不收是因印法“麻烦”。丛刊不收，为了不能贴钱。林率说他情愿到上海以后去交涉，这自然很好，不过我想旭初兄在行中熟人比较多些，不如一手再托他在别个正式书店中去进行一下罢。据我看来，指望很少。现在只有筹备将来自己开书店了。

这并非梦想，我们在美国每月省二三十块美金，是不算一回事的。在这笔款子中间按月提出美金五元，过了五年，是满够作本，开一书店了。这书店的最大两方针，不用说，自然是：大部份盈余拿进作者手中，小部分用来贴销路不好的书，如纯学问书诗集等。

你的小说集我已经教他们寄回给你了。希望长篇小说早日作完，我能看到。我的散文集子已经编好，分四部：一是纯文，有九篇，两万字。二关于中国诗学，有五篇，一万五千字。三关于新文学，有两篇，《呐喊》《杨晦》五千字。四关于西方诗学，有三篇，五千字。诗集子叫《永言集》，百页，诗三十三首。要是我们找不到书店，我想从明年春天起，就开始自己印书。

《死水》想必看见了。我以为《你指着太阳起誓》《也许》《死水》《洗衣歌》四篇最好。《翡冷翠的一夜》是同名诗集中的唯一好诗。最末了一首当中用“干柴烈火”“采花”两个故典，你觉得肉麻不？自署的集名写了一个大白字，“冷”。这

---

① 罗念生：《序》，《朱湘书信二集》，安徽文艺出版社 1987 年版，第 5 页。

便是梁启超的门生！汪静之的《寂寞之国》集中，我以为《叔父说的故事》《不能从命》《那有》三首最好，《一只手》的末章简直是伟大了。念生林率未另。

子沅，五，十九。（民国十七年）

《零简》中的四通书札后来都收入《朱湘书信集》，但上录这封阙文较多，文字与标点也略有出入。《朱湘书信集》中将“开明”“旭初”“梁启超”等均隐去，还删除了最末的“念生林率未另”。编选《朱湘书信二集》时，罗念生恢复了“梁启超”，将原“旭初”处补做“景深”，但两处“开明”与“念生林率未另”仍付之阙如。而《孤高的真情 朱湘书信集》与新近问世的《朱湘全集（书信卷）》皆据《朱湘书信集》辑入，普通读者在阅读中必会感到茫然难解。因此可参照《益世报》上的初刊版，恢复上函中的阙文，还诗人遗简以本来面貌，也算是部分了却罗念生的夙愿。

大多数留有阙文的朱湘书信并没有手稿本、初刊版等与之对勘，但专业研究者仍有责任探赜索隐，恢复其历史原貌，本校法与理校法当可派上用场。校补的文字，或可采取注释的方式，以帮助读者理解。如《朱湘书信集》中朱湘致罗念生第九通信中“至于你的书，可以直接托赵兄向××接洽”、“我信里会代他向××交涉的”、“他因××编辑事务太忙，已经辞职，但仍是照旧帮忙”① 等多处阙文，均可确定为“开明”。再如朱湘致罗暟岚的第十二封信开首“暟岚：信收到了。《催租》知道已经刊载××”②，其中涉及两个问题：一是已知罗的作品并无《催租》，只有一篇小说《租差》，故《催租》当指《租差》；二是《租差》1927 年 6 月刊于《国闻周报》第 4 卷第 23 期，因此阙文“××”疑为“《国闻》”。进而言之，此信系年亦值得推敲。此函最初仅署“十月九日”，时隔多年后，收信人罗暟岚断为“十七年”，即 1928 年，似属误判。揆诸朱湘与国内亲友通信之频繁，既然《租差》1927 年 6 月便已发表，那么他知道此事不可能迟至一年以后。朱湘信中还向罗催稿：“你的《东镇》短篇小说集望快些由家中拿出，自己整理一下，寄给我替你校对一遍，付印。”朱湘还表明不想抛弃“新文”一名，希望继续出版“新文丛书”。关于《东镇》的情况，朱湘与罗暟岚、罗念生、赵景深在 1927 至 1928 年间的通信中都有涉及。如 1927 年 5 月 16 日诗人致罗暟岚的信中嘱咐：“你的《东镇》望快些编好，寄来给我，好编作丛书第二种（我的《新诗选》七月半印成后就印《东镇》）。”1928 年 3 月 19 日诗人致函赵景深：“罗暟岚的短篇小说集，如今在唐君右处画着封面，画好了，由他直接寄给你，寄到后请你代问开明商量卖现钱的办法，结果如何，请直接

---

① 罗念生编：《朱湘书信集》，天津人生与文学社 1936 年版，第 162 页。

② 同上，第 127 页。

告诉他（清华学校罗正晫）。”两个月后的5月19日，朱湘致信罗暟岚，言明“《东镇》不收的理由是‘书稿太多’”、“你的小说集我已经教他们寄回给你了”，即此时《东镇》早已编迄，但开明书店决定不收，于是朱湘让开明将书稿寄还罗氏。合而观之，“十月九日”的此通书信当作于1927年，而非1928年。

三、安大时期史料

关于诗人朱湘任教安徽大学的时间，许多论著都语焉不详，若写及时间则多采信“1930年春天”说。这一说法来源于朱的好友赵景深先生。在纪念朱湘的多篇文章中，赵景深都记述诗人去安大的时间“大约是一九三〇年春天”①。由于赵景深是诗人的生前挚友，其说法被广为采纳。不过也有学者表示异议。钱光培在《现代诗人朱湘研究》中认为“朱湘抵沪和去安大，均应在一九二九年十月间”②。因诗人于1929年9月离美返国。他在8月30日致妻子霓君的信中，曾据船期预计“十月三号到上海”。10月21日致朋友罗念生的信中说“我在这里每周复担任九时的功课”③，说明他在10月21日前已经到达安庆。张邦卫在《朱湘论稿》中对这个说法表示赞同。《朱湘年谱》中将朱湘抵达安庆的时间考订在十月上旬。

笔者近日翻阅安徽省立大学出版组印行的周刊《安徽大学校刊》（以下简称《校刊》）④，于1929年10月16日第4期找到了两则与朱湘有关的记载。本期《校闻》栏目下刊发了一则《文学院院务会议（第一次——十月十一日）》，记载了开学伊始文学院教职员讨论教务的会议，出席者包括谭天凯、杨亮功、姚仲实、彭基相、朱子沅等，由杨亮功主持，刘灼记录。接着又记录了出席者的提议，涉及朱湘的一条为：

> 朱子沅先生提议英文小说，宜减学分，决议，英文小说，改英文短篇小说二学分。

这说明，1929年10月11日，朱湘（字子沅）作为新聘的外文系主任参加了文学院院务会议，并就所开课程的名称与学分提出了修改意见。可见，他当时在安大讲授的每

---

① 赵说最早见于《朱湘》（载1934年1月《现代》第4卷第3期）一文。《朱湘传略》（载《新文学史料》1982年第3期）中仍持此说。

② 钱光培：《现代诗人朱湘研究》，北京燕山出版社1987年版，第114页。

③ 朱湘：《朱湘书信二集》，安徽文艺出版社1987年版，第280页。此句在1936年《朱湘书信集》中作“我在这里每来复担任九时的功课”，似不通。

④ 本刊1929年9月27日创刊于安庆，王星拱题写刊名，逐页题名《安大校刊》。

周九时的课程包括“英文短篇小说”。据1930年1月9日《校刊》第22期上登载的《学期考试科目日期表（学期考试文法两院各级试验科目表）》，可进一步确定朱湘此学期主讲的课程有“英文”、“英文短篇小说”、“英文名著选读”三门。

紧随《文学院院务会议》之后刊出一则新闻《双十节庆祝会志略》，其中也有涉及朱湘的文字：

本校于双十节上午八时，在预科举行庆祝仪式，教职员及学生出席者约三百人，记者到时，朱湘先生在台上演讲刚毕，继由□①佩斋先生登台……

随后，作者记述了邓季宣、杨亮功等人的演讲大意。这说明朱湘曾于1929年10月10日的双十节庆祝会上向安大师生发表演讲。可惜由于《校刊》记者来得较迟，未能听到诗人的演讲，因而没有交代朱湘此次的演说内容。

据1930年3月28日《校刊》第29期所登《本大学十八年度学校历》，学校10月5日开课②。综上可知，诗人约于10月3日抵沪，因安庆“离上海只有一天半的路”（见1929年10月21日朱湘致罗念生信），稍作逗留后抵达安大的时间应恰在5日左右，具体时日待考。到校报到后，朱即走马上任，参加了学校的一系列会议。

1929年12月12日《校刊》第18期于第1版刊发《朱湘为本校月刊启事》，因系朱湘的集外文字，现照录如下：

湘以菲才，辱承校务会议不弃，委以月刊之务。任重力薄，实处□越。是以力荐姚老先生自代。惟姚老先生辞谢于前，校务会议又督促于后，湘只得勉力从公，以免贻误学校之大政方针。今特将私拟之进行步骤，谨为学校当局诸公、编辑委员会同仁、诸教授职员先生、诸同学，一陈之。

（一）旧学新学，兼收并采。标点由作者自定，文责由作者自负。

（二）师生合作。

（三）特请出版组组长洪传经先生为本月刊之总经理。

（四）筹备印行安大月刊丛书，广罗本校旧学耆儒新学泰斗之宏篇巨著，同学之优美作品，精装出版，以发挥本校之精神，光大本校之誉□。

惟是众志成城，古有名言。尚祈当局诸公，教职员诸先生，以及诸同学，时锡

① 原文无法辨识之处以□标记，下文同此。

② 1929年10月5日郁达夫日记：“后天要开课了，生活的行程，怕又要变一变过。”或指郁达夫原定于10月7日首次授课。

教言，以匡不逮，则月刊幸甚。

月刊之第一期创刊号，校务会议指定须于本学期内出版。除已特请王校长，杨代理校长，陶代理教务长赐文以外，务祈诸先生、诸同学，早惠佳著，以襄盛举。

创刊号收稿截止期为阳历本年底。又启。

十八年十二月九日

同期《校闻拾零》记载："罗丹光任月刊编辑委员——前次校务会议，推定月刊编辑委员七人，组织委员会，兹委员杨铸秋先生因课忙不能担任，特改推罗丹光先生补充。"据此可知，约1929年12月初，安大曾举行校务会议，讨论安大月刊的编辑事宜，筹备组织编委会，朱湘被推为编委之一，负责月刊的编务。启事中提及的"姚老先生"当指桐城派著名学者姚永朴先生，字仲实，与朱湘为文学院同事。苏雪林在《我所见于诗人朱湘者》描述："那时安大教授多知名之士，旧派有桐城泰斗姚永朴；新派有何鲁，陆侃如，冯沅君，饶孟侃，但似乎谁也没有诗人架子大。"① 诗人能够"力荐姚老先生自代"，说明他还是知晓人情世故、懂得谦退之礼的。朱湘的这则启事既交代了事由，又阐明了自己的编辑思路，并且向全校师生热情约稿。此外朱湘邀请出版组组长洪传经为月刊总经理，筹备印行安大月刊丛书。

同年12月26日，该刊第20期《校闻》内刊有消息《月刊稿纸已印就》：

本校月刊稿纸，前由出版组照排印格式赶印六千张，日昨已由印刷局交来，凡本校教员，可径来出版组领取，欲投稿之同学，可向朱湘先生签领。

日昨月刊编辑委员会致本校各教员征稿函云，敬启者，本校月刊第一期创刊号，将于阳历年底左右印行，夙仰，台端在学术界负有盛誉，对于校务，极其热心，敢请惠赐大文，以光月刊之篇幅。感甚幸甚，此上

先生，

月刊编辑委员会启十二月十九日

稿件至迟请于阳历明年一月五日前交下

紧随其后刊有一则《预科拟举行新年同乐会》，内云：预科同学拟举行预科师生新年同乐会，同学方面各班公推代表十九人为筹备委员会；并聘请朱湘、周介藩、罗丹光、陈季伦等先生为指导员。

---

① 苏雪林：《苏雪林文集》第2卷，安徽文艺出版社1996年版，第337页。

1930年2月21日《校刊》第24期《校闻》栏下再次报道了月刊的最新进展：

> 又本校月刊，原定于一月十五日以前出版，因月刊编辑委员会又接得须于创刊号中发表之文稿多件，决定再编辑一周云。

但翻检此后的《校刊》①，未见关于朱湘与安大月刊的进一步信息。目前存世的《安徽大学月刊》正式出版于1933年2月，已与朱湘无涉。大约由于种种原因，朱湘所主编的《安大月刊》和“安大月刊丛书”最终并未问世。不过总体来看，朱湘在安大早期的生活是忙碌的，在教学、演讲、创作之余，还要参加各种学校活动，筹备书刊出版。可惜诗人当时的心境究竟如何，由于他留下与此有关的文字不多，我们已不得详知。

（作者单位：扬州大学文学院）

① 第24期后的《安徽大学校刊》，笔者所见为第25至29期以及第32、34、35、37、39期。其他期数是否刊有相关信息，待考。

陈梦家著述编年

贾鹏涛

陈梦家（1911–1966），笔名陈漫哉，浙江上虞人，出生于江苏南京。1932 年毕业于中央大学法政系，为新月派后期代表诗人。1936 年燕京大学古文字学研究生毕业，先后执教于青岛大学、清华大学、西南联合大学。1952 年后任中国科学院考古研究所研究员、《考古通讯》副主编。在甲骨学、殷周铜器断代及铭文研究、汉简和古代文献的综合研究方面有卓越贡献，著有《梦家诗集》、《铁马集》、《梦家诗存》、《殷墟卜辞综述》、《西周铜器断代》、《汉简缀述》、《尚书通论》、《西周年代考》、《六国纪年》等。

本著述编年通过查阅国内外各大图书馆期刊馆藏、电子图书资源、线上线下旧书店藏书及相关中国现代文学出版研究等资源，在已有研究成果基础上，考辨陈梦家著述相关刊发、出版信息，力图详细、完整地展示陈梦家著述作品概况，以便广大研究者进一步研究。目录按照先著作后文章篇名及发表先后依次排列于系年之下，如无著作，则按照文章发表先后排列。

由于笔者目力有限，恐有遗漏，还请博雅君子教正。

1928 年

《可怜虫》，《时事新报・文艺周刊》1928 年第 18 期（署名陈漫哉）；收入刘冠悟编：《回忆中底她及其他》，革新书店，1928 年，第 93 页

《夜闻》，《国难》1928 年第 4 期；后改名《闻济南惨案之夜》发表于《清华周刊》1929 年第 31 卷第 3 期（署名陈漫哉）

《复成桥》，《京报副刊・文艺思潮》1928 年第 4 期（署名陈漫哉）

《街区自治》，《京报副刊・建设专刊》1928 年第 3 期（署名陈漫哉）

《一个邻居的富兰克林》，《京报副刊・文艺思潮》1928 年第 2 期（署名陈漫哉）

《痛歌：悼一一二二惨案死者》，《京报副刊·文艺思潮》1928 年第 4 期（署名陈漫哉）

1929 年

《东方古国的圣诗》，《明灯》1929 年第 151、152 期

《一朵野花》，《新月》1929 年第 2 卷第 9 期；又刊于《国立中央大学半月刊》1930 年第 1 卷第 1 期（署名陈漫哉）

《你尽管》，《新月》1929 年第 2 卷第 9 期（署名陈漫哉）

《迟疑》，《新月》1929 年第 2 卷第 9 期（署名陈漫哉）

《为了你》，《新月》1929 年第 2 卷第 9 期（署名陈漫哉）

《那一晚》，《新月》1929 年第 2 卷第 8 期

《到音乐会去》，《中央日报》1929 年 12 月 6 日第 1 版（署名陈漫哉）

《北风里示威的窃贼》，《人间》1929 年第 3 期

1930 年

《无题》，《现代学生》1931 年第 1 卷第 4 期

《诗的装饰和灵魂》，《国立中央大学半月刊》1930 年第 1 卷第 7 期

《某女人的梦》，《国立中央大学半月刊》1930 年第 1 卷第 7 期

《栖霞山绯红的枫叶》，《国立中央大学半月刊》1930 年第 1 卷第 7 期

《狱：在这古城的角落里，有一处哭闹的小天地》，《国立中央大学半月刊》1930 年第 1 卷第 7 期

《秋夜曲》，《国立中央大学半月刊》1930 年第 1 卷第 7 期

《等》，《国立中央大学半月刊》1930 年第 1 卷第 7 期

《大雪天》，《国立中央大学半月刊》1930 年第 1 卷第 7 期（署名陈漫哉）

《文艺与演艺》，《国立中央大学半月刊》1930 年第 1 卷第 7 期

《你披了文黛的衣裳还能同彼得飞》，《新月》1930 年第 3 卷第 3 号

《一夜之梦》，《新月》1930 年第 2 卷第 11 期

《答志摩先生》，《新月》1930 年第 2 卷第 12 期

《五月》，《新月》1930 年第 2 卷第 12 期；《诗刊》1931 年第 3 期

《露水的早晨》，《新月》1930 年第 2 卷第 12 期

《寄万里窑洞的亲人》，《新月》1930 年第 2 卷第 12 期

《歌九首》，《新月》1930 年第 3 卷第 2 期

《只是轻轻》，《新月》1930 年第 3 卷第 4 期

《说谎的美——听到姑娘死了以后》，《中央日报》1930 年 3 月 29 日第 1 版

《自己的歌》，《日出》1930 年第 1 卷第 1 期；又收入沈仲文选编：《现代诗杰作选》，上海青年书店，1932 年，第 91-95 页

《再看见你》，《新月》1930 年第 3 卷第 4 期

《只是轻烟》，《新月》1930 年第 3 卷第 4 期

《信》，《新月》1930 年第 3 卷第 3 期

《供》，《新月》1930 年第 3 卷第 7 期

1931 年

《梦家诗集》，新月书店，1931 年

《新月诗选》，新月书店，1931 年；其中《夜》，收入薛时进编：《现代中国诗歌选》，上海亚细亚书局，1933 年，第 176-188 页；笑我编：《现代新诗选》，1937 年，仿古书店，第 283-284 页

《不开花的春天》，良友图书印刷公司，1931 年

《雁子》，《诗刊》1931 年第 1 期；《清华周刊》1932 年第 4 期；收入沈仲文选编：《现代诗杰作选》，上海青年书店，1932 年，第 99-100 页；收入李君实编：《模范语体文评选》，上海南强书局，1933 年，第 22-23 页；又刊于《音乐教育》1936 年第 4 卷第 5 期（陈梦家词，陈天鹤曲）；《音乐世界》1938 年第 1 卷第 5 期（陈歌辛曲）

《悔与回》，《诗刊》1931 年第 1 期

《西行歌》，《诗刊》1931 年第 1 期

《摇船夜歌》，《诗刊》1931 年第 2 期

《女人：摩西的杖》，《诗刊》1931 年第 2 期

《太湖之夜》，《诗刊》1931 年第 2 期

《某夕》，《东方杂志》1931 年第 28 卷第 7 期

《一个杀死的人》，《文艺月刊》1931 年第 2 卷第 2 期（Hardy 撰，陈梦家译）

《白马湖》，《文艺月刊》1931 年第 2 卷第 2 期；英译以“The Lake of the White Horse”刊载于《南大半月刊》1933 年第 2 期（刘荣恩译）

《城上的星》，《文艺月刊》1931 年第 2 卷第 2 期

《七重封印的梦》，《文艺月刊》1931 年第 2 卷第 5、6 期

《命运的谎》，《创作月刊》1931 年创刊号

《仓子》，《创作月刊》1931 年第 1 卷第 2 期

《二十生辰》，《创作月刊》1931 年第 1 卷第 4 期

《青的一段》，《文艺月刊》1931 年第 2 卷第 11、12 合期

《天国》，《循环》1931 年第 1 卷第 5 期

《桥》，《诗刊》1931 年第 3 期

《潘彼得的梦》，《诗刊》1931 年第 3 期

《嘤嘤两节》，《诗刊》1931 年第 3 期

《五月》，《诗刊》1931 年第 3 期

《告诉文黛》，《诗刊》1931 年第 3 期

《焦山晚眺》，《新月》1931 年第 3 卷第 12 期；收入张越瑞选辑：《语体诗歌选》，商务印书馆，1937 年，第 100–101 页

《嘤嘤两节》，《诗刊》1931 年第 3 期

《问》，《诗刊》1931 年第 3 期

《在雨天里》，《创作》1931 年第 1 卷第 3 期

《铁路上》，《新月》1931 年第 3 卷第 9 期

《我是谁》，《新月》1931 年第 3 卷第 11 期

《我望着你来》，《新月》1931 年第 3 卷第 11 期

1932 年

《歌中之歌》，良友图书印刷公司，1932 年（翻译）

《相信》，《诗刊》1932 年第 4 期

《呼应》，《清华周刊》1932 年第 4 期

《铁马的歌》，《诗刊》1932 年第 4 期；收入王梅痕编：《中国现代文学选》第二册，中华书局，1935 年，第 117–119 页；宋文翰编：《国文读本》（第一册），1935 年，中华书局，第 102–103 页

《吊志摩》，《诗刊》1932 年第 4 期；又刊于《北晨学园哀悼志摩专号》1931 年 12 月

《圣诞歌》，《诗刊》1932 年第 4 期

《天没有亮》，《诗刊》1932 年第 4 期

《太平门外》，《诗刊》1932 年第 4 期

《相信》，《诗刊》1932 年第 4 期

《一个兵的墓志铭》，《南开大学周刊》1932 年第 129、130 期；英译以 “A Soldier Who Died in Defence of Shanghai”，刊于《南开大学周刊》1932 年第 136 期（刘恩容译）；收入王梅痕编：《中国现代文学选》第二册，中华书局，1935 年，第 114–115 页

《耶和华的诘问》，《紫晶》1932 年第 4 卷第 1 期

《〈歌中之歌〉译序》，《南开大学周刊》1932 年第 131 期

《国殇——吊淞沪阵亡将士》，《中央日报》1932 年 6 月 10 日第 4 版

《泰山》，《益世报·文学周刊》1932 年 11 月 5 日第 1 期第 14 版

《老老》，《益世报·文学周刊》1932 年 12 月 10 日第 5 期第 10 版

《论诗随记》，《益世报·文学周刊》1932 年 12 月 24 日第 8 期第 10 版

《都市的颂歌》，《新月》1932 年第 3 卷第 2 期

《焦山的晚眺》，《新月》1932 年第 3 卷第 12 期

《叙语》，《诗刊》1932 年第 4 期

《沙漠的歌》，《新时代》1932 年第 3 卷第 1 期

《南京某晚》，《北平晨报·北晨学园》1932 年 9 月 28 日

《燕子》，《清华周刊》1932 年第 38 卷第 4 期

《呼应》，《清华周刊》1932 年第 38 卷第 4 期

《十六年夏前后》，《北平晨报·北晨学园》1932 年 10 月 28 日、30 日第 404、405 号

《西山》，《新月》1932 年第 4 卷第 4 期

《纪年志摩》，《新月》1932 年第 4 卷第 5 期

1933 年

《梦家诗集》，上海新月书店，1933 年

《论方玮德〈丁香花的歌〉》，《大公报》1933 年 1 月 16 日第 8 版

《塞外来书》，《大公报》（天津版）1933 年 2 月 2 日第 9 版

《影》，《创化季刊》1933 年第 1 卷第 1 期

《九龙壁》，《创化季刊》1933 年第 1 卷第 1 期

《自白》，《东方文艺》1933 年第 1 卷第 4 期

《论诗小札》，《东方文艺》1933 年第 5、6 期

《梅士斐诗选：在病榻旁》，《文艺月刊》1933 年第 4 卷第 1 期（梅士斐作，陈梦家译）

《黄河谣》，《文艺月刊》1933 年第 4 卷第 6 期

《白俄老人》，《文艺月刊》1933 年第 4 卷第 6 期

《西山野火》，《小说月刊》1933 年第 1 卷第 4 期；收入汪静之选注：《爱国诗选》第四册，商务印书馆，第 199-200 页

《何首乌歌》，《大公报·文艺》1933 年 11 月 29 日第 12 版

《〈白雷客诗选译〉序》，《文艺月刊》1933 年第 4 卷第 4 期

《过圆明园》，《益世报·文学周刊》1933 年 1 月 7 日第 10 期第 10 版

《蓝庄十号》，《新月》1933 年第 4 卷第 1 期

《西山》，《新月》1933 年第 4 卷第 4 期

《纪念志摩》，《新月》1933 年第 4 卷第 5 期

《鸡鸣寺的野路》，《新月》1933 年第 4 卷第 6 期

《塞上杂诗》，《新月》1933 年第 4 卷第 7 期

《古北口道中——塞上杂诗之一》，《津浦铁路月刊》第 3 卷第 8 期；收入张越瑞选辑：《语体诗歌选》，商务印书馆，1937 年，第 98-100 页

《叫魂》，《中央日报》1933 年 7 月 31 日第 4 版

《大悲楼阁谈》，《中央日报》1933 年 9 月 5 日第 4 版

《有思》，《中央日报》1933 年 9 月 8 日第 4 版

《悼兔子》，《中央日报》1933 年 10 月 11 日第 1 版

《景山前街》，《中央日报》1933 年 10 月 18 日第 1 版

《无信仰的世界》，《中央日报》1933 年 10 月 20 日第 1 版

《祀孔夫子皇帝记》，《中央日报》1933 年 10 月 25 日第 4 版

《悼凌其垲先生》，《中央日报》1933 年 10 月 28 日第 4 版

《雨中过二十里铺》，《中央日报》1933 年 12 月 9 日第 12 版；又刊于河南教育日报社编印：《河南教育日报复活二周年纪念特刊》，河南教育日报社 1934 年版，第 607 页

《一般红一半黄的叶子》，《中央日报》1933 年 12 月 9 日第 12 版；又刊于河南教育日报社编印：《河南教育日报复活二周年纪念特刊》，河南教育日报社 1934 年版，第 607 -608 页

《狮子山秋深　忆青岛北京郊野》，《大公报》1933 年 12 月 30 日第 12 版

《悼津生》，《北平晨报·北晨学园》1933 年 11 月 20 日

1934 年

《铁马集》，上海开明书店，1934 年

《两只青鸟》，《文艺月刊》1934 年第 6 卷第 4 期（劳伦斯作，陈梦家译）

《叮当歌》，《明灯》1934 年第 202 期

《圆规》，《中国文学》1934 年第 1 卷第 1 期

《唐朝的微笑》，《中国文学》1934 年第 1 卷第 1 期；又刊于《诗歌月报》1934 年第 1 卷第 1 期

《别蓝庄》，《中国文学》1934 年第 1 卷第 1 期

《天国外二章》，《中国文学》1934 年第 1 卷第 2 期

《记志摩先生》，《文化通讯》1934 年第 1 卷第 1 期

《老子哲学之原理及其应用》（初稿），《文化通讯》1934 年第 1 卷第 2 期

《泰山和塞外的浩歌》，《文艺月刊》1934 年第 5 卷第 1 期

《梦中口占》，《大公报·文艺》1934 年 9 月 22 日第 12 版

《十字架》,《大公报·文艺》1934 年 11 月 3 日第 12 版

《论朋友》,《中央日报·文学周刊》1934 年 5 月 24 日第 3 期

《文学上的中庸论》,《中央日报·文学周刊》1934 年 5 月 10 日第 1 期

《鸿蒙——〈往日〉之一》,《学文》1934 年第 1 卷第 1 期

《昧爽——〈往日〉之二》,《学文》1934 年第 1 卷第 2 期

《陆离——〈往日〉之三》,《学文》1934 年第 1 卷第 3 期

《译白雷克诗一章》,《学文月刊》1934 年第 1 卷第 4 期

《等》,《诗歌月报》1934 年第 1 卷第 1 期

《秋夜曲》,《诗歌月报》1934 年第 1 卷第 4 期;收入沈毅勋编:《新诗:当代诗人代表作》,新潮文化事业有限公司,1938 年,第 74–75 页

《一个人的降生和复活的故事》,《紫晶》1934 年第 6 卷。

《造谣篇》,《中央日报》1934 年 1 月 1 日第 4 版

《红帆船》,《中央日报》1934 年 7 月 5 日第 4 版

《笑》,《大公报》(天津版)1934 年 9 月 22 日第 12 版

《吹》,《中央日报》1934 年 11 月 29 日第 3 版

1935 年

《不开花的春天》,收入《浮世辑》,良友复兴图书公司,1935 年,第 117–178 页

《在蕴藻浜的战场上》,收入王梅痕编:《中国现代文学选》第二册,中华书局,1935 年,第 113–114 页;收入汪静之选注:《爱国诗选第四册》,商务印书馆,第 199 页;收入孙怒潮:《初级中学国文教科书》(第二册),中华书局,第 80–81 页

《哀息》,收入王梅痕编:《中国现代文学选》第二册,中华书局,1935 年,第 115–116 页

《攀》,《大公报》1935 年 2 月 3 日第 11 版;《文艺月报》1935 年第 5、6 期

《忽必烈汗》,《大公报》1935 年 2 月 17 日第 11 版

《风雨送情　陈梦家先生寄宗白华先生信》,《中央日报》1935 年 5 月 22 日第 3 版

《送玮德》,《北平晨报·北晨学园》1935 年 6 月 10 日

《玮德得病始末》,《北平晨报·北晨学园》1935 年 6 月 11 日

1936 年

《梦家存诗》,上海时代图书公司,1936 年

《第一夜秋风》,《大公报》1936 年 1 月 31 日第 10 版

《歌》,《大公报》1936 年 4 月 24 日第 12 版

《〈玮德诗文集〉跋》,《玮德诗文集》,上海时代图书公司,1936 年

《令彝新释》，《考古》1936年第4期

《释底渔》，《考古》1936年第4期

《释冎》，《考古》1936年第5期

《史字新释（附尹奭）》，《考古》1936年第5期

《史字新释补证（附论鸟纲）》，《考古》1936年第5期

《一个绝望的女人》，《文艺月刊》1936年第9卷第1期（D. H. Lawrence作，陈梦家译）；《好文章》1936年第3期

《隹夷考——梦甲室商代地理小记之一》，《禹贡》1936年第5卷第10期

《古文字中之商周祭祀》，《燕京学报》1936年第19期

《商代的神话和巫术》，《燕京学报》1936年第20期

《有赠》，《新诗》1936年第2期

《“井鱼”——庄子〈秋水〉》，《大公报·文艺》1936年11月1日

1937年

《禺邗王壶考释》，《燕京学报》1937年第21期

《释攸释豖》，《考古》1937年第6期

《高禖郊社祖庙通考》，《清华大学学报》（自然科学版）1937年第3期

《商代地理小记》（二），《禹贡》1937年第7卷第6、7期

《“风”“谣”释名——附论国风为风谣》，《歌谣周刊》1937年第3卷第12期

《祖庙与神主之起源——释且宜祖宗佑祊示室等字》，《文学年报》1937年第3期

《述庄子“方生方死”惠施“日方中方睨，物方生方死”》，《新诗》1937年第1卷第6期

《祖庙与神主之起源》，《燕大文学年报》1937年第3期

1938年

《五行之起源》，《燕京学报》1938年第24期

1939年

《白话文与新文学》，《今日评论》1939年第1卷第20期

《读〈天壤阁甲骨文存〉》，《图书季刊》1939年1卷第3期

《论史籀不是人名》，《中央日报》1939年10月13日第4版

《西周初期的师保》，《中央日报·文史周刊》1939年11月18日第4版

《说侏儒》，《中央日报》1939年12月29日第4版

1940年

《梦家室字话》，《国文月刊》1940年第1卷第2期

《周公旦父子考》，《金陵学报》1940 年第 1、2 期

《评〈殷契遗珠〉并论罗氏前编的来源》，《图书季刊》1940 年第 2 卷第 1 期

《述方法敛所摹甲骨卜辞》，《图书季刊》1940 年第 2 卷第 1 期

《商代至唐代之中国铜器》，《图书季刊》1940 年第 2 卷第 2 期

《〈长沙古物见闻〉序》，《图书季刊》1940 年第 2 卷第 3 期

《述方法敛所摹甲骨卜辞补》，《图书季刊》1940 年第 2 卷第 3 期

《商王名号考》，《燕京学报》1940 年第 27 期

《浄水考》，《史学杂志》1945 年创刊号

《跋老子文法初探》，《中央日报 · 文史周刊》1940 年 4 月 10 日第 4 版

1941 年

《即景》，《大公报》1941 年 5 月 7 日第 4 版

《石缝草》，《大公报》1941 年 5 月 7 日第 4 版

《致一伤感者》，《国民杂志》1941 年创刊号

《射与郊》，《清华学报》1941 年第 13 卷第 1 期

《关于上古音系的讨论》，《清华学报》1941 年第 13 卷第 2 期

《认字的方法》，《国文月刊》1940 年第 1 卷第 5 期

《书语》，《国文月刊》1940 年第 1 卷第 6 期

《释"国""文"》，《国文月刊》1940 年第 1 卷第 11 期

《论散文先于韵文》，《当代评论》1940 年第 1 卷第 23 期

1942 年

《陈口壶考释》，《责善半月刊》1942 年第 23 期

《介绍王了一先生汉子改革》，《国文月刊》1942 年第 19 期

1943 年

《评张荫麟先生〈中国史纲〉第一册》，《思想与时代》1943 年第 18 期

《〈古文尚书〉作者考》，《图书季刊》1934 年第 4 卷第 3、4 期

1944 年

《汲冢竹书考》，《图书季刊》1944 年第 5 卷第 2、3 期

《王若曰考》，《说文月刊》1944 年第 4 卷

《〈孟子〉养气章的几点解释》，《理想与文化》1944 年第 5 期

《战后对于流传国外文物的处置》，《大公报》1944 年 2 月 14 日第 3 版

《所谓新乐府》，《大公报》（重庆版）1944 年 4 月 9 日第 5 版；又刊于《大公报》（桂林版）1944 年 4 月 9 日第 4 版

《关于乱世文人》，《大公报》（重庆版）1944 年 4 月 23 日第 9 版；又刊于《大公报》（桂林版）1944 年 4 月 23 日第 4 版

1945 年

《老子分释》，重庆商务印书馆，1945 年

《西周年代考》，重庆商务印书馆，1945 年

1946 年

《海外中国铜器图录第一集》，国立北平图书馆出版，1946 年

Chinese Bronzes from the Buckingham Collection，The Art Insitute of Chicago（与［美］查尔斯·法本斯·凯莱合编），1946 年

《中国青铜器的样式》，《全美中国美术学会年报》1946 年第 1 卷

《先秦卫有驰道考》，《问讯》1946 年第 9 期

用英文发表了《商文化》、《中国铜器的形制》、《康侯及其组合》、《伟大的周代》、《关于中国青铜器研究的一些意见》及英文手稿《中国青铜器随笔》、《文化合作》

1947 年

《〈尧典〉为秦官本尚书说》，《清华大学学报》（自然科学版）1947 年第 1 期

《上古天文材料》，《学原》1947 年第 1 卷第 6 期

1948 年

《记纽约五十七街中国古董铺》，《周论》1948 年第 2 卷第 6 期

《论时文四弊》，《周论》1948 年第 1 卷第 7 期；又刊于《书报精华周刊》1948 年第 5 期；《现实文摘》1948 年第 2 卷第 6 期

《美国的汉学研究》，《周论》1948 年第 1 卷第 10 期

《孙诒让先生百年诞纪念》，《申报》1948 年 1 月 24 日第 7 版

《论习文史》，《观察》1948 年第 3 卷第 23 期

《敬悼甘地先生》，《观察》1948 年第 4 卷第 3 期

《六国纪年表》，《燕京学报》1948 年第 34 期

《海外中国铜器的收藏与研究》，天津《民国日报》1948 年 2 月 16 日

《清华大学文物陈列室成立经过》，《大公报》1948 年 5 月 1 日第 3 版

《对于博物馆的希望》，《大公报》1948 年 6 月 6 日第 4 版

1949 年

《六国纪年表考证》上篇，《燕京学报》1949 年第 36 期

《六国纪年表考证》下篇，《燕京学报》1949 年第 37 期

《清华大学搜集文物的经过及此次展览的意义》，《台湾西南少数民族文物展览特刊》

1949 年 10 月

《清华大学少数民族文物展后感——并论大学博物馆的前途》，《人民日报》1949 年 12 月 14 日第 5 版

1950 年

《六国纪年表　六国纪年表考证》，学海出版社，1950 年

《世本考略》，《周叔弢先生六十生日纪念论文集》，1950 年，第 263–270 页

《中国古代铜器怎样到美国去的》，《文物参考资料》1950 年第 11 期

1951 年

《甲骨断代学甲篇：祀周与农历》，《燕京学报》1951 年第 40 期

《甲骨断代与坑位》，《中国考古学报》1951 年 5 册 1–2 分合刊

《敦煌在中国考古艺术史上的重要》，《文物参考资料》1951 年第 4 期

《雁北考古旅行的收获》，《雁北文物勘察团报告》，中央人民政府文化部文物局，1951 年，第 7–11 页

1953 年

《殷代卜人篇》，《中国考古学报》1953 年 6 册 1–2 分合刊

《“铜器发展的历史概要”讨论：就读者所提意见说明我的看法》，《文物参考资料》1953 年第 35 期

1954 年

《铜鼎》，《新观察》1954 年第 9 期

《评剧〈秦香莲〉》，《新观察》1954 年第 12 期

《殷代铜器三篇》，《考古学报》1954 年第 7 期

《商王庙号考》，《考古学报》1954 年第 8 期

《解放后甲骨的新资料和整理研究》，《文物参考资料》1954 年第 5 期

《西周文中的殷人身份》，《历史研究》1954 年第 6 期

《中华民族文化的共同性》，《文物参考资料》1954 年第 9 期

《甲骨补记》，《文物参考资料》1954 年 12 期

1955 年

《六国纪年》，上海学习生活出版社，1955 年

《宜侯夨簋和它的意义》，《文物参考资料》1955 年第 5 期

《殷代社会的历史文化》，《新建设》1955 年第 7 期

《反对美国侵略集团劫夺在台湾的我国铜器》，《文物参考资料》1955 年第 7 期

《关于铜器修理》，《考古通讯》1955 年第 3 期

《商殷与夏周的年代问题》,《历史研究》1955 年第 2 期

《西周铜器断代》（一）,《考古学报》1955 年第 9 册

《西周铜器断代》（二）,《考古学报》1955 年第 10 册

《迎接黄河规划中的考古工作》,《考古通讯》1955 年第 5 期

《不许劫夺在台湾的古代文物》,《旅行家》1955 年第 6 期

1956 年

《殷墟卜辞综述》，科学出版社，1956 年

《六国纪年》，上海人民出版社，1956 年

《中国历史纪年表》，商务印书馆，1956 年（万国鼎编，万斯年、陈梦家补订）

《西周年代考》，商务印书馆，1956 年

《看戏杂谈》,《文艺报》1956 年第 16 号

《西周铜器断代》（三）,《考古学报》1956 年第 1 期

《西周铜器断代》（四）,《考古学报》1956 年第 2 期

《寿县蔡侯墓铜器》,《考古学报》1956 年第 2 期

《西周铜器断代》（五）,《考古学报》1956 年第 3 期

《西周铜器断代》（六）,《考古学报》1956 年第 4 期

《咱们在社会主义道上怎不快走》,《考古通讯》1956 年第 8 期

《悼闻一多先生》,《光明日报》1956 年 7 月 14 日第 3 版

《六年来的考古新发现》,《人民日报》1956 年 7 月 18 日第 7 版

《对于考古工作的一些意见》,《光明日报》1956 年 7 月 19 日第 2 版

《论老根与开花》,《人民日报》1956 年 9 月 25 日第 8 版

《艺术家的闻一多先生》,《文汇报》1956 年 11 月 17 日第 3 版

《论简朴》,《人民日报》1956 年 11 月 17 日第 8 版

《关于电影〈花木兰〉》,《人民日报》1956 年 11 月 26 日第 7 版

1957 年

《尚书通论》，商务印书馆，1957 年

《一封讨论文字改革的信》,《中国语文》1957 年第 6 期（与关锡合撰）

《要十分放心的放》,《文艺报》1957 年第 8 期

《关于历史分期的一些补充意见》,《新建设》1957 年第 4 期

《谈谈志摩的诗》,《诗刊》1957 年第 2 期

《纪游三首》,《诗刊》1957 年第 5 期

《谈后追记》,《诗刊》1957 年第 6 期

《论间空》,《人民日报》1957 年 1 月 23 日第 8 版

《略论文字学》,《光明日报》1957 年 2 月 4 日第 2 版

《要去看一次曲剧》,《人民日报》1957 年 2 月 14 日第 8 版

《对怎样进行古史分期的研究的一些意见》,《人民日报》1957 年 3 月 2 日第 7 版

《我们当编辑的(学报编辑工作中存在的问题)》,《文汇报》1957 年 4 月 19 日第 2 版

《两点希望》,《文汇报》1957 年 5 月 6 日第 2 版

《论人情》,《人民日报》1957 年 5 月 8 日第 8 版

《看豫剧“樊戏”》,《人民日报》1957 年 5 月 15 日第 8 版

《慎重一点“改革”汉字》,《文汇报》1957 年 5 月 17 日第 2 版

《关于汉字的前途——1957 年 3 月 22 日在中国文字改革委员会的讲演》,《光明日报》1957 年 5 月 19 日第 6 版

《我的感想》,《文艺报》1957 年第 7 期

《关于美术工艺的几个问题》,《大公报》1957 年 6 月 6 日第 3 版

《看戏杂记》,《光明日报》1957 年 6 月 16 日第 3 版

1958 年

《郭沫若著:〈两周金文辞大系图录考释〉》,《考古通讯》1958 年总第 23 期(署名余孚山)

1960 年

《美帝国主义盗劫的我国铜器》,《考古》1960 年总第 46 期(署名张仲平)

1962 年

《美帝国主义劫掠在我国殷周铜器集录》,科学出版社,1962 年(署名中国科学院考古研究所编)

1963 年

《蔡器三记》,《考古》1963 年第 7 期

《汉简所见奉例》,《文物》1963 年第 5 期

《汉简考述》,《考古学报》1963 年第 1 期

1964 年

《宋大晟编钟考述》,《文物》1964 年第 2 期

《汉简所见居延边塞与防御组织》,《考古学报》1964 年第 1 期

《战国度量衡略说》，《考古》1964 年第 6 期

1965 年

《玉门关和玉门县》，《考古学报》1965 年第 9 期

《汉简年历表叙》，《考古学报》1965 年第 2 期

1966 年

《亩制和里制》，《考古》1966 年第 1 期

《东周盟誓与出土载书》，《考古》1966 年第 5 期

1971 年

《卜辞综述附甲骨文氏族及其制度》，台湾大通书局，1971 年（与丁山合著）

1976 年

《海外中国铜器图录》，台湾台联国风出版社，1976 年

1977 年

《殷周青铜器分类图录》，日本汲古书院，1977 年（松丸道雄改编）

1979 年

《悼闻一多先生》，《战地》1979 年

1980 年

《汉简缀述》，中华书局，1980 年

《〈山东古国考〉后记》，《西北大学学报》（哲学社会科学版）1980 年第 3 期

1984 年

《新月诗选》，上海书店，1984 年

《战国楚帛书考》，《考古学报》1984 年第 2 期

1985 年

《尚书通论》，中华书局，1985 年

1987 年

《梦家诗集》，上海书店，1987 年

1988 年

《殷墟卜辞综述》，中华书局，1988 年

《中国新诗库·陈梦家卷》，长江文艺出版社，1988 年（周良沛编选）

1992 年

《铁马集》，上海书店，1992 年

《六国纪年表　六国纪年表考证》，学海出版社，1992 年

1995 年

《陈梦家诗全编》，浙江文艺出版社，1995 年（蓝棣之编）

1997 年

《梦家诗集》，浙江文艺出版社，1997 年

《洛阳出土嗣子壶归国记》，《文物天地》1997 年第 2 期

2000 年

《尚书通论》，河北教育出版社，2000 年

《梦家诗集》，人民文学出版社，2000 年

《新月诗选》，解放军文艺出版社，2000 年

2004 年

《西周铜器断代》，中华书局，2004 年

2005 年

《尚书通论》，中华书局，2005 年

《西周年代考　六国纪年》中华书局，2005 年

2006 年

《梦家诗集》，中华书局，2006 年

《中国文字学》，中华书局，2006 年

《梦家室存文》，中华书局，2006 年

2007 年

《梦家诗集》，中华书局，2007 年（收入中国文库·文学类）

2011 年

《中国文字学》，中华书局，2011 年

2014 年

《新月诗选》，上海科学技术文献出版社，2014 年

2015 年

《白金汉所藏中国铜器图录（汉英对照）》，金城出版社，2015 年（与［美］查尔斯·法本斯·凯莱合著，田率译）

2016 年

《陈梦家学术论文集》，中华书局，2016 年

《老子分释》，中华书局，2016 年

《美国所藏中国铜器集录》，金城出版社，2016 年

（作者单位：延安大学历史系）

国民党的“文化剿匪”与“审查委员会”的设立①

苟强诗

一

1933年10月，国民党在书报审查的报告中，将普罗文艺划入“最难审查”的一类。在他们看来，普罗作家“能本无产阶级之情绪，运用新写实派之技术，虽煽动无产阶级斗争，非难现在经济制度，攻击本党主义，然含义深刻，笔致倾纤，绝不以露骨之名词，嵌入文句，且注重题材的积极性，不仅描写阶级斗争，尤必渗入无产阶级胜利之暗示。故一方煽动力甚强，危险性甚大，而一方又足闪避政府之注意。苏俄十月革命之成功，多得力于文字宣传，迄今苏俄共产党且有决议，定文艺为革命手段之一种，其重要可知也”②。在如此认识之下，国民党密查人员认为“如能组设专审机关，聘任对于此类文艺素有认识者若干人，悉心审查，权衡至当，无纵无枉，党国前途，实利赖之”③。

当时民国政府查禁“反动”刊物，是由中央宣传委员会及内政部负责进行，内政部因为能够“时时秉承中宣会意旨办理”，如若“另设机关审查，不待在事实上为骈枝，且易招外界之误会”。所以，专聘有文学素养而熟识普罗文学之人员组成专审机构的提议暂且搁置了。但为查禁普罗文艺，国民党还是决定开具办法四项：（一）在政府审查此类刊物时，须更严密，毋使漏网；（二）建议中央积极实施民族文学之计划；（三）由教

---

① 本文系四川省社会科学重点研究基地——美学与美育研究中心课题“传播美学视野下上海左翼电影研究”（15019）的阶段性成果以及成都大学中国—东盟艺术学院重大项目资助成果。

② 中国第二历史档案馆编：《中华民国史档案史料汇编　第一编　文化（一）》（第五辑），江苏古籍出版社1994年版，第232—233页。

③ 同上，第233页。

育部密令各学校，注意学生思想，及关于课外阅读之指导；（四）中央宣传委员会及内政部决定已禁之出版物，现仍流行市面者，应由各机关切实认真取缔①。

当年10月下旬，蒋介石命国民党政府内政部警政司通令全面查禁普罗文艺，内政部警政司令各省市书局，限期将所售文艺书籍一律送部审查。10月30日，国民党政府行政院发出第四八四一号密令，开始全面查禁普罗文学书刊。对此，梁实秋在文中便说道：“南京十七日本报专电，中央拟定一种文学实施计划，内容分三点：（一）通令各学校注意学生作品；（二）查究课外读物；（三）申禁普罗书籍。”对于这个消息，梁实秋觉得“这是当局的愚昧之又一表现。凡以政治力量或其他方式的暴力来压迫文艺的企图，我反对”②。但在11月1日，潘公展、朱应鹏为查禁进步书刊，在上海举行了一次由出版商和书店编辑参加的宴会，其内容依然是查禁“左”倾文艺书籍，宣传国民党的民族主义文学。同时，针对当时“电影界为共产分子所羼混，电影片为共产主义所占领”的事实，11月21日，上海特别市党部吴醒亚、潘公展等人致呈国民党中央执行委员会要求“除应设法自制或使人摄制三民主义之影片外，对于宣传共产之影片，自应绝对禁止流传”，并“将已往鼓吹阶级斗争各片吊销执照，并彻查其过去行为”③。

事实上，身处上海文坛的普罗作家业已感受到国民党实施的审查文艺图书杂志的行动。1933年11月初，茅盾在文中对潘公展、朱应鹏等召书店老板训话一事做了记录，“那时国民党上海市宣传部召集各出版商和杂志主编开了一次会，提出今后不准出版和发表‘反动’书刊和文章。会上《现代》的主编施蛰存表示：我们做编辑的不懂政治，文章可登不可登还是由你们来审定。后来就盛传图书检查势在必行。其实，从三三年上半年国民党对报纸开始了新闻检查之后，我们就料想他们下一步要对杂志下手了”④。1933年11月起，国民党编制的文网逐渐收紧。11月24日，内政部以“各省市书局发行刊物书画等，有诲淫诲盗性质”为由，假以“流毒社会，贻害青年”为目的，通令各省市政府，严加取缔相关刊物书画，并命令各书局将以前出版的刊物书画，悉数依限送部审查，

---

① 中国第二历史档案馆编：《中华民国史档案史料汇编》（第五辑），江苏古籍出版社1994年版，第234页。

② 或许梁实秋只是不同意以政治力量或其他方式的暴力来压迫普罗文学，但他耐人寻味地指出了一个“釜底抽薪”取缔普罗文学的法子。他说：“假如我们中国大多数民众的生活不加改善，普罗文学的宣传之诱惑性将有增无减。当局不努力釜底抽薪，不设法改善民众生活，而偏要取缔投民众所好之普罗文学，这就是愚昧。”梁实秋的主张倒是很有“经济基础决定上层建筑的意味”。梁实秋：《文艺自由》，《益世报·文学周刊》第48期，1933年10月28日。

③ 中国第二历史档案馆编：《中华民国史档案史料汇编》（第五辑），江苏古籍出版社1994年版，第348页。

④ 茅盾：《一九三四年的文化“围剿”与“反围剿”》，《我走过的道路》（中），人民文学出版社1984年版，第220页。

如各省市书局尚有未经依限送审查者，均将依法惩办①。12 月份，上海党部开始查禁普罗文艺书籍杂志，生活书店的《生活》周刊②与《文学》月刊在查禁之列，而后《文学》继续出版，但须接受国民党的检查，一旦有普罗文艺或对时事有所暗示批评的文章，则会遭到检查人员的“抽骨”，而有趋向“白化”的危险。历史地来看，《生活》与《文学》的遭禁，实际上拉开了 1934 年国民党上海党部对上海文坛实施严厉审查的序幕。

二

1934 年是民国政府在 20 世纪 30 年代上海文坛实行书报审查最为密集与严厉的高潮阶段，也是国民党书报审查制度得以真正浮出历史地表，在法制与组织上使其得以完整地系统展开的历史阶段。此事之所以会在 1934 年的上海文坛出现，除上海作为全国文艺与政治运动中心之外，在当时还有着现实政治与军事上的缘故。

1933 年 9 月，正当国民党与红军围绕江西黎川地区展开激烈争夺之时，担任东线“进剿”任务的第十九路军将领开始秘密地与红军进行谈判，并于 10 月 26 日签署了《中华苏维埃共和国临时中央政府及工农红军与福建政府及十九路军抗日作战协定》，也就是《反日反蒋的初步协定》。11 月 22 日，陈铭枢、李济深等人在福州正式成立“中华共和国人民革命政府”。此时正值蒋介石发动第五次围剿红军的行动，被打乱围剿计划的蒋介石随即调兵约 15 万人向福建进攻。1934 年 1 月 5 日夺取闽北重镇延平后，中央军一路挺进，1 月 30 日占领泉州，南京政府宣布取消十九路军番号，福建事变遂以失败告终。紧接着，蒋介石又集中兵力继续对红军实施“进剿”。对此，历史研究者认为自 1934 年始，尤其是 1935 年秋冬至 1936 年秋冬，南京国民政府在军事上占尽先机和优势③。为配合国民党在政治、军事上的行动，国民党在上海随即展开新一轮的思想言论控制行动，欲在思想文化和教育领域杜绝“赤化”宣传，以致打出“文化剿匪”口号。

1933 年 11 月 6 日，国民党上海市党部的《汗血月刊》和《汗血周刊》联合发表《征求“文化剿匪研究专号”稿文启事》，提出“文化剿匪口号”。同日，国民党上海党部发动“剿匪宣传周”。1934 年 1 月 1 日，《汗血周刊》出版第 2 卷第 1 期《文化围剿专号》，15 日《汗血月刊》也出版了《文化围剿专号》，共同掀起“围剿”左翼文艺的新狂潮。

---

① 《申报》1933 年 11 月 25 日。

② 查禁理由是《生活》“同情福建人民政府、言论反动、思想过激、毁谤党国”，《生活》周刊在出版至第 8 卷第 50 期后，被迫停刊了。

③ 杨奎松：《国民党的“联共”与“反共”》，社会科学文献出版社 2008 年版，第 310 页。

刘百川在《文化的剿匪重任》中鼓动道：“农村中剿匪固然劳动了拿枪杆的同志们在努力，城市上的剿匪则应在我们拿笔杆的先生们来担当才是。这种重任，请觉悟的朋友们赶快执行罢！赤匪的别动队普罗作者时时刻刻都在计划麻醉朋友们的心和血，剥削同胞们的肉和骨，拿整个的同胞去换卢布俾他享受资产化的生活，我们为自救起见，只有赶快担当这‘文化剿匪’的重任！”① 其另一篇文章则直接指出“文化的剿匪与军事的剿匪是同一意义的”，并号召趁着此时普罗作家哀鸣悲啼挣扎，国民党文人要加紧团结，努力于民族文艺的创造与发展②！可见，在当时的情形下，文坛等于战场，笔杆子等于枪杆子。

有的文章将如何才能取得扑灭普罗文艺运动的绝大效果作为研究与解决的问题。署名悬心的文章《扑灭普罗文化与剿匪》说：“对普罗运动集中的上海，所有一切的普罗社团，加以取缔或破坏，主要人物不惜加以逮捕或监禁。对出版的刊物杂志书籍，组一专门委员会，重新加以审核登记，稍有阶级思想或鼓吹赤化者，完全销毁，同时严订出版法，嗣后如有玩命忽略，继续出版者，应科以相当之处罚，好不宽假。对电影亦组一专门委员会，或将现今上海的电影检查会改组亦可，如各影片公司拍有赤化的普罗片子，则绝对不准演放，加以销毁或剪裁，须以艺术民族建设及不违背三民主义者为范围。”③

鞠百川则更有条理地提出了两个“扫除普罗文艺的方法”，一个治标，一个治本，“先有治标，后有治本”。他提出五个治标的方法：（一）政府对国内各地所有新出版或从前出版的书籍、杂志、刊物、报纸，从各地书局和报贩一一派员加以调查。凡属有普罗或“左”倾色彩的文艺作品，一律登记。（二）登记之后，认为有审查的必要，由书局和报贩呈送一份或购一份，详加审查。（三）果系普罗文艺之书籍、杂志、刊物、报纸一律禁止出售，倘书局和报贩有代售者，即以贩卖反动刊物论罪。（四）通令国内各印刷所或书局凡有新出版之书籍杂志，必先送当地文化机关（教育机关亦可）切实审查，如认为有普罗色彩者，当扣留不准翻印。（五）对普罗文艺之作者公开在报纸上加以警告，嗣后不得有类似普罗文艺之作品，否则以宣传共产危害国家即反动分子、党义反革命治罪④。鞠百川所列的方法既包括了出版前的原稿审查，又涵盖了出版物的登记与出版发行后的审查，同时还公开警告普罗文学作者，想要掀起一场全国性的剿灭普罗文学的大运动。一举剿灭普罗文艺运动的专制嚣张气焰甚嚣尘上。他所提出的方法后来

① 刘百川：《文化剿匪的重任》，《汗血周刊》1934年第2卷第1期，第1页。
② 《从普罗文艺说到陈贼铭枢的“文化大同盟”》，《汗血周刊》1934年第2卷第1期，第2页。
③ 悬心：《扑灭普罗文化与剿匪》，《汗血周刊》1934年第2卷第1期，第5–6页。
④ 鞠百川：《扫除普罗文艺的办法》，《汗血周刊》1934年第2卷第1期，第7页。

在上海基本实现了。国民党设立了专门的图书杂志审查委员会，并公布了《图书杂志审查办法》十四条来实施更严密的文艺书籍杂志的审查。

三

国民党文人不仅在其喉舌杂志上发表文章为扑灭普罗文艺出谋划策，为“文化剿匪”叫嚣造势，而且在上海也采取了实际行动。

1934年1月19日，为庆祝中央讨伐“闽逆”胜利，集中全力继续“清剿”中共与红军，上海党政领袖吴醒亚、潘公展、丁默邨、童行白、陶百川五人在上海联欢社宴请各大报主要负责人，相互交换意见并讨论杜绝“赤化”宣传之办法。《申报》史量才与张蕴和、《新闻报》汪伯奇、《大晚报》张作坪、《时事新报》潘公弼、《民报》钱沧硕、《晨报》何西亚、《时报》黄伯惠等参加。在“今日中央仍专力肃清赤匪，处兹内忧外患交逼之际”，潘公展要求上海各大报一致站在民族的立场上，不仅在军事上、政治上严厉地开展“剿匪”运动，在后方之教育上与文化上尤应排斥“赤化”宣传，摒绝“匪徒”一切活动，要各报今后慎重刊布军事、政治消息，更要注意副刊文字之涉及“左”倾或过激者。凡有鼓吹无产阶级革命暨煽惑阶级斗争之文字，完全不予发表①。而后，潘公展、丁默邨、童行白、陶百川等人又宴请上海各报编者、各电影刊编者、各杂志编者及新闻记者。《自由谈》黎烈文、文学社傅东华、《学灯》汤增敭、《晨曦》许性初、《矛盾》潘孑农与徐苏灵、《大晚报》崔万秋、《大美晚报》袁伦仁与朱永康、外论社袁道逸、《新中华》钱歌川、《文艺春秋》章衣萍、《申报月刊》俞颂华、《现代电影》宗维赓、《时报》腾树谷以及中央党部文艺科长朱应鹏参加了宴会，众人相互交换意见而散②。

就在此后一个月，即2月19日，国民党对普罗文艺展开了大规模的查禁，理由是上海各书局出版共产党及“左”倾作家之文艺作品为数仍多。后经调查确定了149种鼓吹阶级斗争的文艺作品，遂密函国民党上海特别市党部执行委员会严行查禁，并勒令上海各书局缴毁各刊物底版，以绝根据③。在查禁的149种文艺书籍中，有的是已经通过中央党部审核修正而准予发行的；有的是通过了内政部审查注册从而获得著作权的；有的文艺书籍已出版多年，认为无碍的等等。而如今上海党部奉令将其不加分别地一律查禁，

---

①《申报》1934年1月20日。

② 同上。

③ 张静庐辑注：《中国现代出版史料》（乙编），中华书局1955年版，第201–202页。

此举显然是配合蒋介石在军事上的“进剿”而在文化领域所采取的政治性行动。这种不分青红皂白的一锅端，着实让上海贸利的书店“群情惶骇，莫可言喻”。于是，各书局急忙呈文上海市党部要求将此次查禁的149种文艺出版物，重行严密审查，并承诺“倘有违碍之篇章字句，请予分别指出，饬令商店等遵以修改，或留出空白改版印行，免其完全销毁”①。

从该呈文内容来看，其所言多是书店虽为营利性质，但对文化事业多有发扬，而自中央查禁各种文艺出版物以来，印行之际均慎之又慎，对此次奉令查禁各书，书店“自信绝无干犯法令之处”。呈文内容不仅表达了上海各大小书店对党部的不满，且行文中透露出对党部无理查禁文艺书籍的指责。这样的呈文显然不是国民党想要看到的，所以，各书局派代表请愿时，得到童行白委员“面谕”，要求各代表再拟具体办法另行具呈。这样，上海各书局又拟具处理办法7条，此次呈文内容显然恭顺多了，尤其是所拟办法，几乎是以国民党党部之立场来开列。其内容如下：

一、此次奉令禁毁各书，由商店等暂行点数封存，不再发售，静待后命。

二、各书局中有业蒙中央党部审查修改或经各级党部及行政机关审阅注册，并准许发行者，由商店等列表注明审阅注册准许年月，请求查案仍准发行。

三、各书中有奉令禁止多年，书已无存，板亦销毁，无从检呈者，请求免予检呈，以后决不重印发行。

四、各书中有经商店等公认为确有反动形迹者，将该书纸板存书，分别检出，遵令呈送中央销毁。

五、各书中有经商店等公认为并非反动，或其中偶有一二违碍字句者，由商店等列表说明该书内容，请求重行审查，准许发行，或将其中违碍字句酌量删改，保留其余各部分，准许发行。

六、以后中央认为反动形迹之著作人，其著作品除完全关系纯粹学术者外，商店等不再为之刊行。但以前已出版作品，如其中并无反动意味者，仍请求顾全商店等血本，准许发行。

七、以后出版书籍，除一律遵照出版法于出版后呈送内政部外，如商店等认为出版后或许发生问题者，得将原稿呈请中央党部或各级党部指定之审查员或审查机

① 《申报》1934年2月24日。

关先行审查，俟奉准许后再为印行，并将准许证刊入书中①。

各书店不仅愿意将“反动书籍”纸板存书检出销毁，对有“违碍字句”的书籍删改后出版，而且更为关键的是，对具有反动形迹的著作人，尤其是普罗作家的文艺作品，上海各书店愿意不再为其出版，即对普罗作家展开封杀。而第七条则让国民党一直想在上海文坛施行原稿审查的意志，通过这次查禁行动，终于迫使上海诸书店“欣然接受”了。这意味着国民党的书报审查制度将从此正式、公开地形成对出版物出版前后一系列完整的审查环节，进一步完善与加强对上海左翼文坛的审查力度，同时原稿审查也意味着左翼作家通过上海书店合法、正式途径出版文艺刊物的难度陡然增加，今后文坛若出现清冷之景与文艺作品的不知所云，也就不足为奇了。而上海的书店似乎也只有将原稿呈请党部机关审查获准后，再印行出版，才能保住“商店血本”而不致出而又禁，损失惨重。

值得注意的是，如果我们将此办法7条与3个多月之后，即6月1日国民党“中央宣传委员会”公布的《图书杂志审查办法》14条来做个比较的话，发现具体措施及其所欲达到的目的基本上是一致的，很大程度上可以将《图书杂志审查办法》视为由书店所提办法7条修正而来，由此可见，童行白“面谕”上海的各书店，着实发挥了作用。

在第二次呈文之后，“中宣会”果然“体恤商艰”，在进行严密审查之后做出了新的决定，对《创造十年》等22种内容间有不妥的作品在删改或抽去部分内容后准予发售，而对《圣徒》等37种或系恋爱小说或系革命以前的文艺作品则予以解禁。这两者共59种，但大部分却依然被查禁或暂缓发售。

先后查禁有案之书目②

店名	书名	著译者	店名	书名	著译者
现代书店	平林泰子集	沈端先译	光华书局	幼年时代	郭沫若著
现代书店	田汉戏曲集（一集）	田汉著	光华书局	文艺论集续集	郭沫若著
现代书店	光慈遗集	蒋光慈著	光华书局	煤油	郭沫若译

① 王煦华、朱一冰合辑：《1927—1949年禁书（刊）史料汇编》（第二册），北京图书馆出版社2007年版，第82-84页。又见倪墨炎：《三十年代反动派压迫新文学的史料辑录（续二）》，《新文学史料》1989年第1期，第182页。

② 该表据以下内容整理：王煦华、朱一冰合辑：《1927—1949年禁书（刊）史料汇编》（第二册），北京图书馆出版社2007年版，第86-88页；倪墨炎：《三十年代反动派压迫新文学的史料辑录（续二）》，《新文学史料》1989年第1期，第183页。

续表

店名	书名	著译者	店名	书名	著译者
现代书店	丽莎的悲哀	蒋光慈著	光华书局	离婚	潘汉年著
现代书店	野祭	蒋光慈著	光华书局	新兴文学概论	顾凤城编
现代书店	碳矿夫	龚冰庐著	光华书局	锻炼	王独清著
现代书店	语体文作法	高语罕著	南强书局	怎样研究新兴文学	钱杏邨编
现代书店	唯物史观研究（上、下）	华汉著	南强书局	铁流	杨骚译
现代书店	十姑的悲愁	华汉著	南强书局	十月	杨骚译
现代书店	归家	洪灵菲著	泰东书局	现代中国文学作家	钱杏邨著
现代书店	流亡	洪灵菲著	乐华书局	黎明之前	龚冰庐著
现代书店	萌芽	巴金著	乐华书局	社会科学问答	顾凤城著
亚东图书馆	少年漂泊者	蒋光慈著	北新书局	一周间	蒋光慈译
亚东图书馆	白话书信	高语罕编	亚东图书馆	冲出云围的月亮	蒋光慈译
湖风书局	地泉	华汉著	水沫书店	流冰	冯雪峰著

应禁止发售之书目①

店名	书名	著译者	禁售原因
神州国光社	政治经济学批判	郭沫若译	是马克思的经济学说的纲要，对于阶级意识有极明显之宣示，为宣传共产主义及鼓吹阶级斗争之反动书籍。
神州国光社	文艺批评集	钱杏邨著	站在马克思主义文艺批评论者的立场，批评一切文艺作品，为纯粹宣传普罗文学之作品。
现代书局	石炭王	郭沫若译	内容描写一大学生投身矿坑当小工，联合工人与资本家抗争，意在暴露矿业方面的资本主义的榨取与残酷，阶级意味极为浓厚。
现代书局	抗争	楼建南著	内容描写自己在过去苦闷生活中的挣扎，文字中对于现状异常不满并带煽动词句。

① 该表据以下内容整理：王煦华、朱一冰合辑：《1927—1949年禁书（刊）史料汇编》（第二册），北京图书馆出版社2007年版，第88-98页；倪墨炎：《三十年代反动派压迫新文学的史料辑录（续二）》，《新文学史料》1989年第1期，第183-185页。

续表

店名	书名	著译者	禁售原因
现代书局	夜会	丁玲著	《某夜消息》及《法纲》等篇均有鼓吹阶级斗争、诋毁政府当局之激烈表现。
现代书局	藤森成吉集	森堡译	内有《土提》、《大会应援》、《来自病榻》等篇，全系描写共产党秘密活动时之情形，其煽动力极大。
现代书局	爱与仇	森堡译	描写一土豪为共党所杀，其女矢志报仇，惟嗣后思想转变，反而因同情杀父之凶手，而与之同居，阶级意味极为浓厚。
南强书局	屠场	郭沫若译	描写美国资产阶级在屠场里对于工人之榨取与压迫，极力煽动阶级斗争。
南强书局	新兴文学论	沈端先译	内容全系对于新俄普罗文艺名著之批评及介绍，此为宣传无产阶级文学最有力量之文艺论文。
合众书局	二心集	鲁迅著	内有《对于左翼作家联盟的意见》、《中国无产阶级革命文学和前驱的血》、《民族主义文学的任务和运动》等篇，均为宣传无产阶级文艺之反动文字。
北新书局	伪自由书	鲁迅著	内共有杂感文40余篇，多批评事实、攻讦政府当局之处，其以“伪自由书”为书名，其意亦在诋毁当局。
亚东图书馆	义冢	钱杏邨著	内容多含挑拨阶级感情、鼓吹阶级斗争之暗示，为初期之普罗文学作品。
亚东图书馆	爱的分野	蒋光慈译	描写俄国新旧之恋爱冲突，内容且多显明反动词句，如PG1，其他尚不胜枚举。
亚东图书馆	两个女性	华汉著	描写两个过激的女性，始而沉沦于肉欲颓废之堕落生活中，继而从事实际工作，参加罢工暴动，确为宣传阶级斗争之作品。
亚东图书馆	转变	洪灵菲著	描写共党从事秘密工作，确为宣传共产革命，鼓吹阶级斗争之作品。
文艺书局	安特列夫评传	钱杏邨著	以马克思主义文艺批评论者之态度批评旧俄作家安特列夫之思想及其作品，径直骂其为苏维埃国家罪恶的敌人。
湖风书局	暴风雨中的七个女性	田汉著	内含五个剧本，均有鼓吹阶级斗争、诋毁政府当局之处。
平凡书局	寒梅	华汉著	内含描写革命斗争之故事，具有极激烈、极浓厚之反动色彩。

续表

店名	书名	著译者	禁售原因
开明书店	苏俄文艺理论	陈望道译	关于苏俄之无产阶级文艺理论、文艺批评及文艺政策，均搜罗完备，该书在大江出版，已查禁有案。
乐华书局	世界文学史	余慕陶编	内容抄袭剽窃，错误百出，且复羼入反动术语以炫奇，如任其刊，将必贻误一般读者。
光华书局	病与梦	楼建南著	各篇充满了病与梦的憧憬，《革命的Y先生》一篇对于中国近年革命情形，尤多诟骂之处。
光华书局	现代中国作家选集	蒋光慈编	所选作品多为一般左翼作家者，此种选集，一面可以为其同类标榜，一面又可借此作主义上之宣传。
光华书局	独清文艺论集	王独清著	内容共有论文18篇，每篇皆有极显明而愚笨之反动语句，尤其每每自炫为革命作家，更为可笑。
新月书店	一个人的诞生	丁玲著	内共有小说4篇，皆描写共产党员生活之穷困、环境之恶劣，然犹奋斗不绝。
新中国书局	水	丁玲著	内有《田家冲》、《一天》等篇及《水》一篇，或描写农民暴动，或描写地主与佃户对抗情形，或描写学生在工人群众中宣传反动情形。
大江书铺	韦护	丁玲著	描写一个共产党员的革命与恋爱的冲突，他终于为了非常重要的工作，将革命的信心克服了爱情的恋爱。
水沫书店	文学评论	冯雪峰译	内容皆为鼓吹无产阶级文艺理论之文字。
水沫书店	伟大的恋爱	周起应译	内容描写新俄社会中实际的性生活，除关于恋爱本身外，尚有更深一层从主义着想之坚决一致之表现。
泰东图书馆	枳花集	冯雪峰译	内共论文12篇，内容多为宣传无产阶级文艺及无产阶级文艺作家之文字。
泰东图书馆	前线	华汉著	于恋爱故事中，尽量插入暗示阶级斗争之情节。

暂禁发售之书目①

店名	书名	著译者	店名	书名	著译者
神州	浮士德与城	柔石译	商务	希望	胡也频著
现代	果树园	鲁迅译	大江	现代新兴文学的诸问题	鲁迅译
现代	残兵	周全平译	大江	毁灭	鲁迅译

① 该表据以下内容整理：王煦华、朱一冰合辑：《1927—1949年禁书（刊）史料汇编》（第二册），北京图书馆出版社2007年版，第98-100页；倪墨炎：《三十年代反动派压迫新文学的史料辑录（续二）》，《新文学史料》1989年第1期，第185页。

续表

店名	书名	著译者	店名	书名	著译者
现代	新俄文学中的男女	周起应译	大江	艺术论	鲁迅译
现代	大学生私生活（上、下）	周起应译	大江	文学及艺术之技术的革命	陈望道译
湖风	隐秘的爱	森堡译	大江	艺术简论	陈望道译
水沫	文艺与批评	鲁迅译	大江	现代欧洲的艺术	冯雪峰译
水沫	文艺政策	鲁迅译	大江	艺术社会学底任务及问题	冯雪峰译
水沫	银铃	蓬子译	光华	高尔基文集	鲁迅译
水沫	艺术之社会的基础	冯雪峰译	光华	现代名人书信	高语罕编
水沫	艺术与社会生活	冯雪峰译	北新	新俄的戏剧与跳舞	冯雪峰译
水沫	往何处去	胡也频著	中华	一个女人	丁玲著
亚东	鸭绿江上	蒋光慈著	中华	一幕悲剧的写实	胡也频著
亚东	纪念碑	蒋光慈著	乐华	独清自选集	王独清著
亚东	百花厅畔	高语罕著	泰东	俄国文学概论	蒋光慈著

四

普罗作家及其文艺作品显然是国民党文艺统制政策下对上海文坛实施书报检查而予以压制与封杀的重中之重。此种意旨在1934年1月20日召开的国民党四中全会上就有指示："对于文艺方针及社会新闻政策，尤宜有整个计划及实施方法，随时对下级党部为切实之指导，并据此对全国之新闻界及出版界做有效之统制。"① 而上海方面早在1931年2月份召集上海各书店谈话时，就已经提出"今后出版书籍需事先送宣传部审核，以免印就后之以外损失"的要求。

由此看来，2月19日查禁149种文艺书籍的举动只是后来图书杂志审查委员会粉墨登场的一出前戏，或者说查禁149种文艺书籍是国民党为了推出图书杂志审查委员会来加强"文化剿匪"的一个计谋，宴会谈话的形式自然没有直接查禁文艺书籍效果来得快，因为书籍被禁自然影响上海各书店的经济收益，更何况很多文艺书籍是已获得著作权或通过国民党审查之后出版的。国民党正是以此为筹码，逼迫上海各书店同意并由他们主动提出原稿审查的请求，而接下来国民党所要做的就是"徇出版界之请求"而顺水

① 荣孟源主编：《中国国民党历次代表大会及中央全会资料》（下），光明日报出版社1985年版，第222页。

推出专门审查原稿的机构罢了①。对此，上海年鉴中有记载：

民国二十三年（1934年）春间，中央宣传委员会遵照四中全会意旨，并徇出版界之请求，爰有事先审查图书杂志原稿之计议，以图出版界之便利，借以增进审查之效能，旋经拟具中央宣传委员会图书杂志审查委员会组织规程，呈经中央常会核准备案，并决议先在上海办理②。

1934年3月3日，被禁的149种文学作品开始受到“始皇烧书”的待遇。3月4日，鲁迅在写给萧三的信中言及“昨天大烧书，将柔石的《希望》，丁玲的《水》，全部烧掉了”③。

1934年3月15日至17日，国民党“中央宣传委员会”召集各省市党部代表在南京召开文艺宣传会议。这次会议的召开，使国民党今后对左翼文艺的审查得到了相对全面的讨论与组织上的排兵布阵，确定了国民党今后文艺统制的具体政策。

上海市党部在提案中提到当时文坛的情况时说，共产党深知文艺运动“足以范围青年之思想，故在数年前曾注全力于文艺运动并确立普罗意识为文艺之中心理论而有左联之组织，跋息猖獗，几控制当时之文艺界”。江苏省党部在提案中称：“各地坊间所出版之文艺书籍以及文艺之定期出版物所谓普罗文艺几占全部”，“普罗文艺之意识几于无孔不入，一切电影戏剧无不以普罗化为依归，几至毒害社会全部之思想”。虽然国民党不断发布密令查禁“反动”文艺书刊，但总是禁而未绝。对此，国民党“中央宣传委员会”抱怨某些省市工作不利，“遇本会密函处置之反动文艺书刊，又不切实执行，致使反动文艺书刊愈禁愈多，而本会之禁令，反成为反动文艺书刊最有力量之广告，言之殊为痛心”！为此，除了要求进一步以三民主义为中心理论建设文艺外，其重点更在于加强对以普罗文艺为主的文艺流派的查禁与扼杀，同时扫清浪漫主义文学、颓废文学、肉感文学、第三种人文学、幽默文学、封建文学等等，达致国民党对整个文坛的统治，实现三民主义文学、民族主义文学在上海文坛的独霸之势。这样，文艺宣传会议通过了《请确定本

---

① 1933年12月国民党查禁生活书店出版的两个主要刊物《生活》周刊和《文学》月刊时，据傅东华向茅盾说，这个消息是有人故意透露给他的。傅说，听那人的口气，《生活》是肯定要紧了，《文学》似乎尚有圆转的余地。茅盾冷笑说，恐怕要我们投降。傅说，他们是故意放空气。傅东华与国民党党部沟通后，向茅盾报告说，上海市党部提出三个继续出版《文学》的条件：一是不采用左翼文品，二是为民族文艺努力，三是稿件送审。可见，国民党早已有审查原稿的打算。见茅盾：《我走过的道路》（中），人民文学出版社1984年版，第219-220页。

② 上海市年鉴委员会编：《民国二十四年上海市年鉴》，上海市通志馆出版，1935年4月。

③ 鲁迅：《致萧三》，王世家、止庵编《鲁迅著译编年全集》（第16卷），人民出版社2009年版，第70页。

党文艺统制政策案》，妄求实现“彻底扑灭普罗文艺运动俾全剿赤全功”的目的。

为实施文艺统制，在组织上“中宣会”今后的第一个工作要点就是在上海筹备图书杂志审查委员会，负责审查全国书刊，同时严格书报审查制度。今后全国各书店或社会团体出版书刊，均须先将原稿送至图书杂志审查委员会审查后方可出版。同时，为了统制全国报纸副刊，今后中央和地方报纸副刊的编辑，由中宣会或地方党部指派，刊物内容由中宣会指示，“务使重心不移，步调一致”。陈立夫在题为《确立唯生为文艺理论的中心》的训词中明确指出：“我们在文艺上的对象是共产党。我们一方面要用实际的行动去消灭，一方面要用文字来做思想上的斗争。”① 文艺统制毫无疑问直指普罗文艺，由此可见一斑。

1934 年 6 月 1 日，《图书杂志审查办法》公布的当天，图书杂志审查委员会在上海开始正式办公。6 月 9 日，该会已经“电呈中央宣传委员会，通告本市书业公会转知各书局，将有关文艺及社会科学之书刊原稿，依照图书杂志审查办法送至该会申请审查”②。7 月 6 日《申报》报道，上海各书局社团向审查委员会“送往审稿件日必数百件，该会概予以最迅速发审查，如经审查核准之图书杂志稿件，由该会之给审查证，得将审查证号数于出版时刊印于该书籍之封面底页以资识别。惟关于学校教科书及关于其他医学电械理化体育等各种专门科学书，均不加以审查”③。

对此，鲁迅在《且介亭杂文二集》后记④中说，“中央图书杂志审查委员会”到底在上海出现了，于是每本出版物上，就有了一行“中宣会图书杂志审委会审查证……字……号”字样，说明着该抽去的已经抽去，该删的已经删改，并且保证着发卖的安全。9 月 15 日的《中华日报》又报道了审查委员会“紧张工作”的情况：

> 中央图书杂志审查委员会、自在沪成立以来、迄今四阅月、审查各种杂志书籍、共计有五百余种之多、平均每日每一工作人员审查字、在十万以上、审查手续、异常迅速、虽洋洋巨著、至多不过二天、故出版界咸认为有意想不到之快、予以便利不少、至该会审查标准、如非对党对政府绝对显明不利之文字、请其删改外、余均一秉大公、无私毫偏袒、故数月来相安无事、过去出版界、因无审查机关、往往出书以后、受到扣留或查禁之事、自审查会成立后、此种事件、已不再发生矣、闻中

---

① 引自唐纪如：《国民党 1934 年〈文艺宣传会议录〉评述》，《南京师大学报》（社会科学版）1986 年第 3 期，第 55、61 页。

② 《中宣会图书杂志委员会已正式办公》，《申报》1934 年 6 月 9 日。

③ 《申报》1934 年 7 月 6 日。

④ 鲁迅在此文中对国民党查禁 149 种文艺书籍及其善后、图书杂志审查委员会的成立等，做了史料性的记录。

央方面、以该会工作成绩优良、而出版界又甚需要此种组织、有增加内部工作人员计划、以便利审查工作云①。

五

自上海出现了图书杂志审查委员会以及施行《图书杂志审查办法》后，国民党对现代文艺作品的原稿审查与出版后的检查更加合法化与公开化。但审查机构的专门设置与审查办法的施行，并不意味着书报审查更加走向标准化与法治化。事实上，它正朝着相反的方向前进。在意识形态激烈碰撞的1928年后的上海文坛，共产主义与三民主义、“左”的普罗文学与“右”的民族主义文学这些二元对立的文学发展纬度，都意欲取消彼此存在的合法性。两者之间在文学观念与生产上，不存在同情与包容，存在的只有近乎殊死的斗争，尤其是当文学成为“武器的艺术”、为夺取政权服务时，更是将彼此之间的斗争推向不可调和的极端对立②。这样，在已先获取国家政权的掌权者对与自身权力价值相冲突的文艺实施检查时，就不可能抱以客观、合理以及合乎法治的处理态度，这一点对一个独裁政党来说尤其如此，更何况当法律成为政治意识形态量身打造的合法外衣时，即将法律当作政府的工具，政府或政党凌驾于法律之上，又向何处寻求法治，从而实施公正之标准的文学审查呢？

（作者单位：成都大学中国—东盟艺术学院）

① 鲁迅：《且介亭杂文二集·后记》，王世家、止庵编《鲁迅著译编年全集》（第20卷），人民出版社2009年版，第14-15页。

② 1931年11月中国左翼作家联盟执行委员会决议，确定了中国无产阶级文学的新任务，其中包括“反对民族主义，法西主义，取消派，以及一切反革命的思想和文学；反对统治阶级文化上的恐怖手段与欺骗政策”，并在“文学的领域内，宣传苏维埃革命以及煽动与组织为苏维埃政权的一切斗争”。（《中国无产阶级革命文学的新任务》，陈瘦竹主编：《左翼文艺运动史料》，南京大学学报编辑部，1980年，第160-161页。）

百年新诗“第一首杰作”《小河》解

张传敏

或者是受胡适将周作人的《小河》视为“新诗中的第一首杰作”① 的影响，后人多有称道此诗者。朱自清以为有了它“新诗乃正式成立”②；叶圣陶称赞它有“最精粹的语言”，声调和诗中情境极为“和谐”③；冯文炳认为周作人有“奠定诗坛”的功劳，《小河》“关系白话新诗的成长甚大”④。时至今日，众多现代诗歌（文学）选本中也多收录这首诗并予以高度评价，不待一一列举。

《小河》虽久受人推崇，对它的解释却并未足以厌服人心。胡适认为《小河》那“细密的观察”与“曲折的理想”是旧体诗词所无法表达的。然而，《小河》只粗疏地描写了几种江南风物，细密是谈不到的。其理想究竟如何“曲折”？胡适也没有进一步阐发。周作人在《苦茶庵打油诗》中曾解释说《小河》是自己思想中“忧惧”分子的一个好例子，同时又强调这种忧惧并非新事物，而是“中国旧诗人的传统”⑤。若以周作人所说为是，那么胡适对《小河》的解释显然不能成立。朱自清以为《小河》“融景入情，融情入理”⑥，但没有进一步讨论这首诗究竟包含了什么样的情与理。至于他认为周作人（以及鲁迅）的诗“走上欧化一路”，则纯属误解——《小河》的诗句明白晓畅，表达的又是“传统”思想，何曾有欧化的痕迹？叶圣陶对《小河》的解释稍微精细一些：他将

---

① 胡适：《谈新诗——八年来一件大事》，《星期评论》1919年10月10日纪念号第五张。

② 朱自清：《选诗杂记》，《中国新文学大系·诗集》（影印本），上海文艺出版社2003年版，第15页。

③ 叶圣陶：《小河》，《新少年》1936年第1卷第9期。

④ 冯文炳：《谈新诗》，人民文学出版社1984年版，第83-84页。

⑤ 周作人：《苦茶庵打油诗》，《杂志》1944年第14卷第1期。

⑥ 朱自清：《导言》，《中国新文学大系·诗集》（影印本），上海文艺出版社2003年版，第3页。

诗中筑堰的农夫和受阻挡的小河解释为“差不多随时随地都有”的“压迫者”和“受压迫者”情境。叶氏这种浅近化的解释虽然不能算错，但明显忽略了该诗所包含的丰富而具体的历史内容——周作人在《知堂回想录》中曾撰《小河与新村》上、中、下三篇，说明《小河》和他当时所经验的一系列事件有关。茅盾似乎意识到了这首诗的时代背景，自称“在《小河》里看到了对于压迫自由思想和解放运动者的警告”①，但他对《小河》的解释也仅仅是这一句话而已。

与“五四”时代几位新文学家的粗略解释相比，还是现在的一些学者对《小河》的阐发更加细致而合理。当下对《小河》的主流解释方式是从社会历史学视角进行观照，将晚清到“五四”运动爆发前的一系列社会运动作为《小河》的创作背景。一般的结论是：诗中的水（小河）象征着人民的力量，该诗表达了周作人对于新文化运动的发展所必然引发的政治革命的忧虑。

这样的解释确实具有一定的说服力。周作人在《苦茶庵打油诗》中曾说“民犹水也”，在《知堂回想录》中又举出和《小河》相近的《苦茶庵打油诗》的第十五首来说明自己诗中的小河、洪水，确实和社会政治革命密切相关②。但是这种解释主要针对的是小河或水，没有涉及诗中相当重要的“土堰”、“石堰”以及“农夫”。这些隐喻相当重要——小河本来是平稳地向前流着，之所以可能成患，就是因为农夫先后两次筑堰。另外，将小河视为人民的力量，还会导致一个明显的逻辑难题——从晚清到“五四”，中国社会变革频仍，戊戌变法、义和团运动、辛亥革命、袁世凯复辟、张勋复辟等各种运动绵延不绝，如果说《小河》的创作背景就是这段波澜壮阔的历史，那么是无法将其与“稳稳的”“小河”相衔接的。

小河究竟指涉何物？谁是“农夫”？何为“堰”？百年新诗的“第一首杰作”仍然有待仔细考察、辨析。

一

从周作人《苦茶庵打油诗》、《小河与新村》等文章中寻找《小河》的具体指涉与意蕴似乎是极为稳妥的解诗方式。然而，若不能仔细揣摩周作人语句的表面义及隐含义，寻章摘句以为结论，那么解诗很容易变成误读。在《苦茶庵打油诗》中，周作人将古人所说的“民犹水也，水能载舟，亦能覆舟”与传说中法国国王路易十四所云“朕等之后

---

① 茅盾：《论初期白话诗》，《茅盾全集》（第21卷），人民文学出版社1991年版，第235页。

② 周作人：《知堂回想录》，三育图书有限公司1980年版，第389-390页。

有洪水来"① 对举，以为这两者"是一样的可怕"——不管是"戒惧如周公"还是"放肆如隋炀"。如果将"水"理解为人民的力量，那么害怕它的泛滥很容易理解，对它表示"戒惧"又有何错误？《小河》表达的不正是周作人和"戒惧"极为类似的"忧惧"之心吗？

"水"或者"小河"明显都和人民无关。虽然周作人在晚年所撰《小河与新村》里说明自己当初的担忧确实跟大革命有关并对中国共产党在20世纪40年代末取得胜利之自然顺利表示意外②，但他借机向新政权示好的意图很明显，未必尽是写作《小河》的原意。再者，即便《小河》里有担心大革命的洪水泛滥之意，那也只是他对"放肆者"的忧虑，对"戒惧者"的担心仍然不知从何而来。

不过必须承认，《苦茶庵打油诗》确实为解决《小河》中的这些问题提供了契机：文中的"放肆者"与"戒惧者"分别对应着《小河》中泛滥的河水与筑堰的农夫，他们就是周作人忧惧之心的来源。于是，对《小河》中隐喻的本体的考察可以顺理成章地化为对"放肆者"与"戒惧者"的索隐。然而，周作人自云小河的泛滥尚未发生，他只是表达了对"将来"的忧惧，因此只能先行查考周作人所说的"戒惧者"——也就是筑堰之农夫可能指涉的人物。

但是从周作人写作《小河》之前的一系列社会事件中很难发现"戒惧如周公"者。在晚清以降的种种大事件中，即便是周作人自己确曾表现出忧惧，事件的主要发起者、参与者们却大多不以"戒惧"闻名。查考1919年1月24日周作人创作《小河》之前的经历，只有1918年1月在北京大学发起进德会的蔡元培足称"戒惧"的典范。

蔡元培作为周作人的同乡，以晚清的翰林而从事革命，早就众所周知。1918年蔡元培在北大组织进德会，不仅是矫正该校此前不良风气的一种措施，也是其一贯思想的体现。他的《北京大学之进德会》一文从中国历史中寻找酒色亡国的例子，指出"私德不修，祸及社会"，认为当时政治界、实业界的腐败也和少数人的堕落有关。他声称，早在20年前，自己鉴于中国谈社会主义者之"因以自便，名为提倡，实增阻力"，就已经强调"惟于交际之间一介不苟者，夫然后可以言共产；又惟男女之间一毫不苟者，夫然后可以言废婚姻"③。

很明显，蔡元培组织的进德会和新文化运动在基本价值取向上具有相当大的距离。虽然不能将蔡元培视为新文化运动的反对者，但他对只尚公德，不问私德的"今人恒

① 周作人以为"朕等之后有洪水来"是路易十四所说，现在一般认为说过类似的话的应当是路易十五或者其情妇蓬巴杜夫人。

② 周作人：《知堂回想录》，三育图书有限公司1980年版，第389-390页。

③ 蔡元培：《北京大学之进德会》，《北京大学日刊》1918年1月19日，第3版。

言”确实表现出强烈的“戒惧”心态。如果此判断为真，那么《小河》中的农夫应该就是蔡元培，而农夫筑堰也就是指他组织进德会。

《小河》中农夫两次所筑之堰，一为土堰一为石堰，土堰已垮而石堰仍牢，也可以作为其本事就是进德会的一个证据。1912 年 2 月，汪精卫、李石曾、张继、吴稚晖于上海发起进德会，蔡元培也名列会员。后来在迎接袁世凯到南京就任大总统的途中，蔡元培又与同行者在进德会的基础上成立了“六不会”与“社会改良会”，也以改良风俗为宗旨。

民初进德会的戒律较之后来的北大进德会要宽松不少。吴稚晖起草的《进德会会约》中说：

> 本会无会长、干事等名目，亦无章程，不纳会费，不设刑罚，但凭会员介绍，即刊刻氏名表字于册中，使海内外共知为进德会之会员。
>
> 倘入会以后，违背所约，为同会察知者，但请全会为之脱帽不安，默恳加谨。因此为道德上之问题，有道之士，自能爱重社会，戒兢于幽独也①。

蔡元培在民初进德会中只是普通会员，持不狎邪、不赌博、不置妾三戒。他后来加入的“六不会”在此之外又添加了不食肉、不饮酒、不吸烟三条，但这后三项也只是自由遵守，并不强迫②。

民初的进德会以及“六不会”、“社会改良会”等组织后来并没有形成多大声势，也没有真正实现发起者们移风易俗的目标。蔡元培坦承，不仅“六不会”和“社会改良会”的发起人“次第星散”而致其事“未及进行”，进德会新加入的成员也只是“间见于上海之报纸”而已③。

1918 年，蔡元培看到自袁世凯执政以后社会上开始盛行的腐败嫖赌之风，乃仿民初之例发起了北京大学进德会。此进德会的伦理态度变得较为峻急：虽然其甲乙丙三种会员所要遵守的仍然是和民初进德会基本相同的八条戒律，但对违犯者就不像以前那样温和了。《北京大学之进德会》中云：“入会以后，于认定之戒律有犯者，罚之”，“本会俟成立以后，当公定罚章，并举纠察员若干人执行之”④。

《小河》中所写的农夫先筑土堰，垮掉后更筑坚固的石堰，不正是民初相对温和的

---

① 《吴稚晖全集　卷二　哲理与文教　二》，九州出版社 2013 年版，第 428 页。

② 陶英惠：《蔡元培年谱》（上），台湾“中央研究院”近代史所 1976 年版，第 244-248 页。

③ 蔡元培：《北京大学之进德会》，《北京大学日刊》1918 年 1 月 19 日，第 3 版。

④ 同上。

进德会、“六不会”、“社会改良会”衰落后蔡元培又组织戒律更严的北京大学进德会的好象征吗？

二

如果周作人所说的“戒惧者”确系蔡元培，那么“放肆者”也就露出了水面——陈独秀。

然而，陈独秀虽然不是温良恭俭让的道德君子，却也不会如法国国王路易十五或者隋炀帝那样放肆到“我死之后哪怕洪水滔天”的程度。不过隋炀帝也好，路易十五也罢，都以耽情闻名，如果周作人口中的“放肆者”是陈独秀，那么他们也就是在这一点上有相似之处。另外必须澄清的一点是：周作人所说的“放肆”并非全系贬义，它只是被用来描述和“戒惧”相对的一种个性而已。周作人在其他文章中曾使用过一个和放肆极为相似的词：放荡——这个词在他那里也不是贬义。他曾以言、行为标准把文人分成三类：行谨重而言放荡的，即便不是圣人，也是君子；言行都很谨重或者言行都很放荡的，虽然是凡人，但还属于狂狷一流；最差的是言谨重而行放荡的，这才是“道地小人”①。“五四”时期的陈独秀虽然在私人生活方面曾遭非议，在周作人那里应该还属于表里如一的狂狷一流。

但是即便承认放肆者就是陈独秀，在将其和《小河》相关联时仍然可能导致质疑：放肆者对应的是河水的泛滥，而诗中的河水不仅“以前”曾平稳流淌，“现在”也只是有泛滥的危险。这不和陈独秀的“放肆”相矛盾吗？

须知周作人认为陈独秀放肆，只是说他个性中具有放肆的因素，其表现形态则取决于他所处的具体环境。“小河”由平稳流淌到有泛滥之危，指的就是陈独秀的个性在不同条件下呈现出的不同状态。陈独秀的这些状态，或者说周作人对陈独秀状态的判断，可以从周作人对新文化运动从《新青年》（包括《青年杂志》）阶段到《每周评论》阶段的不同态度反映出来。要明白这一点，可以先看周作人在《知堂回想录》中的一段记述：

> 讲到蔡孑民的事，非把林蔡斗争来叙说一番不可，而这事又是与复辟很有关系的。复辟这出把戏，前后不到两个星期便收场了，但是它却留下很大的影响。……在段内阁当权时代，兴起了那有名的五四运动，这本来是学生的爱国的一种政治表

① 知堂：《文章的放荡》，《大公报·文艺》1935年9月8日第5期。

现，但因为影响于文化方面者极为深远，所以或又称以后的作新文化运动。这名称是颇为确实的，因为以后蓬蓬勃勃起来的文化上诸种运动，几乎无一不是受了复辟事件的刺激而发生而兴旺的。即如《新青年》吧，它本来就有，叫作《青年杂志》，也是普通的刊物罢了，虽是由陈独秀编辑，看不出什么特色来。后来有胡适之自美国寄稿，说到改革文体，美其名曰“文学革命”，可是说也可笑，自己所写的文章都还没有用白话文。第三卷里陈独秀答胡适书中，尽管很强硬的说：“独至改良中国文学当以白话文学正宗之说，其是非甚明，必不容反对者有讨论余地，必以吾辈所主张者为绝对之是，而不容他人之匡正也。”可是说是这么说，做却还是做的古文，和反对者一般。（上边的这一节话，是抄录黎锦熙在《国语周刊》创刊号所说的。）我初来北京，鲁迅曾以《新青年》数册见示，并且述许季茀的话道，“这里边颇有些谬论，可以一驳”。大概许君是用了民报社时代的眼光去看它，所以这么说的吧。但是我看了却觉得没有什么谬，虽然也并不怎么对……①

周作人因为自己和陈独秀、胡适等人之间有嫌隙，所以才否认《新青年》对于新文学的发轫之功，这可能是长期接受现行新文学发生史观点影响的读者看了这段引文后一个较为普遍的想法——他甚至否认1919年五四运动之前有新文化运动。然而，这种想法其实是对周作人的一种误解，他并没有贬低《新青年》。

周作人对《新青年》的印象早就不错。1917年1月他读到鲁迅从北京寄来的《新青年》后在日记中称：“晚阅《青年杂志》，多可读。”② 从前面的引文中还可知道，许季茀（寿裳）批评《新青年》，他也不认同。周作人主要只是反对把它视为新文学的发端而已。

如果再将周作人对《新青年》和《每周评论》的态度加以比较，事情就更明了了。《每周评论》创刊于1918年12月22日，其《发刊词》中自称宗旨为“主张公理，反对强权”。它和《新青年》最重要的区别就在于力图更加接近现实政治，风格更激烈。1918年12月15日，《新青年》为《每周评论》刊登的广告中除了交代《每周评论》所刊登文章和出版周期都比较短，两者内容不重复之外，主要强调《新青年》重在“阐明学理”而《每周评论》则重在“批评事实”。

周作人参与了《每周评论》的创刊，还捐助了刊资三元，这大概是《知堂回想录》为此刊设立专章而置《新青年》于不顾的原因之一。《知堂回想录》还认为，真正能代

① 周作人：《知堂回想录》，三育图书有限公司1980年版，第333-334页。

② 《周作人日记》（影印本）上册，大象出版社1996年版，第651页。

表新文化阵营之异军突起的不是1919年1月创刊的《新潮》月刊，而是前此不久出现的《每周评论》①。

如果仅据以上材料就以为周作人对《每周评论》的看法完全是正面的，则纯属误会。周作人不仅认为当时所谓的“新旧派的论争实在也争不出什么来”，后来林纾发表《致蔡鹤卿太史书》并引发一系列论战，也被他称为“《公言报》所夸张的新旧学派对立的情形”②。而“异军突起”的《每周评论》，就属于被“夸张”的对立的双方之一！

对周作人来说，波澜不惊的《新青年》还是比较合乎其口味的。然而，陈独秀在它之外又创办了“激流勇进”的《每周评论》——他这条“稳稳的向前流动”的“小河”变了“青黑”的颜色，就难免要引发周作人对于泛滥的恐惧了。

三

1922年4月8日钱玄同给周作人的信中的一段话，也可以作为陈独秀就是“放肆者”的旁证：

> 我在近一年来时怀杞忧，看看“中国列宁”的言论，真觉害怕，因为这不是ㄅㄛㄌㄕㄝㄋㄧㄎㄧ③，真是过激派；这条“小河”，一旦“洪水横流，泛滥于两岸”，则我等“栗树”“小草”们实在不免胆战心惊，而且这河恐非贾让所能治，非请教神禹不可的了④。

自1922年2月起，上海、北京的知识分子中开始爆发大规模的反对基督教运动。周作人、钱玄同、沈兼士、沈士远、马裕藻在3月31日的《晨报》发表了《主张信教自由宣言》。周作人自己在4月5日的《晨报》上发表《拥护宗教的嫌疑》，对此表示异议。陈独秀则于4月7日、23日的《民国日报》“觉悟”副刊上分别发表《致周作人钱玄同诸君信》、《再致周作人先生信》，对周等人进行反批评。这就是上面所引钱玄同信件的背景，信中的“中国列宁”就是指陈独秀。

---

① 周作人：《知堂回想录》，三育图书有限公司1980年版，第376页。

② 同上。

③ ㄅㄛㄌㄕㄝㄋㄧㄎㄧ，汉语注音符号，意为“布尔什维克”。

④ 《钱玄同致周作人（39通）》，孙郁、黄乔生：《回望周作人　致周作人》，河南大学出版社2004年版，第87页。该书标注这封信的写作日期为1926年4月8日，但耿宝强认为应该是1922年4月8日，本文采信耿的说法。参看耿宝强：《周作人与陈独秀：〈主张信教自由宣言〉》，《中国现代文人的唱和与辩驳》，中国文史出版社2013年版，第164页。

关于20世纪20年代反对基督教者和主张信仰自由者之间的论争早成一桩历史公案，是非曲直一直未有定论，也不可能有定论：周作人等人呼吁尊重信仰自由固然“政治正确”，陈独秀强调反对周作人等人的主张也是一种自由，虽然在逻辑上颇有吊诡之处，却也很难从话语层面上将其驳倒，双方的争论最后只能不了了之。不过上述钱玄同给周作人的信却对理解《小河》极有帮助：钱玄同不仅认定了该诗中的“小河”就是指陈独秀，而且还说明当时的陈独秀是已经泛滥了的小河。这不就是周作人后来在《苦茶庵打油诗》中所忧惧的“放肆者”吗？

要论证“小河”就是陈独秀，钱玄同的信是非常有力的材料，但是这封信却并未涉及蔡元培。还是周作人在《知堂回想录》中的一些回忆，可以作为《小河》和蔡元培、陈独秀都有关系的证据。不过，这些证据不是来自周作人的陈述，而是来自他陈述中有意无意的遮掩。

周作人在回忆《每周评论》创刊后不久自己在该刊所发表的文章时，只承认《祖先崇拜》和《思想革命》是自己的由衷之言，对发表于1919年1月12日该刊第4期的《论“黑幕”》和1月19日该刊第5期的《平民文学》这两篇文章却并不看重。对于《论“黑幕”》和发表在1919年2月15日《新青年》第6卷第2号上的《再论“黑幕”》，他甚至称因为它们没有被收入文集，所以已经完全忘记了内容。此话当然不可信：如果它们真的不重要，周作人自己又忘记了内容，在回忆录中不提即可，何必又特意加以说明？为什么周作人不像对《祖先崇拜》和《思想革命》一样强调《平民文学》、《论“黑幕”》、《再论“黑幕”》是自己的“由衷之言”呢？

周作人《平民文学》一文上承陈独秀建设“平易的抒情的国民文学”的主张，立论既稳妥又有自己独特的见解，很难得出这不是他的真心话的结论。然而，如果仔细琢磨其中字句，还真可以发现一些引人深思之处。周作人在文中说：

> 我们不必讲偏重一面的畸形道德，只应讲说人间交互的实行道德。因为真的道德，一定普遍，绝不偏枯。天下绝无只有在甲应守，在乙不必守的奇怪道德。……世上既然只有一律平等的人类，自然也有一种一律平等的人的道德。

这些话单独看起来没有丝毫问题，但如果考虑到连会员都要分甲乙丙等的北大进德会这个背景，就可以明白，这简直就是在攻击蔡元培所提倡的私德是伪道德。还有一个关键问题：周作人自己也是进德会会员。据此看来，周作人之所以在《知堂回想录》中有意忽略《平民文学》，恐怕不是因为这不是他的由衷之言，而是因为若细述起来，就等于再攻击一遍不仅于己有提拔之恩，而且自己在回忆录中也一直加以称赞的蔡元培，另外还可能暴露自己当初在道德问题上的言行不一。

再看《论“黑幕”》与《再论“黑幕”》。虽然这两篇文章批评的是社会上流行的揭露“黑幕”，但是有些内容与陈独秀颇有关碍。周作人在《论“黑幕”》中指出，虽然社会上种种有关黑幕的著作不足为训，但黑幕还是应该揭露的、应该研究的。研究黑幕者，必须是“有极高深的人生观的文人”，研究的范围也应该扩大，不仅应该把奸盗诈伪归入，中国极常见的“夸大狂、色情狂、背德狂的文人学士应该一律收入”。对向来不以私德为意，偏偏又加入了北大进德会且成为评议员的陈独秀来说，这实是指桑骂槐。真不知陈独秀看到这些词句时作如何想。在为回应杨亦曾的《对于教育部通俗教育研究会劝告勿再编黑幕小说之意见》而写的《再论“黑幕”》中，周作人虽然未再指责“色情狂、背德狂”，但是同意杨亦曾对待“黑幕”的某些做法：“我对于杨君的意见，几乎完全不同，但其中几节，也很以为是。如说丑处应该公布这一段话。”那么当时在社会上沸沸扬扬的陈独秀在青楼与人发生冲突之事是否也应该公布？周作人在文章中当然不会直接涉及这样的问题。

必须承认，从这个时期的总体倾向来看，周作人对打破封建禁锢、解放人欲并无抵触。他在1918年5月15日的《新青年》第4卷第5号上发表了日人与谢野晶子著的《贞操论》的译文，提出应该将贞操只作为一种个人的趣味或信仰，否认其具有普遍性的道德意义。在1918年10月15日出版的《新青年》第5卷第4号上，他又发表了介绍英国凯本德（Edward Carpenter）所著《爱的成年》（*Love's Coming-of-Age*）一文，强调指出：

> 《爱的成年》第一章论性欲，极多精义。他先肯定人生，承认人类的身体和一切本能欲求，无一不美善洁净；他所最恨的，便是那“卖买人类一切物事的商贩主义，与隐藏遮盖的宗教的伪善”。（十九页）他说明：“对于人身那种不洁的思想，如不去掉，难望世间有自由优美的公共生活。”

据此来推测，周作人晚年之所以说已经忘了两篇关于“黑幕”的文章的内容，一来可能是因为它们都疾言厉色，与他一贯崇尚的平淡自然相悖，他不想暴露自己当年对陈独秀的不满而再失温柔敦厚之旨；二来他自己也并非禁欲主义者，这两篇文章中的观点和他一贯的思想有些自相矛盾——既然贞操不是一种具有普遍性的道德，又何必去攻击那些“色情狂”呢？

事情至此已经相当清楚。周作人在《平民文学》、《论“黑幕”》、《再论“黑幕”》中对蔡元培、陈独秀的批评和他在《苦茶庵打油诗》中对戒惧者、放肆者都表示异议是极为相似的，这也就是他在《小河》中对农夫筑堰、小河泛滥都表现出忧惧之思的现实根据。当然，要做出这种论断仍需跨越一个逻辑障碍：《小河》中河水泛滥的危险是由于农夫筑堰所造成的，那么在现实中是蔡元培组织北大进德会给陈独秀带来了“泛滥”的危险？

要明白其中关捩，还需参看周作人的《文章的放荡》。周作人在文章中为了说明行为谨重和文章放荡之间貌似相反实则相成的关系，曾引用霭里斯《凯沙诺伐论》中的说法——其大意是人欲不可禁止，但因为日常生活中有道德约束，所以它往往通过文学、艺术的方式发泄出来。按照这种逻辑，可以说正是北大进德会的种种戒条，才使得原来“平稳”地宣扬新文化的陈独秀变得态度激烈，而《每周评论》则不过是陈独秀被禁锢的欲望的一种产物而已。

在找到《小河》中河水、农夫、土堰、石堰等喻体的本体之后，还可以对诗中的其他物象稍加揣测：《新青年》的读者主体为青年，与此相对应，诗中被“河水”所滋养的“稻”、“小草”所指涉的也应是青年。但本文的推测拟到此为止。如果将诗中的桑树、蛤蟆等并非核心的物象和某个或某类具体的人勉强挂钩，那么很可能会由于这种关联使诗歌丧失固有的弹性并导致对本事的判断的完全失效。

四

因为周作人在《知堂回想录》中曾明确地将《小河》和他一度鼓吹的新村运动联系在一起，这两者的关系就成了本文一个不可回避的话题。但是那种将两者等同起来，因为新村的社会运动性质而认为《小河》也是一种有关社会运动的隐喻的判断显然是不正确的。从逻辑上看，两者之间并不是建立于相似性之上的并列关系而是建立在时间性之上的承接关系或者递进关系：《小河》表达了周作人的忧惧，而“新村”则是这种忧惧的解决方案。他在《小河与新村（下）》中曾明确写道：

> 新村的理想现在看来是难以实现，可是那时创始者的热心毅力是相当可以佩服的。而且那种期待革命而又怀忧虑的心情于此得到多少的慰安，所以对于新村的理论在过去时期我也曾加以宣扬，这就正是作那首《小河》的诗的时代①。

另外，因为周作人曾经在《小河与新村（下）》中借武者小路实笃之口反对暴力革

① 周作人：《知堂回想录》，三育图书有限公司1980年版，第392页。

命，便将小河的泛滥与其画等号并将平稳流淌的小河作为非暴力的改良主义与之相对立，也是站不住脚的。如果这样理解小河，诗中极为重要的“农夫筑堰”就失去了着落：谁有可能阻挠当时的改良主义？答案只能是与它敌对的封建势力，也就是当时新文化运动的反对者林纾、徐树铮乃至拥戴溥仪复辟的张勋之流。然而，单从诗歌的感情色彩看，农夫也不可能和这些人有瓜葛，更何况他们的复古主义主张和复辟在事实上并没有成功：林纾不必说只是发牢骚，张勋的复辟活动也很快就宣告失败。因此，他们不可能是筑堰成功的农夫，周作人也不会因为他们而感到忧惧。

如果不把小河的泛滥和周作人所反对的暴力革命直接画等号，而是把后者视为和前者具有极高关联度的结果，解释就会变得更加合理而顺畅：小河就是陈独秀，《新青年》、《每周评论》则是他的个人欲望的体现者与宣泄口。如果这些宣泄方式还不足以完全消除陈独秀那被禁锢的欲望，当这些欲望积累起足够强大的力量，就可能冲破堤岸，造成破坏（暴力革命）。如果这个逻辑链条能够成立，那么不能不佩服周作人的惊人的预见性：周作人创作《小河》后不久，陈独秀就因为流言被迫离开北京大学并迅速向“左”转，引发了中国社会政治格局的深刻变迁。这不正是周作人所忧惧的吗？

在陈独秀因为流言被迫离开北京大学的问题上，当下的学者们大多推崇胡适的看法。胡适在1935年12月23日晚给汤尔和的信中，曾论及1919年3月26日晚蔡元培、汤尔和诸人决议让陈独秀离开北京大学的影响：

> 此夜之会，先生①记之甚略，然独秀因此离去北大，以后中国共产党的创立及后来国中思想的左倾，《新青年》的分化，北大自由主义者的变弱，皆起于此夜之会。独秀在北大，颇受我与孟和（英美派）的影响，故不致十分左倾②。

胡适未免又是“戏台里喝彩”，太强调自己人在历史事件中的关键性作用了。即便他在北京大学时和陈独秀的关系确实比周作人和陈的关系更密切，也确实曾对陈独秀施加过更多影响，在陈独秀的政治趋向上他也远不如周作人的目光锐利。从前文的分析来看，周作人不仅预见陈独秀可能的变化比胡适早，还将陈独秀转向的根源追溯到人性的深处，这比胡适将之简单归结为1919年3月26日夜的偶然事件要高明许多。

---

① 即汤尔和。下文的“孟和”是指陶孟和。

② 中国社会科学院近代史研究所中华民国史组：《胡适来往书信选》中册，中华书局1979年版，第281–282页。

五

周作人在《小河与新村（中）》中曾举出自己在1942年10月30日作的一首诗，谓其情调最与《小河》相近：

野老生涯是种园，闲衔烟管立黄昏。豆花未落瓜生蔓，怅望山南大水云①。

这首诗里的“野老”无疑是周作人自指。因为他曾有集子名曰《自己的园地》，所以诗中的“种园”也不难解——他“种”的依然是“自己的园地”。这首诗中所描绘的瓜豆的将熟未熟之态与时令不符，并非实写，可以视为周作人对耕种自己的园地之所得的自我评价。诗中最后一句“怅望山南大水云”表达的则是他一贯的忧惧之心，也非实写。根据北京市气象局气候资料室编著的《北京气候志》记载，1942年北京降水量正常——夏季降水401毫米，全年降水478毫米②，并无水患发生。而且北京之西、北皆有山，向南是一望无涯的平原，所以当时周作人不太可能看到什么山南大水云。那么，究竟是什么让周作人再一次惆怅、忧惧？

1942年的世界大事不少，譬如1月1日中苏美英等国签署《联合国家共同宣言》，1月5日蒋介石被推举为中国战区最高统帅，6月4日中途岛之战爆发等等。但这些和周作人的直接关系不大，应该很难刺激到他的神经。另外，这一年5月27日陈独秀在四川江津病逝，但是这也不会令周作人产生水患的联想——有联想的话也应该是水患已息。

查看张菊香、张铁荣编著《周作人年谱（1885－1967）》中1942年周作人的经历，确实可以找到一些和“忧惧”相关的痕迹。这一年7月13日在伪华北教育总署举办的第四届中等学校教员暑期讲习班开班典礼上，他曾让秘书左笑鸿代读了一篇《树立中心思想》的讲稿，着重宣讲的“中心思想”就是以儒家的“仁”为出发点的“大东亚主义”。在文章中周作人还对共产主义大加挞伐：

共产主义是讲极端的，甚至于为目的不择手段，所以会有烧杀等等的事实，但中国自古以来，国民的思想是注重中庸，讲究不偏不倚，而政治方面又主于养民，

① 周作人：《知堂回想录》，三育图书有限公司1980年版，第389页。
② 北京市气象局气候资料室：《北京气候志》，北京出版社1987年版，第136页。

此二者与共产主义有如冰炭之根本不能相合①。

除此之外，1942 年前后周作人还发表过一系列包含反共言论的讲话，如发表于 1941 年 9 月 1 日《教育时报》上的《第二次治安强化运动周督办广播演讲》，1942 年 11 月 1 日《教育时报》上的《第五次治安强化运动展开》、《举办农事教育人员讲习班的意义——在第一届华北农事教育人员暑期讲习班训词》，1942 年《中国公论》第 8 卷第 4 期上的《齐一意志·发挥力量——新民青少年团中央统监部成立大会开会词》等等。

也许照方家看来，“反共”是日本当时的政策，这些文章不过是周作人在任伪职期间的应付之作，不能说明什么。但是，如果考虑到从《小河》时期周作人就产生的对“过激派”的忧惧，这些文章未必没有他自己的意思在内——从《知堂回想录》中“野老生涯是种园”一诗的后文可以知道，他当时忧虑的正是共产党领导的革命。

周作人在 1942 年表现出的心态，或者与这一年 5 月 23 日毛泽东在延安文艺座谈会上的讲话有关。毛在讲话中不仅确立了中国共产党文艺政治标准第一、艺术标准第二的原则，还明指周作人和张资平为汉奸，称其从事的是汉奸文艺。

然而，尽管有人认定毛泽东《在延安文艺座谈会上的讲话》在 1942 年 5 月就曾经由七七出版社印行②，身处日伪控制区的周作人当时能否了解讲话的具体内容还是一个未知数。如果周作人真的是因为《在延安文艺座谈会上的讲话》而忧惧，那么他的“野老生涯是种园”一诗中的“山南”或即“陕北”的隐语，“大水云”自然就是指山雨欲来风满楼的革命形势了。当然，在获得更有力的材料之前，这些都只能是猜测。

六

以上对《小河》及相关文本的分析，不仅可以为该诗提供一种更合乎逻辑的解释，也可以更深入地理解周作人的思想以及他在“五四”新文化阵营中的独特位置。

周作人的思想非常复杂，他和儒家的关系更是一个难以一言道断的话题。一种常见的观点是：至少在“五四”时期，周作人的基本思想倾向是反对儒家的。必须承认，“五四”时期周作人确实发表过一些貌似“反儒”的言论，比如他在 1925 年的《读经之将来》中曾对尊孔读经冷嘲热讽，极尽调侃之能事。然而，他在文中批判的只是那些陷

① 转引自张菊香、张铁荣：《周作人年谱（1885-1967）》，天津人民出版社 2000 年版，第 637-638 页。

② 刘金田、吴晓梅：《尘封：〈毛泽东选集〉出版的前前后后》，台海出版社 2012 年版，第 41 页。

入迷狂不能自拔的当世孔教信徒而已。仅仅从周作人一时一地的只言片语的表层含义就得出他“反儒”的结论，稍嫌轻率。周作人在《苦茶庵打油诗》中曾明确交代，从《小河》时期开始直到1942年创作以“尊孔”闻名的《中国思想问题》，自己这20多年间的许多诗文的核心思想只有一个：“戒惧者”、“放肆者”看似大不相同，最后的结果却一样可怕①。这反映出周作人非常接近儒家中庸之道的思维模式——力图在禁锢与破坏之间寻找不偏不倚之途。由此看来，虽然他在《小河》时期还没有像后来那样处处强调以儒家为中心，其根芽却早已存在了。如果这个判断可以成立，贴在周作人身上的“五四”新文化阵营核心成员之一的标签就有点名不副实了，或者只能说，新文化运动可能包含了更多超出人们的想象的异质性成分。

如果说周作人在新文化运动中不偏不倚的立场更接近超越了新、旧之争的蔡元培，也许反驳的声音会更少。然而，正如本文前面的分析所指出的，他们两人在重大的道德问题上也有原则性的分歧。同时，由于种种原因，周作人也不会和新文化运动的另一位领袖胡适投洽。胡适高度评价了《小河》的成就，周作人却并不领情：胡适称赞《小河》是一首全新的作品，是“杰作”，周作人却偏说该诗从内容到形式都没有那么新。不过这里必须要指出的是，胡适在《谈新诗——八年来一件大事》中盛赞《小河》之后，对这首诗的态度很快就发生了变化：当周作人揭破了诗中“曲折的理想”就是“新村”后，胡适就开始指责他宣扬“独善的个人主义”②，这也就等于部分地否定了《小河》。

胡适本不知道《小河》中的理想为何物，知道它是新村后提出批评，似并不值得大惊小怪，令人惊讶的是他在批评周作人时提出的“非个人主义”主张和他自己一贯的思想倾向是矛盾的。胡适在1918年发表的《易卜生主义》一文中曾明确提倡“救出自己”的“为我主义”，认为这是“最有价值的利人主义”③。此后虽然他根据导师杜威的观点抛弃了“为我主义”(egoism)，改奉健全的个人主义——“个性主义”(individuality)④，但是其重个人的倾向是一贯的。因此，1920年初胡适批评新村运动的《非个人主义的新生活》一文的出现就显得非常突兀。一般人很难将作为一种理想的社会组织模式的新村和无论什么样式的个人主义联系在一起。

胡适为什么要反对新村？一个合理的解释是话语权之争。胡适、周作人虽然都属于新文化阵营，但是他们之间由于学缘、地缘等种种因素所造成的或隐或显的分歧与隔阂

① 周作人：《苦茶庵打油诗》，《杂志》1944年第14卷第1期。
② 胡适：《非个人主义的新生活》，《新潮》1920年2月第2卷第3号。
③ 胡适：《易卜生主义》，《新青年》1918年6月15日第4卷第6号。
④ 胡适：《个人自由与社会进步》，《独立评论》1935年5月12日第150号。

极深。周作人是“留日派”，他鼓吹的新村运动也来自日本，而胡适则属于“英美派”。胡适在《非个人主义的新生活》中以当年英国、美国的“贫民区域居留地”运动（social settlements）为例，号召青年们“做这一类的新生活”，不要去模仿日本新村“那跳出现社会的独善生活”①。就此来看，胡适对新村运动的批评确实带有“英美派”向“留日派”挑战的含义。

另外，《小河》中“曲折的理想”的谜题被周作人揭破，也可能导致胡适对新村运动产生过激的反应。不管胡适是真心喜爱这首诗还是要用该诗来为自己的白话诗歌主张助力并拉拢周作人，他在《谈新诗——八年来一件大事》中确实给了《小河》极高的评价。其中不仅有对其形式上完全冲破中国旧体诗藩篱的肯定，也隐含着对其理想某种程度的认同——《小河》中河流冲破堤岸的隐喻、对其危险的担忧和胡适的温和改良主义思路并无抵触。然而，当后来周作人明白揭示出这种理想的实际指向时，胡适对新村运动的不认同感很可能会伴随着由于对《小河》的称赞落空而产生的极大挫败感。这种挫败感也很容易被胡适自己放大并体现在其言辞的激烈程度上。

当然，杜威1920年1月2日夜在天津青年会演讲《真的与假的个人主义》也为胡适批评新村运动提供了方便：它不仅使胡适抛弃了以前极易为人诟病的为我主义，也让胡适找到了一个攻击周作人的视角与理论武器——尽管这是一件并不称手的武器。

（作者单位：西南大学中国新诗研究所）

① 胡适：《非个人主义的新生活》，《新潮》1920年2月第2卷第3号。

文夕大火：战时文人的创伤记忆与灾难书写①

张　弛

1938年11月，随着战事趋紧，为避免各城市物资资予敌用，国民党当局施行了焦土抗战政策，并制定了焚毁长沙的计划。11月13日凌晨，一场偶然因素造成的失火，却不幸演化成了弥漫全城的烈焰火海，数万居民受灾，城中百分之九十以上的房屋建筑被焚，有着千年历史的古城长沙毁之一炬，成为第二次世界大战中损失最为惨重的城市之一，史称“文夕大火”②。

关于这一场灾难的记忆文字，可分为两类：公共空间的集体记忆和私人化的个体记忆。前者集中在当时《中央日报》、《申报》、《力报》等各大报刊的灾后报道，后者则散布于时任第九战区司令长官的陈诚、湖南省政府主席张治中以及长沙警备司令酆悌等人的日记、回忆录当中。相比较而言，前者多具即时性，关注具体损失情况和是非功过的追责，而后者往往属于时间延宕过程中历史记忆和文化记忆的混合产物。例如在经历过这场灾害的作家中，郭沫若1958年在《人民文学》上发表了《洪波曲》，距离文夕大火已整整20载；周立波的遗作《长沙大火前后》，更是相隔了40余年的追溯回忆，都带着鲜明的主观色彩。但总体而言，受战时环境影响，文学视域下对于文夕大火的表现并不多，田汉在灾后曾经有《火城记》剧本的写作计划，但最终因战争时期的颠沛流离作罢③。特别是与武汉保卫战、重庆大轰炸等事件被广泛聚焦相比，现代文人对这场大火

① 本文系湖南省教育厅创新平台开放基金项目“近代湖南形象的历史书写与文学想象”（17K060）的阶段性成果。

② 民国时期，每月当中一日均以特定电报代码表示，12日这日的电报代码为“文”，大火发生于夜里，故称“文夕大火”。

③ 田汉参与灾后重建时，曾“赶写一本描绘长沙大火的剧本，订名为《火城记》，广告已经在戏院贴出”，后因故未能完成。参见王坪：《田汉在“废墟上》，《剧场艺术》1939年第9期。

的书写更显得寥寥。本文将试图从战时文人的创伤记忆出发，通过梳理郭沫若、田汉、冯乃超为代表的左翼作家，以及当时身处湖南的教师、记者、军旅作家等亲历者有关文夕大火的回忆文字和作品，重新探讨战时灾难与灾难书写之间的关联互动。

一

德国学者阿莱达·阿斯曼曾论述作为胜利者的“英雄式过去”、“伟大形象”、“发展轨迹”在构建民族国家观念过程中的作用，那些有利于“强化积极自我形象的历史关节点”，常常会在有关国家文化记忆的书写中被选择并突出地呈现，反之，那些与此类英雄图像、发展轨迹不相协调的人物与事件，则往往会被选择性地遗忘。但这并不意味着，所有创伤性记忆皆会被无视，在一定条件下，创伤、受难的时刻“可以被通过英雄化的历史意象的语义学加以处理，它就像胜利的光荣那样被民族记忆所接受”①，甚至以创伤记忆为阐释内容，选择出一个特殊的日期或事件，发展为国家记忆的卡里斯马。中国抗战文艺中，“九一八”、“七七事变”意义的生成与衍变，也正是此种通过战时创伤记忆的书写强化来建构民族国家意识的典范。

在全面抗战初期，奋斗、牺牲、英雄的主题，高亢激昂的情绪和笔调，一度成为主流。特别是日军进犯长沙前，围绕“保卫大武汉”的目标，当时全国文艺界抗敌协会的会刊《抗战文艺》出版有“保卫大武汉专号”，其他如《文艺阵地》、《文艺月刊》亦有相关题材的诗歌、话剧作品。对于这一场惨烈战役的记忆，一两年后，依然有臧克家《国旗飘在雅雀尖》、王亚平《血战亭子山》等佳作出现②，表现武汉保卫战中铁血军人的爱国情怀。恰如阿斯曼有关创伤记忆的表述，这些关于武汉会战的书写，通过英雄化的处理，将原本现实军事层面的失利，升华为国家抗争的荣光：《国旗飘在雅雀尖》写道，敌军冲上雅雀尖时，国军将士将国旗悬起，准备做最后之牺牲，极具画面冲击力和象征意义；王亚平则在真实反应作战失败的诗歌末尾呼喊“我们不悲悼这残酷的战斗，/在这里会绽放出/神圣的民族自由解放的鲜花”③，将慷慨的民族意识渲染到顶点。

1938年10月，武汉、广州相继失陷，抗战进入了相持阶段。经过了浴血而漫长的武汉保卫战后，身处前线的文人情绪由热情的高峰滑落。同为创伤记忆，有关这一历史节点特别是“撤退”往长沙途中的回忆文字，与正面战场“抗战”的文学书写，形成了巨

---

① ［德］阿莱达·阿斯曼：《创伤，受害者，见证》，陶东风编译，《当代文坛》2018年第1期。

② 关于武汉保卫战的文学书写，参见张中良：《抗争文学中的武汉会战》，《抗战文化研究》2009年第1期。

③ 王亚平：《血战亭子山》，《文艺阵地》1938年第3期。

大反差。民族主义语境下英雄式的历史意象“书写”逐渐弱化，作为战争中普通难民的世俗“见证”视角，更多地见诸笔端。这一年年初还在《长沙哟，再见!》中喊出要和长沙做“无情的告别”、“希望我在年内能够到南京、上海，或者杭州，或者是济南，或者是北平。能够离开长沙愈远便愈好”①、踌躇满志奔赴武汉前线的郭沫若，不得不于年末跟随国民政府军事委员会政治部第三厅撤回长沙。他在《洪波曲》中回忆10月25日凌晨从武汉撤退时的情形：站立于甲板望见武汉三镇墨黑的天空，想到奋战坚守了八九个月的城市，眼前是黑云压城、末日将临的景象，内心一片茫然。撤往长沙的路途中，他在沙市重逢从长沙前来迎接的冯乃超：

和乃超的再见，是很高兴的事。虽然仅仅相隔了几天，但都是透过了一道生死线而来，仿佛就好像二世重逢的那样。

虽然彼此都平安，但可以说多少也是出于幸运②。

与郭沫若“二世重逢”的感慨相呼应的是，冯乃超在《从武汉撤退》一文中回顾了从武汉匆忙撤出、一路躲避轰炸的狼狈，他谈及对于长沙的第一印象，是“血淋淋的”，“上午被炸的船上还有血肉模糊的尸体；另一只船没有看见，听说更惨，全船只救活了四个人。长沙伤兵新兵甚多……”③ 随着日军占领了湖南北部城市岳州，直逼长沙，轰炸愈发频繁，国民政府高层开始酝酿颇为悲壮的焦土策略，民众在恐慌中纷纷撤离。当时担任湖南《观察日报》编辑的王西彦，亲自目睹了文夕大火之前，10月19日发生在长沙的一场大轰炸和屠杀：“电杆变成焦炭，有的伸着小小的火舌。电线，像麻一般的散乱着，土地在开裂，救火队在忙碌。但在浓烈的烟火中，救火队的水是那样微弱，那样无济于事！从车站到邮政总局尚未完成的新屋，这一段平日是大小店铺——最多是吃食店的街道，房屋几乎全部埋在烟火之中。”④ 这样的场景，几乎是文夕大火的一个预演，由此亦可理解11月13日的凌晨，当一处伤兵医院意外失火的警钟响起，何以竟然引起全城的心惊恐慌和夺路逃生。

全面抗战爆发时，以国立长沙临时大学的组建为标志，包括郭沫若、茅盾、闻一多、邹韬奋、梁实秋、田汉、曹禺、张天翼、熊佛西、廖沫沙在内的一批文化界名流曾云集

---

① 郭沫若：《长沙哟，再见!》，《郭沫若全集・文学编》（第十八卷），人民文学出版社1992年版，第230页。

② 郭沫若：《洪波曲》，《郭沫若全集・文学编》（第十四卷），人民文学出版社1992年版，第210页。

③《冯乃超文集》编辑委员会：《冯乃超文集》（上卷），中山大学出版社1986年版，第314页。

④ 王西彦：《十月十九日长沙》，《王西彦散文选》，江苏人民出版社1980年版，第100页。

长沙，长沙的抗战情绪一度高涨，以宣传抗战为主题的刊物显著增加，《抗日救国》、《最后关头》、《血洒卢沟桥》等一系列抗日救亡剧先后被排演，形成了很大的声势①。但随着战局急转直下，文化教育机构和文化界人士进一步内迁，长沙的文化环境也开始恶化。10月时，王西彦曾以给《文艺阵地》通信的方式，向读者描述了长沙在变为最为靠近前线的大城市以来文艺界的状况。他谈到湖南文艺界抗敌协会理事张天翼的调任离开，也谈到了这里新出版物、新式读物的匮乏，感叹"长沙实在太寂寞了"，"一向的空气太沉寂，所以总做不怎样热闹"②。此时的长沙，"只是为警报而乱逃，为谣言而慌乱"③。其他城市失陷后曾想向长沙转移的作家，如时任《救亡日报》主笔的夏衍，刚从沦陷的广州来到长沙，便又面临着新的一场混乱和撤离：

> 一下车，我很快地感到长沙的治安已经十分混乱，特别奇怪的一点，就是大街上有许多店家都已经在临街的门前筑起围墙，或者用木板把门钉住，这种情况，在广州陷落之前我们也曾见过，所以很自然地感到国民党当局并没有"保卫"这个重要城市的决心④。

这些具体化、细节化的文字，充斥于有关文夕大火发生前的回忆当中，在营造出紧张气氛的同时，也在某种程度消解着面对战争创伤时英雄化历史意象的抽象抒情，而更多呈现以平民化、生活化的世俗视角。向外疏散时，从军政机要到普通民众，纷纷向城外奔走，"混乱、恐慌、紧张，到处是逃难的凄凉景象"⑤，这是多数亲历者不能回避的直观经验。夏衍被告知长沙不宜久留后，受周恩来委托去桂林恢复《救亡日报》。他与孙师毅、马彦详、于立群以及在第三厅工作的日本友人池田幸子一行五人，坐上了一辆周恩来指派的老爷车，"在崎岖不平的公路上，挤满了达官贵人和军官的家属、'逃难'的大小车辆。真可以说'步履艰难'"⑥。11月11日，周恩来召集郭沫若、冯乃超、洪深等连夜制定第三厅撤退计划。此时长沙谣言四起，人心惶惶，连警察都已开始撤退。

---

① 关于长沙抗战前期戏剧运动的概括，参见周德辉：《长沙剧运概况》，黎维新、周德辉主编《长沙文化城　抗战初期长沙抗日救亡文化运动实录》，湖南出版社1995年版，第282–287页。

② 《文艺广播》，《文艺阵地》1939年第2卷第6期。

③ 魏东明：《长沙的文化民运和民训》，《全民抗战》1938年第21期。

④ 夏衍：《记者生涯的回忆（一）》，《夏衍研究资料》（上册），中国戏剧出版社1983年版，第111页。

⑤ 黄治仁：《"文夕大火"前后见闻》，《长沙文史资料》（第1辑），长沙晚报印刷厂，1984年，第85页。

⑥ 夏衍：《记者生涯的回忆（一）》，《夏衍研究资料（上册）》，中国戏剧出版社1983年版，第111页。

第三厅人数众多，还带着几个从战区撤下来的演剧队，千头万绪，让郭沫若不禁感叹“这纷乱如麻的错综，把我们一群文化人弄得来实在有点无法应付了”①。

这种直面战争残酷、去英雄化的写实，同样见诸铁血军人的回忆。1944 年《中国公论》杂志曾刊出《长沙大火锋镝烟云录》，作者张恒为当时第九战区的司法分监，所在的部队正由武汉卫戍区向长沙转移，恰遇上文夕大火的灾难发生。此篇作品虽为奉命调查长沙大火之作，其文字中却处处有私人化的情绪流露，尤其是写到撤退途中看见不断有敌机飞过时。“满山遍陵，苍林红叶，点缀出南国优美，乱阵的行雁，时作北归之鸣，三架七架不等的铁鸟编队，有时却发着恐怖，尤以听到这种不协调的声音时候，反感到万事万物的悲凄，风声鹤唳，草木皆兵，真是‘空山皆落木，极目尽兵力’的景象，谁人当之也抑制不住心胸，而要洒几滴英雄沾襟之泪。”② 山雨欲来时的紧张、焦虑甚至无力感，在后来关于文夕大火的回忆和书写中都被书写者下意识地凸显，成为灾难发生以前的情绪渲染和铺垫。

二

对于民族国家战争中的文化记忆和文学表现而言，普通个体的战时经验往往成为民族国家命运的隐喻，个人所遭遇的重大创伤事件则常与大历史的集体记忆相关联，被书写成为极具象征意义的受难时刻。这样一种书写策略，在战时中国，成为激发民族共同体意识的有效方式。著名的重庆大轰炸，所产生的大量诗歌、小说、戏剧作品，都表现出此种趋向，例如七月派诗人杜谷所写“艰难地寻找着的老母亲/你脸苦痛地皱结着/喃喃地诅咒些什么/是的，我知道/我们每一个/热爱祖国的人民/心里都种着仇恨”③，便是在战争产生的灾难面前，将个人形象与共同体想象重合、个体意识向民族意识升华，并不断地从这种创伤书写中获取民族浴火重生的人格力量与精神资源。

但是，与重庆大轰炸等创伤事件不同的是，长沙文夕大火并非日寇侵略直接造成的灾难，其性质更接近于 1938 年河南花园口决堤、1941 年重庆防空洞惨案，是面临侵略外力压迫之下指挥不当所酿成的人祸，其中更有复杂的人事矛盾、个性悲剧乃至战时混乱

---

① 郭沫若：《洪波曲》，《郭沫若全集 · 文学编》（第十四卷），人民文学出版社 1992 年版，第 224 页。

② 张恒：《长沙大火锋镝烟云录》，《中国公论》1944 年第 11 卷第 6 期。

③ 杜谷：《巷》，《杜谷诗文选》，四川人民出版社 2016 年版，第 33 页。

环境里的偶然因素，较之于其他战争灾害背后敌我双方的对立更为复杂①，在孤立的灾难事件内，甚至于很难确立一个绝对的直接造恶者。即使作为直接责任人、最后被处决的长沙警备司令酆悌，从其日记来看，事发后也并非全然推诿塞责。“巡视被灾区域，颓垣败砾，火焰未尽，难民伤兵，呼天抢地，目不忍观”、“观疮痍痛心之状……恨不能自杀，以尽良心之自裁耳”等文字，透出其作为人的性情以及精神上的痛苦。其女儿正仪在《正仪随侍日记》当中回忆酆悌被处决后，自己见到慈父遗体，“父亲安静的睡着，眼睛闭着，生前的正直庄严毫没有失去”②。灾难背后的真情实感，读之也让人动容。

对于发生于1938年11月13日凌晨的这场大火，更多呈现以一种见证式的文学，通过受难者自身的经历和孤独的体验，来记录灾难的发生全程。徐贲在《人以什么理由来记忆》一书中，曾这样表述见证式的文学：“在一个没有永恒、绝对真理秩序的世界里，个人的苦难因为孤独而变得没有意义。”③ 有关文夕大火以及背后焦土政策的是是非非充满了争议，让置身其中的受难者，在突如其来的灾害面前变为了孤独的个体，也动摇了个体受难作为激发共同体想象力量的合理性。“大错凭谁成铁铸，纤儿徒自败家居。伤心万户全灰夕，城上何曾见敌车。”④ 事件背后的问题指涉与战时文艺宣传战线凝聚民族国家共同体的努力方向相背离。而对于许多文夕大火的直接受害者而言，即便带有强烈愤慨的问责意愿和情绪，却因为缺少明确的直接施暴者和孑然对立的敌人，使他们所承受的这场灾难更凸显出一种悲剧性和荒谬色彩，其记忆书写也由向宏大主题升华，更多转向对于具体场景的还原，让难民伤兵、颓垣败砾、烟与火、血与泪本身来承担灾难当中情感和意义的传达。

1938年11月12日，本是孙中山诞辰纪念，为了鼓舞士气，长沙全城各界举行了集会活动，并于当晚进行了火把游行。田汉率领的第三厅文化服务队、演剧队和宣传队，在中山亭附近的又一村举行了一个简短的纪念会，随后分头撤往醴陵、湘潭、衡阳等

① 1958年郭沫若在《人民文学》上发表《洪波曲》后，张治中曾两次去信给郭沫若，表达对文中一些细节的异议；而对于最后被处死的酆悌、文重浮、徐昆三人，特别是此前与蒋介石有隙的酆悌，也一直有被国民党当局当作替罪羊的说法。参见张治中：《长沙大火真相详记》、楚席霖：《长沙文夕大火前后》，载曹铁安主编《长沙大火》，岳麓书社1997年版，第38-58、81-87页。

② 关于酆悌日记，参见刘大禹：《酆悌与长沙文夕大火新探——基于〈酆悌遗著：焚余日记〉的解读》，《民国档案》2013年第3期。

③ 徐贲：《人以什么理由来记忆》，吉林出版集团有限责任公司2008年版，第237页。

④ 《长沙大火后天心阁残垣题壁诗二首》，曹铁安主编《长沙大火》，岳麓书社1997年版，第368页。

地①。在战时的国统区，各个城市的火把游行，常常成为文人笔下表达抗战热情的重要题材，最为著名的有艾青表现桂林火把游行的长篇叙事诗《火把》，但是长沙的这次火把游行，在相关记忆中却缺乏此种内涵的赋予。郭沫若形容其为“风平浪静”，“没有影响”。尽管时任长沙市市长的席楚霖在公开讲演中呼吁市民回城、商人开市，但收效甚微，游行匆匆结束，真实的紧张情绪已经开始蔓延。

长沙本地的名记者黄性一，以竹枝词的形式，作有《长沙火劫词》18首，全景式地描绘了火情发生的全部过程。其中第二至第五首如下：

初传信号天心阁，火焰环城南北西。只剩东门仍寂寞，更闻汽笛益凄凄。
结队呼群放胆烧，高楼矮屋顿成焦。孰知科学为人祟，尽把煤油到处浇。
大栽长枪拥万门，耸身无暇越崇垣。新翻妙策施神技，楣上犹留斧凿痕。
熊熊国火烛青天，入夜红光熔眼前。我忆隔江回首望，全城弥漫只浓烟②。

13日凌晨，长沙城南门口外的伤兵医院首先起火，这一场意外的火情被城内警备误认作实施焦土政策、放火焚城的信号。当时还在第三厅驻扎地水风井组织撤离工作、抢运行李的郭沫若，一点钟后，在操场上望见了当时长沙城最高处天心阁的火起，像被举起的烽火一样，全城的火柱接二连三地冒起，不久便各处火起，长沙城陷入了一片烈焰浓烟当中。黄性一《长沙火劫词》中所述，恰好涉及见证灾难的两大焦点：纵火与逃离。

刚抵达长沙的记者范式之，当晚住在青年会房屋三楼，可以清楚地眺望全城，他在《长沙大火突围记》当中形容起火时的情形：“直睡到午夜后三时，只觉焰烟刺鼻，呼吸窒顿，再也不能入睡。张目外望，只见窗外烈火翻腾，照耀满室，如同白昼”，“东望东长路，西窥湘水边，南瞩中正路八角厅南正街；北瞰中山路湘春路北大路，只见烈焰翻腾，直冲霄汉，宛如白昼；而火舌连绵相接，总计不下百数十处，恰如千万火龙，飞舞左右前后”③。根据阳翰笙回忆，当时身在长沙八路军驻湘办事处的周恩来、叶剑英被警卫邱南章从睡梦中叫起，跑下楼时，“前门已被大火封住。他们是从后门火巷中冲出来

---

① 第三厅组织的纪念活动清早便开始，因为敌机的轰炸，撤离的演剧队下午五时才得以出发，周恩来在队伍出发前还做了动员讲话，郭沫若、洪深、张曙等留下来料理最后的事务。参见阳翰笙：《第三厅——国统区抗日民族统一战线的一个战斗堡垒》，《阳翰笙选集》（第5卷），四川文艺出版社1989年版，第251页。

② 黄性一：《长沙火劫词》，《长沙文史资料》（第二辑），长沙晚报印刷厂，1985年，第75-76页。

③ 范式之：《长沙大火突围记》，《全民抗战》1938年第42期。

的。不久‘湘办’的楼房就化为灰烬”①。郭沫若幸运地坐上了事先预备好的汽车，却在逃难的人群中与周恩来、洪深等人失散，“放火的人似乎很有计划地为逃难者开了一条路，有那么一条街却没有放火，人和车子就象流水归了漕的一样都涌向这儿。车子便立地陷入了重围，只能进，不能退”②。随着火势的蔓延，长沙城变成了人间地狱，当年《华美》杂志曾刊出署名疾首的《时事山歌·长沙大火》，描绘当日夜里普通民众逃难时的惨状：

> 遮天盖地赛晚霞，梦中惊醒众百姓，赤身露体朝外爬，多少爷娘喊儿女，多少孩子叫爹妈，哭声震动天和地，鬼神也把眼乱眨，大火烧了三天整，整整烧去两千家③。

在战时文学的意象里，“火”的意象与现实中战争带来的烽火并生，而以抗战的烽火、游行的火把为代表，“火”也与民族抗争、重生的主题相连接，成为极具象征意义的民族情绪表征，甚至在一些表现战争题材的现代主义诗歌中，“火”被上升为具有生命内涵意蕴的哲学思考。但在有关文夕大火的记忆文字中，“火”基本上只是赤裸直接的自然物象，被作者以各种真实的感官体验表现出来，残酷又直接，当时奉命前往长沙调查起火原因的高一涵，进入城内的印象首先就来自嗅觉刺激的“烟火气味”，以及视觉之内的一片“火灰场”，所作二首纪事诗——“长沙兵燹后，入市绝人烟。家立烧残壁，江沉凿废船”、“宅地都随烽火尽，只余斜月向人弯”④，都是对于火情的直接呈现。而对于逃出生天的人们来说，途中依然能远远望见的火光和浓烟，就是文夕大火回忆里最深刻的灾难意象，不是象征胜似象征。漫画家叶浅予所在的漫画宣传队，与撤离的第三厅大部队走散，“回头看到长沙一片大火，大家心里十分沉痛，行军脚步越走越慢，加上一板车的物资与行李，再也拖不动了”⑤。被调至八路军长沙办事处工作的周立波，晚年在自己的遗作《长沙大火前后》当中，依然能够清晰回忆起40多年前，即使“在离开长沙一百里外的宁乡，也能看见冲上云霄的一股股黑烟。整个长沙城完全掩没在火海

① 阳翰笙：《第三厅——国统区抗日民族统一战线的一个战斗堡垒》，《阳翰笙选集》（第5卷），四川文艺出版社1989年版，第252页。

② 郭沫若：《洪波曲》，《郭沫若全集·文学编》（第十四卷），人民文学出版社1992年版，第232页。

③ 疾首：《時事山歌：長沙大火》，《华美》1938年第1卷第36期。

④ 高一涵：《长沙大火的内幕》，《长沙文史资料》（第一辑），长沙晚报印刷厂，1984年，第77页。

⑤ 叶浅予：《抗日行踪录》，《叶浅予自叙》，团结出版社1997年版，第156页。

里了”①。

三

文夕大火灾后的重建，伴随着对于灾难的纪念进行，而如何纪念、书写这场意外的灾难，成为了问题。作为最早赶回长沙的文艺工作者，政治部第三厅的演剧队在衡阳经过短暂的调整，就在周恩来的指挥部署下，由洪深和田汉带领四个演剧队和一个抗宣队，返回长沙进行善后工作，并重新修葺市内剧院，陆续义演了《梁红玉》、《雁门关》、《土桥之战》、《江汉渔歌》等剧目，“抚慰重建家园的市民，鼓舞群众抗战的勇气，给长沙市民留下了极为深刻的印象”②。但是，这些剧目大多脱胎于传统戏曲形式，表现历史题材，并不直接触及给民众造成极大创伤的灾难本身，田汉本有创作《火城记》的打算，可惜并未完成。在异常残酷的战争背景下，更加简单便捷的文章与诗歌，成为战时文人书写此场灾难的最好方式，而这其中，又出现了两种姿态，一种延续了见证式的文学，直呈个体在灾难中肉体与精神的双重创伤；一种则将文夕大火作为文化记忆进行重构，力图回到被灾难所损害的民族国家意识上来。

文夕大火后，作为直接受灾者，一部分生活在长沙的文人学者，面临的不只是精神重创，还有最切实的家园被毁、生计堪忧，他们以诗词形式聊以抒怀，多是灾难下个体孤独生存及脆弱精神状态的真实呈现，特别是这些文字大多以旧体诗词形式写作，更传达出一种灾难面前的人生悲怆和虚无意识。前文所述长沙本地记者黄性一以竹枝词的形式作 18 首《长沙火劫词》，其诗友多有回应，谓之“忧愤填膺，哀凄写怨”，且作诗以相和，其中不乏“劫债难将冤债白，火光长映血光红”、“万骸触目长坑掩，一片伤心破壁颓”③ 之类触目伤心之句。创办了长沙含光女中的刘宗向，数年后经过长沙，回忆这场浩劫，留下“问无情劫火，底事烧不尽苦繁华？听荒郊哀角，幽丛怨咽，都避筝琶”④的嗟叹。此外，徐桢立作《闻长沙大火毁及我庐感赋》：“杜鸟凄飞噪北风，遥闻劫火竟燔空。琴书分逐飘零际，蓬荜真成弃绝中。虚忆九天周一盼，尚传三户问徐恫。平生耻作求安计，未信无庐置此翁。”⑤ 王啸苏作《长沙感事诗》：“一炬咸阳说楚人，眼看焦

---

① 周立波：《长沙大火前后》，《芙蓉》1980 年第 1 期。

② 黄治仁：《长沙大火见闻》，《长沙文史资料》（第一辑），长沙晚报印刷厂，1984 年，第 89 页。

③ 参见《长沙文史资料》（第二辑），长沙晚报印刷厂，1985 年，第 79-80 页。

④ 刘宗向：《八声甘州》，载曹铁安主编《长沙大火》，岳麓书社 1997 年版，第 369 页。

⑤ 徐桢立：《闻长沙大火毁及我庐感赋》，《长沙文史资料》（第二辑），长沙晚报印刷厂，1985 年，第 80 页。

土到湘滨。红巾毁室传壬子，赤焰烧城纪戊寅。万户业空谁合烬，几人骨化早成尘。繁华事已随云散，赢得今朝涕泪新。”① 两位同在湖南大学任教，表达的皆是自家寓所在大火中被毁的切身之痛。而火灾的消息传出，也刺激着远离桑梓的湘籍游子。一位身在四川，与敌军进行空袭搏斗的防空兵，在自己的军旅作品《军中漫记》中，描述听闻灾情报道的反应，其悲切亦不亚于亲历者：

> 去家三千里，流浪二十年，不曾好好的与故乡多亲近亲近，于今呵！眼看着这古城毁灭了！我的眼呆向南方望，“凉风起天末”，麓山红叶，湘水绿波，我无言泣下②。

除了以自身的创伤经验，见证断壁残垣、表达忧愤凄怨外，对于国民党当局的批评声音，亦属于灾后舆论界的常态。在文化界关于这场大火的诗词纪念中，多有感时忧愤之作将矛头指向焦土策略的失误。贵州耆老杨恩元有“一炬成风土尽焦，火维分野应丹宵，衣冠黼黻归涂炭，富室邱墟付黍苗”③ 之句。民主人士许德珩则气愤地赋诗：“大火熊熊日，长沙一炬焚。斯民竟涂炭，怅情不忍闻。似这样抗战，深挖自己坟。敌人还在远，焦土乱纷纷。”④ 而通过各自表述，将此次灾难上升到历史的高度，也成为一种趋向。作为中国青年党骨干的左舜生，在《国论》杂志上痛陈“长沙这一回的事，是把一个省城全部烧了”，“将来不仅在抗战史上要大书特书，就在中国整部的历史上，也要算一件绝少比例的大事”⑤，将这灾祸上升到文化历史的层面并进行清算。

陶东风在《文化创伤与见证文学》中指出：“见证文学不仅在于记录历史，把创伤记忆转化为文化记忆，更在于修复被人道灾难破坏的公共世界和精神世界。”⑥ 对于有关文夕大火的书写，写实的见证与情感的倾诉居多，这其中，有朝向一种大的文化记忆和书写，进而使军民从此场浩劫中走出、恢复人道观念和个体生命尊严的努力。只是在特殊的战时环境之下，这种来自个体经验的创伤记忆、对于人性的审视和对权力的反思，并未走得太远。文夕大火后，汪精卫一派的主和论调以及文艺界“抗战无关论”开始泛起。以《抗战文艺》为代表的文艺期刊，在12月组织力量对于上述言论进行反击。即使左翼文人所关注的阶级身份差异和党派嫌隙在灾难中已逐渐显现，也只是在日后才得以

---

① 王啸苏：《长沙感事诗》，《长沙文史资料》（第二辑），长沙晚报印刷厂，1985年，第81页。
② 村水：《军中漫记之三·长沙大火》，《防空军人》1939年第1卷第7期。
③ 杨恩元：《長沙大火感怀》，《贵州文献季刊》1939年第2、3期。
④ 许德珩：《为了民主与科学——许德珩回忆录》，中国青年出版社1987年版，第243页。
⑤ 舜生：《短评：因长沙大火联想起的两件事》，《国论》1938年第8期。
⑥ 陶东风：《文化创伤与见证文学》，《当代文坛》2011年第5期。

用革命话语进行表达，由抗战建立起的神圣性主题此时并不易被触碰。

正是这种战时背景下修复强有力民族国家观念的需要，对于灾后长沙的重建和保卫，被赋予了更为宏观的意义。在所有书写文夕大火的旧体诗词中，田汉的《大火后重返长沙》，因在共有的哀悼悲悯之外，透出的一股要在废墟中重新站立的豪气，成为了有关文夕大火灾难书写的代表之作。其诗云："长驱尘雾过湘潭，乡国重归忍细谈。市烬无灯添夜黑，野烧飞焰破天蓝。衔枚荷重人千百，整瓦完垣户二三。犹有不磨雄杰气，再从焦土建湖南。"① 和大多数亲历者一样，以见证式的文字再现灾后惨状的同时，田汉于诗的末尾，将战时个体性的现实经验引向了整体性的群体意识，将灾难后的虚无哀凄情绪重新导向铁与血的抗争精神，呈现出重新书写战时灾难与国家运命之间关联的努力。一年后，长沙会战打响，让进入文夕大火的创伤记忆有了全新视角。诗人穆木天的妻子彭慧，作为长沙人，在武汉沦陷前夕已经转移至昆明，她在这一年写作了长诗《长沙会战》（三部曲），在西南边陲回望家乡重新燃起的烽火。在她诗化的文字想象中，"长沙的火"已成为了诱敌深入的火焰，"从天心阁上，蔓延到了岳麓山巅！/已经从繁杂的闹市，/烧到了湘水之滨"！拒绝作为弱者的卑怯阴郁情感，诗作重新回归了战斗、牺牲、英雄的铁血主题：

> 我站在西南的高原上，/两双眼睛，/直望入了/东方的故乡的天云！/我想要瞅见/故乡的坚壁清野的火焰！/长沙会成一片焦土吗？/不自主的，/在我的心头，/又来了一刹时的/对故乡的美好的城垣的怀念/你卑怯的怀念啊，/滚罢！/这是何等可耻的弱者的表现！/现在，/不是游子怀乡的时候呀！/这是中华民族的生死关头②！

文夕大火后，位于上海孤岛的《华美》杂志上曾出现了另一种纪念论调，也是从战时的需要出发，对文夕大火的发生意义进行阐释："当一个城镇无法再加以把守时，则完全毁灭它，这是应该而且合理的。因为今日能毁灭它的人，明日亦能够重建它，我们相信未来的长沙将较今日为伟大为美丽。中国当局应该指出这一点，以加强民众对抗战的信心。"③ 而以彭慧的诗歌为代表，文夕大火的灾难书写逐渐成为了从焦土中站立、抗争御侮的背景，灾难本身造成的直接创伤经验，变为了民族国家战时观念体系中的象征意象，作为受难者的哀凄忧愤情感被过滤掉，而作为战士的英雄式意志则得以再次凸显。

---

① 田汉：《大火后重返长沙》，《田汉全集》（第十一卷），花山文艺出版社 2000 年版，第 264 页。

② 彭慧：《长沙会战（三部曲）》，《文艺阵地》1939 年第 4 卷第 3 期。

③ 汉时：《时论三题 · 长沙大火》，《华美》1938 年第 1 卷第 31 期。

类似的书写，还有刘彤人的《湖南吟》。在表达对千年古都“一炬化为灰烬”悲愤的同时，视线的中心已完全转向长沙会战，鼓动“倔强的天性卓坚”，“点起自卫的烽烟，/守住祖先的遗产，/保住血统的续沿，/拿‘三户亡秦’的古赞，/作抗日的共同誓篇”①。诗人王亚平在他所作的《我爱这琥珀色的湘江》当中，如同他书写武汉保卫战一样，开始以一种浪漫乐观的笔调，歌咏长沙的战斗和再生：“晚霞启示着新鲜的想像/暮霭里藏着明天的曙光/随着江潮的降落/舟子和起罗曼斯的欢歌/两岸丛林的叶影/苦难的日子培育了我们/生命从斗争里欣欣地成长/我爱这琥珀色的湘江/我爱白帆在江空高扬。”② 在这种诗化浪漫的书写表达中，关于灾难本身的叙述和表现已经很少，受到创伤的个体逐渐从自我经验的哀怨情绪中走出，同国家抗争的宏大主题汇流。而随着战事的深入，神州四处燃起新的烽烟，长沙大火造成的惨烈伤害，只不过构成民族深重危难的一部分，难以再汇聚更多的目光，文夕大火也愈发远离了战时文人的中心视域。

结语

文夕大火作为一场发生在战时的特殊灾难，关于其过程和意义的书写有几重。对于亲历者而言，所经验的是最真切的家园焚毁，或者颠沛流离的生活之殇，在灾难面前以“难民”身份进行写作，往往拙于文学性的修饰，以粗糙直接但亦鲜活的见证式文字来记忆现实的创伤，以至表达并不被提倡的虚弱、孤独、忧愤的情绪；而对于需要继续战斗的民族国家而言，将灾难带来的创伤记忆逐步汇入大的命运共同体，通过强有力的斗争书写，恢复在灾难中失落的英雄式情感和主题，甚至以更加贴近抗战精神的战斗经历，弥合灾难创伤形成的嫌隙、差异与人道危机，进而成为战时文化记忆建构的主旨中心。对于特殊的历史环境而言，后者显然是必要的，但以人或人类的维度，去重新审视灾难与人、战争与文明关系的可能，最终止于个体经验性的创伤记忆和民族国家寓言的表达，也影响了灾难题材更为深入的创作和思索。

（作者单位：湖南师范大学文学院　华中师范大学文学院）

---

① 刘彤人：《湖南吟》，《精忠导报》1940 年第 1 卷第 6 期。

② 王亚平：《我爱这琥珀色的湘江》，《文艺阵地》1939 年第 3 卷第 7 期。

寄宿学校体验与“游离”诗人徐讦①

高博涵

徐讦以小说创作闻名，但其作品绝不仅限于小说。“徐讦无疑是20世纪中国最多产、创作最全面的少数几位作家之一。”② 诗歌即是徐讦创作的另一大板块。徐讦的诗歌呈现出与小说相对殊异的抒写风格。如果说，徐讦的小说是“通过封锁线的洋场才子”“风行一时”之作③，那么，其诗歌则是雪藏内心的赤诚之作。细究之，徐讦诗歌的抒写内容与徐讦的童年④经历密切相关，并形成了诗歌的元叙事。讨论徐讦的人生经历，并与徐讦的诗歌研究相对接，将会以殊异于小说研究的视角，打开徐讦的精神世界及由此形成的文学创作理路。

一、元叙事：童年回忆与故乡抒写

诗歌是徐讦的真实之作。诗人曾在《四十诗综·后记》中说：“我对这些诗篇有比对一切我其他的作品有特别的情感。它忠实地记录我整整二十年颠波的生命，坦白地揭露我前后二十年演变的胸怀，没有剪断，没有隐藏。”⑤ 徐讦的诗歌的确存在一位抒情主人公，不断地倾诉着内心积压的愁绪，时常彷徨于时光之中，并表现出疲倦寂寞的旅人

---

① 本文系2018年重庆市教育委员会人文社会科学重点研究基地项目“儿童教育与徐讦诗歌创作”（18SKJD012）的阶段性研究成果。

② 陈旋波：《时与光：20世纪中国文学史格局中的徐讦》，百花洲文艺出版社2004年版，第3页。

③ 柳闻：《通过封锁线的洋场才子：徐讦散记之一》，《远风》1947年第3期。

④ 本文中的童年泛指徐讦自出生至寄宿学校体验阶段的全部时光，而不再做婴儿、幼儿、儿童等时期的进一步细分。

⑤ 徐讦：《四十诗综·后记》，上海夜窗书屋1948年版，《后记》第1页。

气质：

只因为我怀疑那人生的因果，
就注定了我一生奔走漂泊，
我看尽人间的生老病死，
走遍了地球的东西南北。
……
于是在这茫茫的尘世中，
我再也无处立足，
万卷在病患中散尽，
半技在闲散中绝望。

（《过客》，《原野的呼声》，1962 年 11 月 11 日）①

在这首诗中，我们寻不到“洋场才子”的潇洒传奇，只有倦旅人的疲惫与绝望。徐订晚年自觉境遇凄凉。他人对晚年徐订的印象涉及如下语句：“十分沉默，让其他人喧嚷”②；“饭桌上的气氛却因徐订先生并不多话的缘故而显得有些拘束”③；“他的嘴坚定地抿着，一双眼珠灰黝黝的，注视着楼外的雨丝，像是深潭一般，蓄满了落寞”④。

这样的外在印象必然与世界存在一定距离。徐订与社会人情的关系，在表层层面就已断裂。徐订展现给他者的，是一个与世界不相融合、甚至龃龉的人物形象。徐订有理由成为这样的人物设定。自中学时代，徐订便已然开始了漂泊的生涯：1927 年，考取北

① 徐订出版有九部诗集：《灯笼集》、《借火集》、《幻袭集》、《进香集》、《未了集》（以上五部集结为《四十诗综》，1948 年由上海夜窗书屋出版。同年上海怀正出版社又再版这五部诗集，《幻袭集》更名《待绿集》，《未了集》更名《鞭痕集》）、《轮回》（台湾正中书局 1977 年版）、《时间的去处》（南天书业公司 1971 年版）、《原野的呼声》（台北黎明文化事业 1977 年）、《无题的问句——徐订先生新诗・歌剧补遗》（香港夜窗出版社 1993 年，由廖文杰整理徐订遗作编辑而成）。另注：本文引用及参考的徐订诗歌，主要来源于以上所提上海夜窗书屋《四十诗综》、台湾正中书局《轮回》、南天书业公司《时间的去处》、台北黎明文化事业《原野的呼声》、香港夜窗《无题的问句》几部诗集，同时参考《徐订全集》（正中书局 1966–1970 年版）、《徐订文集》（上海三联书店 2008 年版）中所辑录的诗歌。

② 布海歌：《我所认识的徐订》，《徐订纪念文集》筹委会编《徐订纪念文集》，香港浸会学院中国语文学会 1981 年版，第 109 页。

③ 三毛：《徐订先生与我》，《徐订纪念文集》筹委会编《徐订纪念文集》，香港浸会学院中国语文学会 1981 年版，第 36 页。

④ 钟玲：《三朵花送徐订》，陈乃欣等著《徐订二三事》，台湾尔雅出版社 1980 年版，第 173–174 页。

京大学；1933 年，离开北京前往上海，从事自由撰稿和编辑工作；1936 年，赴法国求学；1938 年初，因抗战归国；1942 年，踏上奔赴大后方之途；1944 年，赴美担任《扫荡报》驻美特派员；1950 年，南下香港，直至 1980 年去世。30 年时间，又曾辗转新加坡、中国台湾等多地……徐讦曾做过如下自述：“像我这样年龄的人，在动乱的中国长大，所遭遇的时代的风浪，恐怕是以前任何中国人都没有经历过的。我们经历了两次中国的大革命，两次世界大战，六个朝代。这短短几十年功夫，各种的变动使我们的生活没有一个定型，而各种思潮也使我们的思想没有一个信赖。”“我同一群像我一样的人，则变成这时代特有的模型，在生活上成为流浪汉，在思想上变成无依者。”①

在自述中，徐讦渴望生活的“定型”，但生活却只是“流浪”；徐讦渴望思想的“信赖”，但思想始终“无依”。思想是一个人的高级精神追求②，而生活则是更为原初的生存需求，可以说是人生而为人的最基本需求。如果将“生活定型”视作生存的“中心”需求，那么，徐讦则是基于此种认同的“游离”者——渴望中心却始终徘徊其外。在徐讦的诗歌中，“没有剪断”、“没有隐藏”③ 的，正是诗人对“中心”的渴望，以及“游离”其外的愁绪。值得注意的是，当他生活流浪，获取“游离”之感时，最多想到的是童年回忆与故乡抒写。在徐讦的诗歌中，涉及这一内容的作品信手拈来，仅举以下三首诗的片段为例：

他从娘的肚爬到娘的乳峰，
他爱摇篮的震荡，
他爱睡歌的低唱，
他呼吸在娘温柔的怀中。
……
如今，他对于当年的回想，
唱着无意义的歌，含着糖笑，
乃是那抓白天际破晓的光明。

（《十四行》，《借火集》，1934 年 5 月 5 日，上海）

天边海角迢迢，

① 徐讦：《道德要求与道德标准》，《个人的觉醒与民主自由》，传记文学出版社 1979 年版，第 1 页。

② 徐讦“思想”“无依”的人生状态另具讨论价值，本文仅对“生活”“流浪”这一层面展开论述。

③ 徐讦：《四十诗综·后记》，上海夜窗书屋 1948 年版，《后记》第 1 页。

应念故乡池塘。
问涓涓江水，
今夜流向何方？
……

（《故乡》，《灯笼集》1942 年 10 月 23 日，重庆）

最可爱是春天里燕子飞来，
寄居在堂前的旧梁，
他们唱我们童年的歌曲，
赞美我素朴的家乡。
多年来我流落在海外，
久久没有见我家乡，
我家乡远在江南
寄存着古旧的音响。

（《未题》，《无题的问句》，1975 年）

第一首诗写于 1934 年的上海，抒写了童年记忆与母子温情。第二首诗写于 1942 年的重庆，抒写了对故乡的怀恋。第三首写于 1975 年，写作地点无明确标识①，抒写了童年与家乡的生活画卷。“写作使回忆转变为艺术，把回忆演化进一定的形式内。”② 跨越不同的时间、空间，童年回忆与故乡抒写的主题从未更改，并且，每首诗的怀旧目的都直指向现实的失落：如今只能感受“当年的回想”、“唱着无意义的歌”，拥有的只有“抓白天际破晓的光明”；“海角迢迢”，只能“念故乡池塘”，感叹一江春水向东流；只能“流落在海外”，“久久没有见我家乡”。

在常规的阅读经验中，徐訏的经历与相应的感受并不特殊。成年后离开故乡奔走四方，怀念童年的美好，怀念故乡的淳朴，这是中国诗歌自古以来重要的抒情母题。“一群”像徐訏“一样的人”，“则变成这时代特有的模型”③，因此在现当代文学作品中，这样的感受也屡见不鲜。然而，如此大量、持久地抒写同一母题，并直接表现出它与现实焦虑的对立关系，或甚至代替现实抒写，仍可凸显这种抒写的殊异属性。1952 年，在

---

① 《无题的问句》是诗人香港时期的作品。根据诗人前期的写作习惯，诗人会将诗歌的写作地点、细致到时段的写作时间做出明确标识，此时未写地点，似乎暗指诗人不愿接受香港生活，带有定居香港的自我否定意味。

② ［美］宇文所安：《追忆》，三联书店 2004 年版，第 129 页。

③ 徐訏：《道德要求与道德标准》，《个人的觉醒与民主自由》，传记文学出版社 1979 年版，第 1 页。

香港九龙，徐订写了一首《幻寄》：

小城外有青山如画，
青山前有绿水如镜，
还有夏晚明亮的天空，
都是我熟识的星星。
大路的右面是小亭，
小亭西有木桥槐荫，
木桥边是我垂钓的所在，
槐荫上有我童年的脚印。

（《幻寄》，《时间的去处》，1952 年 10 月 28 日，九龙）

1952 年 10 月 28 日的香港与这首诗歌所描写的场景简直毫无关联。同样是 20 世纪 50 年代，叶灵凤却写出了欢喜香港风物之美的《香港方物志》，鸟兽虫鱼，无不一一细细描绘，如写野花一篇：“香港的自然是美丽的，尤其是花木之盛。有许多参天大树，你决料不到它们是会开花的，可是季节一到，它们忽然会开出满树的大花来。”① 可见此时此地，香港绝非一片萧瑟，不值一提，而在徐订笔下，竟只青睐《幻寄》这样的回忆式描写。在徐订眼中，香港不能给他“生活”的“定型”。没有认同的“中心”，徐订只是一个“游离”者，香港只是一片无法寄托心灵的文化沙漠：“香港是物质的天堂，没有精神生活。大家都在争取赚钱机会，或挣扎活命，没有人提倡文艺活动，充其量有艺无文，并非只有文学不能自下而上茁壮，其他如音乐、美术等等亦然。”② 香港固然不适合纯文学的写作及发展，但徐订的“游离”者状态也是造成他不喜关注当下的重要原因。

1952 年，徐订刚刚安顿于香港，南来的龃龉与孤独使他更容易或更需要将文字停留于童年回忆与故乡抒写。“对乡土执着的热爱和系念，正是某种程度上支撑徐订漂泊人生的精神支柱。”③ 无论是“青山如画”、“绿水如镜”，还是“熟识的星星”，都不仅仅是回忆式描写，而更试图取代当下的生存境遇。当大路的右面展现小亭，小亭西面展现木桥槐荫及“我”垂钓的所在时，诗人更将自己带入画面，使“童年的脚印”复刻于脑海。“在香港他是一个异乡人，他不喜欢香港，住在这里的人与他是那样的不同，根本对他没有丝毫反应。他也不讲他们的语言，只讲自己略带浙江乡音的普通话，因此他实在

---

① 叶灵凤：《一月的野花》，《香港方物志》，江西教育出版社 2013 年版，第 15 页。
② 陈乃欣：《徐订二三事》，陈乃欣等《徐订二三事》，台湾尔雅出版社 1980 年版，第 30 页。
③ 吴义勤：《漂泊的都市之魂：徐订论》，苏州大学出版社 1993 年版，第 160 页。

难以维持体面的生活。”① 此时，不仅读者，就连诗人自己也在表面上很难想起当下的香港，而始终停留在对童年回忆的怀想中。

童年回忆与故乡抒写，这一母题甚至已构成了“游离”者徐訏诗歌创作的元叙事：任何的现实失落，诗人皆渴望通过童年回忆与故乡抒写来消解，反观之，童年回忆与故乡抒写又以理想情境的姿态出现，无情地打击着诗人的现实境遇与当下感受。是什么使得徐訏如此长久地停留于童年回忆与故乡抒写？除去一般意义上的怀乡之情，是否还存在其他原因？如若进一步追问这种抒写的写作缘起、表现特征与诗人内在精神境遇的关联，则需回到该种元叙事的现场——徐訏的童年经历及发生的重要事件，并由此展开该种元叙事的创作理路。

二、根源性“游离”：寄宿学校体验

徐訏出生于1908年的浙江慈溪。“慈城历史悠久，设治始于吴越勾践时，名叫句章。”“慈城拥有极为深厚的文化底蕴”②，“徐訏的故居，虽不见雕梁画栋，但经过一个多世纪风霜侵染的老屋，那五开间两明轩的二层小楼也足见房主昔日的殷实”③。“徐家的祖业曾经繁盛一时，是当时有名的大户人家”，徐訏的父亲“是一位有着传统学识，眼光又很开放的家长”。徐訏的母亲“是一个长期生活在农村，勤俭克家的人”④。徐家一连诞三女，日日期盼儿子的降临。徐訏女儿葛原回忆道：“我祖母姜燕琴是个身材纤小缠足的老式妇女，在一连生下三个女儿（我的梨如、班如、瑟如三位姑母）之后，她许下了愿：祈求菩萨能赐给她一个儿子。终于她得到了我父亲这个儿子，从此便以吃素来还愿。”⑤

尽管徐訏的原生家庭环境殷实且平和，尽管徐訏也曾是母亲最期待的儿子，但童年徐訏也曾经历“克星”阴影、父母离异⑥等事件，这些事件的出现，将为徐訏的成长经历带来负面影响。然而，最为直接且致命地影响了徐訏的性情与人生态度的，则是徐訏童年的寄宿学校体验。这也即是徐訏成为“游离”者的最初体验，也是最为根源性的体验。

---

① 吴义勤、王素霞：《我心彷徨——徐訏传》，上海三联书店2008年版，第226页。

② 吴廷玉编著：《江南第一古县城再发现：宁波慈城文化内涵挖掘及开发研究》，四川大学出版社2010年版，第6-7页。

③ 王静：《寻找徐訏故居》，《留住慈城》，上海远东出版社2004年版，第19页。

④ 吴义勤、王素霞：《我心彷徨——徐訏传》，上海三联书店2008年版，第5-6页。

⑤ 葛原：《残月孤星：我和我的父亲徐訏》，上海文化出版社2003年版，第5页。

⑥ 参看吴义勤、王素霞：《我心彷徨——徐訏传》，上海三联书店2008年版，第6-8页。

徐讦上小学时便开始了寄宿体验。“那家小学在浙江慈溪的一个乡下，我入学时候是八岁，十足年龄不过六岁，离我家有一里多路，读了半年就住校了。”① 五六岁的儿童正处于高级神经活动定性的时期，“在儿童五、六岁的时候，他的创造性的活动就特别地加强起来，而这个活动的基本方向也就形成起来了。高级神经活动类型（即思维型、艺术型以及中间型）表现得非常明显”②。这个时候的体验与意识将决定儿童终身的发展方向。徐讦在寄宿学校的体验近乎折磨。根据他自己的回忆，他在寄宿学校跟随老夫子读经，随班上课时遇酷爱体罚的算术老师、不懂英文的英文教员，教育情况十分陈旧粗鄙。学校的衣食住行更是糟糕，用水、用灯、伙食、如厕皆成问题③。“我喜欢到学校读书，可是不愿意住宿。”④ 成年后的徐讦曾如此回忆这段寄宿学校生活：

你问我为什么不写一本自传。这是没有理由的。实际上我的一生很平凡。受的学校教育不很平顺正常，学校换得很多，后来我对于学校生活感到不喜欢，似乎也没有一个真正对于我学业思想有直接影响的师友⑤。

这些回忆性文字强烈地表达了徐讦对小学生活乃至学校生活的失望与不满。在具体的学习生活上，徐讦并没有体验到一点来自寄宿学校的人性关爱，这使他过早地感受到了“定型”“生活”的远离，获取了最初的“游离”感。在徐讦的另外一则回忆中，他写道：

我进高等小学二年级时候，英文先生姓许，是个教会中学毕业的，他对于教书不但没兴趣，而且不负责任，上课总是无精打采，后来我知道他夜里常常在学校后面一家人家去赌钱。这件事校长翁老夫子竟一点不知道。

……

在同学之中，有一位姓张的，同我很好。不知怎么，那时候他到城里去买了一

---

① 徐讦：《〈责罚〉的背景——我上学的第一个小学及其他》，《徐讦文集》（第11卷），上海三联书店2008年版，第358页。

② 中国科学院心理学研究室编译：《巴甫洛夫学说与儿童心理学》，中国科学院出版社1954年版，第5页。

③ 参看徐讦：《〈责罚〉的背景——我上学的第一个小学及其他》，《徐讦文集》（第11卷），上海三联书店2008年版，第358–359页。

④ 徐讦：《孤独激起了写作能力》，转引自陈乃欣等著《徐讦二三事》，台湾尔雅出版社1980年版，第23页。

⑤ 徐讦：《我小学生活里的人物》，《徐讦文集》（第11卷），上海三联书店2008年版，第245页。

本胡适的《尝试集》回来（当时《尝试集》刚刚出版），被翁老夫子看见了大骂一顿，他认为张君不该把有用的钱买这无用的书。

……

现在想起来，觉得这个姓张的同学，一定有某种气质是常人所不及的，只是教育并没有把它带领到正常的有用的路径，以致走到畸形的路径而毁灭了自己的。

……

那一段生活，我非常孤独，但因此我很用功，那些中学功课居然都跟得上，而且不算坏。但是这陆军学校的生活，一早依着军号起床，上军操，打拳击实在不是我年龄所胜任的①。

以上几段徐訏的回忆性文字至少透露出如下几点内容：徐訏就读的学校管理不严格；徐訏学校的教师保守遵旧；徐訏学校的教育无法起到引导人性走入正途的作用；徐訏学校固守规矩，未能顾及学生的年龄、天性。以上所有这一切将导致徐訏“非常孤独”的情感体验，使其进一步获取“游离”感。

而更重要的是，在这样一个乳臭未干的年龄，徐訏即脱离了父母，离开家独自面对生活中的一切，这实际上造成了精神依赖的割裂。“在还十分需要父母关爱的幼小年龄，稚嫩的徐訏就倍尝孤独的滋味，有家不能归，这对他的性格形成有着较大的影响。”② 在寄宿学校的体验中，徐訏多次经历了试图回家与被迫不能回家的惨痛体验，“有几次我逃学回家，可是每次都被送回来”③。可见在幼年徐訏的心灵深处，回家的渴望与不能回家的打击多次影印于头脑，造成长久的精神印痕。“童年时就孤身一人离家住校，缺少一般小孩子都能享受到的父母的疼爱和家庭生活的温暖，使徐訏幼小的心灵过早地体味到了孤独和寂寞的滋味，养成了他孤寂内省的个性气质。”④ 下文这段回忆，可以说是对这种体验的集中式表达：

我的家离校不过一里路。从学校远远可以望到我家所在的村落的，我住在学校

① 徐訏：《我小学生活里的人物》，《徐訏文集》（第11卷），上海三联书店2008年版，第242-245页。

② 陈同：《文化的疏离与文化的融合——徐訏、刘以鬯论》，香港中文大学历史学硕士论文，2001年6月，第12页。

③ 徐訏：《孤独激起了写作能力》，转引自陈乃欣等著《徐訏二三事》，台湾尔雅出版社1980年版，第23页。

④ 佟金丹：《论童年经历对徐訏及其小说创作的影响——纪念徐訏诞辰百年》，《辽东学院学报》（社会科学版）2008年第2期。

里，开始时候，实在想家，每到放学，看同村学生排队回家，我真是羡慕。有时候，我真想偷偷溜回家去，但是这是绝对不许的。记得有一次，我的家着火了，那是黄昏的时候，远远地看见烟，于是看见了火。马上有人传来消息，说是着火的正是我家，我当时非常着急，很想马上见到母亲，但是翁老夫子不许我回家，他认为我回去并没有用处。我记得那一天晚上我暗自伤心了许久①。

表面上，这是徐訏回忆寄宿学校经历的一段描述性文字，但实际上，这是一段非常重要且意味深长的创伤性表达。“记忆都不是偶然存在的——每个人都会从他的记忆中找出那些他认为有用的东西进行保存，不管其清晰与否。所以，这些记忆就成了他的‘人生故事’。”② 若干年后，徐訏对这一场景的深刻印象足以证明这种体验对他的长远刺激。寄宿学校的体验，成为了徐訏根源性的“游离”感受：“我的家”离“我”并不遥远，“实在想家”但却“绝对不许”回去，对于可以回家的人，“我真是羡慕”。并且，即便了解“家”中的燃眉之急，也竟只能隔岸观火，毫无介入能力。童年徐訏得知家中着火，“非常着急”，“很想马上见到母亲”，但竟发现自己被定性为无用之人，“但是翁老夫子不许我回家，他认为我回去并没有用处”。无力与无用的评价一旦生成，将对童年期的徐訏造成深刻的精神创伤，这种精神创伤已不是“暗自伤心了许久”能够平复的。

由此可见，寄宿学校体验成为了徐訏最元初的“游离”感受。尽管徐訏时常抒写的是怀乡之作，但徐訏的“游离”感受，并不是从他离开故乡之后才开始的，而是从他被迫寄宿且回“家”不得之时，就已开始。在徐訏的诗歌中，童年回忆与故乡抒写这一元叙事，之所以能以强大而顽固的力量丛生于徐訏各个阶段的诗歌创作中，并非仅是常规式的离乡者的怀乡之情，更包含了寄宿学校体验带给徐訏的最原初的精神创伤。与其说徐訏在像一般游子一样地怀念童年与故乡，不如说徐訏始终未能释怀不能回“家”的创伤。可以说，自这个时刻起，“生活定型”的“中心”渴望，已遭遇最初的打击，徐訏的“游离”者宿命，也现出了原初的脉络。

三、“向哪里去”：“游离”者徐訏

由前文论述可知，寄宿学校体验带给徐訏深刻的记忆。值得注意的是，如果在经历了寄宿学校体验后，徐訏从此获取了“生活定型”的人生，那么，寄宿学校体验将仅是

① 徐訏：《〈责罚〉的背景——我上学的第一个小学及其他》，《徐訏文集》（第11卷），上海三联书店2008年版，第360页。

② ［奥］阿德勒：《自卑与超越》，李青霞译，沈阳出版社2012年版，第49页。

儿童时代的一次创伤，可随着时间的推移慢慢淡忘。然而，在徐訏往后的人生中，“生活”未能“定型”的人生经历却反反复复出现。拥有一个“家”、经营一个“家”、被承认于这个“家”，这样的愿望是每个人都会产生的感受，出生、成长、恋爱、结婚、生子，一连串的世俗行为是人世的常规轨迹，也是获取世俗社会认同的来源。然而对于日后的徐訏来讲，这一切却并非真正拥有。恋乡而只得到乡愁，妻子外遇，抛妻别女，远在香港……不能拥有、不能掌控的人生经历比比皆是。

在这样的人生轨迹下，徐訏儿童时代的寄宿学校体验，便成为了“游离”于“生活定型”之外的感受源起，以及整体人生的缩影式写照。“在人的所有精神世界里，只有记忆可以透露出人的真情。记忆就像他的影子，时时提醒着自身的限制和环境的意义。”① 每当他的人生陷入同样的境遇时，最初的创伤体验便会重新浮上心头，并在一次次的回忆中反复巩固。这个时候，寄宿学校体验以及日后所有的类似体验，则成为了一连串的记忆链，最终使徐訏成为了“游离”者。这个“游离”者渴望“生活定型”却始终“游离”在这一中心之外。

在日后的人生中，“游离”者的焦虑始终存在，而这种焦虑不仅源于当时的人生状态，更每每与最初的经历对接。正如《苦待》一诗所写：

我随风尾远行，
应赶风首回去，
因我与家园的新月，
约在黄昏时相遇。
……
虽说征人的壮志未遂，
不应为自己的痴情顾虑，
但我不忍家园的新月苦待，
她在苦待中就会谢去。

（《苦待》，《鞭痕集》，1945 年 12 月 29 日，夜尾，纽约）

1945 年 12 月 29 日，身在异国纽约的徐訏于夜尾时光中写下了《苦待》一诗。在这首诗中，诗人的形象是风风火火的，“我随风尾远行，/应赶风首回去”，诗人并不留恋

① ［奥］阿德勒：《自卑与超越》，李青霞译，沈阳出版社 2012 年版，第 49 页。

故乡之外的一切风景，而一心只想回归家园。并非诗人未曾有“壮志”，而是即便“未遂”也要顾虑“痴情”，因为“不忍家园的新月苦待”，“她在苦待中就会谢去”①。可见在诗人的内心中，等待回归家园的焦虑，以及担忧因不及时归家而造成家园损毁的焦虑依旧是那么鲜明，这种焦虑同寄宿学校时期目睹家园失火却无法回去、担忧家园损毁的焦虑何其相同！

你说我如能早睡，
你可领我回乡，
故乡的春色灿烂，
满野绿遍稻秧。
但等我走进梦里，
竟不见你的行踪，
只听见你在叫我，
说你已走进田垄。
待我看到家国，
田间春稻已长。
我不见你的影子，
唯闻身边稻香。
……

（《梦内梦外》，《鞭痕集》，1946 年 3 月 11 日，Madison，乡下）

1946 年，身居美国麦迪逊的徐訏又一次唱起了故乡之歌，并且又一次涉及能不能回乡的问题。因为诗人失眠，“你”便劝说诗人早睡，条件是“可领我回乡”。在失眠状态下，只有异常鼓舞人的条件才会使诗人努力选择入睡，由此可见，“可领我回乡”对诗人具备怎样的吸引力。然而“等我走进梦里”，“竟不见你的行踪”，而我“看到家国”之时，却发现“不见你的影子”，许诺的“故乡春色灿烂，/满野绿遍稻秧”早已变作

① 这里隐藏着中国传统的“达则兼济天下，穷则独善其身”、“齐家治国平天下”的思想。《礼记·大学》有云：“古之欲明明德于天下者，先治其国；欲治其国者，先齐其家……家齐而后国治，国治而天下平。”（［汉］郑玄注、［唐］孔颖达疏：《礼记正义》，北京大学出版社 1999 年版，第 1592 页。）在徐訏的诗歌中，家园并未有任何变故，在壮志未酬的情况下，好男儿本应志在四方，“兼济天下”，可却因“痴情顾虑”，由“达”转“穷”，必须回家。这等回家非荣归故里，逆惯常之行为，可见在徐訏心中，“家乡的新月”之重要无可比拟。

"春稻已长"、"身边稻香"，显然节气已过，并不是诗人最期待的景象。这样的抒写颇有一些隐喻色彩：在徐讦的内心深处，凡与回乡有关的心理活动总难以获取圆满，不是身边失去陪伴的人，再次陷入孤独，就是未能赶上最想回去的时刻，留得人老珠黄、风景大变。在徐讦的内心深处，他始终无法接近"家"的温暖，感到自己永远"游离"于"生活定型"的追求之外。

在香港，30 年的客居已近于某种程度上的安定，但徐讦却始终未能试图抓取这种安定，除去香港本身难以容人的客观条件之外，"游离"者自我的抗拒也是造成这种局面的必然原因。徐速曾在回忆徐讦的文章中说："徐讦的作家气质很快就暴露了，对于他不大喜欢的人，总是爱理不理，就是勉强挤出来的笑容，也都带有冷峭孤傲的味道。"① 这篇文章对徐讦的评价虽然有失偏颇，在言辞上也有讽刺挖苦之嫌，但作者确也是站在现实立场上清醒地看到徐讦"游离"的境遇："徐讦的冷漠态度，弄得主人很扫兴，但也无可奈何。我在台下听得很过瘾。说真话，不敷衍，颇有'虽千万人吾往也'的气概，这才是大家的本色；但我也立刻想到，在这个弄假搞鬼互相利用的社会里，这位老兄很难一帆风顺了。"② 徐讦不随波逐流的精神甚为可贵，值得后人敬仰，然而从其人生整体的"游离"感受来看，以硬姿态冲击世相的凌厉也是他难以转圜的内心焦虑所做出的必然外在反射。"在我的一生生活中，住永远是一个成问题的问题，现在也还是。"③ 徐讦的这一句自我陈述况味复杂，对于"家"的寻求失落殆尽，这说明"生活定型"的渴望已在徐讦这里形成巨大的焦虑，而始终无法实现。终其一生，徐讦都未能找到"生活定型"的所在，他不停地更换着空间地域，并追问着人生何去何从：

> 向哪里去，向哪里去？
> ……
> 向沙漠，向原野，
> 向冬天的温暖，
> 向夏天的凉爽，
> 向安宁的家居，

---

① 徐速：《忆念徐讦》，寒山碧编著《徐讦作品评论集》，香港文学研究出版社有限公司、香港文学评论出版社有限公司 2009 年版，第 310 页。

② 同上。

③ 徐讦：《〈责罚〉的背景——我上学的第一个小学及其他》，《徐讦文集》（第 11 卷），上海三联书店 2008 年版，第 361 页。

向自由的流浪。

向无神的地方，
向有爱的地方，
向那渺茫的梦，
寄居着平凡的希望。

（《向哪里去》，1951 年 1 月 28 日，香港）

这一首《向哪里去》情绪鲜明地表达出徐讦“游离”于“生活定型”之外的境遇与意识，终其一生，身体漂泊异乡各地，心灵亦未曾找到任何寄托之所。在 1951 年的香港，他发出“向哪里去，向哪里去”的疑问，不断投射着内心经年的“游离”状态。诗中提到的“向沙漠、向原野”、“向冬天的温暖”、“向夏天的凉爽”、“向安宁的家居”、“向自由的流浪”其实都是现实生活中的徐讦难以体会到的状态与感觉，在现实生活中，就连自始至终的“流浪”都包含有不自由的成分。至于“无神”、“有爱”、“平凡的希望”之类的温存之感，更是徐讦所难以触碰的情感体验，因而在《向哪里去》这样的诗歌中，才会出现畅想式笔触。由始至终，“游离”者徐讦都“游离”于“生活定型”这一“中心”，并在不断的彷徨中一次次加深这种“游离”。

以上论述可证，终其一生，徐讦都未能放下童年时代回“家”不得的体验，寄宿学校体验成为最原初的“游离”感受，也指代了徐讦整体的人生困境。需要着重强调的是，寄宿学校体验与日后的类似体验互相影响，在记忆链的勾连中形成恶性循环：一次又一次“游离”于“生活定型”之外的体验无限度地加深最初的焦虑，而最初的焦虑也以强大的覆盖力始终掌控着整体的人生态度。这造成了虽合乎逻辑但又极为吊诡的人生体验状态：即便在复杂的环境中有可能抓住安宁与归属，内心深处的伤痕也使自我主动放弃了可能性。也即是说，“游离”者恰因对“生活定型”的敏感与渴望，最终却愈发“游离”于这一中心，再无获取“生活定型”的可能，最鲜活的体验感最终获取的却是最缺失体验的人生。

讨论徐讦的人生经历，并与徐讦的诗歌研究相对接，我们找到了徐讦作为“游离”者的复杂精神世界。徐讦作为“游离”者的身存境遇，不仅归属于“动乱的中国”，类同于“一群”像徐讦“一样的人”①，更因“游离”的时空持续性，使徐讦具备了典型

① 徐讦：《道德要求与道德标准》，《个人的觉醒与民主自由》，传记文学出版社 1979 年版，第 1 页。

章，杨振声呼吁要为中国的文学“打开一条生路”，朱光潜认为自由分子是“真正能代表民意的”，应“在中间保持一个中立的超然的态度”，“它在一个民主国家里就应该是一个不可忽视的保持平衡的力量”①。《文学杂志》在1937年创刊时即声称自己是“一种宽大自由而严肃的文艺刊物”②，1947年复刊时，该杂志重申其自由主义文学的理念，希望“借此在一般民众中树立一个健康底纯正底文学风气”③。

此次讨论引起了左翼知识分子的注意和批驳。从1948年起，香港左翼创办的《大众文艺丛刊》连续发表多篇文章批判自由主义文学理论：邵荃麟执笔的《对于当前文艺运动的意见——检讨、批判和今后的方向》称沈从文等京派作家的理论为“躲在统治者的袍角底下，对新文艺作无耻的诬蔑”④；冯乃超的《略评沈从文的〈熊公馆〉》直接将沈从文称作“地主阶级的弄臣”。影响最大的文章是郭沫若著名的《斥反动文艺》，此文点名批评了“桃红色的沈从文，蓝色的朱光潜”、“黑色的萧乾”，并重申他所认为的文学评价标准：“凡是有利于人民解放的革命战争的，便是善，便是正动；反之，便是恶，便是非，便是对革命的反动。”⑤

京派作家在受到批评后不以为意，沈从文在与友人的书信中说道：“远远的从文坛消息上知道有上海作家在扫荡沈从文而已。想必扫荡的很热闹。惟事实上已扫荡了二十年，换了三四代人。好些人是从极左到右，又有些人从右到左的，有些人又从官到商，从商转政，从政又官，旋转了许多次的。我还是我，在这里整天忙。”⑥ 他们以为正如之前每一次的文学论争，各派作家借此机会阐释自己的文学理念，并无对错结果。然而这次情况却有不同，从这次论争开始，京派作家的话语权渐渐消散，自由主义文学讨论不复存在，“京派”也逐渐消融在左翼红色浪潮中，这场论争正是京派消融的先声。

---

① 朱光潜：《自由分子与民主政治》，原载1947年12月22日《香港民国日报》，《朱光潜全集》（第9卷），安徽教育出版社1987年版，第303—306页。

② 朱光潜：《理想的文艺刊物》，原载《文学杂志》1937年第1期，《朱光潜全集》（第3卷），安徽教育出版社1987年版，第432页。

③ 朱光潜：《复刊卷首语》，原载《文学杂志》1949年第2卷第1期，《朱光潜全集》（第3卷），安徽教育出版社1987年版，第241页。

④ 邵荃麟：《对于当前文艺运动的意见——检讨、批判和今后的方向》，原载《大众文艺丛刊》1948年3月第1辑，《邵荃麟全集》第1卷，武汉出版社2013年版，第143页。

⑤ 郭沫若：《斥反动文艺》，原载《大众文艺丛刊》1948年3月第1辑，《中国新文学大系（1937-1949）》（第二集），上海文艺出版社1990年版，第662-766页。

⑥ 沈从文：《复李霖灿、李晨岚》，《沈从文全集》（第18卷），北岳文艺出版社2002年版，第465页。

二

京派在诞生之初是依赖地缘而不是理念来建构的，因此虽然对外形成了统一的文学观点和写作文风，但内部本就充满裂隙。很多人在加入京派之前已有明确的政治倾向和价值观体系，因此带着不同价值取向的作家在加入左翼文学合唱时拥有不同的姿态。

朱自清向来是中庸平和的，但中华人民共和国成立前他自称为“爱平静爱自由的个人主义者”，属于自由主义者或者个人主义者。但左翼文学浪潮翻滚而来，夹杂着偏左的社会风气，让朱自清不得不改变自我定位，放下知识分子的身段，自觉地追求“自我改造”。

朱自清的左转从对国民党的失望开始。1945 年国民党召开第六次全国代表大会，朱自清在冯友兰处听到这次会议的情形，当晚在日记中写道：“余等大失所望。老头子毫无远见，失去声望。彼全然背弃自己之信念，迟早将引起反抗。”① 接着，以张奚若为代表的西南联大的 10 位教授，联名致信正在重庆谈判的蒋介石和毛泽东，提出结束个人独裁专断、惩治叛国奸逆等四项政治主张。这封信的起草者就是朱自清②。但事与愿违，谈判破裂，内战开始。朱自清对国民党的失望越来越多，而闻一多的被害则成为“压倒骆驼的最后一根稻草”。1946 年 7 月，闻一多在自己家门口被国民党特务暗杀。面对好友的惨死，朱自清在日记中写道：“自李公朴街头被刺后，余即时时为一多的安全担心，但未料到对他下手如此之突然，真是什么世道！”③ 此后朱自清多次参加追悼闻一多的活动。8 月 16 日，已经 20 年不写新诗的他为纪念亡友作《挽一多先生》，其中“你是一团火，照见了魔鬼；烧毁了自己！遗烬里爆出个新中国”等诗句已显示出朱自清此时的态度。“魔鬼”指向国民党的黑暗统治，而有人的死会促成没有“魔鬼”的“新中国”的到来。

至此，他的政治倾向已然明朗，革命热情也高涨起来。据日记记载，这时期朱自清不仅阅读《李有才板话》、《马凡陀山歌》等左翼文学作品，也阅读《大众哲学》、《知识分子及其改造》等政治书籍。1947 年 5 月，他在《为反内战运动告学生与政府书》上签名，声援学生的反饥饿、反内战的正义行为，并作文《论吃饭》支持、响应。1948 年，在吴晗的建议下，他在拒绝领美援面粉上签字。种种迹象表明，他此时已完成了思想上

---

① 朱自清：《朱自清全集》（第十卷），江苏教育出版社 1998 年版，第 347 页。

② 李生滨、田燕：《远去的背影·朱自清及其诗学研究》，吉林大学出版社 2010 年版，第 188 页。

③ 朱自清：《朱自清全集》（第十卷），江苏教育出版社 1998 年版，第 413 页。

的转变。

可朱自清的这种转变并非没有疑虑。1947 年，他对左翼文学中的“标语口号式文学”颇有微词，认为虽然现代标语口号可“唤醒集体的人群或民众起来行动，并且要帮助他们组织起来”，但是公式化的标语口号“足以麻痹集体的力量”，需要甄别、引导。然而，他又说道：“我们这些知识分子现在虽然还未必能够完全接受标语口号这办法，但是标语口号有他们存在的理由，我们是该去求了解的。”① 由此可看出他虽然对即将到来的新时代充满了焦虑不安，但确实又在自觉地调整自我，进行“自我改造”。对于所谓的“人民的文学”，朱自清也认为“正经作品若是一味讲究正经，只顾人民性，不管艺术性，死板板的长面孔教人亲近不得”②，读者恐怕会更多选择消遣文学。

此时的朱自清还有件事让后人反复诉说，即他的几次扭秧歌。秧歌是共产党在广大农村推行土地改革时推崇的极具集体主义色彩的文艺形式，具有“意味深长”的符号意义。朱自清扭秧歌被当作他政治倾向完全左转的重要标志，然而仔细推敲亦能发现其情感上的“杂音”。第一次扭秧歌是在 1947 年“五四”青年节的联欢晚会上，朱自清“加入青年们长长的行列，扭陕北秧歌，和青年学生的心贴的更近了”③。第二次是在 1948 年的元旦，朱自清赴余冠英家参加晚会，学生们“亲昵地为他化了妆，穿上了一件红红绿绿的衣服，头上带了一朵大红花”④，又一次加入秧歌队伍。在他人的回忆文章中，朱自清扭秧歌是主动且喜悦的，可在朱自清的日记里却流露出内心的挣扎：“学生两次来请我们参加大饭厅的学生集会，他们还请我们在临时搭起的台上扭秧歌。大众的压力确实不得了，使我整晚上感到不安。”⑤ 面对大众的压力，朱自清内心是感到不安的，他能体会到时代的召唤，心里却有摆脱不了的疑虑。可见，朱自清的左转是掺杂疑虑的主动。他 1948 年 8 月就去世了，不管是他的疑虑还是主动左转都成为永远的未完成状态。

另一位京派作家冯至的情况则略有不同，20 世纪 40 年代的冯至正值一生中难得的创造高峰期，此时出版了诗集《十四行集》、历史小说《伍子胥》和散文集《山水》，且均有较高的文学造诣。此时期的冯至具有鲜明的个人主义色彩，他在文章《一个对于时

---

① 朱自清：《论标语口号》，原载于 1947 年《知识与生活》，《标准与尺度》，生活 · 读书 · 新知三联书店 2014 年版，第 47 页。

② 朱自清：《论严肃》，原载于 1947 年《中国作家》，《标准与尺度》，生活 · 读书 · 新知三联书店 2014 年版，第 47 页。

③ 冯锺芸：《佩弦先生的教导》，《完美的人格——朱自清的治学和为人》，生活 · 读书 · 新知三联书店 1987 年版，第 120 页。

④ 柏生：《作家、学者、斗士——忆朱自清先生》，《完美的人格——朱自清的治学和为人》，生活 · 读书 · 新知三联书店 1987 年版，第 190 页。

⑤ 朱自清：《朱自清全集》（第十卷），江苏教育出版社 1998 年版，第 501 页。

代的批评》(1941)中,借用基尔克尤尔特的观点表达对平均主义的看法——“平均一切,是一种抽象的势力,把一切都湮没了”,“群众把一切的个人熔在一起,成为一个整体,但是这个整体是最靠不住,最不负责任的,因为它任什么也不是”①。而在《论个人的地位》(1948)一文中,冯至对个人主义做了清晰的判断:“在一个口号嚷得最热烈的时候,若有人不肯随声附和,自己埋头于个人的工作,或是另外有一些自己的见解,便会被人称作个人主义者。其实这个‘个人主义’他也当之无愧,但如果说个人主义有什么罪,就未免不公平了。”“在冷静中从事自己工作的人也未可厚非,事实上他也是在为人类努力。”② 这是在为个人主义辩护,也是为自己辩护,抗战时期他就是那个“在冷静中从事自己工作的人”。随后他也表现出对未来中国的不确定感,“我每逢听到这些好听的口号与夸大的说词,便想到荒原里,路旁边的那些骨头架子,觉得二者完全像是两个世界、两个时代的事,怎么也合拢不起来”③。在冯至看来,面对千疮百孔、尸骨遍野的中国,那些“美丽的口号”略显不切实际。

然而面对抗战胜利后的时代潮流,他开始动摇。1947 年他发表《决断》一文,表达出他此时对政治方向难以抉择。1948 年暑假,冯至和沈从文、杨振声等人前往“霁清轩”消夏。同是客人,其他人徜徉在大自然间,享受休闲时光,而冯至却无法放松。他日夜受飞机升降的噪音,进而想到此间飞机与抗战时期并不一样,“如今只一味地残杀自己的同胞”,况且飞机“来自美国,里面装载的有时是美国的炸弹,有时是美钞荫庇下的达官富贾,而受害的都是中国人民”,因此他对飞机“只有憎恨”,并斥责国民党“用外国武器来杀害自己的同胞是最卑鄙的行为”④。闻一多被暗杀事件同样对冯至产生了极大影响。1948 年 4 月在抗议国民党暴行的学生活动中,冯至是教授联谊会的代表。这个时期,正如冯至爱人姚可崑所说:“国民党政府倒行逆施,不能寄予任何希望,共产党呢,他不了解,他不懂得马克思列宁主义。他只会诅咒黑暗,梦想光明。”⑤

也许正是由于冯至太过“梦想光明”,当共产党胜利后,他极其“顺利”地进入到新的秩序之中。1949 年 2 月北平和平解放后,冯至站在欢迎解放军入城队伍的“前列”。

① 冯至:《一个对于时代的批评》,原载于 1948 年 7 月 20 日《战国策》,《冯至全集》(第八卷),河北教育出版社 1999 年版,第 246 页。

② 冯至:《论个人的地位》,原载于 1948 年《自由论坛》周刊第 18 期,《冯至全集》(第五卷),河北教育出版社 1999 年版,第 288 页。

③ 冯至:《答某君》,原载于 1944 年 6 月《生活导报》,《冯至全集》(第五卷),河北教育出版社 1999 年版,第 298 页。

④ 冯至:《郊外闻飞机声有感》,原载于 1948 年 8 月《新路》,《冯至全集》(第四卷),河北教育出版社 1999 年版,第 80-82 页。

⑤ 姚可崑:《我与冯至》,广西教育出版社 1994 年版,第 126 页。

不久，冯至成为北京大学校务委员会的委员，进行党务学习，并在7月的全国文学艺术工作者代表大会上担任北平代表团副团长。在7月2日会议开始的当天，《人民日报》特刊上发表了冯至的《写于文代会开会前》。从这篇文章开始，冯至的政治倾向和文学态度彻底明朗。他用热情的文字表达他对大会的欣喜——“这对于新中国的文学艺术的发展该有多么大重要的意义”。对于文艺工作者，他认为“此后写出来的每一个字都要对整个的新社会负责，有如每一块砖瓦都要对整个的建筑负责。这时认明一种严肃性：在广大的人民面前要洗刷掉一切知识分子狭窄的习性”。文章最后，他用诗化的语言表达他的决心：“如果（人民）需要的是水，我们就把自己当作极小的一滴，投入水里；如果需要的是火，就把自己当作一片木屑，投入火里。”① 如果说朱自清当众跳秧歌是受到了群众的压力，在日记里才“偷偷诉苦”，那反观冯至当时的日记——“你诅咒的旧中国已经消亡，/你希望的新中国正在成长，/你每个字都显示出/铁石一般的力量”②，从这些诗的片段可看出冯至内心是真诚地支持、向往新的政权和共产党的领导，他对新中国有着美好的愿景。中华人民共和国成立之后他也确实活跃在文坛和文化机构，成为积极的社会活动家。

冯至为何转变得如此突然又彻底，从他在中华人民共和国成立前复杂的文学思想可看出一二，社会的变动和他个人思想之间有契合之处。他虽然属于个人主义者，可他并非“两耳不闻窗外事”，爱国情怀一直贯穿他的生命始终。20多岁的冯至这样描述哈尔滨：“犹太的银行、希腊的酒馆/日本的浪人、白俄的妓院/都聚在这不东不西的地方/吐露出十二分的心足意满。”③ 此刻的哈尔滨是俄、日等国的殖民地，看到各国肆意侵犯祖国，冯至感到深深的绝望。抗战全面爆发后，冯至开始关注杜甫的诗，杜甫诗中呈现的战火连天、国破家亡的景象让他有很大共鸣，“杜甫不只是唐代人民的喉舌，并且好像也是我们现代人民的喉舌”。从40年代开始，冯至在昆明目睹了社会之种种劣迹，“眼看着成群的士兵不死于战场，而死于官长的贪污，努力工作者日日与疾病和饥寒战斗，而荒淫无耻者却好像支配了一切。我写作的兴趣也就转移，起始写一些关于眼前种种现实的杂文”④。这时期，冯至通过大量杂文积极介入现实。这些都表明，冯至有着对现实的关怀和对祖国未来的深深忧虑，加上内战时对国民党的彻底失望，冯至自然而然选择相信面前的道路，正因如此，我们有理由相信冯至的转变是真情实意的。

作为《汉园集》三杰之一的李广田算是变化最大的。他虽然早期属于京派文人，但

---

① 冯至：《写于文代会开会前》，《人民日报》1949年7月2日。
② 姚可崑：《我与冯至》，广西教育出版社1994年版，第134页。
③ 冯至：《哈尔滨》，《冯至全集》（第一卷），河北教育出版社1999年版，第158页。
④ 冯至：《〈山水〉后记》，《冯至全集》（第三卷），河北教育出版社1999年版，第73页。

其当时只是涉世未深的青年，还没有固定的人生目标和艺术追求，因此其后期的转变也在情理之中。他在西南联大时期就与闻一多交好，并视其为青年人的导师和楷模，且积极参加学生的“进步活动”。抗战胜利后，他积极探索左翼提出的文学新方向，并开始用左翼文学的视角评论文学作品。1948 年，李广田秘密加入清华大学地下党组织，保护进步学生。同样年轻的何其芳转变得也较为轻松，他在 1944 年就已为曾经作过“为个人而艺术”的空洞诗歌感到羞愧和忏悔。

可以看出，这些主动寻求“自我改造”的京派作家，虽然有疑虑或幻想，但都是在希望“美好的新中国”尽快到来的愿望驱使下，决心放弃自己的坚持，追随左翼的政治主张。

三

以上几位作家在社会、文化、心理的多重推动下，较为顺利地融入了左翼文学浪潮，但另外一些年长的、对京派文学理念内化程度更高的文人转变得就没有那么轻松。

沈从文应该是被左翼文坛批判最多的京派作家：30 年代初因“京海派”之争与左翼发生冲突；1937 年因“与抗战无关论”受到左翼的攻击；40 年代初因曾在《战国策》刊物发表文章再次受到左翼的严厉批评。1946 年，沈从文从昆明回到北京，发表《一种新的文学观》、《从现实学习》等文章，重申反对文学与政治的结合，此时他显然对左翼文学无甚好感。同年，他在接受采访时问了一个“显然经过深思熟虑的问题”，即丁玲等人为何到了延安之后，反倒没有什么作品产生呢①？这是对左翼文学和主要作家的质疑。1948 年 11 月 7 日，由北大“方向社”主办的“今日文学的方向”座谈会上，沈从文将政治对文学的影响比作红绿灯对行人，担心“红绿灯”被操纵，提出“文学是否在接受政治的影响以外，还可以修正政治”这一问题。看得出来，40 年代末的沈从文依然坚持文学与政治分离的态度，但这一态度必然又一次引起左翼的猛烈攻击。

1947 年，郭沫若、林默涵、杨华等人均针对《从现实学习》一文进行批评。1949 年 3 月，邵荃麟、冯乃超、郭沫若又一次措辞严厉地攻击他。郭沫若的《斥反动文艺》将沈从文的《摘星录》、《看虹录》等小说称为“作文字上的裸体画，甚至写文字上的春宫”，并称他“一直是有意识地作为反动派而活动着”。这些文章刊登出来后，沈从文并未回应。1948 年底，北平解放前夕，北京大学校园的进步学生从教学楼上挂下大幅标语“打倒新月派、现代评论派、第三条路线的沈从文”，并贴出了照抄《斥反动文艺》的大

---

① 子冈：《沈从文在北平》，上海《大公报》1946 年 9 月 19 日。

字报。遭到多重打击之后，沈从文精神状态大变。在复张兆和的信中，他说："我写的全是要不得的，这是人家说的"，"我说的全无人明白。没有一个朋友肯明白敢明白我并不疯"。同时他在信中表现了极强的厌世感，"这里大家招待我，如活祭"，"我本不具生存的幻想，我应当那么休息了"①。

1949 年 3 月，沈从文甚至曾试图自杀，幸而被及时送到医院获得治疗。张兆和回忆道："1949 年 2 月、3 月，沈从文不开心，闹情绪，原因主要是郭沫若在香港发表的那篇《斥反动文艺》，北大学生重新抄在大字报上，当时他压力很大，受刺激，心理紧张，觉得没有大希望。他想用保险片自杀，割脖子上的血管。"② 而对于沈从文为何反应如此强烈，那封信似乎已表明："若勉强附和，奴颜苟安，这么乐观有什么用？让人乐观去，我也不悲观。"③ 沈从文是不愿意违背心意附和左翼话语的，他虽然心里明白这样会遭受磨难，但仍然选择坚持己见，可以说沈从文的悲剧是他自己主动选择的，他也曾在给张兆和的书信中使用"自毁"一词。

实际上，中华人民共和国成立后沈从文并未受到来自官方的过多打压。1980 年，沈从文在美国圣若望大学演讲时曾说："我借此想纠正一下外面的传说。那些传说也许是好意的，但不太正确，就是说我在新中国成立后，备受虐待、压迫，不能自由写作，这是不正确的。"④ 如果说有令沈从文备受折磨的事，很有可能是当时受到的"孤立"。1949 年 7 月，第一次全国文艺工作者代表大会名单中没有沈从文，中华人民共和国成立后他的作品也被出版社纷纷退回，无法出版。沈从文在新政权中根本无法找到自己的任何位置："我活在一种可怕的孤立中。什么都极分明，只不明白我自己站在什么据点上，在等待些什么，在希望些什么。"⑤ 如果说中华人民共和国成立前沈从文在他的"被害妄想"中发疯发狂，中华人民共和国成立后这种孤立使他绝望乃至心死，助推了他的写作转向。

其实沈从文并非没想过"自我改造"。1948 年底，沈从文在给一位青年的退稿信中即提到"国家明日即进步"，对于已至中年的自己来说，"过不多久，即未被迫搁笔，亦终得把笔搁下。这是我们一代若干人必然结果"，而年轻人则可以更快地适应新社会，为

---

① 沈从文：《沈从文批语·复张兆和》，《沈从文全集》（第 19 卷），北岳文艺出版社 2002 年版，第 11 页。

② 陈徒手：《午门城下的沈从文》，《人有病，天知否》，人民文学出版社 2000 年版，第 13 页。

③ 沈从文：《沈从文批语·复张兆和》，《沈从文全集》（第 19 卷），北岳文艺出版社 2002 年版，第 11 页。

④ 沈从文：《从新文学转到历史文物》，《沈从文全集》（第 12 卷），北岳文艺出版社 2002 年版，第 383 页。

⑤ 沈从文：《五月卅下十点北平宿舍》，《沈从文全集》（第 19 卷），北岳文艺出版社 2002 年版，第 43 页。

新中国努力①。他也曾有机会离开北京。北大教务长陈雪屏亲自拿了飞机票动员他携带家眷乘飞机直飞台湾，但他毅然谢绝。他与朱光潜、杨振声“一起分析局势，展望未来，三个朋友商定，坚守北平，哪也不去”②。可见他虽然不了解新政权，但是对它仍是满怀希望的。中华人民共和国成立前，据其表侄黄永玉回忆，他自己虽处于险境，但给黄永玉的信却是“排除了个人痛苦，赞美共产党和新社会。他相信我比他年轻因而能摆脱历史的因袭，为社会贡献所长。道理十分通达易懂，真诚得比党员同志的劝谕更令我信服”③。

1949年3月，他在给侄女张倚英的回信中也表达了类似想法，盼望年轻人“为人民工作下去”，“将一切交给国家”，并表明希望自己能学习改造，“我并不想再在学校教书下去，只希望能有一个小小工作来一切从新学习，如随军”，“让我在一新工作环境中不声不响试工三年五载，会从工作学习中有改造表现”，“希望有机会为人民作一点补过工作”④。沈从文的态度也确实有所改变，北平解放时，他看到解放军进城，“威严而和气，我从未见共产党军队，早知如此，他们定将多一如我之优秀随军记者”，并认为中华人民共和国是“人类历史未有过之值得为之献身工作”⑤。1951年，他在自我检讨《我的学习》中流露更多与过去不同的态度。文中他分析了自己过去错误的阶级立场，明白了“政治高于一切的重要意义”，并表明改造态度：“我即活在这个光荣时代里，和所有中国人民共同为这个象征中国新生的伟大节日——中国共产党三十周年，而意识到个人的新生！”⑥ 这篇文章中的“个人的新生”到底指的是什么我们无从而知，但中华人民共和国成立后沈从文进入历史博物馆工作，停止文学创作，这或许意味着“史学家沈从文”即过去“文学家沈从文”伴随着中华人民共和国而获得的新生，同时也意味着最“顽固”的京派作家的消失。

与其他京派作家相比，萧乾有更明晰的政治理想。他从1939年即作为《大公报》驻欧记者离开中国远赴欧洲，1946年回国。长达七年的战时欧洲动态的跟踪报道使他对世界局势有清晰的认识：“我对资本主义——尤其是对当时美国麦卡锡那套，深恶痛绝；但在英伦呆了七年，对苏联三十年代肃反的情形也略有耳闻。我真诚地希望战后的中国取

---

① 沈从文：《至吉六——给一个写文章的青年》，《沈从文全集》（第18卷），北岳文艺出版社2002年版，第519页。

② 吴立昌：《人性的治疗者：沈从文传》，上海文艺出版社1993年版，第270页。

③ 黄永玉：《这一些忧郁的碎屑》，《中国当代文化名人亲情散文选》，湖南文艺出版社1992年版，第427页。

④ 沈从文：《至张以瑛》，《沈从文全集》（第19卷），北岳文艺出版社，2002年版，第19页。

⑤ 黄永玉：《这一些忧郁的碎屑》，《中国当代文化名人亲情散文选》，湖南文艺出版社1992年版，第427页。

⑥ 沈从文：《我的学习》，《沈从文全集》（第12卷），北岳文艺出版社2002年版，第19页。

苏美之长，走自己的路，而不当任何一方的傀儡。"① 1947 年，他发表社评《中国的文艺往哪里走?》，提出应该"容许与自己意见或作风不同者的存在"，"在文艺欣赏上，应学习民主的雅量"，希望文坛上"平民化的向日葵与贵族化的芝兰可以并肩而立"②。1948 年 1 月，他更是直接以《自由主义者的信念》为题，重申了自由主义的基本信念，并提出"中间路线绝不是两边倒，而是左右的长处兼收并蓄，左右的弊病都想除掉"③。这些观点必然引起左翼的猛烈攻击，郭沫若称他为"黑色的萧乾"，"是标准的买办型"，钻在"大公报这个反动堡垒里尽量发散其幽缈、微妙的毒素"。

内战结束后，萧乾本有机会离开中国。1949 年 3 月，剑桥大学教授、英籍捷克汉学家何伦找到在香港的萧乾，"三次登门造访，以优厚的条件劝说萧乾离开中国前往剑桥"，何伦也劝说他"在西方学习过、工作过的人，在共产党政权下没有好下场"④。然而多年的海外生活让他厌倦了离乡漂泊，他放弃了这个机会，在 8 月乘"安华轮"随当时的中共地下党从香港返回北京。中华人民共和国成立后，他先后被安排在"国际新闻局"、《译文》杂志社工作。对比被孤立排挤的好友沈从文，萧乾感到知足，同时谨小慎微，行动本分。1952 年，他发表《我决心做毛泽东文化军队里的一名战斗员》，批判和清理自己的自由主义、技术至上主义和唯美主义，并称用"改行"解决思想上的问题。他做了和沈从文一样的决定——改行、放弃文艺创作。虽然萧乾在特殊时期也曾备受摧残，也曾自杀未遂，但他从未后悔自己当年留在中国的决定，"就像是条癞皮狗那样死在乱葬岗子上，我也还是要把骨头埋在这古城根底下"⑤。

朱光潜在 1947 年底发表的《自由分子与民主政治》影响颇大。文中他重申了其 30 年代以来的自由主义观点，认为自由分子要保持一个中立的超然的态度，任何政党、国家都不应仇视自由分子。此后他创作了多篇政论文章，有些文章继续申述他的自由主义思想，也有些文章为国民党"背书"，如《谈勤俭建国运动》、《国民党的改造》等等。中华人民共和国成立前后他自然受到攻击，后来他发表《自我检讨》，承认自己"脱离了中国现实"，称自己加入国民党是"隐忍妥协"，"只居名义，不参加任何活动"，并为 40 年代迎合国民党的文章开脱，称"国民党政府越弄越糟，逼得像我这样无心于政治的人也不得不焦虑忧惧"。同时，他对新政权的态度也有很大转变，"从国民党的作风到共产党的作风简直是由黑暗到光明"，并坚称"共产党所走的是世界在理论上所应走而在

① 萧乾：《未带地图的旅人》，《萧乾文集》（第七卷），浙江文艺出版社 1998 年版，第 61 页。
② 萧乾：《中国的文艺往哪里走?》，上海《大公报》1947 年 5 月 5 日。
③ 萧乾：《自由主义者的信念》，上海《大公报》1948 年 1 月 3 日。
④ 萧乾：《往事三瞥》，《人民日报》1979 年 5 月 28 日。
⑤ 萧乾：《我这两辈子》，《萧乾文集》（第五卷），浙江文艺出版社 1998 年版，第 347 页。

事实上所必走的一条大路”①。1956年，他发表《我的文艺思想的反动性》，承认以前的美学思想建立在主观唯心论的基础上，清算自己前期的一系列美学思想，对直觉论、移情说、人生艺术化等诸多观点进行自我批评，尝试用马克思主义哲学构建新的美学框架②。不知这份“自我检讨”与其真实想法有多大偏差，至少从此之后，朱光潜的自由主义美学彻底发生了转变。

像朱光潜、沈从文一样，废名也曾写过检讨式文章。他在1949年春作《一个中国人民读了新民主主义论后欢喜的话》，表达他对新政权、新理论的热情：“在我懂得中国共产党之后，我则欢喜若狂，要如希腊的学者一样要喊‘得之矣！得之矣！’”③ 废名在50年代前期几乎没有创作，所以因缺乏资料，无法深究中华人民共和国成立后他的思想转变。1959年他创作了一些短诗，如：“阶级斗争真历史，/中国空有孔夫子，/农民不要他的话，/他本不是农民师。”④ 这些诗句和他早期“隐士”风格的文学作品已完全不同。

以上是几个具有代表性的京派作家的思想转变轨迹，深究会发现，那些积极主动去“自我改造”的作家，如朱自清、冯至、李广田，在改造过程中也曾有绵延不断的忧郁和焦虑，而看似顽固地坚持自由主义立场的作家，如沈从文、萧乾、朱光潜，他们在新政权到来时也是满怀了希望和憧憬的。作家们不是被左翼文化完全同化，也不是单纯的因为外界压力而完全被动地放弃自己的独立精神。变或者不变，作家的选择是极其复杂的，是在社会、时代、内心等多种合力下做出的。伴随着内战结束、中华人民共和国成立，“左翼文化不仅成为主宰思想文化界的核心力量，而且逐渐成为一种‘规范’，即左翼之外的文化被左翼文化吸引、改造或排斥”⑤。京派作家与京派文化，作为与左翼相斥的力量，在中华人民共和国成立前后因“从众”、“改造”、“孤立”、“劝服”等多种手段，消融在浩瀚的红色浪潮中。

（作者单位：聊城大学文学院）

① 朱光潜：《自我检讨》，《人民日报》1949年11月27日。

② 朱光潜：《我的文艺思想的反动性》，《文艺报》1956年第12期。

③ 废名：《一个中国人民读了新民主主义论后欢喜的话》，《废名集》（第四卷），北京大学出版社2009年版，第1940页。

④ 废名：《再颂矛盾论》，《废名集》（第六卷），北京大学出版社2009年版，第2952页。

⑤ 贺桂梅：《转折的时代：40-50年代作家研究》，山东教育出版社2003年版，第139页。

鲁镇与鲁迅的乡土文学结构

尹　林

鲁镇在鲁迅的乡土书写中具有十分重要的意义。《孔乙己》、《明天》、《风波》、《社戏》与《祝福》中的鲁镇，在鲁迅的乡土文学空间中相互呼应。对这一空间的研究，有利于洞悉鲁迅在其乡土文学中所布置的情感结构，更好地认识鲁镇作为乡土文学空间的范本意义。对于鲁镇，不能简单地理解为一时一地，但反过来想，鲁迅笔下的鲁镇又肯定是有所关联的。在这种角度，不妨把空间的塑造看作乡土书写的资源整合符号，以及乡土文学空间生产的一种模式。

一、鲁镇的经济文化与留白笔法

列斐伏尔曾言："由空间中的生产（production in space），转变为空间的生产（production of space），乃是源于生产力自身的成长，以及知识在物质生产中的直接介入。"①一个空间所处的经济阶段，对于文化具有强大的制约作用，而文化又可以反过来产生回馈式的影响，进行空间的转变与再生。空间中的文化，是其经济的表征之一，又是其进行再发展的革新动力。因此，有必要将这一组概念进行简要的考察，以提供鲁镇空间的一个鸟瞰图。

布置一个空间中的经济文化背景有多种手法，而鲁迅的手法可以归结为"言约意丰的留白笔法"。他从不进行自然主义的描写，而是用简单和精确的线条将空间中的主要特点勾勒出来。这可以留给读者更多想象和解读空间。他往往采用浑然天成的自然姿态娓

① ［法］列斐伏尔：《空间的生产》，包亚明主编《现代性与空间的生产》，上海教育出版社2003年版，第47页。

娓道来，读者在带入感中，对这一空间的理解也就是体验化而非概念化的。这很明显地区别于某些主题先行的小说。正如伊格尔顿所言，“从海德格尔到本雅明以降，一直在警告世人：体验正在从这个世界上消失”①。这种留白笔法其实正在某种程度上保留了这种体验感，因为只有亲身体验，才不会让行文流于概念化，而是精准地把握空间的主要特征，从而布置出空间中的文化背景。而经济和文化背景又决定了个人的生存处境、知识文化水平、伦理观念以及信仰。在鲁迅的小说中，这些往往是通过留白的笔法形成三位一体的结构的。

《孔乙己》开篇所描写的酒店，其实就有着经济定位的意味，而这种经济背景是孔乙己所处的悲哀的文化环境的基础。

> 做工的人，傍午傍晚散了工，每每花四文铜钱，买一碗酒，——这是二十多年前的事，现在每碗要涨到十文，——靠柜台外站着，热热的喝了休息；倘肯多花一文，便可以买一碟盐煮笋，或者茴香豆，做下酒物了……②

这是一段颇具有转折性的叙述，也是经济转型的某种暗示。而接下来则交代了经济转型期的人情世故。掌柜的说我干不了往酒里兑水的事③，短短的一句话，就成了一种鲁镇人情风土的序曲和概括。掌柜的说我干不了这事，一方面体现了其世故，另一方面“我”似乎被宽容了，体现了人性化的一面。于是“我”注定从一开始就未进入鲁镇的成人世界。这简约的留白笔法，将小说叙述的层次感一下子拉开了。一方面，“我”不可避免的是鲁镇中人，要为鲁镇的悲喜而悲喜，这体现了作家的体验感；另一方面，未完全进入成人世界的“我”，在小说中都是听取别人对孔乙己的传闻，但偏偏只有“我”将孔乙己的故事记忆了下来，说明“我”自别于那个羼水的成人世界，以一种伤逝的眼光，目送孔乙己这样的末代书生在新的经济文化法则之下，一步步被送向历史的深渊。在这个过程中，鲁迅并没有插入过多的概念性语句，但一切的含义都尽在其中了。

《孔乙己》将人分成了穿长衫的人和短衣帮，有着较为鲜明的阶级性。而孔乙己则是一个特例。此处写出了鲁镇人开始混乱的信仰。孔乙己虽然穿的是长衫，可是又脏又破④，这简单的一句话就说出了一个矛盾现象（礼与违礼的矛盾），而孔乙己到底经历了

---

① ［英］特里·伊格尔顿：《如何读诗》，陈太胜译，北京大学出版社2016年版，第21页。
② 鲁迅：《鲁迅全集》（第一卷），人民文学出版社2017年版，第457页。
③ 同上，第457页。
④ 同上，第458页。

什么，观众可以进行无限想象。而他又说读书人的偷不能算偷①，竟然偷到了丁举人的家里②。在诸多“看客”的眼里，这已经成了一种闹剧。然而孔乙己却依旧有一股痴气，他把孩子看成他的人生理想的新苗，所以他才会问他们知不知道茴字的四种写法。这体现了他的理想是顽固的，如果不是由于生计和体魄的问题，他还将继续坚持下去。在这里鲁迅并非以一个绝对批判的视角来描写孔乙己，他依旧在用留白的手法进行主要情节的描绘，不进行道德解说，简单的情节背后反映的是根深蒂固的伦理困境。而且很多事都是别人告诉“我”的，这其实也体现了“我”对孔乙己这种人的复杂情感，体现了一种“不忍直视”的悲悯。孔乙己与“我”的人生的两三次交集，却让“我”一直挂怀着，因为这两三个经典的场景，是落魄穷酸的书生一生中常可遇见的尴尬和苦难。

在小说《明天》中，也有关于鲁镇经济的暗写。“深更半夜没有睡的只有两家：一家是咸亨酒店，几个酒肉朋友围着柜台，吃喝的正高兴；一家便是间壁的单四嫂子，他自从前年守了寡，便须专靠着自己的一双手纺出棉纱来，养活他自己和他三岁的儿子，所以睡的也迟。”③ 依旧是很简单的两个场景，仿佛深夜里只有这两个地方亮着昏暗的灯，但整个小镇子的风情，却都跃然纸上了。这是在暗示鲁镇并不活跃的消费，以及像单四嫂子这样的人的艰难处境。两者一对比，总让人感到一种冷漠感。酒徒们在这里是有着享乐权的男性的象征，因为他们在并不活跃的经济生活中占据支配地位，而单四嫂子却只有深夜工作，她连被男人支配的机会都没有，她直接被社会上所有的不公平支配。言简意赅的背后，依旧有着可无限解读的深意。再有就是为宝儿看病，只有去诊庸医何小仙这一条路可选。这体现了这个地方文化的落后——医生只有何小仙这种庸医，并且从单四嫂子拿钱的细节来看，患者恐怕是被这位庸医坑惯了的。这段描写一开始是夜幕下的一个全景，进而转向了两个特例——没睡的酒徒和无眠的单四嫂子，进而写出宝儿所面临的悲剧，也就预示了宝儿的命运。在这样的社会关系中，弱者只有自欺才能得以生存。问题不在于“只有去诊何小仙这一条路了”④，而在于正规的医院单四嫂子根本诊不起——或者即使诊得起，但由于那是“文明人”的地方，是一个半封建权力社会中具有阶级象征意味的“异托邦”，所以单四嫂子不可能走向那样的地方。描写这些事情，只用了几百个字。

《明天》还体现了鲁镇人的“天命观”。这位“何小仙”理直气壮地用阴阳五行来看

---

① 鲁迅：《鲁迅全集》（第一卷），人民文学出版社2017年版，第458页。

② 同上，第460页。

③ 同上，第473页。

④ 同上，第474页。

病①，是导致宝儿丧生的罪魁祸首。这与鲁镇落后的经济以及顽固的封建思想有密不可分的关系，也与鲁镇的经济支配权有莫大的关联。宝儿去世之后，“烧过一串纸钱，上午又烧了四十九卷《大悲咒》；收殓的时候，给他穿上顶新的衣裳，平日喜欢的玩意儿，——一个泥人，两个木碗，两个玻璃瓶，——都放在枕头旁边。后来王九妈掐着指头仔细推敲，也终于想不出一些什么缺陷”②。这里面又夹杂着一些庸俗的佛教信仰和轮回转世、人间地狱的迷信。也正是在这篇小说中，鲁迅两次提到“鲁镇还有些古风，所以不上一更，大家便都关门睡觉”③。把早睡当成古风的一种，并特地强调鲁镇“还有些”，反而突出了所谓“古”之消退。慢慢地，这种“古”对人生活方式的钳制，恐也会消退了。这种消退并不值得感伤，值得悲痛的是还有不少人在敬挽它，而不知自身如何被戕害。所谓的“古”固然有些合理的地方，但也夹杂着诸种愚昧和难以为变革时代所接受的伦理观，所以它注定要消亡。但这种消亡很难一时消亡彻底，所以每个人身上都有着一些“古风”和“愚昧”，这也是导致其悲剧的深刻原因。在这里，鲁迅用简笔描写出了主要特征，但读者却仿佛看见了整个世界，以及这个世界中的全部伦理。

《社戏》中除了鲁镇之外，还有平桥村和赵庄两个村庄。这两个村庄，尤其是平桥村，和鲁镇的经济地位也是略有不同的。比如平桥村的人对迅哥尝豆的态度：“六一公公……得意地说道，‘这真是大市镇里出来的读过书的人才识货！’”④ 这种地域推崇的背后反映了更小的村庄消息闭塞的特征。鲁迅在这里描写了他们自给自足的安逸，但是这样的安逸给人的感觉却如同梦呓中的婴孩处在巨大的潮头一般，一开始就带给人强烈的不安定之感。因此，鲁迅最终也只能感叹自己再也吃不到那么好吃的豆了。鲁镇的文化都面临着被席卷的危险，更何况这些小村庄呢？在这里，鲁镇其实具有一种中介的意义，能够让人看见较为全面的乡镇景观。这样的例子在鲁迅的小说中比比皆是。

《风波》中有一个很有意味的描写：“他（七斤）也照例的帮人撑着航船，每日一回，早晨从鲁镇进城，傍晚又回到鲁镇，因此很知道些时事。”⑤ 这说明，鲁镇与城市离得很近，然而依旧贫穷且愚昧。九斤老太唯一的信条就是一代不如一代，而她的判断依据，竟然是后代们出生时的体重⑥。赵七爷是“这三十里方圆以内的唯一的出色人物兼学问家；因为有学问，所以又有些遗老的臭味”⑦。对于他来说，《三国演义》中捍卫汉

---

① 鲁迅：《鲁迅全集》（第一卷），人民文学出版社 2017 年版，第 474 页。
② 同上，第 478 页。
③ 同上，第 473、477 页。
④ 同上，第 597 页。
⑤ 同上，第 492 页。
⑥ 同上，第 492 页。
⑦ 同上，第 494 页。

室正统的赵子龙、张翼德，就是最大的英雄①。而他对鲁镇的人依旧能起到一定的威慑作用，则说明皇权对这些人来说还有余威，也充分说明了人身上的二重性格所存在的矛盾，永远都在不停地消耗着他们。

《祝福》较为集中地描写了鲁镇的一些风俗。事实上，主人公祥林嫂就是死于这把人往四处拉扯的混乱的信仰。“祝福”原本是为了美好的祝愿，实质上则演化成了一种排他的仪式。而这幕后最权威的人，就是藏有《康熙字典》、《近思录集注》和《四书衬》的四叔②。正是这样一个有儒家信仰的人物，在祥林嫂生命的不同阶段对她有着不同程度的鄙视与嫌弃，最终葬送了祥林嫂极易满足的理想和极易喂活的生命。可见，这些文化的解释权，始终归权利链条顶端的那个人随意解释。因为鲁镇人在经济上并没有主导权，它们虽离城里很近，并且是一个“大市镇”，但这也只是为它成为资本化城市的牺牲品开辟了通道。虽然这种牺牲是慢性的，但是其混乱的文化和贫穷的经济随时都暗示着崩溃的可能。

通过以上例子，可以发现鲁迅描写的“留白”手法的力量所在。他给观众所留出的想象空间，是建立在生活的观察和体验之上的，所以不需要借助概念化的语句，而只描写最为精准的部分。描写人物，就描写其最常见的习性。描写经济，就选择最有风味的酒庄。描写迷信和封建，就选择庸医的天命观和四叔的藏书。描写狐假虎威，竟然巧妙地选择赵七爷的“三国崇拜”。这对鲁迅乡土小说的结构也有莫大的意义，最明显的，就是鲁迅何以不做长篇，因为这不符合其书写习惯。所以这几篇小说都是精致的中短篇。因为他不大需要长篇大论，或者动辄数千字的风物描写，他只将自己对生活体验最深刻的那部分描写出来，其余的事情留给观众，让观众的体验与作者的体验互相碰撞或融合。

二、鲁镇的人物构成与矛盾营造

分析鲁镇空间中的人物构成，大抵有着三种意义。其一，洞悉鲁镇空间的精神风貌；其二，了解鲁镇空间的伦理关系；其三，搭建鲁镇空间的权力结构，因为“空间是任何公共生活形式的基础，是任何权力运作的基础”③。从而，我们可以在这种权力结构和伦理关系中，洞悉鲁迅如何制造冲突，以构成小说的主要动力——矛盾。

可以说，一部小说的品格，很大程度上决定于矛盾冲突的品格。过于庸俗的冲突会

---

① 鲁迅：《鲁迅全集》（第一卷），人民文学出版社 2017 年版，第 494、497 页。

② 鲁迅：《鲁迅全集》（第二卷），人民文学出版社 2017 年版，第 6 页。

③［法］福科：《空间、知识、权力》，包亚明主编《后现代性与地理学的政治》，上海教育出版社 2001 年版，第 12–14 页。

显得很没有说服力，耐不起细读。而矛盾冲突的营造与小说的人物构成又有着直接的关系。本文通过文本细读的方法，将鲁镇空间中的人物分为以下几个群体：

（一）妇女及丧子者

之所以将鲁镇的妇女和丧子者结合起来说，有两个原因：一是因为鲁镇中出现的两个丧子者——单四嫂子和祥林嫂都是女性；二是妇女和丧子者在鲁镇中都有一个身份——被剥削的最底层，并且还浑然不觉。她们在鲁镇空间中大抵有着如下特征：其一，男权系统的牺牲者；其二，牺牲的不自知者以及男权系统的维护者；其三，青春的丧失者；四，亲人的送葬者。

祥林嫂本可通过自己青春时的肉体和生育的能力与男权社会建立一种依附关系，但不幸的遭遇印证了这种依附关系的脆弱性。一旦祥林嫂的青春、体力和子嗣不在，那么她在鲁镇这个空间则再也没有价值。《祝福》中的其他女性，先是给祥林嫂以同情，继而又开始厌烦，为的是表现自己的同情心，恐怕还想确认别人的悲哀以自解。那些生怕没有机会去“同情”祥林嫂的老女人，后来的态度竟转变为“祥林嫂，我问你：你那时怎么竟肯了？……唉，可惜，白撞了这一下”①。这个群体的特征是：拿别人的苦痛表现自己的心善；用别人莫须有的不贞来证明自己的贞操；用别人的苦痛给自己空虚的生活打趣。可以说，这些女性被生存束锁着，又被真正的生活抛弃着，她们一切的排遣必将建立在他人的痛苦之上。这是一种长老制族群压力之下的悲哀，而“一个真正的个体时代的本质特征，不应是展示隐私去迎合别人的窥视欲，而是对隐私的尊重”②。在那个时代，不仅这些妇女没有尊重隐私的意愿，甚至作为祥林嫂本人，也没有保护隐私的意识。

在这里，鲁迅其实是将这些妇女们最有价值的期待的毁灭过程给人看。因为在这样的一个空间里，支撑妇女活下去的最大动力就是自己的子女，尤其是儿子。在这里，鲁迅避免了将妇女的悲剧仅仅局限于“夫权”的压迫之下。他在这种悲哀之上更加深入了一层，要去观察看客对这些不幸女人的反应。

单四嫂子不仅仅是丧子者，还是丧夫者。她的价值只能依赖自己的宝儿来实现。然而宝儿却终于死于庸医之手。值得注意的是小说结尾的处理：“蓝皮阿五便伸手揪住了老拱的肩头，两个人七歪八斜的笑着挤着走去。……这时的鲁镇，便完全落在寂静里。只有那暗夜为想变成明天，却仍在这寂静里奔波；另有几条狗，也躲在暗地里呜呜的叫。”③ 这段描写十分寂静而冷清，单四嫂子的人生悲剧并没有掀起一丝波澜。

---

① 鲁迅：《鲁迅全集》（第二卷），人民文学出版社 2017 年版，第 20 页。

② 黄发有：《准个体时代的写作——20 世纪 90 年代中国小说研究》，上海三联书店 2002 年版，第 12 页。

③ 鲁迅：《鲁迅全集》（第一卷），人民文学出版社 2017 年版，第 479 页。

这些妇女的悲哀，不仅仅是从为人妇才开始的，而是从为人女的时候就开始了。比如《风波》中六斤仅仅因为吃完了饭要去添饭就被打骂，九斤老太看见“不争气”的后代也只能感叹一代不如一代①。而九斤老太的话正应了王晓明先生的分析——“从先秦时期开始……基本的思路都是一个：今不如昔”②。

在此，六斤自身童年的不幸，也暗示了七斤嫂和九斤老太曾经的命运，这也是她们及后来人悲剧的始发站。这是鲁迅在矛盾营造方面的一个十分有机的联系。女人和女人的矛盾、女人与社会的矛盾，通过一组极具概括性的场景跃然纸上。他极少去关注男女之间单纯的爱情矛盾，也极少为了推动“剧情”而增加一些无理由的冲突。鲁迅在人物营造上有着足够的铺垫，写出了她们的矛盾远非可以自解，这其实比那些才子佳人的小说更加具有真实性。

（二）壮年男子及表演者

在鲁镇空间中，壮年男子有像孔乙己这样有自己的梦想的，也有像七斤这样虽是农民但不是很“安分”的，也有像蓝皮阿五这样荷尔蒙旺盛只能靠泼皮耍赖发泄的。他们都有旺盛的表演欲。孔乙己急于让人认同自己高中举人的理想，所以当他听到“我”读过书的时候，一定要卖弄自己的学问③。他以读书人为高贵，所以即使偷窃被抓，也以“读书人”的身份来辩护。而围绕着酒店出现的诸多看客，其实都把他当成一个笑话。他是一个可悲的表演者。

相比于孔乙己，七斤较为幸运，但也颇为滑稽。他因剪了辫子而又听闻皇帝复辟的消息而惶惶不可终日。他的妻子咒骂他当时考虑不周，赵七爷则带着得意的神色来看他的笑话。他的命运也成了村里人所乐于欣赏的一出戏。而一旦证实皇帝复辟的消息是假的，情况则大为改观，别人又开始给他相当的尊敬了。

蓝皮阿五，则是彻头彻尾的二流子。他帮单四嫂子抱孩子的时候不怀好意，而等到宝儿出殡之时，众目睽睽下，蓝皮阿五定觉无便宜可占，于是竟整天没有见到人④。可见他对单四嫂子的关心完全是虚情假意。这样的人物，属于青春的荷尔蒙冲动没有走上正轨所需的渠道，于是在无聊的消遣之中走向更深的堕落。

如果说女性的矛盾多是来自于外界的剥夺与自身的不幸，那么男性的矛盾在此更多是由于理想和欲望的不可求。在鲁镇空间中，几乎没有哪个男性实现了自己的价值，他们的表演欲更多是为了求得认同。他们对于女性的渴望也永远得不到满足。因此他们或

---

① 鲁迅：《鲁迅全集》（第一卷），人民文学出版社 2017 年版，第 496 页。
② 王晓明：《无法直面的人生：鲁迅传》，上海文艺出版社 2001 年版，第 22 页。
③ 鲁迅：《鲁迅全集》（第一卷），人民文学出版社 2017 年版，第 459 页。
④ 同上，第 475、478 页。

者变成痴人，或者甘于堕落，在这种现状中人们总能隐约听到雄性的挽歌。他们虽然比女性有着较好的处境，然而依旧需要在别人的认同中存在，需要在对异性的幻想中寻找慰藉。可以总结一下，在鲁迅笔下，矛盾冲突往往是男性和男性相对，女性和女性相对。他很少去描写庸俗的爱情故事，他所看的永远是一个“相对性”，一种自我与群体之间的比照，也就是在缺乏科学性的攀比之中，各人走向了各人的悲剧。

（三）旧制度的执行与维护者

鲁镇这个空间依旧有它本身的权利结构。这个结构的顶端所站立的人，往往是旧制度的执行与维护者。丁举人、赵七爷、鲁四老爷，就属于这样的人物类型。孔乙已偷东西竟然偷到丁举人家里去了，于是就被打断了腿。在这里，丁举人竟然可以代行执法权。虽然在《孔乙已》中他只是稍稍被提及，但却决定着孔乙已的命运，这委实让人感到不寒而栗。

赵七爷也是旧制度坚定的维护者，并且试图让别人受自己意识的支配。他受不得冒犯，仅仅因为七斤曾和他有口角之争，就为七斤潜在的杀身之祸而感到快意①。他崇拜张飞、赵云，他内心其实暗含着对于所谓的王朝正统的极力维护。

而相比于前两者，鲁四老爷则更有封建制度的守墓人的性质。他的守旧与迷信，葬送了本该知足地生活的祥林嫂。在《祝福》中，他的一句话就可以给不同阶段的祥林嫂定性，并决定祥林嫂在鲁镇空间的价值。这其实是权力结构与个人的矛盾。丁举人等人物形象就是这种权力体系的代言人。这种矛盾具有一种宏观性，与上述两种矛盾相结合，可以使小说不是简单地流于伤感，而有更多的理性、肃穆的思考在内。

（四）鲁镇的看客与孩童

把鲁镇的看客和孩童归为一类，是因为在鲁镇空间中，孩童大抵都在教育缺乏以及耳濡目染中，承受着变成无聊看客的危险。

《孔乙已》中的孩童们只是垂涎孔乙已手中的吃食，并且吃完豆仍然不散。当发觉孔乙已的豆真无法再分时，便不再理他，一哄而散②。

《风波》中也提及孩子，他们在鲁镇的土地上“飞也似的跑，或者蹲在乌桕树下赌玩石子”③。这暗示了一群拥有无限活力的孩子却无法接受应有的教育，且得不到必要的呵护，处于一种半野生的状态，他们只能由孩子群体走向看客群体。

除了《明天》与《祝福》中丧生的孩子外，并没有立刻表露出不幸的似乎只有《社戏》中那一群带我去看戏的孩子了。他们好客、善良、欢乐，然而也在偷豆的时候表现

① 鲁迅：《鲁迅全集》（第一卷），人民文学出版社 2017 年版，第 494-495 页。

② 同上，第 460 页。

③ 同上，第 491 页。

出一种“油滑”。水上的生活也已严重局限了他们的视野。但鲁迅毕竟没有明确地给他们一个悲哀的暗示，或许鲁迅还是要留几分希望的吧。

看客与孩童群体，是鲁迅小说中的一大特色。他们所代表的矛盾也均是超越性的，这种矛盾是人与人之间的隔绝感，以及相互之间的麻木。他们不仅不能相互了解，也因为生计等问题无法反观自身。所以，这种出于无知与惯性的麻木，其实是鲁迅的悲哀与隐痛。其所导致的矛盾心理，也是内化在文本之中的。

鲁镇空间的人物构成，对于塑造鲁迅小说中的矛盾冲突具有决定性的意义。正是因为鲁迅对人物的深刻把握，才使得鲁迅小说中的矛盾冲突具有层次感。在这些人物间，他们的矛盾往往不是大刀阔斧的，而是深刻地内化在生活之中。鲁迅往往将人物打磨到一定程度再放入故事中，因此人物也就很具典型性。并且，人与人之间的矛盾往往都是由他们的“自我矛盾”导致的，因为这些人物每个人都有一套对人的哲学，还有一套对己的哲学。他们秉性不可谓不善良，但也夹杂了很多懦弱；不可谓不可笑，但也确实出于人世的无奈。在这一点上，鲁迅发现了变革不能仅仅向外求，还需要向内求。

三、鲁镇的情感结构与作家的主体精神

“我们需要将文学作品间的关联放在历史背景下研究，进而解释某一地方在特定时期含有的‘情感结构’。”① 由上文可见，在鲁迅的意识或潜意识中，已经有了一定的情感寄托。下面我们来分析鲁镇空间中作者所体现的较鲜明的情感。虽然鲁迅在描写人物、环境的时候往往采用言约意丰的笔法，但这并不影响其情感结构的建立。而这种情感的结构又可以体现出作家的主体精神，即他并非以自然主义的冷淡视角在复制这一切，而是在与鲁镇这一空间进行情感的交流，也唯此，才让其小说显得更有生命力。

（一）故乡的距离

“从回忆来开始自己的新文学生涯，这是鲁迅创作的特点之一。”② 虽然小说中的“我”与鲁迅未必相等，但其回忆的成分肯定是小说得以构成的源泉之一。《孔乙己》、《社戏》、《祝福》这三篇小说中，都有一个“我”，并且都与自己的故乡有相当大的距离感。《社戏》是以回忆的视角，来讲述自己已经回不去的那个鲁镇，以及鲁镇周围的平桥村和赵庄。在这部小说的结尾，六一公公说“我”“将来一定要中状元”③，这其实暗

① ［英］迈克·克朗：《文化地理学》，杨淑华、宋慧敏译，南京大学出版社2003年版，第59、35页。

② 严家炎：《论鲁迅的复调小说》，上海教育出版社2002年版，第26页。

③ 鲁迅：《鲁迅全集》（第一卷），人民文学出版社2017年版，第597页。

含了乡土中的一种期待。也正是这种期待，把“我”和这乡土空间隔出了距离。而《祝福》中的“我”，更是被祥林嫂看作知道有没有地狱的人，面对祥林嫂一切的不幸，“我”只能够旁观。并且即使连祥林嫂的死讯，也是从他人口中得知的①。最后，祝福的氛围是属于鲁镇的。“我”这个归来者并没有丝毫享受的余地。在这里，“我”不是简单地与鲁镇中个人的悲欢相关联，而是与整个鲁镇的命运相悲戚。在此处，“我”所承受的精神苦难是超越一切人物的，因为思维的痛苦是无限绵延的。而真正处于世俗苦难中的人们，却未必来得及思考。“我”的不麻木，是一切思索与痛苦的根源。而战斗精神又让鲁迅不去逃避这一切，而是深刻地剖析，并以孤勇的姿态去承受。

（二）理解之同情

“鲁迅的乡土小说呈两种态势：一种是以《阿Q正传》为代表的具有积极主动批判意识的充满着理性之光的（这并不是说这类小说就完全排斥情感内容）形上之作；另一种是《故乡》、《祝福》为代表的具有消极被动批判意识的充满着情感形式的（这也并非完全排斥理性的烛光）形下之作。”② 鲁迅的笔法在细微之处是能够品味出感情的。对于人物，他不会因恨其腐朽而剥除人物的善念和温情。譬如鲁迅写孔乙己给孩童们分豆，以及写孔乙己考我“茴”字的四种写法，我们还是能感受到他对人物的同情。再比如《明天》中，单四嫂子回忆宝儿生前的懂事，让人潸然泪下。“想那时候，自己纺着棉纱，宝儿坐在身边吃茴香豆，瞪着一双小黑眼睛想了一刻，便说，‘妈！爹卖馄饨，我大了也卖馄饨，卖许多许多钱，——我都给你。’那时候，真是连纺出的棉纱，也仿佛寸寸都有意思，寸寸都活着。”③ 没有充分的理解，万难做到此种同情。再比如写祥林嫂，那么能干的一个女人，即使在别人家做佣人，也能够“反而满足，口角边渐渐的有了笑影，脸上也白胖了”④。其实，鲁迅是在抒写对于健康的生命的渴求。但就是这样一个女人，慢慢地被葬送，被当作茶余饭后的谈资。可以说，鲁迅在此处是极尽“理解之同情”了。

（三）怀疑与批判

一种彻底的怀疑精神与批判精神，绝不在于批判一个陌生或者敌对的环境。因为这样的批判存在地理和时间上的双重间隔性，往往不能直接见效。最彻底的怀疑与批判，其实是怀疑与批判自身最熟悉的环境，以一种主体精神，对这个空间秩序的健康运作负责。当然，这需要面临极大的风险，因为这十分容易得罪利益既得者。从这个角度来看，鲁迅是勇敢的。小说中的“我”，并没有对故乡进行盲目的礼赞，而是用一双冷眼去观

① 鲁迅：《鲁迅全集》（第二卷），人民文学出版社 2017 年版，第 9 页。
② 丁帆：《中国乡土小说史论》，江苏文艺出版社 1992 年版，第 39 页。
③ 鲁迅：《鲁迅全集》（第一卷），人民文学出版社 2017 年版，第 478 页。
④ 鲁迅：《鲁迅全集》（第二卷），人民文学出版社 2017 年版，第 11 页。

照种种的现实。在鲁镇空间中，鲁迅怀疑了诸种虚伪的同情，比如众人对单四嫂子、祥林嫂的假慈悲；揭露了那些“仁慈长者”以及道学家的吃人面目（赵七爷和鲁四老爷）；甚至对于孩童们冷漠的潜质，都进行了一定程度的挖掘。鲁镇中的看客们无非是在一次次的交谈之中，满足自己那点可怜的善念，好心安理得地继续麻木下去。总之，在鲁镇，以往的崇高、善念、同情、憎恶，都已经成了值得怀疑的东西，一切都因为冷静的观照和尽量的还原而重新归零。那些虚伪的信条也渐渐流露出真实的面目，渐渐地呈现在人们面前。

“鲁迅之所以用‘乡土’作为‘载体’，从本质上来说，正反映出一个现代智识者充满着背反的矛盾视阈。”① 但他是隐忍的，只是冰冷地书写着最后的全景，烘托一种即将崩溃的氛围。这种崩溃是以一种“值得怀疑的安宁感”来体现的。

> 我到现在终于没有见——大约孔乙己的确死了②。
>
> 伊虽然新近裹脚，却还能帮同七斤嫂做事，捧着十八个铜钉的饭碗，在土场上一瘸一拐的往来③。
>
> 只有那暗夜为想变成明天，却仍在这寂静里奔波；另有几条狗，也多在暗地里呜呜的叫④。
>
> 只觉得天地圣众歆享了牲醴和香烟，都醉醺醺的在空中蹒跚，豫备给鲁镇的人们以无限的幸福⑤。

鲁迅在这四个结尾之中，没有给人看到一丝强行的转变。鲁镇从来如此，也暂时将依旧如此。然而这一套制度终究会灭亡，只是人作为牺牲的祭礼依旧不自知。鲁迅的内心是痛苦的，但为了迎接那个暗夜换来的明天，他只有进行痛苦的批判和深沉的期许。

鲁镇的情感结构是在熟悉与陌生、理解与怀疑、同情与批判这三组概念之中形成的。因为这三组情感和关系某种程度上处于相反的两极，所以更给这个空间增添了极大的张力。鲁迅以一种极大的主体精神来布置小说的情感结构，将自我的感情内爆于稍显冰冷的叙事中。他无法狂欢，因为故乡毕竟是悲凉的，即使有温情也都在童年。他将自己的感情注入和时代温度等同的冰层之内，以观照鲁镇尚未度过的寒冬。他其实甘愿与故乡

① 丁帆：《中国乡土小说史论》，江苏文艺出版社 1992 年版，第 36 页。
② 鲁迅：《鲁迅全集》（第一卷），人民文学出版社 2017 年版，第 461 页。
③ 同上，第 499 页。
④ 同上，第 479 页。
⑤ 鲁迅：《鲁迅全集》（第二卷），人民文学出版社 2017 年版，第 21 页。

共同承受这一份冰冷。

四、鲁镇作为乡土文学空间生产模式

以上三部分对鲁镇的经济文化模式、人物群体、情感结构进行了分析。然而，“我们不应该把自己放在再现的一般层面上，尽管在这一层面上或许可以研究有关相似性的现象学的有趣问题”①。基于这三部分的分析，笔者将鲁镇空间视为一种乡土文学空间的生产模式，并且总结出了四条可循的规律，从而对文学空间的生产做一次有所裨益的探讨。

（一）风俗与景观作为社会意识形态的表征

“考察地理景观就是解读阐述人的价值观念的文本。地理景观的形成过程表现了社会意识形态，而社会意识形态通过地理景观得以保存和巩固。”② 在鲁镇中，我们可以看见孔乙己所光顾的酒店，也可以看见咸亨酒店。这些酒店俨然已是看客和闲者的收容所。我们也可以看见江南的一些水文和风土景观。这些景观一定程度上体现着鲁镇的经济模式和经济发展程度。当然，在鲁镇还有一些文化景观，虽然作家没有直接进行描写，但是通过《社戏》中母亲的描述，可见鲁镇的戏比赵庄的戏更加优质而频繁③。而《明天》中宝儿的葬礼的杂糅，以及《祝福》中习俗的解释权，都体现了这个空间已无真正的信仰。所谓习俗只是阶级划分与社会意识形态的表征，所以宝儿只能去看庸医，而孩童们只能在泥地里奔跑，祥林嫂永远受制于读四书的老爷。这是鲁镇空间的惯用手法之一。这种风俗描写和地理景观在某种程度上其实是鲁镇空间的人所能达到的“上限”，无论是文化教育程度、思想境界，抑或生活水平、见识眼界，他们都逃不出这一个基本的限定。

（二）制度夹缝中的命运悲剧

在鲁镇这里，存在着不止一种制度。第一种制度，自然是还未根除的帝制的权威。《风波》中的皇帝复辟、《孔乙己》中丁举人的存在都体现了这一点。其二，鲁镇也受到了资本主义的一些影响，多少还体现出了一些资本的萌芽。其三，就是乡土社会中不成文的诸种礼法，这些礼法甚至并不完全归功于儒教，它融合了对各种宗教进行庸俗利用的杂糅哲学，这让鲁镇人在面临自己的人生悲剧时又多了几分机警与油滑，最终导致的就是信念的缺失。这三种制度夹杂在一起，就会造成信仰的冲撞、观念的冲击，甚至造

---

① ［法］巴什拉：《空间的诗学》，张逸婧译，上海译文出版社 2009 年版，第 161-162 页。

② ［英］迈克·克朗：《文化地理学》，杨淑华、宋慧敏译，南京大学出版社 2003 年版，第 59、35 页。

③ 鲁迅：《鲁迅全集》（第一卷），人民文学出版社 2017 年版，第 591 页。

成人格的分裂，鲁镇的悲剧也就由此产生。

（三）冷静叙述下的悲愤意识

首先，冷静的叙述向读者保证了人物与事件、景观与风俗的精简，将鲁镇变得更加具有典型性。其次，悲愤意识的存在，避免了鲁镇空间的生产成为具有古典美学趣味的田园诗。我们可以说鲁镇是所有前工业时代中国乡土空间的一个缩影。正如费孝通所言，“在乡下，家庭可以很小，而一到有钱的地主和官僚阶层，可以大到像个小国。中国人也特别对世态炎凉有感触，正因为这富于伸缩的社会圈子会因中心势力的变化而大小”①。上述分析的一系列经济、制度以及教化等诸层面，在这个空间中催化了悲剧的产生。一个有责任、有良心的作家应该真实地去书写这一切，而不是去粉饰什么。这在那个时代是相当重要的。正如李欧梵所言，“鲁迅的整个内心世界有一个‘黑暗的中心’，这个‘黑暗’世界指的不是鲁迅本人的性格，而是他的艺术精神和灵感”②。

（四）区域悲剧的普遍性与历时性

“在历史被排斥之处，文学的表现才最为明显。因此有可能探索一种文学语言的历史，这既不是语言的历史，也不是风格的历史，而只是文学记号的历史。我们可以推测，这样一种形式的历史十分清晰地表现出了同深层历史的联系。”③

鲁镇空间生产的另一关键技巧在于，作者从未把鲁镇当作一时一地。鲁镇看起来只是江南的一个小镇子，但是其辐射面和观照面是十分宽广的。诚然，鲁镇的悲剧是一个区域性的悲剧。京城周围的镇子、山东或河南的镇子里所发生的事情，肯定各有不同的悲哀。但是这些悲哀无一不可从鲁镇空间中找到影子，因为在这一空间中，包含了性格悲剧、伦理悲剧、命运悲剧等诸多元素在内。这些元素加在一起才酿成了种种的鲁镇故事。这是从地理的角度而言。从时代的角度而言，鲁迅写的从来不是一代人，鲁镇空间中既有九斤老太这样的祖辈人物，又有像蓝皮阿五、七斤这样的壮年，又有一些满地飞跑的孩童。他们的命运和结局相互映照着，最终给人的暗示是，历史的悲剧未必没有延续的可能。也正是有了发现问题的意识，问题才能逐步解决。鲁迅的这个手法为后人借鉴良多。

比如在同样强调启蒙的20世纪80年代，我们可以看到寻找“类故乡”的空间主体来寄托作家的历史思维已经成为一个惯用模式，比如莫言的东北乡、张炜的芦青河、李杭育的葛川江、乌热尔图的少数民族风情等等。“郑义、韩少功、李杭育、郑万隆、王安

① 费孝通：《乡土中国》，人民出版社2008年版，第29页。

② 李欧梵：《铁屋中的呐喊》，尹慧珉译，浙江大学出版社2016年版，《前言》第6页。

③ ［法］罗兰·巴特：《符号学原理及其他》，李幼蒸译，生活·读书·新知三联书店1988年版，第64页。

忆、贾平凹、张炜等人从自己的地域文化和生活经验中找到‘据点’，对于自己所处的文化进行深刻的感受、反思与反馈。”① 在这个情况下，比照文本，与其说他们受到了相隔万里的马尔克斯的《百年孤独》的影响，不如说受到鲁迅等人作为本土资源的影响。其实这些作家在自己的乡土空间中，采取的还是中国化的处理方式（那时的“改革”风潮依旧是文学的主题之一），处理的也是中国的伦理问题。

（作者单位：山东大学文学院）

① 尹林：《〈文艺报〉与寻根文学的理论前奏》，《文艺争鸣》2019 年第 2 期。

意识形态宣传视角下的《百花齐放》①

杨玉霞

《百花齐放》是郭沫若在“百花齐放、百家争鸣”的大背景下创作并出版的一部诗集。在1958-1961年三年间，这部诗集初刊于《人民日报》，后结集初版于人民日报出版社，然后又分别以剪纸图集、木刻图集、木版水印图画等多种形式共计出版了6种版本，亦有诸多报媒和评论者给予评介和褒扬，不能不说是“大热”于一时。然而也是这样的一部诗集，后来却成为人们诟病诗人郭沫若的一个典型案例，诸多研究者将其视为郭沫若贴近政治、远离文学，“成为知识界依附权势的标兵和表率”②的典型表现。被认为是“中国第一部当代新诗史专著”的《中国当代新诗史》就指出：“这些代替了他二十年代初在《女神》中的‘自我’形象和个性化的情感表现，是概念的堆砌和对事实的一般性描述”，“这已经近于文字游戏了。《百花齐放》可以说是开了从‘大跃进民歌’到六七十年代时兴一时的简单比附的咏物诗的先河。如此创作，受到批评，是不让人感到意外的”③。

如何看待和正确理解这一现象，需要我们回到起点，梳理这部诗集的发表、出版始末、社会影响以及相关评价，而这也是一直以来被忽略的一项工作——在此之前，任何简单的“捧杀”或者“棒杀”都是粗率和不负责任的——然后，在此基础之上重新阐释和评价《百花齐放》及后期郭沫若。

---

① 本文系国家社会科学基金重点项目“郭沫若作品修改及因由研究”（14AZW014）中期成果；四川省教育厅人文社会科学（郭沫若研究）立项课题“新中国成立后郭沫若诗歌文献整理与研究”（GY2016C05）阶段性成果。

② 邢小群：《试析郭沫若在大跃进年代的诗歌活动——从〈百花齐放〉到〈红旗歌谣〉》，《中国青年政治学院学报》2003年第5期。

③ 洪子诚、刘登翰：《中国当代新诗史》，人民文学出版社1993年版，第38、40页。

一、一时“大热”与用心调整:《百花齐放》版本及删改

《百花齐放》的写作开始于1956年暑间，但郭沫若“试做了三首——牡丹、芍药、春兰——便搁置了”①。到了1958年，受“大跃进”精神的影响，在多方面的“帮助”下，郭沫若自3月30日始至4月8日，10天时间创作了98首诗，加上之前的3首，共计101首，完成了《百花齐放》。

(一)《百花齐放》的版本梳理

《百花齐放》版本众多，许多资料的记录或有遗漏，或有舛误②。笔者一一找到原刊或原书，对照列举如下：

第一个版本是初刊本：1958年4月3日至6月27日，《人民日报》。《人民日报》自1958年4月3日始连载郭沫若的《百花齐放》，首次刊发附录一段作者前言，希望“各地朋友……把各地的奇花异卉的详细情况开示些给我”③；5月9日刊发编者附记，说明郭沫若同志“四月上旬即将‘百花’全部写完了”④。至6月27日连载完毕，27日附录后记。

第二个版本是初版本：1958年7月，《百花齐放》(无插图本)，人民日报出版社。32开本，目次6页，正文104页。初版本与《人民日报》初刊本相比，有多处删改，另外篇目顺序变动较大。诗集封面使用刘岘木刻作品《睡莲》，扉页印有“敬向‘七一’献礼”。

第三个版本是1959年4月《百花齐放》(木刻插图本)，人民日报出版社。20开本，目次6页，正文104页，木刻101幅(刘岘等创作插图)。书中采用左诗右图形式，封面使用黄永玉木刻作品，书中还有刘岘创作的郭沫若木刻像一帧、蜀葵花原稿一页。较之1958年7月的初版本，这一版删改较多，诗篇题目亦有改动。

第四个版本是1959年4月《百花齐放图集》(剪纸本)，江苏文艺出版社。这一版

---

① 郭沫若:《百花齐放》,《人民日报》1958年4月3日。

② 例如萧斌如、邵华编，上海文艺出版社1980年8月出版的《郭沫若著译书目》记有天津百花文艺出版社1959出版的一个版本，经查有误，这个版本并不存在。发表于《荣宝斋》的论文《〈百花齐放〉始末及价值——以荣宝斋木版水印版本为研究对象》是关于《百花齐放》的最近的研究论文，也是对《百花齐放》梳理较为全面的论文，但还是遗漏了1959年4月人民日报出版社出版的《百花齐放》(木刻插图本)，而这一版本改动较多，是非常重要的一个版本。2017年出版的《郭沫若年谱长编》中也只记录有《百花齐放》的初刊本和初版本。

③ 郭沫若:《百花齐放》,《人民日报》1958年4月3日。

④ 郭沫若:《百花齐放》,《人民日报》1958年5月9日。

本附有郭沫若撰写的题词：“旧说东风似金剪，今看金剪运东风。百花齐放翻新样，万紫千红庆大同。”序言部分介绍了南京剪纸艺人和美术工作同志集体创作的具体情况。目录中每种花朵加上其拉丁学名，正文左诗右图，下附每一种花的植物学简介，没有原诗集的前言和后记以及注释，内容与1959年4月《百花齐放》（木刻插图本）一样。

第五个版本是1959年8月《百花齐放》（刘岘木刻图集），上海文艺出版社。20开本，附有郭沫若像一帧，水仙花原稿一页，正文209页（其中有刘岘木刻插图101幅）。曾经三次印刷。

第六个版本是1959年9月《百花齐放剪纸》（张永寿剪纸本），江苏扬州人民出版社。郭沫若题词：“扬州艺人张永寿，剪出百花齐放来。请看剪下出春秋，顿使东风遍九垓。”采用左诗右剪纸形式，先后两次印刷。

第七个版本是1960年《百花齐放》（图画本），北京荣宝斋。这一版本是荣宝斋延请郭沫若以册页规格、毛笔手书101首《百花齐放》诗，又请于非闇、田世光、俞致贞三位工笔花鸟画大师依诗作画，融文学、书法、绘画、木版水印为一体，在当时中国文坛和书画界引起了巨大反响。严格来讲，这一版本实际包含三个版本：此书在当时共出版了三个版本，即零本印制、十册本与两册本。其中只有两册本在原来百花百咏的基础上又增加了一帧《其他一切花》，则所收版画的数目达到了101帧，并加印了郭沫若撰写的前言、后记各一篇，可谓最全之本。十册本1960年2月到12月才完成印制，印数、定价均无文字记载。

（二）《百花齐放》删改校读

这七个版本的不同之处，除了出版形式之外，还有内容上的许多变化。本文对此进行了整理、统计，发现作者进行了两次删改，一次是从初刊本到初版本，一次是初版本到1959年4月《百花齐放》（木刻插图本）。现胪列如下：

1. 从初刊本到初版本

以句为单位，一共有七首的18句有改动，诗题顺序调整比较大，尤其是对前后有逻辑关系的诗题予以调整。例如将《月季花》前两首《十里香》和《十姊妹》的顺序互调，与《月季花》中的诗句呼应，更加合理。

这一次删改较少，应该与时间紧迫有很大关系。1958年4月8日作者完成写作，《人民日报》连载至6月27日，7月《百花齐放》（无插图本）出版，并以此致敬、献礼“七一”。作者在《后记》中注解道：“原准备每花插一图，因来不及，故先出无插图本，将来再出插图本……（六月二十八日补注）”① 从时间来看，《人民日报》一边刊登，一

① 郭沫若：《百花齐放·后记》，人民日报出版社1958年版，第104页。

边结集出版，的确非常紧迫，所以作者难做细致修改。

2. 初版本到1959年4月《百花齐放》（木刻插图本）

首先，题目有四处修改：《朱藤》改为《紫藤》，《山丹花》改为《山丹丹》，《柱头花》改为《柱顶红》，《紫云英》改为《单色堇》。

内容修改方面，以句为单位，标点符号的改动也计入在内，共计有242处删改。相比第一次删改而言，这一次删改几乎遍布全书。完全没有删改的只有《芍药》、《马蹄莲》、《吊金钟》、《榆叶梅》、《石蒜》、《桔梗花》、《蜀葵花》、《腊梅花》、《桃花》9首。有的作品几乎通篇改动，比如《百合花》、《攀枝花》、《紫茉莉》、《三色堇》等改动6句，而《大丽花》、《二月蓝》等则改动7句，只有一句没改。

在这次删改中，不论是改动题目，还是改动内容，大部分修改是在表达的准确、简练上下功夫。第一首《牡丹》第二句，加“所谓”二字，为“我们也并不曾怀抱过所谓‘福贵之想’”，末两句改为去掉“全部”二字，改为“把花瓣散满了园地”。《攀枝花》中，第二句“叫”改为“称”，第三句“能戴满”改为“戴满着”，第四句“生产英雄具有这样的风度”改为“具有生产英雄这样的风度”，第五句“但我们的木材轻松，没有什么用”改为“木质疏松，却没有什么用”，第六句“我们的棉絮”改为“结出的棉絮”，第七句“幸喜四川也有”改为“幸好四川有处”……这样的删改使句子更加简练，表达更加准确和清晰。初版本因献礼“七一”而在“十日之内”完成，表达上的粗糙是难免的，而这次删改基本上解决了这一问题。

在第二次删改中，还有一些删改特别值得注意。比如《紫藤》一诗的第七句将“那就是让我们以枯树为骨干”，改为“劳动人民让紫藤缠绕着枯树”，特别强调“劳动人民”。《牵牛花》第八句将“赶快建成呵社会主义的中华”改为“提早建成呵社会主义的中华”，更符合“大跃进”“高指标、高速度”的时代要求。《美人蕉》的第八句“谁学得这种精神，谁就是好汉”改为“谁学得这种精神，就能又红又专”——“又红又专”这个词是毛泽东在1957年10月9日中共八届三中全会的讲话《关于农业问题》① 中第一次提出，并屡次强调。郭沫若用这一词语代替了带有传统色彩的“好汉”一词，其实是呼应新时代对于“优秀人物”的衡量标准。最后一首《其他一切花》中第六句“因为要重视批评和自我批评”改为“遵守的方针是要团结，也要批评”，第八句“我们应该力争上游，不断革命”改为“手携手的力争上游，不断地革命”，这里态度的转变尤为明显，从只有“批评”到“也要团结”，还要强调“手携手”实际是对包括自己在内的知识分子群体的劝勉、期许和号召。这些删改让作品的时代特色更加显著，意识形态倾

① 毛泽东：《关于农业问题》，《毛泽东文集》（第七卷），人民出版社1999版，第309页。

向也更加鲜明。

从这些或是推敲行文，或是斟酌态度、调整方向的大量删改，我们看到郭沫若对《百花齐放》的态度，并不是如陈明远提供信件中的郭老自述一般——“我的《百花齐放》是一场大失败……现在我自己重读一遍也赧然汗颜”①，反而是乐于促成其出版，并及时做了校订修改工作。

二、赞誉与批评的消涨：《百花齐放》相关评价

对郭沫若的《百花齐放》的评价一直有两种声音，一种是对其创作的赞誉，一种是对其艺术粗糙的批评。这两种声音在20世纪五六十年代和80年代以后分别呈现出截然相反的消涨。

（一）五六十年代：一部“具有科学的、哲理的和政治内容的抒情诗集”

对于《百花齐放》连载及结集成书出版，当时的评论文章并不多，当然这与当时的社会环境有关，而有限的几篇公开发表的评论几乎都是对于《百花齐放》的赞誉。较早关于《百花齐放》的评论文章是周方的《一个想法》，文中表示：“我们的诗人、作家能不能也像郭老这样，依据新产品的名称，也写它个‘百花’！……愿更好更美的工业产品的‘百花’早日‘齐放’出来！”② 邓淳铭的《试评郭沫若的〈百花齐放〉》则给予《百花齐放》很高评价，称之为一部“具有科学的、哲理的和政治内容的抒情诗集”，甚至认为“《百花齐放》不但继承了诗人在女神时代的‘火山爆发式的内在情感’，而且增加了一个具有高度马克思主义修养的革命诗人底必然持有的、对年青一代的循循善诱、语重心长的特色。使人读后，对自己革命人生观的确立，将会从诗章里得到莫大的启发和深深的教益”③。《〈百花齐放〉试论》从五个方面论证《百花齐放》“尽管吟诵的是花草，然而也并不失去它的文学意义”④。当时还有其他评论给予褒扬，如《别开生面的花草诗——读郭沫若的诗集〈百花齐放〉》⑤、《一个“懂”字》⑥ 等。

当时并未有对《百花齐放》的批评公开发表，其中原因当然不言自明，但我们可以看到后来人们对于《百花齐放》评价的另一种声音。比如杨匡汉在50年后回忆自己和同

---

① 黄淳浩编：《郭沫若书信集》（下），中国社会科学出版社1992年版，第104、109页。

② 周方：《一个想法》，《人民日报》1958年7月7日。

③ 杜淳铭：《试评郭沫若的〈百花齐放〉》，《作品》1959年第10期。

④ 王绍铭：《〈百花齐放〉试论》，《红岩》1959年第5期。

⑤ 张定亚：《别开生面的花草诗——读郭沫若的诗集〈百花齐放〉》，《陕西日报》1959年12月20日。

⑥ 欧外鸥：《一个“懂”字》，《羊城晚报》1961年11月14日。

学“因不满于郭沫若《百花齐放》诗集里诸多的牵强附会，图解说教、诗味如同嚼蜡，斗胆写了批评性长文，投寄给当时权威的《文艺报》”①，不过遭到退稿。1981 年《诗探索》发表了力扬原写于 1958 年 6 月的遗作《评郭沫若的组诗〈百花齐放〉》，认为“从诗歌的作用和诗歌的创作方法上加以研究”，这组诗“还存在着相当大相当多的缺点”，主要问题在于“对于‘百花’的训诂考据，以及革命术语和哲学词汇的生搬硬套。这些都是既缺乏艺术形象，也缺乏抒情因素的说理的文字，也就缺乏吸引人的魅力，所以读起来，总不免觉得枯燥、生硬，索然无味”，而这是“缺乏现实生活的实感，没有强烈的创作冲动，而勉强从事写作的结果”，“缺乏革命的热情，是贯穿着整个组诗的一个根本弱点”②。

可以看到，在五六十年代，对于《百花齐放》的赞誉是公开呈现的评论，而对于其艺术上枯燥、生硬、牵强附会的批评，只是一脉细微的暗流，潜隐于心。

（二）80 年代以后：“以简单的外形而装填流行的政治概念的标本”

进入 80 年代，郭沫若研究阵营出现分化，对于《百花齐放》的态度，要么是论及郭沫若成就之际避而不谈，要么给予几近严厉的贬损、批判。谢冕曾经对《百花齐放》提出十分尖锐的批评：“……著名的组诗《百花齐放》可以说是以简单的外形而装填流行的政治概念的标本。”③ 可以说，我们当下对于《百花齐放》的批评基本按此观点，不离其左右，比如认为《百花齐放》“是根据‘主题先行’的创作原则进行创作的……诗歌中充满了大量的革命术语和哲学词汇，让人感到枯燥生硬，毫无诗意之美”④，“唯有堆砌政治术语，生硬，枯燥，牵强附会的致命之弊，大概可以概括《百花齐放》的创作”⑤等。著名作家叶兆言在《重温大跃进》中甚至用了极其严厉的言辞来贬斥《百花齐放》：“这些诗，水平之差，马屁之露骨，完全可以用骇人听闻来形容。”⑥

对《百花齐放》提出批评的相当一部分学者认为《百花齐放》既是郭沫若追风之作，又饱含作者的内心曲折与隐衷。比如贾振勇就指出“毫无疑问，‘趋时’、‘跟风’的政治机会主义，是郭沫若创作《百花齐放》的直接心理动机”⑦，并引用了郭沫若与陈

① 杨匡汉：《学术的故土——为北大百年华诞而作》，《莼鲈之思》，东方出版社 2009 版，第 321 页。

② 力扬：《评郭沫若的组诗〈百花齐放〉》，《诗探索》1981 年第 1 期。

③ 谢冕：《20 世纪中国新诗：1949—1978》，《诗探索》1995 年第 1 辑。

④ 刘海洲：《国家花语中的“时代颂歌”：论郭老建国后的诗歌创作〈百花齐放〉》，《郭沫若学刊》2013 年第 4 期。

⑤ 高信：《〈百花齐放〉及其他》，《博览群书》1995 年第 1 期。

⑥ 同上。

⑦ 贾振勇：《诗与史的共鸣》，上海大学出版社 2009 年版，第 173 页。

明远谈论《百花齐放》的信件，提出“在政治洪流中随波逐流的郭沫若，并没有忘记诗歌创作的生命根基，在他的内心深处，他始终为诗歌的真谛保留着一块领地。只不过作为政治人物的他，不会公开随意表达，更不会逆时代政治潮流而动”①。持此观点的不在少数，而且大部分引用了王明远与郭沫若的“通信”作为有力证据②。然而据王戎笙《郭沫若书信书法辨伪》③ 以及郭平英《陈明远与郭沫若往来书信质疑》④，我们已经可以确定的是，陈明远提供的所谓郭沫若与自己通信的第四批抄件系伪作，当然其中就包括二人谈论《百花齐放》的信件。由此，所谓“曲折”与“隐衷”就毫无事实依据。

当然也有极少数论者给予《百花齐放》以褒奖。《历史的见证　真诚的声音：重读郭沫若的两部诗集》一文认为“如果体谅到当时的国情，《百花齐放》当不失为一组大型的真诚的‘花之歌’”⑤。《不朽的花之歌——重温郭沫若〈百花齐放〉诗集札记》给出更高评价，认为《百花齐放》“不失为诗坛花苑中的一部名著。……重温这一诗集，深感是一曲不朽的花之歌，是一部极为优秀的教材”⑥。

80 年代以来，学术界以及普通读者更多的是批评、贬抑《百花齐放》，而赞誉的声音不仅极少，而且学术分析单薄，缺乏强有力的说服力。

三、基于意识形态宣传视角：重新考察后期郭沫若及其《百花齐放》

通过回顾《百花齐放》的一时“大热”与郭沫若的两次删改，梳理《百花齐放》在不同时代遭遇的赞誉与批评的消涨，我们发现，一直以来我们都是以文学、以诗歌艺术的尺度来衡量《百花齐放》，赞誉也是，批评亦是。然而，《百花齐放》并非主流文学所常见的诗歌作品形态，而是需要我们置于意识形态宣传视角之下去考量的作品。对于后期郭沫若，我们也要秉持“知人论世”的考察态度。

---

① 贾振勇：《诗与史的共鸣》，上海大学出版社 2009 年版，第 181–182 页。

② 比如何思玉、母华敏的《共名与无名及实旨与意旨：对〈百花齐放〉的鉴赏与解读》（《郭沫若学刊》2002 年第 1 期）、邢小群的《试析郭沫若在大跃进年代的诗歌活动：从〈百花齐放〉到〈红旗歌谣〉》（《中国青年政治学院学报》2003 年第 3 期）、刘涵华的《复杂心态的曲折流露——郭沫若〈百花齐放〉的重新解读》（《贵州社会科学》2003 年第 3 期）、宁源声的《郭沫若对〈百花齐放〉的自省》（《共产党员》2012 年第 3 期）、宋楠的硕士论文《自然的对象与不自然的审美——郭沫若诗集〈百花齐放〉意象研究》等文。

③ 王戎笙：《郭沫若书信书法辨伪》，兰州大学出版社 2005 年版。

④ 郭平英：《陈明远与郭沫若往来书信质疑》，《文艺报》1996 年 5 月 10 月。

⑤ 彭元江：《历史的见证　真诚的声音：重读郭沫若的两部诗集》，《文史杂志》2012 年第 6 期。

⑥ 泥元：《不朽的花之歌——重温郭沫若〈百花齐放〉诗集札记》，《中国花卉报》1995 年 3 月 3 日。

（一）意识形态宣传视角的选择

1.《百花齐放》的初始写作动机与“双百方针”

郭沫若写作《百花齐放》的直接动机，是为宣传和贯彻“双百方针”。1956年4月28日，毛泽东在中央政治局会议上的讲话首次把“百花齐放、百家争鸣”完整地确定为我们党发展科学文化事业的方针。在5月2日的最高国务会议第七次会议上，毛泽东正式宣布了这个方针。同年5月26日，中宣部长陆定一应当时中国科学院院长郭沫若的邀请，代表中共中央在怀仁堂向到会的一千多位自然科学家、社会科学家、文学艺术家等作题为《百花齐放、百家争鸣》的报告。这个讲话于6月13日在《人民日报》上公开发表。郭沫若“在1956年暑间，曾经打算以‘百花齐放’为题，选出一百种花来做出一百首诗”①。因此，从集子的题目、写作时间再到其内容来看，郭沫若写作《百花齐放》的初始动机是为宣传、贯彻“双百方针”。

2.《百花齐放》写作过程中的“跃进精神”

郭沫若在写作《百花齐放》时，曾因故搁置，一直到1958年——“今年我把那三首诗检出来发表过，同志们看了鼓舞我：‘跃进一下，就做足一百首来！’好，我受到鼓舞，决心来完成这个小任务。”② 他先后到天坛、北海公园、中山公园园艺部访问，北京和内地卖花的地方，他都去请教过；还得到热心朋友的帮忙，“有的借书画给我，有的写信给我，还有的送给我花的标本或者种子”③，终于在1958年写完了《百花齐放》。可见郭沫若写作《百花齐放》是受“大跃进”精神鼓动而一气完成的。

3.《百花齐放》文本的政治宣教意图

《百花齐放》共101首诗，都是两段式，每段四句。每一首都是以“花”自况，运用第一人称介绍花的某些特性。但介绍特性是为表达观念——借说“花”而言其他，而这些观念又紧密结合时代，扣紧政治脉搏，表达意识形态倾向。

《百花齐放》中有相当一部分作品直接歌颂“大跃进”，比如《蜀葵花》、《牵牛花》、《玫瑰》、《玉蝉花》、《洋绣球》、《喇叭花》、《水仙花》、《鸡冠花》、《李花》、《蜡梅花》、《蒲包花》等，甚至直接让花朵喊出大跃进“多快好省”的口号，体现了鲜明的大跃进特色和革命特色。有一部分作品歌颂为了人民而牺牲自我的精神，如《绣球》、《铁干海棠》、《萱草》等，还有的宣传了党的知识分子政策，比如《凌霄花》、《朱藤》、《洋槐》……

从以上三点，可以归纳如下：首先，郭沫若写作《百花齐放》缘起于“双百方针”，

① 郭沫若：《百花齐放》，《人民日报》1958年4月3日。

② 同上。

③ 郭沫若：《百花齐放·后记》，人民日报出版社1958年版，第103页。

出于宣传的需要，贯穿着“大跃进”的精神；其次，《百花齐放》采用的基本手段是查阅资料；再次，作品的完成有赖于“各地朋友”，或者可以说是群体努力的结晶。显然，所有这些都是与诗歌创作规律相违背的。

（二）作为意识形态宣传作品的《百花齐放》

《百花齐放》违背了诗歌的创作规律，却更富有意识形态宣传的意味——它是呼应于当时的时代要求、符合无产阶级政党的文学原则的产物。毛泽东的文艺话语所大力提倡的，正是《百花齐放》这样从工农兵的审美趣味出发、服务于工农兵群众，具有民间形式特点的、反映阶级斗争生活和歌颂工农兵形象的诗歌。《百花齐放》的创作目的，从某些方面看也的确已经达到——反复以不同形式出版，在大众中形成巨大影响，很好地传达了其“宣教意图”。

1.“双百方针”的调整与《百花齐放》的文本呈现

值得注意的是，郭沫若写作《百花齐放》初始动机是为宣传贯彻“双百方针”，但在郭沫若真正开始写作的1958年3月至4月，国内政治形势已经开始发生变化，一直到1958年夏，“双百方针”的执行开始出现偏差。《百花齐放》在文本上对此有着明显的表达和体现。

1956年5月2日，毛泽东正式宣布“双百方针”时曾说：“现在春天来了嘛，一百种花都让它开放，不要只让几种花开放，还有几种花不让它开放，这就叫百花齐放。”① 1957年4月18日省、市、自治区党委书记会议上，毛泽东针对陈其通等同志对文艺工作的意见发表讲话：“百花齐放，我看还是要放。有些同志认为，只能放香花，不能放毒草。这种看法，表明他们对百花齐放、百家争鸣的方针很不理解。”② 然而，在1958年5月的中共八大二次会议工作报告上，毛泽东虽然首先对“双百”方针做了充分肯定，认为在学术文化领域内，必须继续贯彻执行百花齐放、百家争鸣的方针，但紧接着又做了原则性补充：“……允许反社会主义的毒草长出来，在人民面前建立对立面，以便人民从比较中看得清清楚楚，激起众愤，群起而锄之，借以锻炼群众的斗争本领，开辟社会主义的百花齐放的广阔天地。”“锄毒草，这是敌我问题；放百花，这是人民内部问题。两类矛盾，两种方法。资产阶级的反动右派自命为社会主义的百花之一，那是冒称的，不能算数的。”③ 这些言论已经明显不同于“反右”斗争以前的阐述，“双百”方针已经发生了严重的“左”倾偏差。

① 逄先知、冯蕙：《毛泽东年谱1949-1976》（第二卷），中央文献出版社2013年版，第574页。

② 毛泽东：《在省市自治区党委书记会议上的讲话》，《毛泽东选集》（第五卷），《济南日报》资料室，1977年，第95页。

③ 毛泽东：《建国以来毛泽东文稿》（第七册），中央文献出版社1992年版，第224-225页。

因此，《百花齐放》中已经不复真正“百花齐放”的自由，而是充满凌厉的政治口号。或者警告那些人民的对立面：“我们的花朵小巧，雪白而有清香，簪在姑娘的头上，会芬芳满堂。当然，人们也可以摘去焙成香片，厨师们更可以用来点缀竹参汤。//有那肮脏的文人却称我们为‘狎品’，足见他们的头脑是荒天下之大唐，这样的思想如果不加以彻底改造，打算过社会主义革命关，休要妄想！”（《茉莉花》）或者提醒人们时刻警惕阶级斗争：“在这里显然包含着深刻教训：红色专家也能变成白色专家。”（《夹竹桃》）《石楠花》呼吁：“同志，为什么不敢栽培我们？我们是多么愿意：向党交心肝！”1958年春继反“右”运动之后的知识分子“交心运动”“是一次深刻的政治思想上的革命，是一个广泛的群众性运动”。而这首《石楠花》正是呼应“交心运动”，替知识分子作答。《杏花》则称：“复瓣的就只有先红而后白的花，请求植物学家把我们改造一下。”“改造”之急迫，呼之欲出。

2.《百花齐放》的宣传效果

中华人民共和国成立以后，以毛泽东为代表的中国共产党人十分重视意识形态建设，要求领导干部高度重视意识形态工作，同时，更加强调宣传教育的方式方法问题。1957年颁布的《中共中央关于传达全国宣传工作会议的指示》指出：“在阶级斗争已经基本结束的时候，党中央提出了‘百花齐放，百家争鸣’的政策。这个政策的目的，是用说服的方法……向知识分子进行长期的、耐心的、细致的马克思主义的宣传。”此外，培养知识分子也是意识形态宣传的重要任务。《百花齐放》正是其实践成果。

《百花齐放》采用诗歌体裁，以万紫千红、姿态各异的花朵作为载体，以第一人称自况的方式，使得枯燥的政治理念和政策口号变得生动可感、朗朗上口，其产生的意识形态宣教效果是值得肯定的。

《百花齐放》发表之后，如前所述，当时呈现的评论都是赞扬和肯定的，从一个方面证明了其效果。

《百花齐放》宣教效果的另一侧面体现于民间：有许多人传阅《百花齐放》，或者模仿《百花齐放》进行写作。比如教师郭明晓记得“初中时，家里有一本郭沫若的《百花齐放》精装诗集，是我经常翻阅的书……”① 作家晓雷回忆自己在大学时候，“曾经模仿郭沫若的百花齐放诗，写了一百首公社人物，用毛笔抄成一册，被系里的老师知道了，拿去传阅”②。黑龙江胡金帆提到自己小时候“爸爸受郭沫若（百花齐放）的启发，写了一百零一首咏鸟诗叫百鸟鸣春”。连作家邵燕祥也曾提及自己在1958年5月20日做过

① 郭明晓：《我是大西洋来的飓风——一个新教育教师的生命叙事》，湖北教育出版社2014年版，第30页。

② 晓雷：《经历好莱坞》（散文随笔集），陕西人民出版社2005年版，第238页。

一首《稻花——拟郭沫若〈百花齐放〉》，“暗中有点跟郭较劲的意思”①。

《百花齐放》不仅得到评论界的高度赞誉、民间写作者的追随，还得到不断推介，先后以各种形式出版，结合剪纸、木刻、国画等艺术形式走向读者。这本书还曾经被译成捷文②、俄文，走出了国门。

（三）后期郭沫若与《百花齐放》的写作及删改

早在1944年1月5日为诗集《凤凰》作序时，郭沫若就表示：“我要坦白地说一句话，自从《女神》以后，我已经不再是‘诗人’了……像产生《女神》时代的那种火山爆发式的内发情感是没有了。”③《女神》以后自己已经不再是“诗人”了——这样的说法未免自贬过分，但“分行写出的散文或韵文”在其中华人民共和国成立后的诗集中越来越多，却是事实——它们缺少了“内发情感”，缺少了“生命感”。正是如此，郭沫若曾在《蜩螗集》的序中说“这些诗……作为诗并没有什么价值，权且作为不完整的时代记录而已”④。在1958年12月27日《人民日报》上发表的《读孩子的诗》一文中，郭沫若写道：“我完全同意，他们一定会超过我们，特别是超过我。因此，我作了一首诗答复那位小作者：郭老不算老，诗多好的少。老少齐努力，学习毛主席。”⑤ 这样的表达既包含了诗艺追求上的遗憾，却也包含了创作方向选择上的坦然。

在后期郭沫若身上，作为革命者的自觉超越了作为诗人的自觉。早在1936年郭沫若就宣称：“……我高兴做个‘标语人’、‘口号人’，而不必一定要做‘诗人’。”⑥ 1937年他跟夏衍说自己在看了《八一宣言》和季米特洛夫在第三国际第七次代表大会上的报告之后，就曾对林林说：“好，党决定了，我就照办，要我做喇叭，我就做喇叭。”⑦ 到中华人民共和国成立后的50年代，他提出“诗歌应该是最犀利而有效的战斗武器，对友军是号角，对敌人则是炸弹。因此，写诗歌的人，首先便得要求他有严峻的阶级意识，革命意识，为人民服务的意识，为政治服务的意识。有了这些意识才能有真挚的战斗情

① 邵燕祥：《一个戴灰帽子的人》，江苏文艺出版社2014年版，第54页。

② 《郭沫若著〈百花齐放〉译成捷文》，《读书》1959年4月号。

③ 郭沫若：《凤凰·序》，群益出版社1947年版，第5页。

④ 郭沫若：《蜩螗集·序》，群益出版社1948年版，第1页。

⑤ 1958年12月，怀来县召开的首届县文代会闭幕式上举行了一次赛诗大会，与会的民歌手、作家、诗人纷纷登台朗诵自己创作的诗篇。其中，来自果林公社一年级的小作者刘玉花走上台大声朗诵：别看作者小，诗歌可不少；一心超过杜甫诗，快马加鞭赶郭老。此事、此诗于1958年12月18日登在《人民日报》第八版上。郭老的《答孩子的诗》就是针对此事而写。具体可见张家口市政协文史资料委员会编：《张家口文史》（第2辑），2004年，第301页。

⑥ 郭沫若：《我的作诗的经过》，《质文》1936年第2期，第31页。

⑦ 袁鹰、姜德明：《夏衍全集·文学》（下册），浙江文艺出版社2005年版，第447页。

绪，发而为诗歌也才能发挥武器的效果而成为现实主义的作品。"① 身兼多个重要职务的郭沫若，其写作行为既包含自发的文学创作，也更多地包含了职务行为。《百花齐放》中所谓寡淡的诗意、宣传腔调的语言，以及作者积极主动的删改，正是作者富含使命感的一种写作。

因此，当我们以纯诗作为艺术标准来考量《百花齐放》，就会发现其诗味寡淡，主题先行，语言粗糙而缺乏蕴藉，但如果我们从意识形态宣传的角度去考察，就可以理解《百花齐放》实际是一种政治诗学的必然结果。尽管这些诗歌"更准确地说应该叫做'押韵的宣传口号'，但是，不容置疑的是……他们的诞生，有着合适的土壤……是顺应时代精神的"②。在那样的土壤上，只能开出这样的花朵，而这样的花朵又极好地表达了那一时代的含义——这就是《百花齐放》的必然状态。至于力扬所提出的"缺乏革命的热情"恰恰是错误的——郭沫若在写作《百花齐放》之际，正是充满了"革命的热情"，才能在10天之内写完近百首诗，才能两次删改，改动遍及全书，才能一次次亲自参与《百花齐放》不同版本的出版或主动为之题词③，花费相当的心力、慎重对待《百花齐放》的翻译及插图设计④。

郭沫若是现代中国知识分子中与政治联系得最为紧密的作家⑤。《百花齐放》的创作，从写作动机到写作过程、文本内容以及出版后所产生的社会效应，都显示了郭沫若对于主流政治话语的自觉认同，对于党的文艺理论和工作方针的主动顺应。然而我们并不能据此就简单地将郭沫若定义为失去自我、抛弃艺术信仰的"御用文人"，更不能捏造事实，塑造出符合某些需要的"另一个郭沫若"。郭沫若曾这样阐释他对于历史人物的评价："历史是发展的，我们评定一个历史人物，应该以他所处的历史时代为背景，以他对历史发展所起的作用为标准，来加以全面的分析。这样就比较易于正确地看清他们在历史上所应处的地位。"⑥ 我们可以依此来打量郭沫若。从文本出发，从史料出发——五

---

① 郭沫若：《郭沫若谈创作》，黑龙江人民出版社1982年版，第63页。

② 范大灿：《德国文学史》（第3卷），译林出版社2007年版，第348页。

③ 例如荣宝斋版本《百花齐放》，就可见郭老乐见其成。时任总经理的侯恺将配以名家图画、以彩色水印复制《百花齐放》的"萌念"向郭老提出，"不料立即得到了郭老的同意，并表示积极支持"，"他不但一文不收，反而假鸿宾楼设宴，筵请了画家和他们的编辑、设计、句、刻、印、裱的技术人员，并有主管荣宝斋的负责人萨空了同志作陪……"（侯恺：《热心于教诲勉励晚辈的郭沫若同志》，《郭沫若学刊》1992年第3期。）

④ 郭沫若1958年6月23日致函苏联郭质生，同意其翻译《百花齐放》；26日致函蒋德明，提出李华的木刻有问题，必须另刻，询问是否可以先拿画稿给自己看看，"看了再刻，免得刻出了后有问题"。以上见林甘泉、蔡震主编：《郭沫若年谱长编》（第四卷），中国社会科学出版社2017年版，第1697-1698页。

⑤ 税海模：《关于郭沫若研究文献的思考》，《新文学史料》2007年第4期。

⑥ 郭沫若：《关于目前历史研究的几个问题》，《新建设》1959年第4期。

六十年代的郭沫若，没有也无法回避时代的现实：他不仅仅是一个诗人、一个学者，更是一个革命家，他一直服从革命的需要而不断调整自己的写作姿态，《百花齐放》就是必然到来的作品。

中华人民共和国成立后的郭沫若，作为文艺领导人，肩负参与意识形态建构的重任，其以《百花齐放》为典型的意识形态宣传文学①的写作正是在“构建本阶级的意识形态，并使后者认识自己的使命，进而使这种意识形态成为渗透到整个社会的世界观”②。因此，郭沫若并非传统意义上的知识分子，而是葛兰西意义上的“有机知识分子”，他“总是处在不断的变动和自我重塑的过程之中”③。《百花齐放》在当时出色地完成了对于实际生活的参与，使郭沫若成为一个真正的“建设者、组织者和‘坚持不懈的解说者’”④，并且在当时产生了良好的社会效应，对于“双百方针”的贯彻、执行起到了良好的推动作用。

然而在当下这样“一个物质、消费主导的时代里，人们记忆的筛选机制不可避免发生重要改变；他们难以再热情呼应那种政治说教”⑤，“文学史上太靠近现实政治的作家很难得到恰当的评价”⑥。因此，郭沫若及《百花齐放》遭受贬斥乃至鄙弃，大抵也源于此罢。但不能否认的是，对于后期郭沫若而言，对于其时的中国社会而言，《百花齐放》都是一个时代和个人共同的“完成品”。20 世纪 20 年代郭沫若在自传的前言中曾经这样写道：“我写的只是这样的社会生出了这样的一个人，或者也可以说有过这样的人生在这样的时代。”⑦ “这样的时代”，“这样的一个人”，产生《百花齐放》“这样的文本”——这不仅仅是一个人的选择与被选择，而是一代人、一个群体的命运与选择，值得我们后人在更深层次上去认识、思考，而不是简单粗率的臧否甚至否定。

（作者单位：山东师范大学文学院　聊城大学文学院）

① 陈思和：《思和文存》（第三卷），黄山书社 2012 年版，第 268 页。

② 田时纲：《火与玫瑰·译序》，人民出版社 2008 年版，第 9 页。

③ 部元宝：《午后两点的闲谈》，云南人民出版社 2002 年版，第 37 页。

④ ［意］安东尼奥·葛兰西：《狱中札记》，中国社会科学出版社 2000 年版，第 5 页。

⑤ 北京大学中国诗歌研究院、首都师范大学中国诗歌研究中心主办：《纪念新诗诞生百年　新诗形式建设学术研讨会论文集》，2015 年 10 月，第 9 页。

⑥ 乔琦、邓艮：《从〈三叶集〉看诗人郭沫若的性情人生》，《郭沫若学刊》2004 年第 3 期。

⑦ 郭沫若：《我的幼年》，光华书局 1929 年版，第 2 页。

农民何以“底层化”？
——由胡学文《命案高悬》引发的思考

李会丽

一、前言

小说以讲故事而引人入胜，所谓的故事是指文学作品中一系列有因果关系的生活事件①。与故事相比，小说有它自身内在的文体要求，如受到叙述视角、人物设置、细节刻画、氛围营造等诸因素的限制。一个成熟的作家并不局限于如何运用娴熟的技巧和激情澎湃的文字讲故事，更重要的是通过讲故事营造一种生活的真实，即按照生活逻辑和人物命运走向的可能性展开叙述。故事与小说的区别还在于，前者强调情节的曲折、完整和跌宕起伏，而后者注重人物命运的把握和内心情感的刻画，追求更富深厚意蕴、开阔精神视野的想象力表达。胡学文的《命案高悬》便是这样的一部小说，它最早发表于《当代》杂志2006年第4期，同年分别被《中篇小说选刊》、《小说选刊》、《小说月报》和《作品与争鸣》等多家刊物转载；后又被白烨选编入《中国当代乡土小说大系》（北京，农村读物出版社，2012年）等。广泛的传播和引发的讨论（论者多从小说中吴响形象的塑造和作品的主题意蕴方面展开讨论），使它成为21世纪之初乡土文学创作中相当引人注目的一部中篇小说。小说讲述护林员吴响喜欢村里性格刚烈的年轻小媳妇尹小梅，遭拒后由爱生恨。因吴响故设陷阱，尹小梅巧撞禁牧枪口，结果不明不白地死在乡里。吴响觉得尹小梅的死和自己有着极大的关系，而本该对此负主要责任的乡长却“安然无

① 申丹：《叙述学与小说文体学研究》（第三版），北京大学出版社2004年版，第50页。

恙”。迫于舆论压力和内心萌孽的愧疚之情，执拗的吴响决定追查尹小梅死亡的真相，并将其付诸行动。小说按照这样的生活逻辑和尹小梅、吴响等人物性格、命运走向的可能性展开叙述。作品叙事的独特性在于通过吴响（光棍汉）的视角，以高悬的命案为中心，撕开乡村社会的温情面纱，探讨了农民的底层化问题。

在聚焦农民的底层化这一核心问题的意义阐释中，胡学文从小说中乡土的背景化设置、乡村的恶的伦理展示以及乡村的精神困顿的发现等方面进行了探索，不仅塑造了像吴响、黄老大这样的底层农民形象，而且触及了人们对置身于社会底层的农民生存状态的思考，乃至对当代中国农村发展的意义追问。在一定程度上，胡学文的《命案高悬》试图从文学层面来回应当代中国的三农问题。正是小说在该问题的集中陈述与意义阐发，赋予文本鲜活的灵性，产生了不同凡响的效果。然而，令人遗憾的是，到目前为止关于这部作品的讨论，还没有得到充分的展开。从文学史的角度看，胡学文的焦虑、困惑和探索的心理状态以及由此形成的尝试和努力，弥补了当下乡土叙事经验书写的匮乏。本文通过对小说文本的解读以及作家文学创作观的分析，试图回应社会上指陈的“闹事农民”为“刁民”的现象。

从作品阅读中，我们会有一种强烈的压迫感，这种情绪体验源自尹小梅与吴响、毛文明之间因利益分配失衡而引发的一系列冲突与矛盾。由此映射出底层农民与乡村权力之间的复杂关系。一方面，权力成为压制农民的重要手段。于权贵们而言，他们代表的是政府，扮演政策执行者的角色，农民则毫无尊严可言，只有服从的义务，其潜台词是“谁敢和政府对抗”（《命案高悬》中毛乡长劝说吴响时说的话）。另一方面，农民不断挑战权力秩序。当农民的合法权益受损，社会正义遭到践踏，农民也会通过法律途径或采取默认的“合理”方式进行维权，比如胡学文《命案高悬》中尹小梅“意外”死亡后村民们烧护林员摩托车的举措既是对乡村权力的一种挑衅，也是自我“维权”意识的表达。小说中的吴响本是乡里任命的护坡员，拿着乡里的工资，属于乡村基层管理者。他不畏权贵，却在追查尹小梅命案真相中，一步步落入权贵们如乡长、周所长等人设置的圈套中，不但被罚了款，而且也为此丢了职务，成了一无所有的人，“沦为”了“底层”。从某种意义上看，这明晰了底层农民与乡村权力阶层之间的差异和边界。换言之，胡学文通过小说《命案高悬》展现了农民的“底层化与乡村权力”关系的演绎，并对农民的“底层化”问题做了学理上的思考和探究。如果将胡学文《命案高悬》中所呈现的农民的“底层化”问题思考视为一种观察的方法或研究视角的话，那么这种思考与新世纪乡土小说叙事经验的书写和文学批评的生产之间又形成了一种怎样的互动关系？

二、农民“底层化”的可能性

一部好的文学作品在于尽可能地展示人和世界的丰富性和复杂性，写出人存在的无限可能。胡学文的中篇小说《命案高悬》可以称之为一部好作品。其理由是，小说中乡土背景化的设置、乡村恶伦理的展示以及乡村精神困顿的演绎等，为思考、探究《命案高悬》中农民如何底层化的问题提供了多种参照视角。

胡学文的《命案高悬》一经发表，便引起了广泛关注。评论界大多数学者认为这是一部“底层叙事”的力作①，甚至其写作行为本身也被定性为“新人民性文学”②。何谓“底层”③？这本身是一个边界非常模糊的概念④。一般而言，“底层”指称那些处在社会最底层的人，属于经济学范畴，但它却往往与权力话语、知识话语等纠缠不清。换言之，身份地位的变化往往牵系着权力与知识的逻辑性演变。在20世纪中国文学的农民形象谱系中，以鲁迅为代表描写的“启蒙农民”，旨在挖掘农民身上的劣根性；沈从文书写的“自在农民”，有意疏离主流，从人的自然属性角度讴歌农民的淳朴与良善；而与此相反，赵树理侧重展现党政策引导下的“光明农民”（新时代农民），这是延续中华人民共和国成立后乃至新时期以来较长时段内占据着社会文化主流的典范，其抱负在于农民历史合法性的设想与建构，如赵树理塑造的“小二黑”、柳青构想的“梁生宝”以及高晓声创

---

① 可参考赵辉、邵燕君的《中国当代文学期刊扫描2006年第4期》，《文艺理论与批评》2006年第6期。在该文中，作者将《命案高悬》看作是一篇典型的“底层小说”。另据《中国新闻网》2007年3月26日，标题为《2006年中国小说排行榜揭晓“80后”作家首度上榜》的报道称，著名评论家雷达认为小说《命案高悬》“堪称当下‘底层文学’热潮中的又一力作”。赵惠莲在《〈命案高悬〉的主题意蕴与吴响形象》（《现代语文：上旬·文学研究》2007年第10期）中，认为胡学文的这篇小说是“底层叙事”的优秀之作，在“主题开掘、人物塑造和叙事技巧”上，显示了作者所达到的创作新高度。

② 具体参见《孟繁华：新人民性的文学》，《文艺报》2007年12月15日。孟繁华认为，“对底层生活的关注、对普通人甚至弱势群体生活的书写，已经构成了新世纪文学的新人民性”。他将“新人民性”的文学现象与胡学文的《命案高悬》相联系，指出一桩命案是“一面高悬的镜子，能照出形形色色的面孔与灵魂”。

③ 关于“底层”的说法，可参考陆学艺《当代中国社会阶层研究报告》，社会科学文献出版社2002年版，第8-26页。在该调查报告中，作者以职业分类为基础，根据组织资源、经济资源和文化资源占有状况的多寡，将社会阶层结构的基本形态划分为五大社会等级和与此相对应的十大社会阶层。其中，将农业劳动者阶层中（拥有很少量的三种资源）生活处于贫困状态的农民以及城乡无业、失业、半失业者和缺乏就业保障的工人（基本没有三种资源）归为“底层”。也有学者如蔡翔、南帆、孟繁华、罗岗、李云雷等，借助葛兰西、斯皮瓦克的理论，聚焦于底层群体的生存和知识分子充当“底层”代言人的角色，在一定程度上，将社会学领域中对“底层”问题的关注引入了文学批评领域。

④ 从2004年至今，“底层写作”、“底层叙事”是文学批评者关注的热点话题，但关于何为“底层”的概念，一直模糊不清。学界对概念本身存在问题的讨论，既涉及站在什么样的立场写底层，也牵涉对“底层”的文学性评价等。

造的“陈奂生”系列等。与上述农民形象不同的是，胡学文的《命案高悬》提出了对农民何以“底层化”这一21世纪宏大文学叙事命题的思考。其思考的行为本身也表明了作家对乡村居民叙事主体的质疑，即做主体的是“农民”还是被简单化地置换为“底层化”的农民？这种质疑也从侧面反映了文学对当下农民生存处境所给予的人文关怀和应有的人道主义精神。

随着现代化进程的推进和经济的飞速发展，城市占据着更多的文化、资本、技术等资源，而与此对应的，则是乡村生活资料和生产资料的相对匮乏，那些单纯依靠土地为生的农民，他们很难再从土地上获得维系自身生活的保障。对广大的普通农民而言，当他们的生存都无法获得满足时，就更谈不上受教育权、话语权和维权意识。因贫穷导致的恶的意识的膨胀，使他们丧失了道德底线，应了刘震云在《温故一九四二》中那句经典台词：“有奶便是娘！”可见，农民的“底层化”问题通常与乡村权力、道德伦理等纠缠不清。胡学文通过《命案高悬》中的小人物如尹小梅、黄老大（公公）、黄宝（丈夫）等，探讨他们是如何在当下的乡村权力构造中因“失声”和“去势”而成为底层的。小说的故事情节并不复杂，村民尹小梅因违背放牧禁令被抓而意外殒命。但在整个事件的演绎与发酵中，我们发现尹小梅始终处于“失语”状态，小说中几乎没有一句台词是出自她之口。软弱无势的丈夫黄宝面对妻子的“意外”死亡虽持质疑态度，但当着权贵们的面（乡长、焦所长和卫生院院长）却“不敢问”、“害怕问”，甚至丧失追查事件真相的勇气。黄宝行为举止显露出的隐忍，表明了农民在权威者面前的“束手无策”和“无能为力”！倘若黄宝要去“追问”，那么他所付出的成本代价是一个普通农民难以承受的。乡里“八万块钱”的赔偿金，不但撑起了黄宝的腰，而且也成为同村人饭后茶余的谈资。这一细节刻画了黄宝作为普通农民息事宁人的心理，而这种心理在当下社会中却是非常普遍的。但黄宝拿尹小梅的命得来赔偿款这件事的行为本身却引发了传统乡村伦理道德观的震荡：生命和金钱，孰轻孰重？可见，与“启蒙农民”、“自在农民”和“光明农民”相比，这里的“农民”的精神状态显得更加复杂多变，他们不但是处于游离状态的，缺失了话语，亦缺乏集体的、向上的精气神和向善的力量。

能够让我们从物质层面上亦即土地作为生产资料的物质层面对农民的“底层化”问题做理论性探索的是乡土小说叙事中土地的背景化设置。作为乡土情怀寄托的土地，一直是作家探讨农民心理结构变化的切入点。比如，20世纪80年代的贾平凹是以书写商州山地农民对待“土地的观念”和“传统道德”的态度变化来探讨农民心理结构的演变而声名鹊起的。学界普遍认可费孝通关于“乡土”的看法，其所指涉的是“土头土脑的乡下人”所生活的基层①。它侧重于展示一方水土上的地方文化特色，如地方的民俗、风

---

① 著名社会学家费孝通在谈及“乡土本色”时，指出“从基层上看去，中国社会是乡土性的”，“我们不妨先集中注意那些被称为土头土脑的乡下人。他们才是中国社会的基层”。详见费孝通：《乡土中国》，人民出版社2008年版，第1页。

物等。这是从社会学乃至人类学意义上对费孝通所理解的“乡土”概念做出的进一步阐释。相较而言，文学的乡土表现得更加直观、具体，它是作家的一种文学性想象和思考。“乡”往往是一种情感表达，是作家民族、国家情怀的精神寄托；“土”是物质性的土地，更是具体的、形而下的“实体性”指称①。简言之，作家借助于“乡土”上的人和事，表达的往往是自己的创作意图和生命思索。在当代文学中，描写与政府打官司的《万家诉讼》②（《中国作家》1991 年第 3 期），其故事的逻辑起点并没有脱离“乡土”的实体性（这是一般意义上所理解的“乡土”，即与传统的农耕文明相联系，可以简单理解为故乡的土地、大地，以从土地上获取物质资料生产为目的的劳作）观念，作家一方面表现何秋碧忙着上告村长，另一方面也描写何在田间和家里的辛勤劳作。但《命案高悬》与此有所不同，它带给我们的阅读体验，是作家有意识借“乡土”来“讲故事”，“讲”的意味相当浓厚，这里的土地已然被胡学文有意识进行了背景化处理（主要指不以从土地中生产实物为目的）③。

如果我们按照传统对农民的理解（以土地为生的人）的话，即农民视土地为自己的命根子，从事农业生产的目的在于获取物质生产资料和生活资料的保障。这种情况在新时期以来改革开放的语境之下，发生了很大的变化，甚至是根本性的改变。诸如修路、建高铁、搞经济开发区、“城乡一体化”建设等举措下的征地行为以及政府对乡村试点的“土地流转”④ 政策等，使得农耕土地日益减少，迫使农民从以物质资料生产为基本特征的人地关系中剥离出来。事实的演变，也必然会带来作家对农民身份想象以及话语建构的重新认识和思考。这改变了我们以往对乡土的认识，从 20 世纪 80 年代李杭育《最后一个鱼佬》的叹息到 21 世纪初贾平凹《秦腔》的挽歌，无不以文学演绎着乡土观

---

① 这里的“实体性”是指作家可以依据现实生活中存在的土地上发生的人和事进行艺术性的加工和提炼；也是指作家脱离具体的土地依托，完全凭借文学的大胆想象建构一个实体性存在的土地，作为故事情节的生发地。

② 作品讲述何秋碧的老公因挨村长的打，最为重要的是“危及”到命根，这太“不合体统”，何要求村长给个说法。结果，村长不仅没给个说法，还让何秋碧颜面扫地（拿钱当面“作践”何碧秋，让其无法在村里做人）。这涉及的是农民作为“人”的精神问题（尤其是人的尊严问题）。为此，何碧秋开始状告村长，从乡里告到村里再告到市里。小说以村长受到惩罚、何碧秋胜诉结束。

③ 这里的“背景化”旨在强调“乡土”在社会发展进程中不同阶段的“在场”和“显现”以及“乡土”发展的过程性和变动性，其关注焦点在于乡土社会发展进程的“动态”性。

④ “土地流转”是从 20 世纪 90 年代中期，面对农村“大包干”后产生的新问题，出台农村承包土地使用制度的改革政策，是农村土地由“粗放型”经营到“集约型”转化的结果。21 世纪之后，“土地流转”成为当下农村土地改革的热点话题。一些地方的基层政府部门为了搞好地方经济的发展，将农民耕种的土地以种种方式租给工商企业搞开发或建厂区等。具体可参考《立足于稳　着眼于流——土地流转在胶州》，《人民日报》1995 年 2 月 13 日；《人民日报》的“经济时评”栏目，分别于 2003 年 7 月 8 日、7 月 11 日和 7 月 12 日，三谈“土地流转”中存在的突出问题。据农业部统计，截至 2012 年底，全国土地流转面积约 2.7 亿亩，占家庭承包耕地面积的 21.5%。具体可参考《全国土地流转面积 2.7 亿亩》，《人民日报》2013 年 3 月 5 日。

念的渐次解体。从眷恋故土中寻找精神寄托的作家，不得不面对无地彷徨的现实，以及应对由此带来的心灵创伤，做出无奈选择。在这一背景之下，本文对尹小梅牵牛放牧行为的解读，便显得尤为重要了。尹小梅为何养奶牛，是出于赚零花钱的需要，还是为打发寂寞的乡村生活，或是一种乡村人的惯常行为，或出于其他的目的。作者并未给出明确的答案。这也使这篇小说的精神内涵有别于以往的乡村题材小说。中华人民共和国建立初期，牛、马、驴等往往是作为农民的劳动工具或者生产工具来对待，比如张一弓《犯人李铜钟的故事》（1980）中的李套老汉常抚着牛背说“社会主义是辆车，靠它拉的头一程”，他挂在嘴边的口头禅也是“社会主义是辆车，全靠大骡子大马拉着跑哩”①！李老汉对社会主义未来愿景的笃定信念，是无数勤劳、善良、朴实农民心声的表征。此外，还有赵本夫的《卖驴》（1981）、邵振国的《买驴》（1982）等。显然，《命案高悬》中尹小梅的放牛行为不具有作为生产工具意义上的情节措置，有被作家当作道具处理的嫌疑。换言之，尹小梅的放牧行为只是整个命案事件的导火线，或者说不过是作品探讨底层农民命运与乡村基层权力行使者之间产生不和谐因素的说辞。在黄老大身上，我们也很难看到他为了生存，在土地上日出而作、日落而息的劳作身影。很显然，小说中土地的背景化设置是作家探讨农民“底层化”的重要环节，同时也触发了我们对农民如何“底层化”问题的思考：比如固守旧的生产关系和生产行为（传统农耕时代依靠土地为生）的农民是否可能成为底层的原型？同样是底层，尹小梅与其夫、其公公以及吴响有着根本的不同，后者不需要以地为生，而尹小梅是需要的，在这个意义上，尹小梅的人物设置及其放牛行为似乎不仅仅是道具，而且具有象征的意味，也就是“旧底层”。她的死亡，是不是也就意味着面朝黄土背朝天的那一代农民的消逝，在这个意义上，尹小梅的死亡是不是象征着这一旧阶层的死亡？她的死亡是否也印证了本文所说的胡学文在探讨农民“底层化”问题中将“土地”进行背景化设置有其必然性？

21世纪以来，乡土小说中出现了乡村恶的伦理和乡村亲情关系荒漠化的倾向书写，它激发了我们从精神层面上对农民何以“底层化”的问题做学理上的进一步探索的兴趣。陈应松《马嘶岭血案》（2004）中两个乡村挑夫先是合伙杀死了刁难他们的踏勘队成员和一名伙夫，后又因分赃不均，一个同伴企图杀死另一个，被杀者获救，案件真相浮出水面。小说以逼真的故事情节展示了乡村的恶的伦理是如何发生的。鬼子《瓦城上空的麦田》（2002）向我们展示了乡村亲情关系的荒漠化现象，发人深思。作品以一个十六七岁少年的视角讲述了从乡下来的李四到瓦城找自己的儿女，本想质问他们为什么遗忘了他的六十岁生日，却意外将自己的命丢在了瓦城。相较而言，胡学文《命案高

① 张一弓：《犯人李铜钟的故事》，《收获》1979年第1期。

悬》在这方面的探索是比较典型的。小说以光棍吴响伏在草丛中“虎视”着牵牛放牧的尹小梅做开端，为尹小梅的悲剧人生命运埋下祸端，是作品展示乡村恶的伦理的一个有力佐证。尹小梅死后，护林员吴响拜访黄老大的具体情节设置又进一步展示了乡村伦理关系的荒漠化倾向。小说中有一段这样的描写：

> 黄老大后悔地说，要是知道黄宝媳妇病得那么重，他说什么也要去看看。吴响不怀疑黄老大的难过，黄老大不是会演戏的人。可他的难过能持续多久？一个喷嚏、一口唾沫的功夫。如果尹小梅不死，那头奶牛不会归黄老大，黄老大也不会得到一台彩电。这笔硬账足以抹掉黄老大那点儿难过。黄老大算没算过？吴响不好推测，黄老大不会再想那件事，则可以肯定①。

这是从吴响的视角，通过对“言辞”（黄老大）的揣摩窥探了黄老大隐秘的内心世界：儿媳妇的死亡确实给黄带来了物质（奶牛）和精神（电视机）上的“实惠”。但在质朴的叙述中却蕴藉着极为寒冷的语调和感觉。作者用“一个喷嚏”、“一口唾沫”、“硬账”等词汇暴露了黄老大作为长辈的自私自利。

我们还注意到，小说中多次描写吴响找黄宝询问命案真相的场景，吴响的行为甚至被黄老大误认为是惦记儿子所得的赔偿款所致。黄宝拿妻子的命换来的钱在县城开了一家水果店。从这里我们不难看出，所谓的“亲情”、“乡情”伦理最终难抵“金钱”诱惑而为“实利世风”所侵蚀。换言之，在金钱、利益的诱惑面前，传统的乡土伦理“土崩瓦解”，变得“一塌糊涂”。小说从而预言了在消费主义观念主导下，农民演变成“底层”的必然性。

三、弥补乡土叙事的匮乏

如果说文学是对永恒的、与人类一直共存的精神难题做出的回应的话，那么小说的使命便在于照亮生活世界，守护世界的复杂性、丰富性和可能性。代表了21世纪第一个十年乡村题材中篇小说创作成就的有胡学文的《命案高悬》（2006）、夏天敏的《好大一对羊》（《当代》2001年第5期）、吴克敬的《状元羊》（《江南》2007年第1期）等，尽管这些作品在具体内容表现和写作风格上各异，但毫无例外都触及了乡村农民的“底层化”问题，突破了当下乡土文学写作中单一、浅表的精神空间难题，为我们提供了解读

---

① 胡学文：《命案高悬》，《当代》2006年第4期。

21世纪乡村社会现实的多种可能性①。

20世纪90年代以来，大量“民工潮”的出现以及“三农问题”所凸显的尖锐社会矛盾、城乡文化观念间的差异变化、留守农民仍坚守着的传统生活方式等等，是乡村书写不容忽视的现象。它们较以往作家的观察与表现已大不相同，于此情形而言，当下文学中最难表现、最难写好的便是农民。如何塑造新的农民形象，已然成为时代与生活对文学提出的更高要求和基本命题。很显然，胡学文笔下的尹小梅、黄老大，不同于小二黑、何秋碧（体现重大社会历史背景下主旋律的强音），他们面临着“农民”演化为“底层”的特殊情形。无论是小二黑们，还是何秋碧们，故事的结局均以胜诉（正义得以伸张、合法权益得到维护）画上圆满句号②，但《命案高悬》中的小媳妇却是草场禁牧政策的牺牲品。

面对时代的瞬息万变，乡土往往成为农裔作家表达自我身份认同与现代化想象之间焦虑情感的宣泄场，是作家“逃离”现代化的无奈遁词。胡学文出生于20世纪60年代河北省沽源县的小村子，中学毕业考入师范院校读书，接着到中学教书、进修学习，最终通过文学创作改变了自身命运（现为河北作协主席）。乡土于胡学文而言，有着特殊的意义。这种成长经历，与中国当代书写乡土的绝大多数农裔作家一样，普遍使作家本人带有很深的“乡村情结”印迹。如经历相似的贾平凹谈到21世纪乡土写作困境时，曾这样感慨：“农村变化太大了，按原来的写法已经没办法描绘。”③ 它表明近40年来乡土观念上逐次解构带来写作的“迟钝”反应令人堪忧。青年学者李丹梦指陈了问题的本质——农村当代经验书写存在着严重的“匮乏”④。

笔者认为，农民的“底层化”恰恰是21世纪乡土中国在现代化过程中出现种种问题的表征。而对此的写作探索，是胡学文们弥补乡村叙事经验匮乏做出的一种努力和尝试。为此，胡学文将目光由对社会外部宏大叙事的关注转向了对文本中男主人公吴响的心理刻画以及对细节和一些具体场景的精确描摹上。在对乡村苦难与权力的申述和反思中，胡学文走近底层内部，揭示了吴响和村长、乡长之间复杂而微妙的关系。这不仅让读者体会到沉潜于乡村权力游戏中那种细腻的感受和疼痛，也深感乡村精神上的匮乏远大于

① 与《命案高悬》不同的是，《好大一对羊》和《状元羊》都是通过写“人与羊的故事”演绎乡村基层权力和底层农民的人生命运。

② 譬如，小二黑和于小芹能喜结连理，是区政府实行“婚姻自主”法令鼓励下的示范；何碧秋的胜诉是“民告官”法（行政诉讼法）颁布后实施的典型（小说没有直接描写，但在何秋碧与吴律师、旅店店主的对话中有过暗示）。

③ 贾平凹、郜元宝：《〈秦腔〉和乡土文学的未来》，《文汇报》2005年4月10日。

④ 李丹梦：《〈新世纪小说大系2001—2010·乡土卷〉编选序言》，《新世纪小说大系：2001—2010·乡土卷》，上海文艺出版社2014年版，第4页。

物质上的贫困。小说抓住男主人公吴响的细腻感受力，从他经历了由嫉妒、贪婪到自我拯救转变中对人性、权力的体认出发，层层剥离，写乡村恶伦理的缘起、人性的扭曲与阴暗。毫无疑问，在众多人物关系中，吴响角色的设置至关重要。有评论者将“吴响”看作一个“癞皮狗”、“流氓地痞”①，这种情绪化的解读易产生“误读”的危险。吴响是一个在村里有一定话语权（村里任命的护林员）的基层管理者，又是一个能和乡里说得上话的编外人员（乡里任命的护坡员）。作品正是以吴响的视角为中心，从细小处发掘人性的深幽与复杂。在吴响的观察和感受中，我们看到了乡村基层管理者的阴暗面（毛乡长、焦所长们为了“创收”业绩“故意”疏于管理）和在权威者面前吴响投鼠忌器的表现。胡学文的高明之处在于抓住吴响“顾忌”的情绪体验和尚未完全泯灭的良知，将其演变成一个自我拯救者内心的愧疚和要彻查命案真相的决心，从而推动故事情节向着纵深方向发展。在找寻事件真相的过程中，胡学文对吴响并非只是加以简单的符号化描摹，而是就其行为举止进行了根源性探索。吴响身上的恶印着少时的记忆：母亲被她的第一个男人带走时的难堪场景和后来父亲性格上的暴戾无常，形塑着吴响的性格，直到其成年后。吴响对尹小梅的痴情、感伤亦如父亲当年对母亲的痴迷、伤情；其生活行为的不检点与父亲私生活的混乱不堪如出一辙。故此，尹小梅死后村人的议论唤醒了这个光棍汉内心沉渣泛起后的忏悔之情，有其合理性的因素，也增强了小说叙事的可靠性。这种（撇开宗教的因素，吴响的忏悔与聂赫留朵夫的忏悔有着某种程度的同构性）忏悔的基调，使得文本内部产生了巨大张力，彰显了小说的问题意识。譬如，在追寻真相时，我们看到处在社会底层的黄老大们的胆小怕事以及黄宝精神上的挣扎和焦虑，也体会到了卫生院长独眼周的机敏、村长行为上的躲闪、焦所长“粗硬的目光”，更是见识了毛文明“铁的手腕”和冷硬的态度——“白的就是白的，黑的就是黑的，你一个农民能把黑白颠倒了？”②

在对农民“底层化”问题的探寻中，胡学文善于在一些具体场合中来刻画人物性格特征和展示内心情感，使人物形象变得丰满、充盈而有了亲切感。比如，尹小梅的死亡和吴响“折腾”的逼人形势使得乡村的基层管理者村长由幕后走向台前。作品中多次出现这样精确且逼真的细节描写：“村长冬夏扣着一顶蓝帽子，除非发脾气骂人才会摘下来。”“帽子”意象写得极为精妙，是对乡村基层权利的一种暗喻。“冬夏”指代“全年”，意为常年戴帽子。显然，这里的帽子是权力的置换装置。换言之，村长对帽子的极大热情，可视为其对自身官帽的珍视：既是对头顶乌纱帽（帽子）的一种自恋，也是对

① 胡智辉：《顽强的“癞皮狗”——胡学文〈命案高悬〉解读》，《当代文坛》2007 年第 1 期。
② 胡学文：《命案高悬》，《当代》2006 年第 4 期。

乡村基层权利（隐喻）的一种依恋。在戴帽、脱帽的行为交替中，村长扮演着“白”、“红”脸的角色。戴帽时，村长一副公事公办的样子；发脾气脱帽时，则显示了较多的乡情、人性味。可见，村长身上的“硬扎扎”是深藏于骨子里的，且深谙乡村的“权力游戏”规则。这里的人生“智者”，非村长莫属。相较下，执着于寻找事实真相的吴响，不仅弄丢了工作，而且也成为回不去故乡的“流浪人”。某种程度上，吴响由“护林员”到“流浪人”身份的转变隐喻了农民的底层化过程。

纵观21世纪乡村题材的小说，如胡学文的《命案高悬》、吴克敬的《状元羊》等，作家都将目光聚焦在乡村底层与乡村权力阶层间利益的相互撕扯上，从枝蔓丛生的生活与复杂的人性出发，书写农民的真实生存图景。这既是作家们突破当下乡土小说创作困境的一种尝试，也是他们应对乡土叙事经验匮乏的必要调整。在这种尝试和努力中，小说也如烛光照般映现了像吴响这样的农民，他们身上所具有的一种人格的持守和较量。或许，正因为吴响形象的塑造，让我们也感受到了作家持有的一种坚定的写作执念。这种执念在叙述中具体化为小说中男主人公吴响彻查真相的勇气和坚定的信念，它让我们惊觉21世纪乡村底层如何挣扎、乡村伦理和乡村道德以及乡村秩序如何失范、人与人之间的情谊又是如何失真的残酷现实。为了凸显这种“问题意识”，胡学文还借助于人物之间的对话，不依不饶地将人物的心理和情态描写得惟妙惟肖。当这种执念愈是强烈时，愈是明晰了作家的这种创作意图。譬如，小说从吴响与乡村基层管理者毛乡长、村长、焦所长以及普通农民黄老大、黄宝等人的交往和对话的细节、人物的神态、丰富的心理活动等方面进行了展示。这不能不说是胡学文叙述策略的“考究”及叙述逻辑谨严的体现。

四、作为方法的启示

借用日本学者沟口雄三的论著《作为方法的中国》的相关理论来看，论者视“中国”为一种研究方法、视角，从中国内部存在的历史事实出发，探究日本的现代化问题。对胡学文《命案高悬》中所呈现的农民的“底层化”问题的讨论，与此颇为相似。从文学批评的理论层面看，如果我们将胡学文《命案高悬》中农民的“底层化”问题视为一种研究方法或视角的话，那么它表明了文学生产与文学批评之间存在着一种什么样的互动关系？对胡学文而言，他将农民的“底层化”思考视为一种视角、方法，通过小说文本的形式（《命案高悬》）探究中国当代农村、农民如何迈向现代化以及乡村内部本身存在着亟待解决的问题。事实上，胡学文的《命案高悬》也触及了当代文学史中的一些重要命题，即当传统的乡村社会遭遇以消费为主导的现代文明时，会产生什么样的情形？

文学扮演着什么样的角色？换言之，我们通过对小说中农民的“底层化”问题解读，解构了乡村权力阶层中“权力”的运作体系，同时也暴露了乡村内部精神的贫乏和相关研究理论的缺失。此外，我们发现，在文本之中隐含着底层具有的一种自我拯救的力量。这就是本文所说的作为方法的启示。

农民由普通乡村居民逐渐演化为农村中的底层，并向着无底的深渊坠落，这是21世纪乡土文学书写呈现的新倾向。某种程度上，胡学文的《命案高悬》是当下农民生存现状的隐喻和症候，启发我们重新思考和审视乡土叙事中农民的社会处境以及令人尴尬的“身份”问题。更重要的是，我们通过对小说中农民的“底层化”问题探讨廓清了农民向底层化叙事转向的迷雾，而非消弭其复杂和矛盾的过程。在这里有一个问题必须说明，农民是无法确认自我的“底层化”问题的。所谓农民的底层化是在与他者的关系中予以确认的，即底层化是指农民自身利益与社会、政治、经济、文化等因素之间发生关联并产生摩擦、碰撞时，出现社会正义被践踏、合法权益诉求无法得以实现的情形。当农民由“乡村居民”的普遍性指称演变为“底层”的特指时，虽有偷梁换柱的嫌疑，但这不单是名相上的变化，其精神内涵也发生了由“国家主人翁”到“被边缘化”的变化，叙事逻辑直指问题本质所在（涉及话语权、自我身份确认等问题）。换言之，将农民由革命性叙事话语中所赋予的实体性内涵（在这种话语鼓励下，农民通常被描摹为革命的主力军、“四个现代化”建设的主力军之一，充当着宏大历史叙事的角色）指向历史的空洞，一个强大的悖论式逻辑叙事不言自明。在某种意义上讲，作家指出了当农民遭遇以“制度”为核心理念的现代化时，他们面临无所适从的惶恐、紧迫和压抑；同时，也进一步表明在与乡村权力阶层间的摩擦中，维权对于他们而言变得似乎遥不可及。在对《命案高悬》的细读中，我们能感受到文本中流露着黄老大们“被规训”的情绪体验，这种感觉愈是强烈，愈加表明作家叙事的严谨和态度的严肃。同样，农民演化为底层，也是对社会上指陈“闹事农民”为“刁民”现象做出的文学性辩驳。

正因为农民底层化现象的演变、当下乡土叙事经验“匮乏”的显现以及人们“土地观念”发生变化的现象存在，所以引起了社会批评家、文学家对此问题的普遍关注，也才会让一些原本被遮蔽的事物逐渐浮出历史地表。从文学的表现技巧来看，乡土小说创作更倾向于通过构设精确的细节和拿捏得十分到位的人物心理活动刻画反映乡村现实，表现普通人与国家权力机构（尤其是底层农民与乡村基层权利）间撕扯不断的关系。这种现象既涉及思想、道德，也涉及伦理。胡学文能够直面乡村底层中的诸多难题，这种勇气值得称颂。进一步而言，小说中提出问题以及思考和解决问题的方式，不断激发我们从叙事根源和作者的策略技巧上去追问农民如何底层化，这一无法回避的客观事实。此外，小说文本中那种不断被强化的压抑、纠结的叙述语调，源于乡村强力对底层农民形成愈加逼仄的生存空间和由此造成的精神压迫感。这也让同样出身于农村的笔者颇感惶惑：在不可否认的乡土中国现代化过程中，像黄老大、尹小梅这样的乡民，能否确保他们十分自信且有尊严地活在自己的“一亩三分地”上？换言之，“一方水土”能否养活“一方人”，这应是当下“三农”所面临的亟待解决的问题。

无论是20世纪40年代的边区，还是20世纪的八九十年代，政策是为农民撑腰、打气的“靠山”，宣传正义、惩治恶人具有典范性作用。但对当下现实生活而言，受不良社会风气侵染，乡村伦理秩序失范，政策成为毛文明、焦所长们公开化、合理化乃至合法化捞取利益（金钱）的资本和手段。小说中多次描写免予受罚的毛文明唇边的“酒苔”便是很好的佐证。这样，通过合理化的叙述逻辑，作家将乡村问题面临着的复杂性引向更深层面，即对21世纪底层农民与乡村权力阶层间的摩擦做了进一步探寻，并进行文化层面（由酒场文化反思官场文化）的深刻反思。在某种程度上，它也再次佐证了小说文本折射出当下乡土中国权力阶层中存在的问题并非危言耸听。

从小说整体构思看，作家通过“高悬”的“命案”对当下农民生活进行了镜像化隐喻，但与此同时，笔者也注意到了活跃于文本中、有着几丝活气的人物，譬如吴响的相好徐娥子、开乡村小酒馆的三结巴、王虎的女人等，他们并非“落井下石”之人。换言之，当底层坠向无底深渊的过程中，胡学文以他的真诚为这些普通人物注入了自我拯救的力量，又给了世人那么一丁点儿的希望。这就是为什么笔者在文字之外，注视有着朴素爱心作家的原因之一，胡学文便是其中之一。在这里，文本溢出文字表象的另一头其实已经接壤了作者探讨农民底层化问题的另一个面向，即希望化身“拯救者”的设置。很显然，在文本中扮演乡村底层拯救者的是吴响。我们不难产生这样的疑惑：吴响到底是导致尹小梅间接死亡的帮凶，还是良知未灭的拯救者？这种质疑并非不重要，但更重要的是作家从吴响的起心动念入手，不断调整接近命案真相的叙述聚焦，实则是在调整吴响与内心自我的逼真及其与外在生存环境的关联。当吴响越是逼近自我内心的执念，感觉离真相接近时，他的生存环境越发逼仄。但在这个小人物身上却有一种始终如一的坚定信念，即一种没有散失的温暖和力量，心心念念贯穿于文本之中。尽管这种力量是那么渺小、微弱，但却让人尊崇、敬佩。

当政策由服务于人民演变为掌权者巧取豪夺的手段时，对底层人的生活及命运造成的极大伤害是不言而喻的；当一些有良知的作家通过现实主义创作手法暴露乡土叙事伦理中的道德理想以及健康和谐的人伦关系如何从根源上失范，以及由此所导致的问题成为一种常态化趋势时，体现了他们对于传统美好文化价值理念失范持有的一种深刻反思和警惕。这是创作者价值观的一种外在体现。当人拥有向上的积极的价值观，即便身处底层、面临坠向无底深渊，也始终拥有一种往上走的力量。这种力量具备核心价值的因子，也是民族自力更生的力量源泉。具有这样文学创作观的作家，面对相同外壳的故事，其文本呈现出来的气息和效果就完全不一样了。这是本文讨论胡学文《命案高悬》中农民如何“底层化”问题的初心。

某种程度上，胡学文通过吴响的视角写出了农民底层化演变进程的复杂性，即底层是鱼龙混杂、良莠不齐的存在，它有恶也有善，而它的善、它的自我拯救的力量即便再微弱也只能来自底层本身。但必须要指出的一点是，在小说中，命案只能高悬，吴响也回不去乡村了，这是不是又反映了作者的某种悲观呢（更实质的问题在于，底层如何发声就像这桩命案一样，仍是悬而未决的）？

21 世纪的乡村像一个巨大的复合体，演绎着权力、道德、伦理的多副面孔。胡学文通过生活于其间的农民人生命运故事，深刻地探讨了 21 世纪农民的底层化问题。这既涉及当下农民的现实生存处境，也触及乡村的恶伦理、乡村精神的困顿等。胡学文对此问题的思考、探索和为弥补乡土叙事经验匮乏所做的努力，为我们重新打量乡村土地上的故事和人物提供了新的视窗，也为文学批评者提供了从文本出发解读“乡土中国”现实以及农民精神世界的可操作性。

（作者单位：华东师范大学中国语言文学系）

“犁”与“梨”的重奏：论多多诗歌深度意象的参差变形

周俊锋

古典诗歌的典型意象更多表现出单一向度或自我呈现，而现代诗歌的抽象抒情和智性投入练就的深度意象既包含非确定性的个人感受，也在某种程度上将时代语境下整体的知识结构、诗人主体的思想辨识或观念倾向等内容强加给诗歌意象。从波德莱尔狞厉式的象征到奥登、罗厄尔的意象并置，从狄兰·托马斯的密集意象到罗伯特·勃莱、詹姆斯·赖特联结无意识的深度意象等，咏物与抒情的相互关系在后革命语境中伴生着诗歌象征结构的衍变，“政治乌托邦的意义和声音”① 仍旧还在延续着过往的经验与记忆。然而，与强调想象力的意象派诗歌不同的是，多多诗歌的象征写作中运用的深度意象，既热衷于抽象抒情与强力意志的呈现，同时也力图克服象征的游移而造成的意义模糊和对具体经验的疏离。多多诗歌有着理性和思辨的向度，但深度意象的暗示性必然促使诗歌在非理性和超现实性等方面有着不同程度的发掘，这一矛盾在文本生产与接受理解的过程中则进一步放大，“文学理解又是前反思的、未符号化的、未经理智整理的、不那么明晰的、不可言说的内在经验”②。我们强调意义是理性反思的产物，同时更应当审慎地看到深度意象的剩余意义，关注象征写作对深度意象文学意义的消解以及可能的超越。

当代诗歌对技艺的崇拜有着复杂的原因，技艺越来越凸显出其合法性与自足性，然而诗歌的技艺愈加娴熟，在另一维度上可能对诗歌或诗歌语言自身容易造成更多的遮蔽与误解。从技艺批评的角度对诗歌文本进行条分缕析的拆解或萃取，我们发现现代汉语

---

① 颜炼军：《迎向诗意“空白”的世界——论现代汉语新诗咏物形态的创建》，《江汉学术》2013 年第 3 期，第 47 页。

② 杨春时：《文学的意义和“意义剩余”》，《文史哲》2003 年第 3 期，第 49 页。

诗歌中的深度意象有着极为丰富的含义，但这种丰富是否只是满足于呈现一种表面的繁荣，急躁而短视的价值评判似乎已经注定着诗歌精神内质日益贫瘠的风险。诗人的手艺匠心独运，多多诗歌中“北方”、“马匹”、“麦田”以及“梨”与“犁”等象征意象不仅作为诗人多多的私人性表达，同时也逐渐作为一种具有公共性和普遍性的词汇存在于诗歌语言之中，成为诗歌的母题型意象，或者说成为一种群体性心态的折射。“犁”与“梨”等深度意象能够像巴赫金所言成为一种媒介物，“把意义的深度和共同性与所发的音的个别性结合起来。这个媒介物将会创造一种可能性，使得能够从作品的外围不断转向它的内在意义，从外部形式转向内在的思想意义”①，这类公设的意象或母题提供着一种可能的视角，反向切入到作者和同时代人们的创作与思维进程中去，“从一个抽象化的认知领域转移到形象化的自我鉴造以及具体的感性领域中去”②。而且公设的意象或母题，在理想状态下能够在私人化的感知方式与公共性的思想辨识之间建立一种恰切的平衡，这是否意味着诗人知晓诗歌所要表达的内容是什么，但却不知道如何去表达。多多诗歌的象征表达中，富于张力、悖谬冲突的深度意象潜在地为自己指明一条可能的道路，诗歌写作本身就是一项试验性的工程。

多多的诗歌注意使用深度意象来拓展词语意义和思想辨识的内涵，而且多多诗歌在神秘化的泛语言观念之外还表现出对日常生活经验、极具私人化的个人感知方式的青睐，并在此基础上形成多多式的情感结构和象征图式。“犁”意象群富于斗争性，“梨”意象群凸显消解性，文章试图从两类特殊意象入手，切入多多诗歌的象征表达与语言策略。多多诗歌运用智性抒情与隐性抒情获取更为丰富和自由的言述方式，并围绕原始自然的抗争或现实窘境的省视等诗歌命题，做出诗人个体的应激反应与独立的精神辨识。

一、作为深度意象的“犁”：强力意志与斗争性

以“犁”意象来看，多多诗歌通过构建“犁”与土地之间复杂的联系，重新复现传统的农业文明作为诗人精神原乡的全部记忆，然而乡土经验的历史性维度却在多多这里更具悲剧意味和晦暗色调。事实上，多多诗歌中的“犁”作为深度意象搭建的物质实体以及与经验反射之间的桥梁，凭空多出几片荫翳的袭扰，某类历史性修辞使诗歌的象征愈来愈变得笼统和模糊，甚至取消了象征的特殊性与普遍性间的区别，紧缩成为多多私

① ［俄］巴赫金：《文艺学中的形式主义方法》，李辉凡、张捷译，漓江出版社 1989 年版，第 161 页。

② 吴晓东：《临水的纳蕤思：中国现代派诗歌的艺术母题》，北京大学出版社 2015 年版，第 36 页。

人性的经验判断或个体指认。多多诗歌《当春天的灵车穿过开采硫磺的流放地》中“犁尖也曾破出土壤，摇动/记忆之子咳着血醒来”①，《你爱这叮当作响的田野吗》诗中“犁头，迸出火花”②，《那些岛屿》诗中“一张挂满珍珠的犁/犁开了存留于脑子中的墓地”③，《归来》诗中“从海上认识犁，瞬间/就认出我们有过的勇气”④，《从锁孔窥看一匹女王节的马》诗中“以土地被犁成可理解的样子起誓”⑤ ……以上诗句可以看出“犁”作为最基本的农业物象，在象征性写作中成为深度意象并且具备一种强力的意志，“犁”作用于田野和土地能够生产巨大的张力，并具备重新整合土壤（现实）的冲击性。如果采用王东东在《多多诗艺中的理想对称》⑥ 一文中使用的“革命——后革命”思辨逻辑来看，革命历史最终被纳入自然时间中被逐渐去历史化，然而“犁”在多多想象和追忆中构建的北方农业文明中总是矛盾重重，甚至由最初强力的“能够”发展成为最后的精神孱弱与种种“不能够”。可能与不能，作为一组诗歌中较为典型的选择性命题，凸显出当代思想文化的浸染下诗人个体的思想辨识和文化记忆。

“犁”更成为一种思想层面的工具，剔除和打破旧有经验牢笼的束缚。在多多诗歌中，“犁”作为深度意象，与“勇气”、“火花”、“珍珠”等联结使用，象征一种直截而强力的文化经验再造的信念，传达出对所从事的事业（“播种”）的热切向往。在《你爱这叮当作响的田野吗》一诗中，“犁头，迸出火花”，黎明被劈成两半的伤口、疼痛难以真正愈合，但暗夜终将被接纳，播种者的信念成为精神的火炬屹立不倒，“那片倒伏的麦地/继续着我们的生存”。在多多诗歌中，“犁”从一种现在进行时态不断地萎缩后退，最终成为一般过去时态的追忆。“犁尖也曾破出土壤”、“认出我们有过的勇气”等诗句传达出一种强烈的信号：原始自然的斗争方式，并不能够真正换来以农业文明为主的记忆经验的再现或繁荣。作为强力意志和斗争性的象征，“犁”意象在多多不少诗歌中无法避免地显露出问题与隐忧。作为一种思想再造的武器，“犁”愈是强力，愈加凸显出其精神能力的匮缺和局限。除此之外，“犁”意象自身愈发显露出钝化乃至腐朽、死亡的衍变趋势。

诗歌《北方的记忆》中“犁，已脱离了与土地的联系”⑦，《我读着》诗中“种麦季

① 多多：《诺言：多多集 1972-2012》，作家出版社 2013 年版，第 85 页。
② 同上，第 145 页。
③ 同上，第 209 页。
④ 同上，第 217 页。
⑤ 同上，第 255 页。
⑥ 王东东：《多多诗艺中的理想对称》，《新诗评论》2008 年第 1 辑，第 145 页。
⑦ 多多：《诺言：多多集 1972-2012》，作家出版社 2013 年版，第 205 页。

节的犁下拖着四条死马的腿”①，《走向冬天》诗中“水在井下经过时/犁，已死在地里”②，《在英格兰》诗中“记忆，但不再留下犁沟”③，《十月的天空》诗中“我的腿是一只半跪在泥土中的犁”④ ……“犁”作为深度意象的死亡最终导致农业文明和乡土记忆的分崩离析。“犁”从自然物象过渡至特殊符号，无法传递出相对稳定的象征图式，这一矛盾与其说是诗人多多诗艺处理上的摇摆不定，不如说是农业文明和传统文化作为一种“中国经验”重新介入到当下社会时罹患的不适应症。当作为深度意象的“犁”整合非确定性的个人感受与经验反射，诗人重新构建的自然诗性更类似于一幢封闭的空中阁楼，容易忽略或遗漏社会转型时期更为复杂的具体历史语境。从这个意义上讲，作为个人性象征的“犁”有着极强的精神穿透力，而作为集体性象征的“犁”——其引以为傲的强力意志却再度被历史钝化，甚至隐匿于无形，充满悲剧性色彩。多多诗歌在自然物象与社会物象交织的背后，以无比决绝的姿态和殊死搏斗的精神无数次指认着农业文化的无限生机与蓬勃理想，换言之，多多强调的斗争与挣扎成为重新认识自然物象与农业文明的一种新的方式，多多诗歌有着一双“沉重的翅膀”⑤。

事实上，“犁”作为深度意象，其价值的内核必然是通过“犁”自身作为生产工具的死亡才能实现的。在朗西埃的观点中，抒情是一种感性的政治经验或论辩经验，多多执着于词语的雕琢、切割，但多多诗歌内在思想的尖锐根源于个人与社会关系的紧张、去国经验的隔膜以及时代文化氛围的压抑等，“祖国”、“父亲”、“词语”等语汇在多多诗歌中集中传达出其对中国经验和文化记忆的省视或守望。学者张桃洲分析认为，“倘若说，多多的诗歌的确有一种对历史经验的处理或者一种对政治（比如中国性）的觉识，那么这些都是在语言的范围之内实现的，其最终目的是为了磨砺语词”⑥，也应当注意到多多的语言试验和词语磨砺使得“犁”这一类公设的意象或母题可能超越一般意义上的政治经验书写，成为触及历史经验和思想辨识的“词汇”，个体与时代的紧张关系表现为诗歌中的独特风景——具有强力意志且作为思想工具的“犁”，正在逐渐被历史钝化且走向腐朽以及死亡。

① 多多：《诺言：多多集 1972-2012》，作家出版社 2013 年版，第 184 页。
② 同上，第 169 页。
③ 同上，第 168 页。
④ 同上，第 133 页。
⑤ 吴思敬：《自由的精灵与沉重的翅膀》，安徽教育出版社 2011 年版，第 3 页。
⑥ 张桃洲：《语词的探险：中国新诗的文本与现实》，社会科学文献出版社 2012 年版，第 54 页。

二、作为深度意象的“梨”：思想辨识与消解性

在“犁”意象之外，再来看多多诗歌中“梨”意象的象征性表达。作于1983年的诗歌《爱好哭泣的窗户》“是一只只迷人的梨/悬着，并且抖动”①，作于1984年的诗歌《歌声》“就连这只梨内也是一片寂静/是我的歌声曾使满天的星星无光”②，作于1985年的诗歌《告别》“梨子/全都悬挂成一线，果实离开枝头的夜晚”③，作于1992年的诗歌《什么时候我知道铃声是绿色的》“两只梨荡着，在树上/果实有最初的阴影”④，作于1994年的诗歌《从不做梦》“做只生一季的草，作诗/做冻在树上的梨”⑤ ……综合来看，“梨”作为果实层面的自然物象，在多多诗歌的象征表达中逐渐融入更多理性思辨的成分。多多写于20世纪80年代的深度意象“梨”在多个诗歌文本中具有类似的书写逻辑，寂静和沉寂成为“梨”意象最核心的精神要素，呈现出一些共性的表达诸如“寂静/是一面镜子/照我”（《爱好哭泣的窗户》）、“是我站在寂静的中心”（《歌声》）、“冷静得像冬天的暴风雪”（《告别》），将主体“我”并置于“梨”的内部，或者说抒情主体被遗弃成为“梨”的内核，不得不忍受无尽的孤独甚至“满天的星星无光”。值得注意的是，“梨”最初的象征如果是作为精神向内探索的终极性答案，获取寂静和沉寂的路途必然是曲折而艰辛的，最终得到的回应却仅仅是僵硬干瘪的“四只甜蜜的核儿”，即多多诗歌充分表达出的对寂静沉思的探寻以及经验和记忆遭遇到的挫败。

以多多的《歌声》为例。就连在一首诗歌的内部，获取“寂静”的探索方式也是充满焦灼而模糊不清的，这种思想辨识充满着某种消解意味。前后诗行中“寂静就像大雪急下”与“就像大雪停住一样寂静”存在悖谬，这种差异性表达更能够说明，诗人多多一方面想要通过“梨”获得更具精神深度的思想辨识，但同时对这一路径又是自我存疑的。

是我站在寂静的中心
就像大雪停住一样寂静
就连这只梨内也是一片寂静

---

① 多多：《诺言：多多集1972-2012》，作家出版社2013年版，第91页。
② 同上，第98页。
③ 同上，第117页。
④ 同上，第190页。
⑤ 同上，第219页。

是我的歌声曾使满天的星星无光

我也再不会是树林上空的一片星光

“我的歌声”成为恣情肆虐的攻击性武器，歌声砍伐整个树林，歌声使世界安息，歌声使星星无光。诗歌的抒情主体用歌声与世界对峙，强烈地指认并要求重新获得“寂静”与“安息”。“曾使”、“再不会是”揭露出隐含的信息，“我”和“我的歌声”曾经热情地拥抱过整个世界，“我”曾经作为闪耀的星光，但“我的歌声”却与旧有的知识经验、信念口号相联系而最终成为异形的凶手，“我”是罪魁祸首。“我”曾面对世界放声歌唱，而现在“我”又要求它（世界）安息，探询事物的内核与真正的寂静，“梨”成为一种丰富而矛盾的象征性符号。“寂静”似乎只存在于自我想象，在种种怀疑之下想要探询的问题答案始终是无解而处于悬置状态，这种象征写作的危机是否也从另外一个角度恰切地呈现出历史和时代特殊的集体氛围。与多多其他诗歌中表现出的农业与自然的野性蛮荒不同，作为季节象征的“冬天”与作为土地象征的“北方”，其整体的抒情场域是异常冷冽阴郁的，而这里“梨”更多传达出的是一种非确定性的个体感受（寂静），对具体物质和知识经验的反思是冷静而客观的。思辨的寂静与沉抑，一定程度上成为多多诗歌抽象写作与智性抒情的一个缩影。

以上将“梨”意象与“寂静”联系起来进行诗歌读解，能够紧紧抓住诗歌抒情主体从躁动焦虑、蛮荒野力中挣脱出来的蜕变，重新确立一种冷峻、严肃、沉默的抒情姿态。如果将“梨”与“黄金”意象联系起来进行读解，更能够凸显诗人多多词语磨砺和智性投入背后所付出的艰辛与努力。“梨”承续和拓展了“犁”作为强力意志和斗争精神的象征，充满野力，进而转化成为一种静默而孤绝的抵抗立场，这种精神的野力在沉默与消解的悖谬中融入历史时代的文化经验，根源性的冲突与抒情诗歌的张力共同到达极致。《告别》一诗中“两千匹红布悬挂桅杆/大船，满载黄金般平稳//当朝阳显现一个城市骄傲的轮廓/你们留下我，使我成为孤独的一部分”，分属两个不同阵营的“我”为“你们”送别，梨子作为果实离开枝头，这样两种“告别”凸显出抒情主人公清醒而桀骜的主体姿态。满载黄金的大船驶向远方而不是驶向故乡，换言之，多多诗歌所探询的“故土”始终无法抵达，星空崩落，旧有的经验与文化记忆必然面临更加凶猛的“冲击”。然而，“我的额头，冷静得像冬天的暴风雪”，面对果实（梨子）的跌落只能送上祝福。“黄金”意象在另一首诗歌《什么时候我知道铃声是绿色的》中也有呈现：“被大理石的噩梦梦着，梦到/被风走下墓碑的声响惊动，惊醒/最后的树叶向天空奔去//秋天的书写，从树的死亡中萌发/铃声，就在那时照亮我的脸/在最后一次运送黄金的天空。”抒情主体清晰地指认果实（两只梨）有“最初的阴影”，是树木之间隐藏的铃声。树间隐藏着的光的阴影，被催促、被遮蔽以及被噩梦侵袭的话语，在多多诗歌文本中不可避免地与特定的历史时代和文化背景发生勾连，感性政治经验的象征书写往往在明媚如“黄金的天空”中嵌入噩梦、墓碑、死亡的底色。这类隐性的抒情传递出一种沉默与抵抗的主体性。沉默作为普通语言之外的另一种言说，在乔治·斯坦纳看来是“有意义的语言”，“诗人是该言说还是沉默，语言能否满足他的要求，这才是真正的问题”①。当多多的诗歌中“梨”意象更多地凸显出寂静、沉思等精神特质的时候，语言也必然面临着精神萎缩的风险，太多的愤懑与梦魇、太多的创痛与伤口被压抑和隐藏，“像光隐藏在词典里”，“像树间隐藏的铃声”（《什么时候我知道铃声是绿色的》）。这种沉默是以表面的和谐、舒缓为矫饰的，即使“黄金的天空”人人称道，沉默的语言背后仍旧是难以挣脱的“阴影”——充满死和将死的恐惧。

多多诗歌的智性投入与隐性抒情，在“犁”与“梨”等意象群的象征书写过程中发生一系列的衍变，从强力意志的钝化到寂静沉默的抗争，诗人对传统、记忆、经验的思想辨识，在趋于理性的同时可能也存在着某种自我和解的迹象，个体与时代的冲突从北方原始旷野的风暴中移置于眼前的一杯咖啡或者案头的一份报刊头条，再难有意义的颠覆或震惊的体验。写作的主体性被消解于无形，当下绝大多数的诗歌开始膜拜技艺的同时，已经悄然卸下精神批判与思想辨识的重荷。

三、从“犁”到“梨”：一种和解或平衡的策略

从“犁”到“梨”的象征意象，呈现出多多诗歌兼具强力意志与思想辨识两种不同的艺术处理方式，结合历史性修辞的时空跨度而极大地释放了原先单一且凝固的诗意表达。多多诗歌在语言意象背后的精神探询，主要是以鲜明的“我思”色彩而具体实现的。在对“犁”与“梨”等深度意象进行文本细读的过程中能够发现，多多将深度意象作为诗歌结构的中心，并围绕此中心来统合整首诗歌的意象体系以获取相对确定的意义表达，然而这里可能容易忽略一个重要的事实，即中心的位置常常发生偏移从而产生剩余意义。“如果像以前那样将剩余意义遮蔽，只以一个抽象主题来代表作品的话，则这一主题虽然可能成为统合人们识见的东西，但也由于其抽象性，人们难以从中看到更多的内容。”② 象征的过分游移，往往带来固定意义的零散或整体性认识的消解，但这对于认

① ［美］乔治·斯坦纳：《语言与沉默：论语言、文学与非人道》，李小均译，上海人民出版社2013年版，第64页。

② 张荣翼：《剩余意义的美学价值》，《理论之思：文学理论的问题与思考》，中国社会科学出版社2012年版，第230页。

识多多诗歌的象征写作来说未尝不是一种丰富的冒险游历，会拥有未知的新鲜与惊喜。词语的历险在雅克·朗西埃的表述中不啻为一种“抒情的漫游”：

> 为抒情诗所专有的主观性意味着，在视景与词语的重合中，身体取代了风景，它把这片疆域建构成了书写的空间。正是这种疆域化的做法，这种将意义在场化的做法，对诗歌政治的旧有模式造成了双重削弱：一方面，它抑制了摹仿所造成的距离；另一方面，它废除了高与低、贵与贱之间的一切区分①。

抒情主体充满强力意志地采用野力斗争的方式，或者是运用寂静沉思的思想辨识，开启抒情的漫游与历险。深度意象和象征书写的目的在于刺破封闭僵化的经验观念和知识结构，从豁口处切入以接近事物的真相，获得主体意识的自觉。在时间与空间不断紧缩的状态下，诗人想要对现实进行自由书写必然面临更大的阻隔，多多诗歌描述的北方故事和乡土经验无疑是一种紧缩性记忆。“犁”与“梨”意象群的主体含义是相对稳固或确立的，然而在诗歌的智性抒情与隐性抒情的参与下，象征的游移不可避免地带有“疆域化”的技术嫌疑，从而在事实上已然拓宽了诗歌词语表达的历史场域，抒情作为一种“感性的政治经验”或“论辩经验”更易于实现诗歌语言和政治转喻之间的切换。在多多诗歌中，“犁”或“梨”意象能够承载诗人和抒情主体更为丰富的矛盾与痛苦，分别从显白与潜隐两个不同侧面揭示时代生活深层次的精神面相或思想冲突。

“犁”意象群侧重于以显白的方式直接呈现主体与时代的背离、抗拒，而多多诗歌中“梨”意象群则更加注意使用潜隐的方式映射主体与时代的紧张、隔膜。诗题《当春天的灵车穿过开采硫磺的流放地》② 已然呈现出一种阴冷恐怖的抒情氛围，“春天”与“灵车”形成内在的悖谬与冲突，作为火药成分的硫磺易燃易爆，流放地被置放于主流的边缘地带，正常的秩序被无情地翻转和倒置。诗歌中“当漂送木材的川流也漂送着棺木”、“悲凉的雨水竟是血水”、“装殓岁月的棺木也在装殓青春”、“我的青春就是在纪念死亡”……通过“也”、“就”等衔接词将事物的两种极端并置于眼前，愤恨与决绝成为整首诗歌的感情主调。还需要注意的是，抒情主体在控诉的同时更加清晰地指认“犁尖也曾破出土壤”，尽管热血青春的野力斗争最终换来的是流血与死亡，但是这斗争却“布施了不死的尊严”。这首诗歌中“世代的哀鸣”、“邪恶的知识”共同指向一种沉抑森冷的集体氛围，“天空深处”带来无法预知的惶惑。哪怕在流放地，一样存在着激烈的

---

① ［法］雅克·朗西埃：《词语的肉身：书写的政治》，朱康、朱羽、黄锐杰译，西北工业大学出版社2015年版，第21页。

② 多多：《多多诗选》，花城出版社2005年版，第70页。

思想矛盾和精神冲突，在“激烈的年华”里奔突流血，“我在抽打天上常在的敌人”。不论是词语言说的抒情漫游，抑或是流放与突围的紧张对峙，“犁”作为深度意象所揭示的大多是一个不惧流血死亡的勇者形象，相较而言，“梨”意象群则凸显出另一个冷峻孤寂的智者形象。以多多诗歌《从不做梦》① 的第二节为例：

做无风的夜里熄灭的蜡烛
做星光，照耀骑马人的后颈
做只生一季的草，作诗
做冻在树上的梨
做黑麦，在风中忍受沉思
从不做梦

从“犁”意象群喻指的动作性与强力意志，再到“梨”意象群喻指的思想性与理性思辨，多多诗歌的抒情主体表现出一种潜在的转向，即从身体的自觉到精神的自觉。“我”曾经执着于抵抗斗争的野力、勾画理想而自由的梦幻乌托邦，然而“从不做梦”的吁求带来一种振聋发聩的冲击，“我”愿意做熄灭的蜡烛，愿意做照耀人后颈的星光抑或是只生一季的草，“我”摒弃常人眼中祈求的鲜亮或荣耀，真正意识到个体存在的独立与自觉从而想要挣脱既有的“秩序”。多多在诗歌中强调“忍受沉思”，希冀通过对固有知识经验的反拨来抵达某种新的“可能”，表现为一种反向的探询和精神思辨。多多以诗歌来纪念过去失眠、惶惑的好时光，面对当前的种种疑虑，新的“可能”不可避免地充满新的惶惑：是继续沉溺于自我的美好想象，还是重新跌入另一种封闭的秩序？“做可能孵化出父亲的卵”，使得既有的经验、记忆重新获得生长的可能，然而这“可能”在多多这里却又无法真正言明。换言之，这种心心念念的“可能”是否已经脱离秩序的窠臼，是否意味着又一个想象性言说的“梦”？在思想辨识与自由言说的衍变过程中，当下的不少诗歌一味追求新鲜的个人体验，开始肆意地把原本私人的、暂时的、偶然的东西遍地播撒，四处宣扬。荣光启认为“这种‘过剩’的个体精神独立性和思想自由的幻觉，衍生出来我们这个时代极为繁盛的诗歌话语”②。从这个意义上说，多多诗歌的象征写作是足够清醒而且冷静的，力戒把琐碎的东西掺杂入主体的思想辨识而作为高深的学问反复咀嚼。“犁”与“梨”等深度意象不仅是多多的私人话语，更反映出 20 世

① 多多：《多多诗选》，花城出版社 2005 年版，第 211 页。
② 荣光启：《“自由”的年代与不自由的诗歌写作》，《“自由”的年代与困难的诗歌》，南方日报出版社 2007 年版，第 1 页。

纪80年代以来诗人们集体的精神探索轨迹，表现出一种主体与外在之间平衡或和解的策略。

四、诗人的手艺：深度意象的参差变形与剩余意义

“犁”与“梨”等作为公设的意象和母题，从多多诗歌进入更大的汉语诗歌文本系统中，成为巴赫金在《陀思妥耶夫斯基诗学问题》中论及的“语言里的词汇”，“在他们每个作家身上，这一传统都独自地，亦即别具一格地得到再现，焕然一新。这正是传统的生命所在”①。从诗歌文体的角度来看，多多的词语磨砺和语言试验不可避免地吸收着特定历史时代的知识经验，也必然作为历史的文本被时间检视。诗歌文体有其自身所特有的规律或传统。王光明曾指出，“问题是，诗歌是否出自我们内心的需要？我们的情怀、境界、眼力、才华，以及训练和技巧，是否经得起诗歌要求的考验”②，如果将诗歌文体放置于文化层面进行考量，80年代以来以食指、北岛、海子、顾城、王家新、多多等诗人为代表的词语言说和审美理想，在文字背后的精神层面必然遭遇累累伤痕而难以承受。甘阳在对中国文化的讨论中着意区分前现代文化与现代文化，特别指出伦理本位走向知识本位的“文化冲突”③，其代价尤高且充满悲剧意味。现代汉语诗歌面临一种巨大的政治或文化语境，即使是北岛、多多、张枣、王家新、萧开愚等诗人的异域诗歌，仍然难以逃脱文化传统与知识经验的检视。冷霜认为，“由于这种话语建构性质，它和当代诗之间构成的真实关系并非是对象性、认知性的关系，相反，‘传统’成为当代诗为自身发明的一个功能性的位置，通过它，当代诗得以反复确认自身的主体性”④。需要追问的是，这样一种主体性的确认是否真的如愿以偿。北岛的笔在绝望中开花，海子的春暖花开，顾城的童话王国，张枣的镜中梅花，诗歌的抒情主体在磨砺语言的同时又无时不刻地经受着汉语文化的磨砺，传统的惯性始终无法根除。按照莉莎·克纳普在《欧洲文明的死亡机器：〈群魔〉中的惯性》一文中的观点，失去个体思想辨识的人成为一个

---

① ［俄］巴赫金：《陀思妥耶夫斯基诗学问题》，白春仁、顾亚玲译，三联书店1988年版，第223页。

② 王光明：《〈2002–2003中国诗歌年选〉前言》，《边上言说》，海峡文艺出版社2011年版，第204页。

③ 关于文化冲突，甘阳认为“文化冲突”的深刻性和复杂性就在于，它并不是“文明与愚昧的冲突”，而恰恰是“文明与文明的冲突”，因而更多的是黑格尔所说那种悲剧性的不可解决的历史二律背反冲突。甘阳：《八十年代中国文化讨论五题》，《哲学研究》1986年第5期，第76页。

④ 冷霜：《分裂的想象》，光明日报出版社2015年版，第116页。

惯性物体，而文化的惯性最终必然走向机械和死亡①。“五四”以来新的知识系统的建构，在甘阳看来：

> 所有这些，恰恰又必然使中国成为建立现代文化系统最艰难的国家，因为中国前现代文化系统中这些最优秀、最有价值的东西恰恰是与一个现代文化系统两相抵牾、直接冲突的。这对于中国学人来说是极其痛苦的现实……②

多数诗人以及多数诗歌积极应对的恰恰是这样一种精神冲突。在多多这里，一方面对原始农耕文明充满肯定和留恋，另一方面对旧有记忆和文化经验又有内在的隐忧或批判。诗歌文本中的抒情主体面临一种选择的艰难，实际上也阐明了诗歌所处的时代精神氛围，一种知识分子集体执着于思想辨识的艰难。农耕文明在某种层面上只能以文学想象的方式存在于多多的诗歌文本中，成为一种带有神圣感或“灵晕”的模糊象征，原始农耕文明的记忆经验在构建现代社会知识文化系统的过程中不可能被重新复制，而只能以刮骨疗毒的痛苦方式加以批驳利用，写作的主体性日复一日地如履薄冰。江弱水慨叹诗人的“弱哲学”，“不做抽象的名辩、逻辑的证明，诗人的弱哲学和软哲学永远不可能做强、做硬”③，然而这种“消极能力”是否依然是人人埋头于金钱的时代里诗歌精神最后仅存的孤岛，是否仍旧是现阶段诗歌寻求与现实对话的一种最有效方式。

我们对诗歌技艺维度的探讨，总是在不知不觉中就滑向价值维度的畛域，如遇泥淖而越陷越深。甘阳指认的“痛苦”还将继续演进或异化。臧棣认为主流也可能是孤独的，边缘也可能是孤独的，谁都可能是孤独的。臧棣在《诗歌政治的风车：或曰“古老的敌意”》一文中批评北岛“在写作道德上……提倡抵抗一切，跟时代较劲，跟母语较劲，跟自己较劲，将写作的孤独绝对化，道德化”④，疾呼诗歌（文学）写作为什么不能快乐一点儿呢。不论是道德性的枷锁抑或是批判性的尺度，“痛苦”都不应当是诗歌与时代对话的核心关键词和唯一言说方式。文学文本无法脱离时代语境的“传统”而独立存在。在巴赫金的文学理论中，任何文本的建构都是引言的集合，任何文本都是对其他文本的吸收与转化。从互文性考量诗歌的深度意象，多多诗歌中的“北方”、“马匹”、“麦田”以及“梨”与“犁”等意象群，从词语磨砺的角度提供了一种比较恰切而精致

---

① ［美］丽莎·克纳普：《根除惯性：陀思妥耶夫斯基与形而上学》，季广茂译，吉林人民出版社2003年版，第165页。

② 甘阳：《八十年代中国文化讨论五题》，《哲学研究》1986年第5期，第76页。

③ 江弱水：《诗的八堂课》，商务印书馆2017年版，第117页。

④ 臧棣：《诗歌政治的风车：或曰“古老的敌意”》，萧开愚、臧棣、张曙光编《细察诗歌的层次与坡度》，上海文艺出版社2012年版，第76页。

的豁口，以此来切入历史主体性与时代社会精神生存之间磨合的艰辛。“犁”与“梨”意象的意义生成方式是双重性的。在充满文化冲突和精神困惑的诗歌写作实践过程中，多多着意使文本结构与历史、与文化紧密联结，“犁”与“梨”这类深度意象是具有调节功能的中介元素。这种“媒介物”恰若学者吴晓东指称的那样，镜子般的澄澈的水面构成了纳蕤思沉思的中介，“犁”与“梨”等深度意象可能同样构成多多以及与多多一样陷入沉思的诗人们“具有普泛性的恒定的符号和心理秩序”①。或者说，多多在诗歌中的词语历险和抒情漫游已经成为一种未完成时态的思想辨识，旧有农耕文明的前现代化记忆重新成为当前构建新的知识系统中必不可少的元素，传统的羁绊或者“痛苦”本身即是一种经验。写作者必然要经受偌大的“影响的焦虑”，然而写作主体却远远超出写作者自身，从这一点上我们更能够感受多多诗歌写作的难度。

多多诗歌中深度意象的剩余意义与参差变形并非没有阅读或批评的限度。克里斯蒂娃曾提醒互文性阅读有其自身的限度，不能够以读者想象代替作者想象。回溯技艺的传统，深度意象在典型性之外或许为写作主体和社会历史可能建立的某种联系预留了足够的思想空间，偶发式和私人性的个人感觉结构能够与社会学、人类学、历史学层面的公共话语发生碰撞或相互对话。文化冲突始终表现或反映为一种个体的冲突，“犁”与“梨”等意象或母题的呈现似乎可以缩影为诗人多多的个人独白。在巴赫金的表述中，“对话”可以有独白性，“独白”也可以有对话性，智性抒情与隐性抒情为多多诗歌中的深度意象释放出一种强力与寂静并存的相对自由的言述空间，尽管紧张与矛盾始终存在于那里。正如克里斯蒂娃在演讲中提到的，“‘双值性’是‘对话’复杂性的最大化，它的目的不是综合，而是让对立并存”②，但这“双值性”反过来是否也成为一种双重的约束。多多的诗歌技艺与词语磨砺有着十足的冒险或叛逆精神，“而诗歌的核心又无可避免地包含着传统”③。多多在接受凌越的访谈中提到写作的“原点”④，通过写作巩固和提升自己的原点，重塑自我。写作是主动碰壁、寻找冲突的过程，多多的诗歌充满矛盾，或者说我们应当庆幸多多的诗歌始终是充满矛盾的。

无论诗人保持怎样的警惕与敏感，多多自身一样无法摒弃现代文化和知识经验的政

① 吴晓东在《母题：一种观察形式》一文中说：“诗人们普遍采用的公设意象、母题、象征方式和结构模式都体现着这种相对恒定的符号和心理秩序。”吴晓东：《临水的纳蕤思：中国现代派诗歌的艺术母题》，北京大学出版社2015年版，第34页。

② ［法］朱莉娅·克里斯蒂娃：《主体·互文·精神分析：克里斯蒂娃复旦大学演讲集》，祝克懿、黄蓓编译，生活·读书·新知三联书店2016年版，第17页。

③ 黄灿然：《最初的契约》，多多《多多诗选》，花城出版社2005年版，第250页。

④ 多多接受凌越的采访，谈道：“我现在觉得写作并不一定更重要，更重要的是建立了你自己重塑了你自己。”凌越：《我的大学就是田野——多多访谈录》，《与词的搏斗》，安徽教育出版社2012年版，第186页。

治语境。面对传统与现代，多多永不停歇“与词的搏斗”，用诗歌反复地去呼唤、撕扯记忆与经验，“犁”的锋刃与“梨”的内核共同织就思想辨识的轻重两极。必须承认，在多多的诗歌里，农业文明与现代文化的对立始终是并存的而不是相互综合的，疼痛和矛盾从未被现实真正消弭。文化的冲突或经验的冲突，是诗歌的思想辨识普遍追逐的精神指向。诗性的言说聚焦于事物的存在本身。但事物的存在不是自然注视的显现，而是其作为某种意义或经验的显现。通过命名来使事物得到一种经验的显示，而这种意义的显现有赖于给它命名的语言。从这个意义上讲，诗人的言说不啻为一种造物。学者余虹辨指称海德格尔所言“诗”的原义不是作为研究对象的文类或文体，而是一种“带上前来”进行意义显现的活动，诗歌类似一种“呼唤”，它将被命名者“带上前来”，带到彼此的近处①。而那些文化表象和语言表层之下潜在的意义，那些绝大多数诗歌还未完全说出的文本的秘密，亟待需要通过语言的中介，揭示出曾被遮蔽、隐瞒、伪装的内在矛盾或经验冲突，这为诗歌的象征写作和深度意象提供了足够敞亮的书写空间。城市里的下水道和光纤网络并行穿梭，人们热衷于用技术来隐瞒“命运”进而换取眼前倏忽片刻的欢愉，而诗人多多对诗歌的衰弱和空间的紧缩依然保持着足够的清醒与警惕，“犁”与“梨”等意象群的象征书写对既有的知识经验进行着持续而激烈的思想辨识，直接将幽微的、潜隐的思想困厄与经验冲突“带上前来”，豁然显现现代人“离家”的矛盾与痛苦。尽管如此，现代人群仍然充满文化自信地走在远离主体性生存的路途中，而且哼着小调，义无反顾。

（作者单位：华中科技大学人文学院）

① 余虹认为，“对海德格尔来说，被后人翻译为‘诗’（poetry）的‘poiēsis’其原初本义指的是将自行涌现出来的存在者从隐蔽状态带到无蔽状态中以便让其被看见的‘带上前来’的活动”。余虹：《艺术与归家：尼采、海德格尔、福柯》，中国人民大学出版社2005年版，第164页。

思想史视域下的《鸠摩罗什》与大乘佛学

田宝祥

鸠摩罗什的译经弘法活动，在中国佛教史上无疑是具有开创性意义的。鸠摩罗什不仅阐发了龙树的“中”道思想，还推进了大乘佛学的“空”观思想，这就为千百年来佛学中国化的任务奠定了坚实的理论基础。然而历来关于鸠摩罗什的研究，基本囿于译经、弘法、言辩、破戒四方面，对鸠摩罗什本人的大乘佛学思想鲜有充分、系统之把握。本文的写作意义即基于此：一方面从鸠摩罗什的译作与著述出发，运用大乘佛学的“中”道与“空”观二原理来解答小说《鸠摩罗什》所聚焦的哲学问题；另一方面以小说《鸠摩罗什》为视域，透析鸠摩罗什及整个大乘佛学的理论价值与思想史意义。在大乘佛学的话语体系中，“诸法实相”即等同于普遍真理，若以鸠摩罗什的思想立场来看，唯有“中”道、“空”观二义在境界上无限趋近于“诸法实相”。大乘佛学得以在中国落地生根并迅速融入中国思想文化之血液，亦主要归功于“中”道与“空”观在生死、存在两大哲学命题上取得的持续性突破。以上两点，在鸠摩罗什本人的译作与著述之中，抑或在徐兆寿新作《鸠摩罗什》的哲学反思中，皆可获得有效之论证。

一、大乘佛学与小乘佛学

梁启超曾说：“罗什以前，我佛教界殆绝无所谓派别观念，自罗什至而大小乘界限分明矣。”① 关于大乘与小乘的分别，鸠摩罗什在《大乘大义章》中早有概括。他认为小乘佛学仅主张“众生空”，而大乘佛学不仅主张“众生空”，还主张“法空”。在鸠摩罗什看来，小乘佛学讲“众生空”乃基于“我”为“虚幻非真”而外部世界“实在且真”

---

① 梁启超：《佛学研究十八篇》，上海古籍出版社2001年版，第163页。

这样一种判断，这本质上是一种将物质与精神、肉体与灵魂截然对立的二元论，而大乘佛学的逻辑在于，“我”若为假象、非存在，那么作为“我”之对象的整个外部世界必然也是假象、非存在。鸠摩罗什还从《阿耨达经》当中把握到了“无常”、“苦”、“无我”三义皆从于心这一思想线索。《阿耨达经》指出“诸法无常”、“诸法皆苦”、“诸法无我”的起因在于“从心而生”，也就是说，心乃观照一切外在对象的根本，因此修行的本质在于修心，只有修得清净慈悲之心，才能化解贪嗔痴之欲念，追求“诸法无常”、“诸法无我”之真谛。可以说，《阿耨达经》对鸠摩罗什的思想转向产生了至关重要的影响。自此之后，鸠摩罗什才逐渐打破小乘佛学实性之桎梏，洞见大乘佛学空性之渊源，并得出“大乘深净、明有法皆空”而“小乘偏局、多滞名相”之结论。

按照小说《鸠摩罗什》作者徐兆寿的说法，“大乘佛教是在小乘佛教的基础上进行了革命性的解释，将佛陀的信仰真正开始传播至每个人的心中。从某种意义上讲，佛教就是灭去小乘佛教中的神，而将这神性根植到每个人的心中，也就是每个人心中都有佛性”①。此说法不可谓不准确。小说《鸠摩罗什》对大乘佛学“众生皆有佛性、人人皆可成佛”这一理念进行了充分的讨论，且切入的角度十分精准。比如：为何好人成佛终须经历九九八十一难，而坏人只要“放下屠刀”即可“立地成佛”？在作者徐兆寿看来，“放下屠刀”只是一种形象化的说法，其本义是放下欲念、执念、恶念，就内容而言，大致可分解为两个环节：先回归善性，再回归空无；或曰先放下“我执”，再放下“我”。因此，坏人“放下屠刀”要比好人历经九九八十一难更为不易，这便是小说《鸠摩罗什》站在大乘佛学的角度所给出的解释。这一解释令人颇为信服，因为“放下屠刀、立地成佛”这一价值主张，最终指向的是大乘佛学“众生皆有佛性、人人皆可成佛”的普世理念，二者在义理上具有内在的统一性。

大乘、小乘皆注重“禅定”之工夫与戒、定、慧三学，但相较之下，小乘佛学更重修己，而大乘佛学更重渡人。小乘佛学认为人生充满烦恼、痛苦甚至罪恶，因而个体修行的目的在于出离人世，况且个体之佛性本就有限，所以仅可修己而无力渡人。与小乘佛学不同，大乘佛学判定人人皆有佛性，且极力弘扬菩萨行，主张“无所挂碍，以大悲心，赞于大乘，念报佛恩，不断三宝，然后说法”②。菩萨行有三条不同的修持路径：其一，先修己，等到修己完成时，再来利他，此路径适合资质较低、境界亦较低者；其二，自利、利他二事并行不悖，此路径适合资质较高、境界较低者；其三，先为利他，后求自利，此路径适合资质较高、境界亦较高者。菩萨行修持的根本目的在于去除分别心，

① 徐兆寿：《鸠摩罗什》，作家出版社2017年版，第127页。

② 赖永海主编，高永旺译注：《维摩诘经》，中华书局2010年版。

摒弃世俗生活中的是非偏见与现象世界中的所执所欲，从而达到心体清净寂灭的本然状态，即《维摩诘经》所谓“等诸智，同众生，于诸法无分别；一切无失，无浊无恼，无作无起，无生无灭，无畏无忧，无喜无厌；无已有，无当有，无今有；不可以一切言说分别显示”① 之超越境界。可见，在鸠摩罗什看来，小乘佛学、原始之大乘佛学以及大乘之“中”道其实代表了佛教的三重境界。具体而论，坚持一切皆有，乃基于世俗之眼光，此曰俗谛，是第一层；判定一切皆无，乃基于超越之眼光，此曰真谛，是第二层；若就“中”道之视域而言，“诸法实性”可谓“无生、无灭，无垢、无净故。菩萨摩诃萨如是行，亦不见生，亦不见灭；亦不见垢，亦不见净”②，也就是说，无论个体、时空还是宇宙，推至根源处，都是虚幻不实的，即“不生亦不灭，不常亦不断，不一亦不异，不来亦不出”之存在，此曰第三层，也是“诸法实相”之真理境界。基于以上分析，便可说鸠摩罗什的“毕竟空寂”、“缘起性空”思想，既是对本体论意义上的有无之辩的超越、对“三世实有、法体恒有”的绝对名相的超越，又是对一切物象虚幻不实的性空之理的揭示以及对无自性、无他性、不生不灭的物我世界的还原。

二、大乘佛学与魏晋玄学

陈寅恪曾说：“尝论支那佛教史，要以鸠摩罗什之时为最盛时代。中国自创之佛宗，如天台宗等，追稽其原始，莫不导源于罗什，盖非偶然也。”③ 作为佛学中国化真正意义上的第一人，鸠摩罗什自幼出家，遍访西域各国，在甘肃凉州生活 17 年，一心弘扬佛法、钻研汉学，后赴长安译经，直至圆寂。可以说，经过长期的理论与实践探索，鸠摩罗什最终找到了开启佛学中国化这一旷世难关的钥匙，这就是魏晋玄学。换言之，佛教之所以在中国落地生根并迅速融入中国思想文化之血液，很大程度上受益于魏晋时期玄学思潮的推波助澜。正如余敦康所论，“佛教的般若学是一种外来的思想，目的在于论证现实世界虚幻不实，玄学则是立足于中国的传统思想，推天道以明人事，充分肯定现实世界的合理性，二者本来存在着很大的分歧。但是就哲学的理论形态而言，他们同属于本体之学。玄学以自然为本体，以名教为现象，般若学以真谛为本体，俗谛为现象，因而他们的哲学思路也是可以会通，合流的”④。就哲学形态而言，魏晋玄学无疑是非凡而特殊的，但从思想史的角度看，魏晋玄学又是中国古代哲学史当中不可或缺的重要组成

① 赖永海主编，高永旺译注：《维摩诘经》，中华书局 2010 年版。
② 龙树造、鸠摩罗什译，王孺童点校：《大智度论》，宗教文化出版社 2014 年版，第 702 页。
③ 陈寅恪：《大乘义章书后》，《金明馆丛稿二编》，上海古籍出版社 1980 年版，第 161 页。
④ 余敦康：《鸠摩罗什与东晋佛玄合流思潮》，《世界宗教研究》1994 年第 2 期，第 31 页。

部分。一方面，魏晋玄学与两汉的经学传统并未真正割裂，它只是将汉儒讨论天人问题的理论范式以及经学的路径转移到了本末、有无、言意、自然与名教的话题之域；另一方面，魏晋玄学充分吸收老庄、周易的思想气质，从而勾勒出一种无欲而无为的人生化境，这也是其非凡性与独特性之所在。当然，如果说王弼、郭象以文本诠释的方式横向地扩展了老庄的哲学思想，阮籍、嵇康以文学与艺术的生动形式纵向地提升了道家的生命境界，那么便可说龙树、鸠摩罗什的大乘佛学以其圆融的义理与玄妙的智慧重构了那个时代的精神图腾。

鸠摩罗什重译龙树的“三论”（即《中论》、《十二门论》、《大智度论》），对于佛学的中国化以及整个中国哲学而言，至少有两大意义：一是及时纠正了两汉魏晋以来因译经之粗疏而造成的经文理解上的重大偏差，二是化解了魏晋士人长期僵持于有、无二端之理论困境。魏晋时期，“清谈之风”盛行，有无之辨、体用之论、本末之争乃谈辩的主要内容。何晏、王弼最早提出“贵无论”，随后裴頠提出“崇有论”，再后来郭象为调和无、有二论，创造性地提出“独化论”，然而“独化论”并没有从根本上解决有无之辩这一理论难题。客观而论，魏晋士人过分依赖直觉体悟而缺乏逻辑分析，因此其观点与结论往往流向一端，义理上也难以自洽。鸠摩罗什则不同，钻研与阐发义理恰恰是其优势与长处，大乘佛学及其“中”道、“空”论一方面在本体论层面对老庄之学做了有效的补充，另一方面又在工夫论层面解决了生命之有限与精神之无限这一相矛盾的问题，可谓从根本上安顿了人们的心灵。因此，无论是龙树的“中”道、大乘佛学的“空”观还是鸠摩罗什的译经弘法，于当时的思想界而言，可说是及时且有益的。此外，较之老、庄、《周易》，大乘佛教所宣扬的性空、无我之学，其精神上更为超越，气质上更为精妙，义理上也更为圆融。大乘佛学所宣扬的“众生皆有佛性”、“众人皆可成佛”之思想，与先秦时期孟子提出的“人皆可以为尧舜”、荀子提出的“涂之人可以为禹”诸观念也十分契合，这必然能得到诸多儒家学者与门阀士族的响应。可见，“所谓的佛学的中国化，其实质性的含义就是中国传统思想中的天人之学对佛学的改造，同时也是佛学对这种天人之学的丰富和补充”①。

在鸠摩罗什之前，龙树的“中”道并没有引起魏晋思想界的重视，当时的风流名士皆将目光聚焦于有与无、自然与名教等二元关系的讨论，要么对大乘般若学一无所知，要么对“中”道与“空”观存在误解。从义理上讲，龙树的“中”道与儒家的“中庸”差别极大，它不涉及价值尺度的判定，也有别于世俗观念的认知，更不是在有、无的范畴之间寻求平衡，它本质上是要破除对有、无两端的执迷，从而达到“常住而不住”的

① 余敦康：《鸠摩罗什与东晋佛玄合流思潮》，《世界宗教研究》1994 年第 2 期，第 31 页。

法空、无我境界。所谓“常住而不住”，乃指体悟到万法皆空之理但却不执着于此，既不盲目追逐涅槃寂静之彼岸世界，也不虚度此岸生活、荒废个体生命，更不为身心之痛苦烦恼所束缚而悲观厌世，相反，当持漂泊人生、宇宙之态度，或以慈爱悲悯之心体顺遂五蕴世界的生老病死，或以恒静无我之性体顺应世俗世界之流转变迁。正如小说《鸠摩罗什》所言：“佛存在于有为世界里，与永恒的虚无融为一体，与天地同寿，与日月同光，既不消失也不生长，这才是真正的静。”① 这便是鸠摩罗什透过龙树的“中”道视角所获得的认识论，即人所面对的现象世界乃“非有非无”之存在，恰如水中月、镜中花，既非真实的有，又非绝对的无，但本质上仍是梦幻泡影，虚妄、空寂才是其根本之属性。

三、大乘佛学论生死问题

小说《鸠摩罗什》第四卷通过皇帝姚兴与鸠摩罗什的对谈，集中揭示了大乘佛学的生死观。姚兴的问题在于，“如果我们承认这个世界是相互联系、浑然一体的，则我们必然由生而想到死，由有而想到无，而到头来我们发现这一切的本质属性又是空，那么，有或存在是不是就变得毫无意义？再者，如果生死、有无在轮回上是循环往复而无止境的，那么有与存在，较之空与非存在，其意义又是什么？”② 鸠摩罗什的回答亦颇为精妙。他指出，有无、生死只是世界之虚幻表象，其根本的属性是空，一个事物我们看得见，并不能说明它就一定存在，一个事物我们看不清，也不能说明他就一定不存在。正所谓“一切诸法，皆悉空寂，无生无灭，无大无小，无漏无为”③。大乘佛学所讲的“性空”、“法空”是超越有无、生死的，也是高于存在与非存在这一层面的。也就是说，它一方面在哲学上是无我的、在形态上是无常的，另一方面，又要打破并取消对于无我、无常这一认识的执念，使之回归到一种恒静的虚空的状态。因此，在修行这一层面上，个体应当先基于“有为法”、顺应“有为法”而后超越“有为法”，最终达到“无为法”。而达到“无为法”的境界，就意味着修行终结了吗？并非如此。大乘佛学认为，在成佛的意义上，个体不仅要摆脱世俗世界的羁绊，还要超越轮回之苦，实现法性上的圆满自足，而自性的圆满，又是一个无限循环的过程。

按照一般世俗的理解，个体的出生即意味着生命的开始，死亡则意味着生命的终结，因此人的生命是有生有死、有始有终的。小说《鸠摩罗什》第二卷则写道：“佛教中的

---

① 徐兆寿：《鸠摩罗什》，作家出版社 2017 年版，第 126 页。

② 同上，第 332 页。

③ 赖永海主编，王彬译注：《法华经》，中华书局 2010 年版，163 页。

死只是另一种开始，就像你前一世死了，那是实死，但又是此一世的开始，那死也就成了空的，生与死是瞬间的事，实与空也只是两种形式的转变。哪有什么真正的实？又哪有什么真正的空？然而，这仍然说的是轮回中的事，假如从永恒的角度来看，一切轮回都变成了空，空便成了真正的存在。"① 显然，大乘佛学认为，现象世界的个体生死皆为报应身，它只是生命轮回的一期或一环，既不是生命的全部，更不是生命的实相，从本质上讲，唯有不生不灭、无始无终的"法身"乃是实相之生命，"法身"所统摄的无限轮回之生命才是生命意义的全部。也就是说，包括生死在内的一切问题，其义理之源皆在于"缘起性空"。正如小说《鸠摩罗什》第一卷所论：

> 一切都无始无终地循环往复着，没有开始，也没有结束。世界的本质是空的。但为什么有了那么多事情呢？就是各种缘法所致，比如，你一个念头就是缘起，然后因为各种原因和另外一些人或事发生关系，这就产生了一个又一个的结果，而一个结果又是另一个缘起，如此，便是轮回之世界，但终究是空的，要寂灭的，一切都要死亡的，回到空。所以，大乘佛教宣示这一真理，让我们不要执着于生死，也就超越了生死，不要问来处，也不要问去处，那么生与死之间的界限也就没有了。佛教不讲世界的开始，因为它是空的，也不讲世界的结束，因为它还是空的，《心经》上讲的六根之缘起和诸般感受，其实都是空的，是我们的执着心的幻象，当你知道这些真理时，你便再看不到这些幻象，你也就没有挂念，没有挂念，也就心无恐怖，心无恐怖，便只剩下真正的欢喜，这就是正法到来的时候②。

由上可见，就现象而言，这个世界上的一切事物都是相互联系、浑然一体的，而在本质上，万事万物又是不生不灭、不增不减的，因此无所谓"有"，也无所谓"无"，一切都是因缘和合的结果，只有"空"才是唯一的实相。大乘佛学的"空"并非一切皆不存在、既无时间、也无空间，而是说一切的时间、空间都是无限的、永恒的。这无限的、永恒的存在，作为一大存在也将"我"囊括在内，因此，"我"的存在也是永恒的。当"我"获得这样的体悟时，世俗世界中的爱恨得失、是非生死，也就变得渺小而轻微，人生也将获得真正的解脱。小说《鸠摩罗什》以"一切有为法，如梦幻泡影，如露亦如电，应作如是观"之偈语作结，其真意即在于此。

---

① 徐兆寿：《鸠摩罗什》，作家出版社 2017 年版，第 176 页。

② 同上，第 93 页。

四、大乘佛学论存在问题

世界何以存在？人何以存在？这是足以贯穿鸠摩罗什整个大乘佛学思想体系的两大理论问题，也是小说《鸠摩罗什》最为关注且大书特书的两大哲学命题。当然，要讨论存在的问题，先得澄清信仰的问题。因此，中国有没有宗教、中国人有没有宗教信仰，就成了小说《鸠摩罗什》意欲揭示的前提性问题。大致说来，西方的伊斯兰教、基督教都是一神教信仰，而东方的宗教如印度的佛教、中国的道教，都是多神教信仰，如果我们承认多神的信仰让中国人陷入信仰困境这一说法，那么佛教的中国化对中国哲学、中国文化乃至整个中华民族又意味着什么？在《鸠摩罗什》卷外篇中，作者徐兆寿这样写道：

> 对于今天的世界来说，最可悲的事情是我们对什么都怀疑，对什么都不信了。我们唯一能信的就是我们的感觉：眼睛、耳朵、鼻子、口、手、身体。这是什么？这是佛教所说的五蕴、六根，是障。我们超越不了这个物象所生的世界。我们也不相信这世界上会发生什么奇迹。这就是信仰没落的真正原因。末世是轮回不断的。即使在一个人的身上，也有末世。佛教认为的末世不是人吃不上、用不着的物质匮乏阶段，而是指人性的没落。人心没落之时，便是善念微弱、恶念丛生之时①。

此乃作者徐兆寿对历史传统和民族精神的一次叩问。通过这段文字，我们隐隐感受到：大乘佛学及其“中”道、“空”观思想，不仅是作者徐兆寿境界上无法逾越的高地，也是哲学上指引其前行的灯塔。一种文化、一种思想如何才能亘古不断、源远流长？在作者徐兆寿看来，惟有价值上包容、义理上贯通、形态上多向度的思想文化，才可以绵延不绝。陀思妥耶夫斯基、尼采和鲁迅的思想之所以“短命”，主要是缺乏一些温润的气息以及一次深邃的回归，其始终局限于各自思想的场域而未能真正与外部世界建立有效的联系，进一步讲，他们要解决的并非整个世界的问题，乃是个体的精神性问题。真正包容的、贯通的、多向度的思想文化，其最大特质在于切近人类命运共同体，在于充满终极关怀，而这恰恰是大乘佛学的伟大与精深之所在。

在小说第三卷中，鸠摩罗什与段业进行了一番既充满哲理又饱含禅意的交谈，存在这一哲学问题就贯穿于此番交谈之中。段业问：“关于人之大欲，儒家之道在于节制，在

---

① 徐兆寿：《鸠摩罗什》，作家出版社 2017 年版，第 441 页。

于中庸，并不完全否定，佛教完全否定是否又走到了另一个极端呢？”鸠摩罗什答曰：“佛教讲轮回，如果人不超越欲望，不走向另一个极端，即完全的神性，那么人就始终在轮回中受苦，只有超越了他，灵魂便可跳出六道轮回。”段业紧接着问：“跳出轮回，又是怎样的存在呢？没有任何欲望，也便不会关心轮回中的任何存在，那么它还存在吗？又在哪里存在呢？如果我们肉眼看不到，又如何能够证明它的存在呢？”对此，鸠摩罗什的答案是它“无所不在而又不以人间世的方式存在”①。显然，在鸠摩罗什看来，一个事物可能受到外部世界的影响而呈现出很多个面向，一个个体也可能受到先天的制约与后天的改造而表现出多重的性情和气质，如果执着于“我”，就会一叶障目而不见全局，那么对万事万物及其存在方式的把握就会极其片面，结果便是因为这样一些片面的认识而让自己在真理面前显露出极大的无知。

《维摩诘经》有云：“一切言说，不离是相，至于智者，不著文字，故无所惧。何以故？文字性离，无有文字，是则解脱。”② 文字、语言作为知识的载体，固然能引导人们认识到有限的存在，但由于时空的制约，人们往往以为那些有限的存在就是全部的真相，实质上，由感性材料之堆砌而建立的认识论系统并不十分可信，除了性空这一真谛本身之外，没有什么存在是绝对实有的，毕竟此时所感知到的真实存在的对象，彼时很可能虚幻不在，但不在也绝不意味着消亡，大概它正以某种“虚空”的方式而存在。这便如小说《鸠摩罗什》所描绘的那般，“在旷野中体味天地之浩大、亘古、无限，才真真切切地看见一个空字，而这空字下又写了一个实字，实是小的，空是大的，空也是实在，是由无数个小的实在构成，这无数个小的实在面对巨大的实来说，实便也是空”③。作为思想与行动之主体，于生命中体会存在之美、把握存在之善，从而让自我的精神世界获得升华，这正是大乘佛学所揭示的存在之本。

（作者单位：首都师范大学哲学系）

① 徐兆寿：《鸠摩罗什》，作家出版社 2017 年版，第 303 页。
② 赖永海主编，王彬译注：《法华经》，中华书局 2010 年版，第 43 页。
③ 徐兆寿：《鸠摩罗什》，作家出版社 2017 年版，第 207 页。

论覃子豪海洋诗主题的“回归”叙事①

沈　玲

一、引言

在中国台湾现代诗坛上，覃子豪（1912–1963）享有“海洋诗人”和“诗的播种者”之美誉，与钟鼎文、纪弦并称中国台湾现代“诗坛三老”。在短暂的一生中，他留下了《自由的旗》、《永安劫后》、《海洋诗抄》、《向日葵》和《画廊》等诗集，其中“《海洋诗抄》是写给大海的颂诗，如此集中写海洋的质量可观之作，在新诗创作中并不多见”②。正如荻青先生所言，“诗人从学生时代到抗日战争时期和以后的时期，就一直没有远离过大海并吟咏大海。作为诗人，他与海的情感当然要比一般人深厚得多。由于他理解海，爱海，这与他后来能成为中国的第一位海洋诗人，是不无关系的”③。可以说，《海洋诗抄》对中国台湾现代诗坛乃至当代华语诗坛都具有重要意义，填补了中国海洋诗写作的一段空白。

《海洋诗抄》是覃子豪离开大陆赴台后的第一本诗集，也是他唯一一部集中以海洋为题材的诗集。遗憾的是，大陆学界对其人其作的研究却甚是寥寥。最早进行介绍研究的是诗人流沙河。1982年，流沙河在《文谭》上发表《一首诗的讨论——覃子豪：追求》，探讨覃子豪1950年创作的《追求》一诗。此后30多年间零星出现的相关文章，多

① 本文系福建省哲学社会科学项目“台湾现代海洋诗研究”（FJ2017B130）的系列成果之一。

② 李元洛：《意境，诗人与读者的共同创造——读覃子豪的追求与距离》，广汉市覃子豪纪念馆筹建组编《覃子豪纪念馆落成专辑》，1988年6月，第146–147页。

③ 荻青：《海洋底歌者有着遥远的梦——谈覃子豪的海洋诗》，《蓝星诗刊》1989年10月第21期。

集中于传记性或追悼性的文字，如贾植芳（1983）、李华飞（1987）等。至于覃子豪诗歌的研究，多限于单篇诗作的赏析，如李元洛（1988）①、蓝幽（1990）②、高巍（1993）③、任传印（2009）④ 等，有的研究也注意到了覃子豪诗歌某一特征的分析，如范静哗（1998）⑤、张天佑（2002）⑥、古远清（2007）⑦、陈学芬（2012）⑧ 的研究，而郭枫（2014）⑨、陶德宗、陶兰（2014）⑩、李灵（2015）⑪ 等则对覃子豪诗歌（论）进行了宏观把握。从近年来的研究成果看，大陆关于覃子豪的关注已经走过感性阶段，渐渐步入研究正轨，不过关于其诗歌研究的广度、深度还存在很大的拓展空间。

我们注意到，覃子豪创作《海洋诗抄》时已身处台湾，而台湾岛四周完全为海洋包围，与大陆构成了陆地的空间对立，形成了自己封闭性的陆地空间。如果不考虑太空空间作为第三空间的存在，海洋就是人类的第二空间，与陆地空间相对⑫，而封闭的陆地空间与开放的海洋空间形成的这种空间对立，在诗歌作品中获得了及时反映。诗歌的叙事也总在一定的空间内完成，台湾这种所处陆地空间的隔离感与海洋空间的开放性，再加之复杂的政治因素，使其在覃子豪诗歌创作中构成了一种难以调和的矛盾。这一特殊的矛盾空间既是覃子豪诗歌叙事中具有物理属性的自然空间，是具体的物质存在，又是他诗歌叙事中人物存在和活动的场所。可以说，他诗歌中的各种故事和情绪都存在于这

---

① 李元洛：《意境：诗人与读者的共同创造——读台湾诗人覃子豪的〈追求〉与〈距离〉》，《当代文坛》1988 年第 2 期。

② 蓝幽：《不朽的追求——覃子豪诗〈追求〉浅识》，《名作欣赏》1990 年第 3 期。

③ 高巍：《审美的空间与距离——读覃子豪的〈追求〉与〈距离〉》，《名作欣赏》1993 年第 4 期。

④ 任传印：《那雪山的水——论覃子豪的〈瓶之存在〉一诗的古典文化品格》，《重庆三峡学院学报》2009 年第 6 期。

⑤ 范静哗：《遁入画廊的存在——覃子豪论》，《世界华文文学论坛》1998 年第 4 期。

⑥ 张天佑：《“向日葵”——一个诗歌意象的文化分析》，《中国现代文学研究丛刊》2002 年第 2 期。

⑦ 古远清：《论覃子豪的诗作与诗论》，《重庆社会科学》2007 年第 3 期。

⑧ 陈学芬：《覃子豪的现代诗与教育思想》，《开封教育学院学报》2012 年第 2 期。

⑨ 郭枫：《风雨凄迷路，彩虹照眼人——覃子豪：五十年代台湾新诗荒野播种者》，《扬子江评论》2014 年第 4 期。

⑩ 陶德宗、陶兰：《简论川籍诗人覃子豪与商禽对台湾诗歌的卓越贡献》，《长江师范学院学报》2014 年第 1 期。

⑪ 李灵：《两种审美观念的冲突——苏雪林与覃子豪关于象征诗的论战》，《华文文学评论》2015 年第三辑，四川大学出版社 2015 年版。

⑫ 海洋空间包括自然海洋空间与人文海洋空间两个不可分割的组成部分，同时海洋空间也是人类生存与发展的第二空间，是人类基于自然的海洋空间而开展生产方式、行为模式以及互相交往的场域，既是人类构建海洋文化的场所，也是一个与陆地文化空间相互并行的空间。参见杨国桢、陈辰立：《历史与现实：海洋空间视域下的“海上丝绸之路”》，《广东社会科学》2018 年第 2 期。

种特定的矛盾空间中，而如何有效破解这一空间的矛盾，成为覃子豪诗歌创作的内在应有之义。就像勒尔夫认为的那样：“所有地方和景观都是人不可避免的经历，我们在特定的位置，通过我们态度、经历以及决策的棱镜，审视着环境和景观。”①

主题的研究原本脱胎于民俗学，与文学叙事天生存在着千丝万缕的联系。《海洋诗抄》中，覃子豪将自己诗歌的主题叙事置于海洋空间的视域之下。在整个诗集的47首海洋诗中，其主题的叙事表现是多方面的，包括人的彷徨、孤独、隔离感等。在海洋的背景下，覃子豪诗歌叙事展示了多元性主题，既有游子的乡愁、爱人的情思、诗人的理想抱负，也有单纯的海景描绘、现实的讽喻，但相较之下，其诗歌主题较多集中于思乡、爱情、理想等方面的“回归”叙事，或者说，面对海洋空间的宏大与开放，覃子豪诗歌叙事则逆向地出现了空间的回归，其诗歌主题也主要对应分化为三个“空间”回归层次。一是“故土”之“物质空间”回归，表现为“乡愁”；一是“情感”之“社会空间”回归，表现为“爱情”；一是“心灵”之“精神空间”回归，表现为“理想”，类似于亨利·列斐伏尔（HenriLefebvre，1905－1991）所分析的物质、社会、精神三种空间②。基于此，本文即以覃子豪的《海洋诗抄》为研究对象，探究其海洋诗的回归叙事主题，以期为更全面地研究中国海洋诗提供一个典型性的诗人个案。

二、回归“故土”的乡愁叙事

回归意识是人类永恒不移的诉求，寻找地理空间的原乡是人类尤其是文人们自古以来不断重复的话题，但有关这一主题的艺术表现、创作心态、哲学思考、意象传统又各有不同。“作为深受中华文化与巴蜀文化哺育而又在战乱之中被迫背井离乡的巴蜀之子，覃子豪与1949年前后流亡台湾的众多诗人一样，也充满了对家乡烟树的深切忆念和悲情绵绵的乡思乡愁。”③ 在47首海洋诗中，以思乡为主题的有《向往》、《你的家乡》、《虹》、《海恋》、《乡愁》、《临海的别墅》、《闻歌》、《雨夜》、《雾灯》、《忆》、《海滨夜景》11首。

1947年12月，为谋生计，覃子豪偕同妻子邵秀峰及次女前往台湾。第二年冬，因长女在外婆家生病，邵秀峰遂带次女回大陆探望，不想却因局势突变，一家人从此海峡相

① Edward Relph. *Place and Placelessness*. London: Pion Ltd., 1976: 36.

② Henri Lefebvre. *The Production of Space*. Translated by Donald Nicholson－Smith, Oxford: Blackwell Ltd, 1974/1991.

③ 陶德宗、陶兰：《简论川籍诗人覃子豪与商禽对台湾诗歌的卓越贡献》，《长江师范学院学报》2014年第1期。

隔。孤身一人寄居台湾的覃子豪囿于台湾的政治现实，把思乡念亲的情绪借诗歌加以抒发。《向往》① 是诗人离开大陆前的最后一首诗，写于1946年12月的厦门。

我像一只快要闷死的鸟儿/随时离开狭小的牢笼而飞去/像西班牙海盗向往着黄金的岛屿/像大不列颠帝国的舰长向往着殖民地//我将重作一个航海者乘白帆而去/我将再在海上作无尽的漂流/但我又不知道该去到那儿？/欧罗巴洲或是亚美利加洲？//啊！我要在这残酷的世界上/去寻找一个理想的境界/——一个自由的国度/一个充满着爱情与诗和音乐的疆土//我知道我会在那漂流的日子里/想起我曾经眷恋过的故土/即使我在那故土上受尽折磨/而我也会流下思念的热泪//

赴台前大陆的混乱局势让覃子豪对未来充满美好的期待。因此，面朝大海，以一只“随时离开狭小的牢笼而飞去”的鸟儿作比，唱出内心的压抑和对时局的不满、对自由的渴望。但在描画构想中的未知世界时，尚未离开的诗人就做出了预测：“我知道我会在那漂流的日子里/想起我曾经眷恋过的故土。”当海峡成为不可跨越的鸿沟，当与家人音讯阻隔时，这份对故土的眷恋、对亲人的思念只能在日积月累中化为日常。

人与人的隔离虽然多是心理的隔离，但空间的隔离更强化了人与人的心理隔离。到台后的第四年，覃子豪因出差到了紧靠大陆的大陈岛，近乡情“切”，岛上所见虽为寻常之物却激发起他对海对岸那片土地的想象，深深乡思落入笔端，化为一首《虹》②。

虹是海上的长桥/无数的船像落叶般的/在桥下飘过/我真的厌倦在海上流落/要踏上长桥去觅归路//看不见桥的起点/也看不见桥的尽头/踏上长桥/何处是路？/心中凭添了烦恼与忧愁//

诗虽不长，却流溢着一种挥之不去、言之不明的忧伤。开篇就是两个比喻，以虹的形联想到与之相似的桥，把船比作落叶。眼中物分明是夏日的枝繁叶茂，心头飘落的却是片片黄叶，有乡不能归的萧索之感是诗人心头沉重的压抑之痛。四年前畅想要做一个乘白帆而去的航海者，在海上作无尽漂流的诗人，此时却厌倦了海上的漂流，“要踏上长桥去觅归路”了。那天上的虹仿佛横跨海峡的桥梁，回故土似乎触手可及，但现实中回乡的“虹”又是怎样？到底何处是归途？回落现实则是“看不见桥的起点/也看不见桥

① 覃子豪：《覃子豪全集》（第一卷），台北覃子豪全集出版委员会1965年版，第112页。

② 同上，第127页。

的尽头”的混沌茫然。因政治阻隔，虽望乡却不能归乡，困惑、迷茫和苦恼的情绪借助于海、虹、船、桥等海洋意象曲折表现了出来。

正所谓“羁鸟恋旧林，池鱼思故渊”，这份思乡的苦涩、隐忍与诗人如影随形，不分不离，在创作于1952年6月的《临海的别墅》① 中也幽幽呈现了出来。首先，诗人以其擅长的比喻起笔——我的别墅/像一只黑猫/蹲在临海的崖上”，第二个诗节自然而然有了把窗户比喻作两只猫眼的联想，第三、第四、第五个诗节分别描写猫在“风雨如晦之晨”、“风和日丽的晴天”、“当太阳在崖上”时，或“闭目养神/无所希求”，或“睁大双眼”看海面上的海鸥银鱼和轻帆，或“蜷伏着黑色的身子”躲藏，听夜鸟扑翅的声音，第六个诗节写当“我”夜晚出门时，猫静候“我”的回来，第七、第八个诗节写“我”回家时，猫以眼中发出“清亮的光”相迎，于是这份清亮引出了诗人的乡思，引“我”“走进青春的故乡”，最后一个诗节抒写了乡思之绵长。

> 我临海的别墅/是猫一般的神秘/梦一般的美丽/十年海上漂泊/我不曾回去/那蹲在崖上的黑猫/在风和雨里/将由萎顿而憔悴//

猫的守望，别墅的眺望，“我”的等待，在化我为物、化物为我的艺术处理中，一股悠长的思乡之苦借临海孤悬的别墅渲染开来。

不同于《虹》、《临海的别墅》表达乡思的含蓄，《乡愁》② 一诗直接入题，从诗题上就彰显了主题。

> 深夜不能入眠/打开舱门出来/风像一个醉汉/闯我一个满怀//我也像一个刚从酒吧中走出/心里的忧愁/忽成朦胧的醉意/听厌了单调的潮音/我想乘着小艇，登陆归去//无数的屋宇/罗布在繁灯如星的港上/我能走进一幢屋宇/想回到自己的家里一样/啊！这是烦嚣的都市/这华贵的屋宇/不是我素朴的故居/是海上忽东忽西的微风/使我感觉迷离//请快关上你的窗门/请快熄灭你的灯亮/不要揶揄我，用温暖的家/我知道我的家已毁在/海上夜色深沉的远方//

在台湾诗人中，以《乡愁》为题的诗作我们并不陌生，大陆读者最为熟悉的同题诗作出自余光中、席慕蓉之手，但覃子豪创作于1952年的这首《乡愁》在艺术构思上明显

---

① 覃子豪:《覃子豪全集》(第一卷)，台北覃子豪全集出版委员会1965年版，第181-182页。

② 同上，第169页。

不同于后来者，一个显著的特征就是以海洋意象写乡愁。夜深不眠，诗人在船舱内思绪万千，推舱门而出，没成想思念像风儿一样席卷而来，重重击中了“我”，同时也揭开了不眠之因。独在异乡为异客，虽然这里有“烦嚣的都市”、“华贵的屋宇”，可没有“我温暖的家”、“我素朴的故居”，夜深乡关何处是？“我听厌了潮音/我想乘着小艇，登陆归去”，回到大陆，回到内陆朴素简陋的老家，即使“我知道我的家已毁在/海上夜色深沉的地方”。钟情于大海的诗人在思乡情绪澎湃在心头时，却也令人诧异地对熟悉的潮音表示出了厌倦，此时的“潮音”不单指海水运动产生的声音，更多地象征了他对漂泊生活的厌倦，表现了久客思归的深沉情感。同时，这一意象也生动展现了诗人对现实生活的感受和心理变化历程，使其笔下的海洋意象内涵变得更为丰富饱满。

挥之不去的乡愁，渴望回归故土却又无可奈何的惆怅，这是覃子豪幽闭于海峡对岸孤身漂泊时最浓稠、最哀伤的情绪。乡在海洋的前方，乡在对岸的陆地，但迫于当时的政治因素，诗人注定要在异乡继续孤独流浪。作为国民党赴台后台湾地区出现的第一批诗人，覃子豪的乡愁较其他台湾诗人的乡愁更多了一层压抑和无力的悲哀。

三、回归“情感”的爱情叙事

自古诗人最多情，多面的海洋空间在孤独的覃子豪的海洋诗中不仅是乡思，更是美好爱情的象征。这一类主题数量最多，共17首，超过1/3的比重。爱情叙事所表达的主要是一种具象的情怀和情感——白浪、沙滩、海风，多年生活在蓝天碧水海岛中的人们多了些浪漫之气，生活其中的浪漫诗人更是如此，海螺壳、珊瑚、海潮、蚌等海洋意象信手拈来，成为诗人内心缱绻之情的寄托。

为求生活携妻带女而来，结果却妻离女散，这种情感疼痛深入骨髓。有多少个夜晚，诗人陷入无眠；又有多少个黄昏，沙滩上留下诗人孤长的身影；更有多少次，诗人在心中向“她”低语呢喃，倾诉着对爱的渴望：

> 我向海洋说：我怀念你/海洋应我/以柔和的潮音//我向森林说：我怀念你/森林回我/以悦耳的鸟鸣//我向星空说：我怀念你/星空应我/以静夜的幽声//我向山谷说：我怀念你/山谷回我/以溪水的淙鸣//我向你倾吐思念/你如石像/沉默不应//如果沉默是你底悲抑/你知道这悲抑/最伤我心//①

① 覃子豪：《独语》，《覃子豪全集》（第一卷），台北覃子豪全集出版委员会1965年版，第179页。

诗作以整齐的诗形层层递进地渲染出诗人的热望和哀怨。首先以海洋、森林、星空、山谷等四个宏阔的意象构成排比的修辞，理直气壮地对广袤的大海、浩瀚的森林、辽阔的星空、空旷的山谷宣言自己对“你”的无限怀念和思念，它们无一例外地给予“我”或欢快或绵长的回应，然而第五个诗节，笔锋一转，由有声走向了无声，由有情转向了无情：“我向你倾吐思念/你如石像/沉默不应。”蓬勃的激情喑哑在你如石像般冰冷的沉默里，但诗人并没有因此羞恼，相反却为对方着想，更担心对方的情绪。如我们所见，倾吐爱意的时候，首先想到的是海洋、潮音等海洋意象，为他的爱情诗打上了海洋的烙印。整首诗通过繁复的意象、对比的手法，让我们看到了一个深情而又伤感的孤独者形象。

《梦的海港》① 是一首“向微风和海潮诉说相思”的情诗。以“我”与“我”之外两个世界的对比，轻柔地直刺内心“凄切的”相思之苦。夜深了，海里的鱼、海面上的海鸥、港口的海轮、海轮中的水手都沉醉在了迷人的夜里，唯有“我”辗转难眠，“在微风荡漾的甲板上/轻轻地呼唤着你的名字”，“望着满天的星斗/咀嚼着离别的情味”。思念之深、之苦，在浅显的文字中自然而然呈现了出来。

覃子豪的爱情诗在艺术构思上无一例外地都虚构了一个当面诉说的对象，用第二人称“你”表达，《当潮来的时候》、《在苹果花开的岛上》、《银河》、《骊歌》、《不逝的春》以及上文的《独语》、《梦的海港》等等莫不如是。如果说在《独语》、《梦的海港》中的相思都是“我”一往情深的寂寞低语，那么，1957 年创作于马公港的《书简》② 则在情感上终于有了“你”的积极热烈的回应：

> 船驰向港口/我的愿望冲出了胸口//我有书简/装满热吻/像丰满的白鸽/要自我怀中向你飞去//望你喜欢一如我们相见/望你平安一如往昔/我想寄你一个珊瑚/它不能除去你的忧愁/我想寄你一个海螺壳/它不能慰你寂寞/只有我回来的消息/能使你流出欢喜的泪//看见天上的星光/像看见你脸上的泪点/望你今夜有个好梦/我海程平安，你勿怀念//

在这首缠绵悱恻、婉转动人的情诗中虽未明写爱情的矢志不渝，但在船、港口、珊瑚、海螺壳等海洋意象营造出来的相思意境中却表现得淋漓尽致。热烈的相思在这里是双向的，一方面任何外物都不足以慰藉“你”对“我”的牵挂和寂寞、忧愁，哪怕是寄

① 覃子豪：《覃子豪全集》（第一卷），台北覃子豪全集出版委员会 1965 年版，第 119 页。
② 同上，第 118 页。

自“我”手的漂亮的珊瑚、海螺壳，何以解忧，唯有“我”报告海程平安的讯息。同时，海上漂泊的“我”也自然懂得“你”的真情实意，航海途中“我”把对“你”的热切思恋诉诸笔端，只待船儿停泊靠岸。一句“船驰向港口/我的愿望冲出了胸口”，写尽了诗人心中燃烧的激情；一句“只有我回来的消息/能使你流出欢喜的泪”，道出了缠绵和“我”对“你”的意义。

这种伴随对生命的短暂性意识而来的难以形容的苦难感，正是来自对爱情的一种执念。所以，可喜的是，通过他的《书简》，我们看到了覃子豪情感世界的另一面，它不仅有单向相思的痛与苦，也有双向相思的甜蜜与慰藉。但不管是单向还是双向，都通过海洋意象打造出一个情真意切、情思绵绵、自然真挚的相思世界。

四、回归“心灵”的理想叙事

覃子豪是一个富有理想的诗人，从其走出四川去北京，而后赴日本求学再回国，抗战期间在大陆辗转奔波，战后去台湾的经历以及在诗歌艺术上的积极探索，都可见出他是一位有理想、有抱负、有热情、有追求的诗人。因而，在《海洋诗抄》中，除以上两个主题外，理想主题的“精神空间”叙事也是一个重要内容，占了近1/4的比重。集中的大部分作品是覃子豪在台湾物资局任职期间所作，活动范围主要在沿海地区。时代的飘摇、现实的苦闷使其无法直抒胸臆，对“理想世界的追求”、对自由国度的向往、“一个充满着爱情与诗和音乐的疆土”① 的理想主要依赖海洋意象得以实现“心灵”之回归。

> 海上，一边是落月，一边是新月/沙滩上的槟榔树/在摇头叹息/……/太阳急得浑身发热/它流汗直追，不稍停歇//你为什么老是逃避？/每天总是隔着一个同样的距离//在阴霾密布的云天/你们在捉迷藏两个都不肯露面//你为什么总爱孤单/逃避太阳，绕着地球打转？//太阳追求你是一个永恒的苦恋/不知不觉费了亿万年的时间//②

我们看到，“海上，一边是落月，一边是新月”虽是极为普通也极为熟悉的海洋景观，但诗人借之展开奇特的想象，把落月比作自己，新月拟为理想。由此，诗人与海洋

① 覃子豪：《向往》，《覃子豪全集》（第一卷），台北覃子豪全集出版委员会1965年版，第112页。

② 覃子豪：《槟榔树的叹息》，《覃子豪全集》（第一卷），台北覃子豪全集出版委员会1965年版，第175-176页。

意象达到物我合一的境界，使读者直观感知“我”与理想之间“总是隔着一个同样的距离”，是“我”无法跨越的障碍。“太阳追求你是一个永恒的苦恋/不知不觉费了亿万年的时间”，隐喻出覃子豪对理想的追求无限向往、持之以恒却永远无法实现的无奈。

广袤无垠的海洋及丰富的海洋物象给人以博大、神秘之感，诗人常以此形容胸襟的宽广。面对当时台湾诗坛一派荒凉和迷乱的景象，覃子豪欲图振兴台湾诗歌的理想似为天方夜谭，但在《海洋诗抄》中我们却感受到了诗人乐观、豪迈的人生态度。如果说覃子豪对故土和家人情感的体验倾向于具体所指的话，那么此时他则沿心灵层面走向对生命境界的终极诉求，而这一诉求与其自身最深的生命体验密不可分。《追求》① 一诗对此就予以了充分体现：

> 大海中的落日/悲壮得像英雄的感叹/一颗星追过去/向遥远的天边//黑夜的海风/括起了黄沙/在苍茫的夜里/一个健伟的灵魂/跨上了时间的快马//

这首脍炙人口的佳作虽只有短短九行，却为读者展现了波澜壮阔的海洋背景以及苍凉雄浑的气魄，历史、现实和未来的交合，构成了特殊的空间形态。“大海中的落日/悲壮地像英雄的感叹”，虚实结合，时空阔大。诗人将对落日的细致观察和对生命的体察融入诗行，海上的落日在拥抱过光辉的白昼后，在一片嫣红中散发出炫目的光彩，像是耗尽全力演绎的一场盛宴，炙热而又悲壮。睹此海景，诗人触景生情，火红的落日像是英雄暮年壮志未酬的慨叹。接着，诗人以逼真的动态代替呆板的静态临摹，“一颗星追过去，向遥远的天边”，将黄昏之后的黑夜凝练而生动地呈现出来。但夜虽黑，风虽大，黄沙飞扬，英雄却无惧，仍如鲁迅笔下的过客一样继续坚韧地孤独前行。在此，诗人赋予黑、黄沙、夜三个意象以一定的象征意义。正如流沙河所分析的，“‘黑’具有阴郁、死亡等一类相关象征意义；‘黄沙’具有精神干枯、虚无、绝望等一类相关的象征意义；‘夜’有关牺牲、孤独、死亡等意义”②。因此，在这些具有象征意义的意象暗示下，《追求》打造出一个孤独追求理想却以悲剧告终的英雄形象，借这一形象凸显了覃子豪理想淹没的苍凉之感，心灵沐浴于一种澄明之境，生命经验和心灵体验以一种最直观的方式实现了在场。不过，全诗以“跨上了时间的快马”虚写作结，改变了诗歌的格调，燃起了诗人不甘生命沉沦、渴望在永恒的茫茫时空中追求理想的坚持，表达一种超越了具体时间和空间的、本体意义上的存在。这一气魄在《绝壁》③ 中也得以再次呈现：

---

① 覃子豪：《覃子豪全集》（第一卷），台北覃子豪全集出版委员会 1965 年版，第 114 页。

② 流沙河：《一首诗的讨论——覃子豪的〈追求〉》，《文谭》1982 年第 11 期。

③ 覃子豪：《覃子豪全集》（第一卷），台北覃子豪全集出版委员会 1965 年版，第 199-200 页。

> 绝壁是巨人/屹立在海滨的沙滩/……/要跨海而去/攫取明珠般的太阳//沙滩不胜重任/它一只足陷入泥里/另一只足滑入波涛/……/有时风把它的面幕揭开/显露出苍老而严肃的颜面/几只兀鹰在它眼前乱飞/微小的像几只苍蝇的黑点//船舶停在它的足下/卑微的像千万只蚂蚁的麕集/那些城市和房舍/渺小的像甲虫的巢穴/……/绝壁有不移的意志/不论在繁星森然之夜和晴天/它永恒的向着太空/作深邃的凝视//

诗歌把屹立在海滨沙滩上的绝壁比喻为“像要跨海而去/去攫取明珠般的太阳”，但“沙滩不胜重任/它一只足陷入泥里/另一只足滑入波涛”。诗歌把绝壁拟人化，用沙滩、泥、波涛三个简单的海洋意象，生动展现绝壁深陷困境之状，以此映射诗人自己无法挣脱的环境束缚。另外，通过兀鹰与苍蝇、船舶与蚂蚁、城市房舍与甲虫巢穴三组体积差异悬殊的意象对比，凸显绝壁的强大与无畏的心理。“不论在繁星森然之夜和晴天/它永恒的向着太空/作深邃的凝视”，这是永恒澄明之境，表达绝壁坚定不移的意志。强大的体魄、无畏的心态以及矢志不渝的品质等绝壁具有的特质可以说是诗人追求理想的缩影。通过塑造绝壁这一形象传达了覃子豪对于实现理想的信心、决心和勇气。又如《自由》①中的“希望在无穷的远方/要学海燕，远征重洋”，同样体现出了诗人对理想的执着追求。孤身在外，政治高压，人至中年，不免会对人生境遇有无奈和残酷之感，但面对辽阔的大海、翱翔的海燕，诗人豁然开朗。在惊涛骇浪中，海燕始终以无所畏惧和不屈的抗争精神，努力实现征服海洋的愿望。因而，诗人借海燕意象抒自己心志，表现出雄伟的自信以及乐观明朗的人生态度。

除了以上诗作呈现出一定宏大色彩的理想外，《海的时间》、《群岛》、《雨的哀歌》、《倚桅人》等诗作，以海上人的时间认知、空间感受表达了诗人渴望返璞归真、回归自然的生活理想。由此，我们看到，覃子豪把实现理想的信念、审美理想的渴望融入他熟知的海洋意象中，以此叙事表达他在动荡年代里的豪迈胸襟和返归自然的向往。

不同的空间具有不同的社会功能，这些功能也赋予了空间不同的叙事价值。面对封闭的、狭小的陆地空间与开放的、巨大的海洋空间的矛盾，如何进行消解，不同的诗人有不同的诗歌表现方式。海洋空间的叙事功能使覃子豪诗歌主题无法置身于空间之外，许多诗歌意象也因其海洋空间而具象征意义。对覃子豪而言，无论现实多么磨难，生活多么痛苦，他通过海洋空间里的意象，表现了大海的豪放、深沉、美丽与温柔，并以此隐藏或暴露自己内心强大的世界。如其所言：“我爱生活，我体味在生活中所遭受的一

---

① 覃子豪：《覃子豪全集》（第一卷），台北覃子豪全集出版委员会1965年版，第113页。

切，无论属于个人的或时代的，我要在许多现实生活的环境中，去寻求思想与感情的深度、密度与广度。”① 在沉重的政治压力下，初到台湾的覃子豪以其系列海洋诗让我们看到了他背井离乡的沉潜思乡、缠绵哀伤的情思和对理想的不懈追求与憧憬。

作为一种极具艺术性和主观性的活动，诗歌的创作过程无疑是诗人在特定时空维度下进行叙事并呈现主题的过程。作为具体实在的物质，海洋空间即是覃子豪诗歌中人物视角的透射点，其海洋题材的诗歌叙事主题倾向于海洋意象的选取，而海洋意象又进一步凸显了诗歌叙事的主题②。综观覃子豪《海洋诗抄》的诗学意义，显然在于各个主题、意象的融合。可以说，海洋意象不仅是覃子豪海上生活体验的见证者，更是他表达多元主题的叙事媒介。对此，台湾现代诗歌研究者白荻认为“在《海洋诗抄》里面，由于当时时代的飘摇，现实的苦闷，作者无法面对苦难，而借包涵一切动静的海，摹仿人类感情的海，做相应的宣泄烦闷”③。也如美国华人作家刘荒田所言，海外写作者需要具备的特质是“个性”与“孤独”，而区别于本土作家的特质则是对“故土”的书写④。

在我们看来，覃子豪虽有面对空间分割的故土之伤、家人天各一方的情感之痛，但是内心更严重的伤痛还是来自形而上的层面，围绕着乡愁与爱情所萌生的精神回归意识或许才是诗人“心灵”真正“无处安放”的困扰所在。诗人既拥抱本我的身体感觉与情感诉求，又拥抱自己终极的心灵愿望，呈现出鲜明的个人烙印和时代印痕。固然，覃子豪的海洋诗还有如《乌贼》、《鳄鱼》、《海狗》等讽刺现实和《贝壳》、《岩石》、《海的来历》、《老渔人与海》等赞美大海的内容，但以上三个方面的叙事主题无疑是我们接近、认识诗人在台湾的生活、思想、情感的最主要的三个方面，对台湾社会的文学表征很有典型性，值得深入挖掘与借鉴。

（作者单位：厦门大学嘉庚学院）

---

① 转引自林海音：《剪影话文坛》，《台湾现当代作家研究资料汇编》（第 8 册），台湾文学馆 2011 年版，第 184 页。

② 陈向春：《中国古典诗歌“主题研究”述评与省思——以历史、政治主题及理论建构为中心》，《文史哲》2010 年第 5 期。

③ 白荻：《音乐性和雕塑性》，《现代诗散论》，台湾三民书局 1983 年版，第 132 页。

④ 刘荒田：《乡愁的三种书写》，澳门大学第四届南国人文论坛，2018 年 10 月 27 日。

台湾新乡土小说中的日据历史书写

——以吴明益、甘耀明、王聪威为考察对象①

王 璇

台湾自1987年“解严”之后，社会政治、文化出现自由化发展的潮流，掀起了重评日据时期历史的浪潮。如何评价日据历史、如何看待历史的创痛以及以历史书写反抗“戒严”时期国民政府对历史的单一阐释，成为20世纪90年代文坛的一大主题。进入21世纪，“解严”这一政治事件的热度式微，这一思潮也有着明显变化。此时，台湾意识出现新变，作家将目光锁定在台湾自身，产生了一种向内观看的目光；民众对台湾苦难历史的怨恨情绪，以及当局的有意建构，刺激和放大了台湾的悲情意识，正如刘小新所说，他们需要的正是悲情意识膨胀所必然带来的自我中心和排他情绪②。对“悦纳异己”概念的追捧③，导致对殖民历史的定义偏差，乃至倾向用“日治”而非“日据”，来展现对日据历史的态度和立场④。

这一思潮影响着对日据历史的文学书写。20世纪90年代以后的日据历史书写意在解构“戒严”时期的单一化历史阐释。21世纪以来，这种对日据历史看似中立的重评浪

---

① 本文系国家社科基金项目“当代台湾乡土小说流变研究（1965-2015）”（18BZW149）的研究成果。

② 刘小新：《后殖民·本土论·左翼思潮——当代台湾理论思潮研究（1987-2007）》，福建师范大学博士论文，2008年，第19页。

③ 2006年，《中外文学》推出了“论悦纳异己”专辑，讨论这一概念的缘起和在当代的影响。此后，“悦纳异己”的概念被广泛讨论，让台湾人开始重新构建自我和他者之间的关系，思考自我和他者之间的关爱。

④ “日治”的概念自陈水扁时期开始被强调，进入21世纪后台湾当局不再强制使用“日治”的说法，“日治”和“日据”都可以被接受。但台湾社会并未因此恢复使用“日据”的说法，仍普遍接受用“日治”。

潮走向极端——对日据历史的消费、抽离，乃至刻意规避“殖民”关键词，让这一时期的历史书写呈现出肆意更改殖民历史、对历史缺乏敬畏感的特点。

作家对日据历史的书写更强调个人/家族史的言说，放弃了对大历史真相、历史事件的追索，虽具有一定程度的解构意义，但对历史本身的探讨和思考已呈现寡味之态，在历史书写中充斥着对历史事件的消费心态、缺乏对历史的批判眼光，历史书写沦为地方建构的附庸。新乡土小说家吴明益的《睡眠的航线》、甘耀明的《杀鬼》、王聪威的《复岛》等，就是其中的典例。

一、消费与戏谑——去殖民的历史观

这些作品有意规避了“抗暴”、“殖民”、“创伤”等关键词，对历史的书写有着“去殖民”的趋向。但与普遍意义上的“去殖民”目的不同，对这些关键词的回避意在观看台湾自身，乃至作者自身，是“向内看”的结果。回避创伤感、以狂欢戏谑为基调的氛围，让文本中的日据历史成为被消费的对象，展现出作者去殖民的历史观，对历史评价存在偏差。

（一）回避历史创伤

在《睡眠的航线》中，吴明益通过父亲三郎和“我”的故事交叉，展现了两辈人对战争的不同态度。在叙述中，作者淡化了日据历史中殖民和抗暴的一面，人物裹挟于历史而不自知，最终让父子两人同日据时期的悲情历史和解。

首先，三郎作为战争受害者，却对战争的伤害几乎毫无感觉。三郎的故事以梦境的形式呈现：少年三郎赴日参军时对战争知之甚少，在日本的规训中也处于无意识状态。历史现场的创痛感被削弱了。三郎在战争中失去战友，目睹城市毁于战火，这让他失去了对日本的向往，却对自己的肉体和精神创伤毫不自知。直到中年，三郎对孩子实施军人般的规训教育、与家人疏远、寡言少语，才展现出他受到的戕害，而这一创伤感又因为梦境中“我”与父亲的疏离而减弱。

乌龟石头的故事是有关三郎的隐喻。石头是三郎养的乌龟，在三郎离家后被当成真正的石头垫在床下。石头承担着床的重量，不知道自己如何挺过了无数日夜，只是每晚做着缥缈的梦境，对自己受到的伤害感到浑浑噩噩——乌龟石头就是三郎。三郎阴差阳错赴日参军，如乌龟石头一样，将重担压在身上，但他对这种状态并不自知。床上的人给乌龟石头施加的压力，也代表了战争对三郎的伤害。当压在身上的重担终于卸去，三郎和石头一样感到迷茫：长期的压抑让他习惯了高压的状态，突然卸下却不知如何生活。原本直击历史的创痛书写，被乌龟的梦境和三郎的不自知冲淡了。梦呓、无意识状态、精神游走都变成打断历史反思的利剑，使得对三郎的创伤书写呈现出一种游离感。

其次，“我”对战争梦境的陈述，展现出与父辈、战争历史的和解，更冲淡了历史的创伤感。“我”常常没来由地沉睡，每次梦境都与父亲有关。对战后出生的“我”来说，战争已然遥远，唯有以梦境呈现父亲的战争记忆，才有可能回到历史现场，展现作者对战争的想象。在文本中，父辈的战争经验变成模糊的梦境，在历史叙述中又同时穿插着“我”的生活、其他不同的视角（美国军官哈普与日本军人对“玉碎”的不同理解）。抽离的态度和一直被打断的叙述让日据历史中的“殖民”、“创伤”等关键词被完全忽略了。在不同立场的梦呓、展演中，虚实、真相无从谈起，创伤也就无法存在。历史书写中对战争和殖民历史的反思、评断，由于对历史创伤的规避、人物的无意识状态、现实中“我”的戏谑态度，展现出对历史的冷漠情绪和抽离感，削弱了历史批判的力度和维度。

《睡眠的航线》的故事指向“我”和父辈、历史的和解，究竟意义何在？梦境的消失以三郎的故事讲完为结点，“我”并非对父辈、历史有了新的理解，反而让“和解”变成突兀的结束。在叙述中，不见追索历史真相的努力，而是在翻涌而来的历史记忆中，表现着人物的不自知、创痛的不自知、真相的不自知。三郎的故事虽然出现在“我”的梦境中，但明显存在距离感——战争记忆、殖民历史成为被消费的对象，本应表现创伤的历史叙述被作者的抽离情绪刻意规避了。

同时，最终的和解以“我”认为庶民能做的就是不为任何理由参战，“即使是我的国家被侵略，我也不参加战争”① 为结束，也佐证了作者无法直面历史创伤的态度。无法探讨历史带来的创痛和殖民印记、对战争历史无法正面探讨，展现了作者对战争历史的消费态度，更展现出对国家、民族概念的模糊认知。

同样的情形在《复岛》中更为明显。《复岛》意在建构地方和家族历史，对于战争历史的探讨兴致寥寥。《奔丧》中灿仔对小时回忆的追思，《淡季》中充斥对小阿妈的敬畏，《返乡》中阿杰想象与阿妈一起巡视高雄，都展现出人物的情感依归。其中《复岛》与《睡眠的航线》一样，爷爷和“我”的故事交织进行。爷爷无意中发现了战争时期日本人建造的海底基地——一座完全复制了地上世界的“岛”，连居民也与现实中的岛民一一对应，过着相同的人生。海底基地的居民被要求复刻地上岛屿的生活，致使战后因习惯了台湾的生活而无意返乡——故事原本可以展现出殖民战争对小民的规训和戕害，但在叙述中，日本人的平静态度、爷爷的惊叹都让历史的创伤感被规避了。

同时，故事的叙述者“我”在“去岛”的旅程中沉浸在旗津的风光和故事里，旗津

① 吴明益：《睡眠的航线》，台湾二鱼文化事业有限公司2007年版，第254页。

的美丽掩盖着历史回忆的创痛，爷爷的故事被抹上“桃花源”式的温情——在这种注视下，作者感叹着地上、地下两座岛屿的真实性和运作方式，战争的残酷被忽略了，日据历史的殖民特性和创痛记忆被完全抹去，而爷爷与日本人的友情、对日本的称赞、对海底基地的惊叹和思考成为叙述重点。在这里，不仅创伤感被规避了，对战争历史的诉说也因此带有被消费的意味。两位建造海底基地的日本人对战争的叙述轻描淡写，地下岛屿的岛民安心过着复刻生活，似乎有意游离于殖民、战争之外。《复岛》中人物对战争的有意疏离，让战争中的直接伤害、战后台湾人的殖民印记，在对历史的冷眼旁观中被忽视了。《睡眠的航线》中所谓的和解，在《复岛》中变成对战争的彻底模糊化，乃至无视历史事实。冰冷的战争工事成为日本人、中国台湾人娓娓道来的旗津故事，被毫无区分地建构成旗津空间的一部分，无疑使惊心动魄的战争历史、殖民历史被遮盖，呈现出消费历史的倾向。

此外，现实中的棺木入殓、下葬被放置在与战争时期乱葬岗的比较与复现中，也在一定程度上成为为炫技而进行的粗浅比对。乡土小说中由于现代化和乡土冲突而形成的紧张感、后现代文本中对抗大历史的执着，在王聪威这里被完全缓冲了。

（二）狂欢戏谑的叙事基调

除了创伤感被冲淡之外，狂欢戏谑的叙述基调也是小说中历史叙述的策略。这种叙述方式使文本中充斥着鬼魅的气氛，更淡化了历史的本来面目和对历史的严肃态度。

在《杀鬼》中，日据初期义军的头领鬼王死后英魂未散，与刘兴帕有着多次交战。故事里的鬼兵大战、鬼王的英勇善战都是虚构的，作者却通过魔幻的手段，将这一切变为可能。刘兴帕与鬼王的交战似乎充满了打闹的乐趣，也存在着极致的狂欢情绪，两人的对决展现出一种笑谑行为。如巴赫金所说：

> 狂欢笑谑也指向最高事物即权力的、真理的交替，世界秩序的交替。笑谑抓住了交替的良机，关注交替本身。在一个狂欢笑谑行为里，结合了死亡与复活、否定（嘲笑）与肯定（欢乐的笑）。这是包含着对世界的深刻观察、无所不能的笑谑。这就是双重性狂欢笑谑的特征①。

鬼王本是死去的英魂，却在作者笔下与日本士兵进行了一场酣畅淋漓的大战。这种脱离了现实的魔幻描写，呈现出生死交替之间死亡与复活的吊诡。鬼王活着的时候没有

① ［俄］米哈伊尔·巴赫金：《陀思妥耶夫斯基诗学问题》，刘虎译，中央编译出版社 2010 年版，第 140 页。

多少胜仗，死后却率领鬼军重挫日本士兵——这样的安排，只有在狂欢的叙述中才能实现。鬼王对日本兵的嘲笑和进攻，让整场大战并不具备严肃意义。

甘耀明以平常的口吻叙述鬼王和刘兴帕的对战和谈话，以及拉娃父女的螃蟹人生活，让这种魔幻式的情节与现实交织，显示出对历史现实的疏离感。如巴赫金所说，“怪诞性是对通常的和例行的事物加以破坏的独特表现，是脱离自己常规的生活”①。《杀鬼》中的历史事件、战争历史都被模糊化，而刘兴帕和鬼王的交流作为想象的历史被集中呈现。狂欢式的奇幻传说成为主体，表现出作者把玩历史的戏谑态度。正是这种对历史的态度，削弱了历史书写的创伤感。在历史书写中，殖民历史的悲情与戕害，全部变成戏谑，作者对日据历史的态度也变得模糊起来。

另外，《杀鬼》中充斥的奇谈怪论、神秘鬼魅，更形成了狂欢的氛围。刘兴帕与鬼王大战以后，隔夜又带鬼王攻打北白川宫，展现出刘兴帕志在战场的坚定意志。巴赫金所说的“狂欢处世态度同样不知道句号，它是与任何终点相敌对的：任何终点在这里只是新的开端，狂欢形象一次又一次地复活”② 便是如此。即使日本战败，刘兴帕依然心存上战场的愿望，在臆想中进行了一场大战，在精神错乱中让自己的身心受到了极大的戕害。

无论是怪诞、笑谑还是无止境的狂欢，《杀鬼》中的这种狂欢态度让历史书写脱离了历史和现实情境，变成充斥着鬼魅的狂欢情绪，历史和政治的创伤也被狂欢掩盖了。刘兴帕受到的肉体和精神伤害、鬼中佐对台湾人的殖民规训，在经过狂欢化、戏谑化的处理之后，全部被淡化了——殖民时代的创伤感成为凝望台湾、走向台湾乡土的附属品。

这也正是《杀鬼》在对历史的评价上存在的问题。历史被淡化、书写狂欢化，都展现了作者把玩历史的不严肃态度。如果说20世纪90年代对日据历史的文学书写仍关注日据历史本身，致力于挖掘殖民历史的种种可能，那么甘耀明等人对日据历史则失去了这种热切的态度。在他们的历史书写中，殖民历史的戕害、历史真相之追索，在为了和解而和解的态度中，被完全忽视了——探讨和挖掘日据历史并非最终指向。刻意规避创伤、狂欢戏谑的叙述方式，都让殖民历史成为文本中被消费的对象，展现出作者冷淡的历史观，也让其历史书写丧失了批判精神。

---

① ［俄］米哈伊尔·巴赫金：《陀思妥耶夫斯基诗学问题》，刘虎译，中央编译出版社2010年版，第139页。

② 同上，第184页。

二、虚化与失焦——批判精神的缺失

对历史的冷淡态度致使作家无意纠缠于历史批判，而打碎历史时间、淡化历史背景等，更让历史批判大打折扣。

（一）破碎的历史时间

在《睡眠的航线》中，历史书写不再关注现实的历史时间。首先，吴明益的历史书写打碎了历史时间并将其重组，构建了一个新的历史世界。《睡眠的航线》完全打乱了时间，横跨神界、人间、动物界，也展示了时间和空间的无限扩张。这种上天入地、毫无限制的时空书写，展现了更为广阔的历史空间，也打碎了真实的历史。吴明益以自己创造的时空展演历史故事，重新阐释个人/家族历史，冲淡了日据历史的殖民底色，让历史彻底成为故事叙述的附庸。福柯所言“不连续性还是历史学家描述的结果（而不是历史学家的分析要删除的东西），……断裂作为对象向历史学家提供的历史——亦即它自身的历史……从障碍到实践中，接入到历史学家的话语中，它在这一话语中不再充当应该抑制的外界必然性的角色，而是起着人们使用的行动概念的作用”①，在吴明益这里得到了印证。不连续的时间让历史的建构更加肆意，也同时消解了对真实历史的批判。

其次，作者对战争的反思集中展现在“我”对父亲三郎故事的梦境体验中，存在一种乏力感。故事中充斥着各种梦呓、交错，就连日本这一重要的殖民形象塑造也变得模糊不清，让每一次触碰历史软肋的努力都无疾而终。文本中历史时间的错乱，同时展现了作者书写历史的真正意图并非是历史事实或战争伤痛本身。对战争的展现，由于视角各异、众声喧哗，每一种声音都无法形成焦点，也无法直击历史痛处。作者最终得出不参战的结论，并非一种和解，而是在放弃探求殖民、战争、创痛等真相后的一种疏离。这种抽离感让文本的历史书写呈现出玩味历史的态度。

吴明益放弃了以历史事件展现殖民伤痛，而以虚构的梦境来达到冰释前嫌的目的，本身就展现出作者对历史的不信任感。如刘建华所说，“这种疏离现实的消极立场、悬置价值判断的保守态度以及解构叙事的书写策略都消耗了其社会批判的针对性和批判强度，导致其现实关怀呈现失焦、乏力的空虚状态”②。这种乏力感是吴明益所代表的世代，也是新乡土小说中普遍存在的问题：对历史的关心总带入对其他议题的探讨，或直接将历史作为消费的对象，用以建构台湾，乃至台湾意识，而非认识历史本身，造成历史书写

---

① ［法］米歇尔·福柯：《知识考古学》，谢福、马月译，三联书店2013年版，第9页。

② 刘建华：《地方·颓废·返魅：台湾“新乡土小说”研究》，《台湾研究集刊》2014年第3期。

的失焦，也就不具备批判精神。

（二）虚化的历史背景

与吴明益不同，在甘耀明和王聪威的历史书写中，历史事件只提供背景。“皇民化运动”、“二二八事件”都变成一种幻影，成为地方建构的陪衬。

在《杀鬼》中，刘兴帕白天过着肉体和精神被约束的生活，晚上则与鬼王碰面，过着不受规约的夜生活。鬼王已经是死去的英魂，作者却安排他与刘兴帕上演了一幕幕对决。根据高夫曼（Goffman）的前台与后台理论，白天在军中的规约生活对刘兴帕来说是前台，而夜晚与鬼王的会面则是释放情绪的后台。刘兴帕在前台的生活中被抹杀自主性，受到日本义父的歧视，能量无法释放。而每当夜晚来临，刘兴帕回到鬼王的坟茔，便享受着后台的狂欢，在狂奔中释放真正的自我。在这种明显的前后台区分中，作者以后台鬼王墓地的展演，来对抗白天的殖民前台。鬼王从日本士兵的梦境中得知日本已占领台湾，便与刘兴帕领导的日本士兵大战——这是后台对前台的对抗。作者有意虚化真实的殖民历史，却对鬼王的夜战精雕细琢，便也展现出代表着个人历史的后台对前台大历史的冲淡。在这里，作为前台的历史事件被完全虚化了。后台的神秘大战、奇幻景象，成为历史书写的真正主角。这表明作者放弃了对历史的追索，而以鬼魅大战消费历史事件，让历史成为可有可无的背景，仅仅成为传奇故事的铺垫和陪衬。如古远清所说，“《杀鬼》中讲故事是重点，历史只是一种画龙点睛”①。

另外，历史的节点“二二八事件”也被虚化了。这一标志性历史事件被用来当作刘金福北上的声音背景，带有明显的戏谑成分。其意义与日据历史一样，被作为台湾传奇故事的附庸，缺乏严肃的历史态度。与《睡眠的航线》相似，《杀鬼》展现的是沉重的历史问题，却一次次被作者用黑色幽默的方式冲淡了历史造成的伤痕，失去历史书写的焦点。

在《复岛》中，空间（旗津）是真实存在的，作为“时间”的历史却不在场。战争防御工事是唯一能够展现战争历史的意象，而战争的残酷化为灯塔的震撼景象，战争的历史事件在海底基地也完全不存在。爷爷对殖民战争的回忆缺失、生活在海底基地的日本人完全没有接触殖民战争的情节安排，将地上、地下两座岛屿完全抽离于历史事件之外，造成了历史感的缺失。

无论是《杀鬼》中将历史事件模糊化处理的方式，还是《复岛》中完全忽视战争历史的叙述，都展现出批判精神的缺失。在文本中，历史游离在故事的边缘，对历史的批判和多种维度的呈现便无从谈起，于是对历史的观望就只有毫无原则的和解，不见“去

① 古远清：《台湾“六年级作家”笔下的新乡土》，《名作欣赏》2014 年第 10 期。

殖民”的努力。

三、建构台湾——台湾意识走向极端

无论是淡漠的历史观，还是历史批判精神的缺失，都宣示着台湾新乡土小说中的日据历史书写并不像他们的前辈那样致力于探讨殖民历史本身。那么，何以如此？

无论是《杀鬼》、《复岛》，还是《睡眠的航线》，都对日据历史的残酷、殖民、战争等特性兴致寥寥，而对历史的消费、戏谑、无限虚化，最终指向了建构台湾自身：以历史书写建构他们心中的台湾，历史书写成为建构台湾的附庸——这无疑是21世纪以来台湾意识走向极端的重要表征。

（一）“日久他乡是故乡”——建构文化的台湾老家

与20世纪八九十年代不同，21世纪以来的台湾意识没有了与“中国结”的纠缠，作家将目光锁定在台湾自身，产生了一种向内的目光。这一发展让台湾社会对台湾文学、日据历史等相关问题有着更加全面的探讨和论争，但也让其自身意识形态化了。

台湾意识在“戒严”时期和“解严”初期有着一定的反抗意义。21世纪以来，台湾意识成为了另一种拥有霸权的文化话语，压迫着其他的声音。这种霸权形式的话语让台湾意识成为一种“政治正确”，作家对台湾本土的深情注视才能被认同，意识形态上的站队变成文学的常态。

甘耀明、王聪威一代的历史书写便是台湾意识极端发展的结果。他们不再纠缠于“中国结”与“台湾结”之间的龃龉，而只关心台湾，以历史书写建构台湾老家，得出“日久他乡是故乡”的结论。这种“只见木，不见林”的观望，表面是对台湾的深情注视，实则充满分离主义的意味。

在《杀鬼》中，怀有不同文化认同的祖孙俩在台湾老家关牛窝达成和解，道出了新乡土小说家书写历史的目的——发现和建构台湾。祖父刘金福曾一心想要回到“唐山老家”。他追随鬼王反抗日本失败，便带孙子刘兴帕上山，躲在园中与世隔绝。他近乎偏执地要求刘兴帕不准看日本书、讲日本话，这是他保持中国人尊严的最后一根稻草。与之对应，孙子刘兴帕成长于日据时期，从小便被日本军官认作义子，被安排破坏关帝神像——“怎么杀的都不晓得”①。斩杀了台湾人信仰的男主神，意味着斩断了自己的传统信仰。斩神之后，刘兴帕心中对传统的模糊认同便就此消失，走上“失根”的道路。

---

① 甘耀明：《杀鬼》，台湾宝瓶文化事业有限公司2009年版，第28页。

至此，甘耀明安排祖孙二人分别认同中、日两种文化，成为故事的主要矛盾。《杀鬼》延续了台湾新文学中对文化身份的焦虑，但主人公不再如20世纪90年代文学作品中那样只呈现出简单的叛逆与反抗情绪①。刘金福在日据时代心怀祖国梦，却在台湾光复后祖国梦碎。他耳闻台湾少数民族不愿再学习语言而割断舌头，北上为孙儿买死亡证明却卷入“二二八事件”，由此意识到台湾乡下才是自己真正的老家，大梦初醒般踏上返乡之路。而同样在光复后身份不明的刘兴帕，在做日本人不成的现实中，一张死亡证明宣判了他的身份——一个游离在两个时代之间的鬼魂。在日据时代，鬼中佐安排刘兴帕斩杀汉神，意味着他作为中国人的精神死亡；光复后的死亡证明，则寓意作为日本人的刘兴帕也被宣告死亡：由此，刘兴帕只有踏上回乡（关牛窝）之路，才能找回自己。

怀有中国梦的刘金福和怀有日本梦的刘兴帕，在台湾光复后生发出一种“台湾意识”。回到老家关牛窝的结局，预示着祖孙两人最后放弃了对中国、日本的执念，让历史的书写最终指向了台湾意识，而非对历史本身的探讨。

吴浊流于20世纪40年代写成的《亚细亚的孤儿》，展现了台湾人的认同焦虑。时空各异，甘耀明的《杀鬼》虽然同样描写了认同转换的问题，但刘兴帕和胡太明的不同结局宣示着不同时代的回响。甘耀明在重述历史时，已经没有了吴浊流一代对殖民时代的对抗态度和批判精神。吴浊流所暴露的台湾乡村之落后、愚昧，在甘耀明那里变成了奇幻波诡的台湾老家关牛窝，而祖孙两人认同转变的过程与焦虑被忽视了。关牛窝作为“台湾老家”拥有温情、传奇、回忆，日据时期的“唐山梦”成为一种缥缈的幻梦而被抛弃：脉脉深情的台湾和遥不可及的“唐山”，成为隐藏在《杀鬼》中的地方建构，展现出具有分离主义倾向的台湾意识。

与胡太明不同，刘兴帕也没有走上回归传统的道路。胡太明的发疯，展现了他坚定地认为自己是中国人的身份信仰，而《杀鬼》中刘家祖辈移居台湾的历史是用以宣告“落地生根”的道理。甘耀明在重述历史时，对台湾乡土的书写不再采取批判的眼光，而是让刘氏祖孙在走向台湾老家的同时找到了精神依归——甘耀明所要书写的日据历史，为建构台湾乡土的历史而服务，“日久他乡是故乡”成为台湾意识极端发展的体现。

（二）空间建构——历史的时空并置

新乡土小说家的空间书写，意在通过建立台湾地景，形成强烈的地方感，建构台湾及其历史。这表明在21世纪，历史书写中的台湾史已不是文本关注的核心，而是以对地

① 20世纪90年代钟肇政、李乔等人的历史书写中，主人公往往怀有对国民政府的反抗情绪，甚至因此而认同日本文化。这一认同感并不真正表明作家/主人公真正认同了日本文化，而在于以日本文化反抗“白色恐怖”时期的政治高压。

方的建构来界定自我，找到归属感。如麦克·克朗（Mike Crang）所说，“人们并不单纯地给自己划一个地方范围，人们总是通过一种地区的意识来定义自己”①。但这种以建构台湾而获得归属感的做法，来自于意识形态化了的台湾意识，使得文本中的台湾空间建构呈现出对台湾空间的极端推崇，促使其附着的众多文化意义最终都指向了“去中国化”的极端。

历史是过去的时间，书写历史的关键本应以时间为切入点。新乡土小说家的历史书写，往往以空间建构为主。空间并非替代了时间，而是通过空间变换以展示时间变迁，是一种时空并置的策略。这使得文本中的历史成为隐性因素，而地域特性成为历史变迁的显性特征。《杀鬼》中的关牛窝、《复岛》中的旗津岛，乃至《天桥上的魔术师》中的中华商场，都以地景的建构展现了历史时间的变换，用以建构台湾的地方感，从而附以台湾意识。

地方感的构建首先通过时间记忆的累积创造空间上的依赖感。具体的地景在文本中反复出现，使得人物对地方的情感通过长期的时间累积得以附着，从而对故乡台湾产生深刻的感情。正如段义孚所说，“地方因时间而呈现，或地方为过去时间的回忆”②。时间附着于地方，而使地方对个人的意义得到凸显。在《杀鬼》中，在关牛窝成长起来的刘兴帕，虽然经历斩杀汉神、参军入伍、立志成为日本人等认同变换，但最终还是选择回到关牛窝，与祖父冰释前嫌。作者反复书写关牛窝的奇花异草、坟墓鬼魅、烈士英魂——这些对刘兴帕来说都是不可磨灭的回忆。这些回忆与地景产生联系，让时间的流动与空间产生关联，长久的经验累积让关牛窝这一地理空间成为刘兴帕的精神依归。因此，无论刘兴帕如何改变自己的认同，最终只能走回关牛窝，走回台湾乡土。如段义孚所言：

> 对地方的感觉便需要较长的时间，它是漂浮的和非戏剧化的许多经验，日复一日，年复一年长期累积演化而成。地方的感觉是视、声、味的单一化混合，也是日出日落时间和工作及游玩时间之大自然韵律和人文韵律的单一化和谐③。

刘兴帕在童年时期斩杀汉神关公，目睹拉娃为阻拦父亲参军而变成螃蟹父女的过程——这样的记忆构成了他对关牛窝的印象。对儿童时期的刘兴帕来说，对世界的感性认

---

① ［英］麦克·克朗（Mike Crang）：《文化地理学》，杨淑华、宋慧敏译，南京大学出版社 2003 年版，第 131 页。

② 段义孚：《经验透视中的空间与地方》，潘桂成译，台北编译馆 1998 年版，第 173 页。

③ 同上，第 177 页。

识比成年人强。因此，即便他立志做日本人，童年的记忆仍成为他回到故乡的重要原因。对他来说，童年的记忆与关牛窝这一地域相连，也因此累积了对关牛窝的感情。由此，作者通过空间和情感的联结，走向对台湾的脉脉凝视。

其次，地方感的建构通过地景的营造与文化进行关联，以此产生文化意义。也就是段义孚所说的，“文艺作品能把经验上可被忽视的地方获得关注，雕刻品借他们自己的实际出现而有力量创造地方感”①。在《复岛》中，旗津的空间建构成为文本的焦点，天后宫、通山巷、陈氏宗祠、临水宫等地名的出现，让《复岛》几乎成了一种地方志书写。《复岛》中地上、地下两个空间的地景营造，两座女海神庙，日据时期的灯塔，都将旗津空间与文化、历史相连，赋予了岛屿以地方感，对乡土的附着感由此产生。正如王聪威所言，“这是我用文学重新建造的港口，用文字亲绘的地图”②。与现实中的旗津岛不同，王聪威笔下的旗津，带着他对高雄的认同感，使地方意象更具文化意义，旗津成为情感依归之处。同样的情况出现在吴明益的《天桥上的魔术师》中——文本中描述的中华商场是真实存在过的台北地景。这种真实的地景，同样营造出一种对台湾空间的迷恋感。

段义孚认为，“时间与空间合并而成的意象是箭头代表有方向的时间和在空间中趋向目的的运动，目的是时间和空间所共有的，是时间中的一点，也是空间中的一点”③。文本构建的地方感，以时间和空间的结合来形成对故乡的附着感和归属感，赋予空间文化意义，以此实现台湾的关注。

由此，新乡土小说家以空间书写营造了台湾乡土的文化地景，以空间建构让历史的时空并置，使得情感得以附着于地方，发现台湾、建构台湾成为其历史书写的真正目的。21 世纪以来极端发展的台湾意识，促成了历史书写中过多的意识形态化的思考，建构台湾成为分离主义的一环。

结语

相对于 21 世纪以前的日据历史书写，甘耀明等新乡土小说家所书写的日据历史，呈现出躲闪乃至消费、戏谑的历史态度，放弃了对历史真相的追索、对殖民与战争的批判精神，历史书写的焦点被完全虚化。

---

① 段义孚：《经验透视中的空间与地方》，潘桂成译，台北编译馆 1998 年版，第 156 页。
② 丁文玲：《〈复岛〉家族史拼贴旗津风貌》，《中国时报·文化新闻版》2008 年 3 月 21 日。
③ 段义孚：《经验透视中的空间与地方》，潘桂成译，台北编译馆 1998 年版，第 173 页。

究其原因，其书写日据历史的真正意图并非重写历史，而在于以历史建构台湾，有着浓厚的台湾色彩，是21世纪以来台湾意识极端发展的结果。在建构台湾的过程中，台湾地方感的营造掩盖了历史创伤、殖民印记，失去了对日据历史的准确把握，让历史书写完全沦为地方建构的附庸。由此，台湾新乡土小说的日据历史书写，被限制在地方建构的规约中，丧失了探讨历史的可能性，乃至在极端的台湾意识主导下，让原本厚重的历史书写变成一种面向台湾、自我观看的无力展演，甚至走向文化上的分离主义，值得警惕。

（作者单位：南京大学中国新文学研究中心）

对当代文学学科困境的正面回应

——评王卫平等《中国当代文学价值评估体系的重建与文学价值论》①

宋文坛

作为一个年轻的学科，当代文学学科体系的构建历史是比较短暂的，因此，当代文学的学科研究方法和规范仍处在生长和变化的“发展中”状态。这带来了两方面的影响：从好的方面来说，当代文学的这一状态也是学科发展的特色和优势，这表明学科生长具有潜力和空间；但如果从负面角度看，学科研究的不稳定导致了学科规范的统一性和研究方法稳定性的缺失。几十年来，研究重心和研究方法总是“城头变化大王旗”，“你方唱罢我登场”，这使当代文学似乎总是充满着争议和分歧，这一状态也在相当程度上限制了本学科一系列重大问题达成共识的条件。

这在关于“文学价值评价体系”的问题上体现得尤为明显。“文化大革命”结束以来，我们应该从哪个价值尺度和立场上阐释、评估近70年的当代文学，一直是一个聚讼纷纭、莫衷一是的难题。“文化大革命”之前的当代文学史，以文艺思想斗争史总览当代文学，其文学政治性的压抑机制自不待言；而80年代后期以来，“重写文学史”的热烈讨论，对自由主义作家的发掘和对左翼文艺的“重评”曾使研究界形成“重返文学本身”的共同声音；然而，以审美形式论和作家主体论为核心的“重写”史观，也在一定程度上忽视以致压抑了50—70年代文学的内在价值，成为另一种“解蔽”之后的“遮蔽”，“重写文学史”实际上也远远没有突破文学价值论问题上两极震荡的话语格局。如果说，50—70年代，文学执其一端，过于强调文学的政治社会功能的话；那么，“重写

① 本文系辽宁省社科基金项目“重要文学会议与当代文学话语转型”（L17azw001）的研究成果。

文学史”可能是对这种执念的反驳和远离，然而又成为反向逃离的范例，通过解除先前对某些作家作品的遮蔽，实现经典的翻转和“再解读”，也便成了同一逻辑的再次应用。在这种震荡性摇摆评价机制下，是很难确立一种稳定的价值论体系的。也正是因为如此，当代文学价值评价的难题，也就成了当代文学学科所面临的持续性困境。

那么，当代文学价值尺度的确立是否已经成为不可解决的历史难题呢？当然不是。面对这一棘手又尴尬的问题，还是有学者努力以自己的艰苦思索和认真实践去试图解决这一问题，或者准确地说，去试图接近这一问题的真相。王卫平、王平、徐立平合著的《中国当代文学价值评估体系的重建与文学价值论》就是这样一部试图近距离直面问题、索解当代文学价值重建出路的研究专著。这部著作最为突出的个性就是强烈的问题意识。它无疑是以一种“正面强攻”的方式，直面当代文学的核心问题——价值评估与价值论的重建，试图对这一几十年来争论不休的基本问题给出一个体系性的思考和基本结论。它是在回答文学所“是”的意义，努力建构一种严整统一的正面的话语伦理。

当然，这样的问题定位既表明了著者不回避尖锐、重大理论争议的勇气，也意味着这一正面的建构是要面临思想的压力和技术的考验的。首先，当下普遍的对价值问题的忽视和怠慢构成研究的隐性压力。长期以来，文学的价值论探讨在相当一批人看来似乎已成“古董”性问题，它似乎属于遥远的已被我们“告别”的旧时代，对这一“老命题”的孜孜以求也便是一种“不合时宜”的做法，要被20多年来熏染在新潮中的理论“弄潮儿”所耻笑的。这种观点自然是立不住脚的。但是，如何回应这样一个隐形的压力，为文学的人文本质辩护，为人文的立场廓清话语的干扰，却是体现研究者的学识和定力的。这并不简单。其次，技术的难题。如何在纷繁的当代文学争论中，确认一种富有涵纳力、概括力而又不失普适性的价值论基点？如何在梳理文学历史的源流走向时，做出尊重历史而又有创新性的价值评判？最后，怎样取舍理论评析的对象，去粗取精，在宏大的理论建构中要言不烦？显然，叙事尺度、价值立场的把握是不容易的，研究材料的选择也是需要相当功力的。

通读全书会发现，这本专著的写作花了相当大的功夫，也体现了相当的功底。

首先，强烈的理论建构意图和明晰深入的理论思路，构成了它鲜明的理论性品格。不同于许多文学史论研究专著，这本论著跨文艺学和现当代文学两个学科。它依托于丰富的当代文学文献研究资料，以分时段的文学创作为经，以价值论理论探索为纬，把文学价值论的相关问题以史的纵深贯穿在一起，每一章节都体现着对价值论问题的层层深入和穷根究底，体现出严整的逻辑纵深和清晰的思辨路向。上编以横向的理论问题探讨为特色，从重建文学批评价值评估问题出发，从价值立场、批评视野、价值本体和话语传承等几个角度，层层剥笋式地展开价值论问题的理论探讨，廓清了价值论理论所涉的一系列基础性问题。下编则以纵向的历史维度展开，从十七年文学到“文革文学”、新时期文学，一直到90年代以来的文学，将重要文学潮流一一展现，细致梳理分析了长期以来文艺创作所涉的价值论争议，给出了令人信服的分析批评，其展现的明确的历史意识和整体性的历史视野，以及深切细腻的阐释功夫都是令人佩服的。上、下编的互相呼应与补足，互相编织与纽结，共同构成了对价值论问题的深入阐发和层层递进。可以说，这本论著的整体性结构和宏大细致的史论逻辑是完整统一的，其严谨的结构会令每一位读者对此印象深刻。

其次，这部论著的理论包容性和历史感的分寸把握也是精到的。面对当代文学的价值评判，几乎所有研究者都会感到莫衷一是，甚至左右为难，这源于历史话语的翻覆巨变，这使得我们在批判与反思中很难不走向极端。比如对“文革文学”的看法，80年代的主流观点就是所谓的“空白论”，对“文化大革命”的政治历史否定也带来了对这一段文学历史的忽视以致取消。而90年代，随着启蒙话语的消沉和西方理论尤其是“后学”理论的大行其道，使得研究界动辄以“现代性”话语对“文革文学”作似是而非的阐释。一时间，理论的热闹似乎完全改写了此前“空白”的历史。这样翻云覆雨的阐释状况，亟待对其做出明晰的辨析和批判。而在阐释中如何避免在价值论和历史观上的先入为主和理论先行，同时保有价值判断的稳定性和持续有效性，这就构成了难以克服的理论难度。笔者认为，这本论著在理论包容性和批评实践的历史分寸感上，表现得十分出色。对有争议的时代和作品，既充分梳理研究界的不同观点看法，对分歧问题作“历史化”的整体观照，又注意保有充分的历史的“理解与同情”，在突出自己价值评判观点的同时，保持恰当的批判分寸，这是本书做得最令人称道之处。比如，在有关“文革文学”的论述中，著者既批判了“文革文学”的历史悲剧性，表明了自己的价值立场和站位，又对“样板戏”、“浩然现象”以及《第二次握手》等手抄本小说进行了细致详尽的价值剖析和历史比较，令人信服地得出了自己的价值判断和结论。这些分析评判的章节和段落都是富有历史厚度和眼光的，体现出不凡的分析功力和恰切的理论辨析力。通过这种扎实的论述，也有力地支撑了著者对这一时期文学价值所做的基本判断，可以说是本书中极为华彩有力的章节。此外，对十七年文学“红色经典”的讨论和对80年代以来新历史主义创作的分析，都可以说是兼具历史感与分析功力的漂亮章节。这些细密精到的分析，体现出一种要还原历史、打捞细节、回归文学现场的历史性追求，体现了著者明确的“复合性”而不是单一化的历史意识。其实，无论文坛理论风云如何变幻，对文学历史的把握和价值的评判，最终都需要奠基于一次次“打捞经典”式的文学回归，而本书的尝试，正是这一严肃的“回归经典”的态度的体现。

当然，理论的包容和复合不等于理论的随意和模糊。这本论著的一个显而易见的理论辨析重点是有关90年代所兴起的“后”学热潮。通过对一系列“后”学热潮所造成的价值虚无化问题的批判，著者坚守了自己人文主义的基本文化立场，也和诸多时髦化的玄学批评划清了界限。90年代后，随着西方文化理论的输入，一系列“后”学在当代文学研究界一时风靡，似乎不谈所谓后现代、后殖民、新历史主义，就意味着落伍。显而易见的是，诸多“后”学的解构神圣、质疑规范的虚无主义态度，也一时成为文坛上下追逐新潮的研究者的时髦，以现代性、后现代解说一切，以悬置判断作为所有研究的起点，以“脱现实”的西方话语的随意移植作为自己文艺批评的话语根基成为研究界的一时之盛。很明显，这一系列热潮背后的话语漂移性和虚浮性，其理论的无根和勉强都是被一阵阵“热”所忽略掉的。对重建价值体系这样严肃的理论思考来说，一系列“后”学所造成的价值混乱甚至迷思是致命的。正像有的学者所批评的那样，一系列食洋不化的“后”学理论“由于一味追随西方思潮、忽视或回避中国本土敏感问题，正在不同程度地导致文学批评和文学理论越来越偏离中国的现实，徒具批判之形而无批判之实，成为‘空中楼阁’里的话语操练和能指游戏。这些文学理论看起来或精致深奥，或新词迭出，但是由于其与现实的隔阂而沦为文论界的花拳绣腿”①。时过境迁，在当下价值重建的思考中，对90年代以来文学思想批评的这种西方话语移植和价值虚无化的反思就显得极为必要。本书的这一批判视角是所见多是的。在对“文革文学”的整体性评价中，著者对文学批评简单移植西方现代玄学话语是持批判立场的；在对新历史主义小说创作的价值思考中，对意义的悬置、审丑的偏执以及人文主义的缺失、历史的虚无等问题，均做了清晰有力的辩驳和反思。如果说，本书对历史细节的打捞与还原，是尽力回到“历史的同情”的立场，以尽力拓展本书的历史涵纳力的话；那么对诸多“后”学影响下的文学批评的反思，则体现了坚定的人文主义立场，它以反思和批判回归了“人学”本身，体现出坚强的人文学的定力。

因此，本书可以看成是对当代文学学科困境的正面回应。当我们面临着当代文学学科规范的漂移、话语方式的不定、甚至历史感的模糊时，我们所应解决的就是文学价值论这一最基本的问题。长期以来，我们总是在一种否定性的思维中谈论“文学不是什么”，文学不是政治意识形态，不是单纯的形式实验，甚至不是精英知识分子立场，不是社会话语中心，总之，文学失去了“轰动效应”，在不断的后退和边缘化之中，“文学是

---

① 陶东风：《告别花拳绣腿，立足中国现实——当代中国文论若干倾向的反思》，《文艺争鸣》2007年第1期。

什么”、它应该坚守什么样的价值底线反倒成了一个语焉不详的模糊问题，这是十分滑稽的。如果我们习惯性地以非为是的话，那么一系列伪文学、非文学话语必然会乘虚而入，文学所立足的基本价值根基只能不断摇摆而漂浮，最终使文学成为“一地鸡毛”。所以，对长期以来的这个似乎有意遗忘的“老而又老”的价值评判问题，做正面、积极的体系性的梳理和回答，就是极有意义的。以“正面强攻”的方式回应文学究竟“是什么”的问题，不仅必须，而且必然，也极为必要。

由此观之，本书实际上以自己的理论构建站在了时代话语论辩的前沿。当然，从这样的视角看本书，也不难发现本书存在一些尚待思考的问题。其一，“价值评估体系”是一个多元复合的评价系统，既然“文学”这一概念涉及文学创作、接受、传播、批评等各个环节，“文学性”也涉及消遣娱乐等维度内涵，那么文学的价值评估体系就不能仅涉及创作和批评的内部，文化研究的外部视角仍是不可或缺的。当然，文化研究视角下的文学价值评估体系构建是一个相当艰深和庞大的问题。其二，本书对文学史创作问题的梳理基本下线截止到世纪之交，这不免带来某种缺憾。实际上，21 世纪以来的文学创作，在回归现实主义的潮流中已体现出引人注目的成就，铁凝、贾平凹、格非、迟子建等许多作家已经贡献出了显现新世纪质素的作品，试图从正面回应“讲述中国故事”的时代命题，对此的梳理和分析显然会更加充实本书的思考，也会更好地回应有关“人民性”的理论话题，但本书似乎还未顾及至此，这也使读者在读后有所不甘。

以上想法其实更应看成是笔者的某种期盼，毕竟重建价值评估体系的工作纷繁复杂，不可能毕其功于一役，期望通过哪怕已是相当厚重的一部著作梳理、廓清这一繁难的课题是不可能的。因此，这部著作可以看成是价值论建构途中的踏脚石和路标，它的总结和指向为这一课题进一步的展开提供了坚实的基础和明确的导引。

在本书的第三章，著者在梳理当代文学批评“本土与世界的关系”问题的时候，讲了这样的一段话：“再像过去那样一味地倾诉，一味地诉说自己的丑陋是远远不行的，还要有多方面的建构和创造，特别要注意展示发展中大国的形象，讲好中国故事，体现国家民族和人民的尊严”，“中国文学要尽快地走向世界，更好地发挥国际影响，必须要有世界意识和世界眼光，必须处理好本土化和世界性的关系”①。这段话实际上揭示出了当代文学批评话语价值重建的核心问题，那就是建立我们理论批评话语的自主性意识，找寻、确认我们自己理论批评话语的主体性，这是当下所有人文学科所面临的共同问题。当代文学话语的言述方式，必然要由以否定、暴露为主，转向以正面积极的建构为主，

---

① 王卫平、王平、徐立平：《中国当代文学价值评估体系的重建与文学价值论》，中国社会科学出版社 2017 年版，第 80 页。

这是历史的必然。从这个意义上看，本书所有有关价值的思考与写作，实际上体现着一种深切的现实关怀和一种深刻的历史观照。通读全书，可以触摸到著者热切的现实情怀。无论是分析、对比还是批判，本书所有的思考与写作，都透射出一种热切切入现实的勇气。这是一本有“温度”、有态度的研究著作。这种研究姿态既是知识分子深入思考后的知识立场的选择，也是对“人文”内涵的体察和确信，因此是有意味的、令人感动的。本书的写作再一次表明，对有关人文价值的思考和仰望本身就是充满魅力的。

（作者单位：渤海大学文学院）

田野调查、"新批评"与新诗史写作①

——评柯雷《精神与金钱时代的中国诗歌》

唐小祥

柯雷在国内新诗研究界是个响当当的角色，他任教的荷兰莱顿大学也在他的苦心经营下，跻身欧洲汉学重镇之林。我第一次见柯雷，是在去年冬天人民大学和首都师范大学联合主办的"百年新诗论坛"上。这个乍一看像极了尼古拉斯凯奇的"硬汉"，竟然研究诗歌这样"柔软"的议题（而不是国际关系、地缘政治），而且还打算"一条道走到黑"，将研究进行到底（下一步他计划去东莞，调研每天都在"野蛮生长"的"打工诗歌"），这在新诗研究相对冷清和边缘的学术生态中，着实令人敬佩②。在那次会议上，由于发言时间有限，他对当代先锋诗歌史写作中的"问题与方法"，对他自己的诗学观念和诗歌研究计划，均只是点到为止，未做充分展开。但即便是"仓促"如此，也足够让深陷内容阐释与形式分析两难的大多数与会者，感到"眼前一亮"。我当时忙于会务，尽管有心请教，却无暇顾及，直到年底在王家新老师的"翻译与中国新诗的语言问题"课堂上，才有了当面讨教的机会。在近两个小时的课程讲座中，他从回顾自己的"中国之旅"开始，追叙了自己与当代先锋诗坛的深度互动，介绍了《精神与金钱时代的中国诗歌》这本书的写作缘起、愿景和过程。后来在北京大学举行的新书发布会上，他像个听话的"小学生"，挨着洪子诚老师坐，耐心地回应唐晓渡、欧阳江河、翟永明、西川、张清华、沈浩波以及现场媒体记者的提问。

如果按照国内通行的理解，从标题看，柯雷的这本新诗研究专著自然属于"先锋诗

① 本文系"中国人民大学2017年度拔尖创新人才培育资助计划"研究成果。

② 其实在国外汉学界，专攻中国现当代文学的学者比例也极小，而在这不多的专攻中国现当代文学的学者中，治中国当代诗歌的几乎屈指可数。

歌史”之列：“精神”与“金钱”是语境，分别指向80和90年代，“中国诗歌”即是“史”讨论的对象；而书的副标题“从1980年代到21世纪初”，更是“阶段史”的明证。但其实它并不是一本“规范”意义上的“先锋诗歌史”，这倒不是说它不符合自《中国当代新诗史》（洪子诚、刘登翰）、《磁场与魔方：新潮诗论卷》（吴思敬）、《中国先锋诗歌论》（陈超）、《朦胧诗后先锋诗歌研究》、《1990年代新潮诗研究》（罗振亚）以来的“诗歌史”写作“范式”和惯例，也不是说它溢出了主流“史传”书写的时空边界和价值规范，而是说它无论是在写作定位、叙述方式还是在材料取舍和体例安排上，都不是朝向“诗歌史”的目标进发的。书里书外，他都谈到这本书是写给外国普通读者的介绍性文字，意在抛砖引玉，以吸引更多的西方读者和汉学家来关注中国当代先锋诗歌的存在。既然诉求在于吸引“目光”，当然就要讨论更有标识性和闪光度的诗人、作品和现象。这就不难理解，为什么在个案分析中，只有韩东、海子、杨炼、北岛、王家新、西川、于坚、孙文波、尹丽川、沈浩波和颜竣，而没有郑敏、昌耀、周涛、多多、食指、芒克、舒婷、欧阳江河、张曙光、臧棣等等。在这个意义上，欧阳江河批评它是一部“事件史”、“话题史”，还远未达到“经典化”的程度，就不是出于个人“落选”的“意气”之论，而是一种非常贴切和中肯的看法。不过，柯雷之讨论“死亡传记”、“流亡诗人”、“下半身写作”和“诗歌表演”，虽有追逐潮流之嫌，但却绝对不是“西方中心主义”或者“东方学”式的写作。对于这一可能的指责，他早有预备。在讨论“中华性、西方、汉学家”时，他提前给读者打了一剂颇为后现代的“预防针”：“所有宣称具有普遍有效性的文学理论和方法，都源于一种特殊的（文学、语言、社会、意识形态）框架。这样的框架各式各样，它们在任何时间节点上都很少是‘纯粹的’，它们之间的互动推动文化之间的发展，促使人们相对‘本土’和相对‘外国’的观点彼此相遇，尽管在相遇之前，两者可能均未把自己视为‘本土的’或‘国外的’。”① 但是，只要是选择，不论有无经典化的预设，都反映出作者的“偏至”和“侧重”。从全书的体例结构和篇幅分布上看，柯雷都明显“侧重”于“民间”，具体包括民间的诗人、诗歌现象和诗歌事件。

那么为什么会有这种侧重呢？单纯地对作者的诗歌观念和学术兴趣做静态分析，恐怕难有什么别开生面的说道。我以为，这种侧重是与他的方法紧密联系在一起的，那就是田野调查。柯雷从20世纪90年代起，就深刻卷入了大陆诗坛。他像个勤勉的背包客，穿梭于国内的诗人门庭和诗歌活动之间。从北上广深到塞北大漠，从诗人口述史撰写到

---

① ［荷兰］柯雷：《精神与金钱时代的中国诗歌：从1980年代到21世纪初》，张晓红译，北京大学出版社2017年版，第56页。